EDITION

Directeurs de collection et auteurs : Dominique AUZIAS et Jean-Paul LABOURDETTE

Auteurs : Isabelle LAFINESTRE, Maud POUPA, Corine LACRAMPE, Claire DELBOS, Albert GOUPIL, Jean-Paul LABOURDETTE, Dominique AUZIAS et alter

Directeur Editorial : Stéphan SZEREMETA

Rédaction France : Elisabeth COL, Tony DE SOUSA, Mélanie COTTARD, Audrey VEDOVOTTO

Rédaction Monde : Caroline MICHELOT, Morgane VESLIN, Pierre-Yves SOUCHET, Natalia COLLIER, Laureen DUCHESNE

FABRICATION

Responsable Studio : Sophie LECHERTIER assistée de Romain AUDREN

Maquette et Montage : Julie BORDES, Delphine PAGANO

Iconographie et Cartographie : Anne DIOT assistée de Julien DOUCET

WEB ET NUMERIQUE

Directeur Web : Louis GENEAU DE LAMARLIERE

Chef de projet et développeurs : Nicolas de GUENIN, Adeline CAUX, Kiril PAVELEK

Intégrateur Web : Mickael LATTES

Webdesigner : Caroline LAFFAITEUR

Community Traffic Manager : Alice BARBIER, Mariana BURLAMAQUI et Vincent PHAM

DIRECTION COMMERCIALE

Directeur commercial : Guillaume VORBURGER assisté de Manon GUERIN

Responsable Régies locales : Michel GRANSEIGNE

Responsables Développement régie inter : Jean-Marc FARAGUET et Guillaume LABOUREUR

Chefs de Publicité : Camille ESMIEU

Chefs de Publicité Régie nationale : Caroline AUBRY, François BRIANCON-MARJOLLET, Perrine DE CARNE MARCEIN

DIFFUSION ET PROMOTION

Directrice des Ventes : Bénédicte MOULET assistée d'Aissatou DIOP

Responsable des ventes : Jean-Pierre GHEZ assisté de Nelly BRION

Relations Presse-Partenariats : Jean-Mary MARCHAL

ADMINISTRATION

Président : Jean-Paul LABOURDETTE

Directrice des Ressources Humaines : Dina BOURDEAU assistée de Sandra DOS REIS et Eva BAELEN

Directrice Administrative et Financière : Valérie DECOTTIGNIES

Comptabilité : Jeannine DEMIRDJIAN et Adrien PRIGENT

Recouvrement : Fabien BONNAN assisté de Sandra BRIJLALL et Vinoth SAGUERRE

Responsable informatique : Arney BADER

PETIT FUTÉ GUIDE DES RANDONNÉES À PIED

LES NOUVELLES EDITIONS DE L'UNIVERSITE
18, rue des Volontaires - 75015 Paris.
© 01 53 69 70 00 - Fax 01 42 73 15 24
Internet : www.petitfute.com
SAS au capital de 1 000 000 € - RC PARIS B 309 769 966
Couverture : Célèbres Calanques d'En Vau à Cassis près de Marseille © janoka82 - stock.adobe.com
Impression : CORLET IMPRIMEUR - 14110 Condé-en-Normandie
Achevé d'imprimer : avril 2021
Dépôt légal : 16/05/2021
ISBN : 9782305052670

Pour nous contacter par email, indiquez le nom de famille en minuscule suivi de @petitfute.com
Pour le courrier des lecteurs : info@petitfute.com

ÉDITO

On a pensé à vous, amis randonneurs !
Vous qui avez besoin de vous ressourcer, de « faire le vide », ou de prendre l'air, vous tenez dans vos mains votre meilleur compagnon de voyage qui ne vous laissera pas tomber !
Terre de contrastes, territoires sculptés par la nature et paysagés par l'homme, la France est un patchwork de paysages remarquables et changeants au fil des saisons. Le spectacle est garanti, les panoramas sont sublimes… La randonnée aux vertus indéniables est une harmonieuse conjugaison du plaisir de la marche et de la découverte.
Que vous soyez seul, en famille ou en groupe, que vous soyez un promeneur occasionnel ou plus aguerri, une personne en situation de handicap ou fragilisée, une personne âgée, un geek, on écoute ses sensations, son humeur et sa condition physique du jour.
Que vous ayez envie d'un voyage spirituel, solidaire, écoresponsable, végan, littéraire, historique, gourmand, botanique, zen, d'aventures, « clé en main », dans tous les cas partage et rencontres vont de pair !
Comme nous voulons faciliter votre sortie, nous allons vous partager nos conseils, nos astuces, notre riche carnet d'adresses de spécialistes en tout genre.
Pour commencer, on ne se lance pas tête baissée sur un sentier sans avoir préparé le terrain en amont, ni sans avoir consulté la méteo avant le départ ! Itinéraire [illegible] il faut s'équiper. Vos fidèles compagnons de voyag[illegible]es, chaussettes auront été « cassées » lors de s[illegible] vous voulez éviter quelques souffrances [illegible]ns – votre maison que vous allez p[illegible]estion « est-ce que je risqu[illegible]
Il ne faut pas n[illegible] qui évitera les fr[illegible] pense au casse-[illegible]promptues, vous [illegible]irs. On n'oublie p[illegible]e de s'en procurer. [illegible]ges ponctuées d'annota[illegible]été utiles.
Une [illegible] amis marcheurs ! Prenez du plaisir le[illegible] qui regorgent de trésors cachés.
Un conseil [illegible] peut vous donner : les surprises avec les « petits p[illegible] seule la nature peut vous offrir rendant votre sortie inoubliable ! Sûr que vous pensez à programmer votre prochaine sortie !
Marchez futé, c'est bon pour la santé !

SOMMAIRE

CARNET DU RANDONNEUR

CHOISIR SA DESTINATION

Le choix de la destination de votre randonnée est le « nerf de la guerre ». En fonction de la saison, de la chaleur, du niveau d'ombrage, certains lieux doivent être évités en plein été. Si votre sac à dos estival présente l'avantage d'être moins lourd, sans les pulls et le duvet épais, la chaleur peut rendre la marche pénible, voire franchement désagréable. En outre, dans les régions touristiques, en période estivale, les sentiers sont souvent très empruntés. Difficile de profiter de la nature dans ces conditions de surpeuplement ! En hiver, c'est le contraire : le sac est beaucoup plus chargé, il fait froid et les rencontres sont rares. Question de goût... L'idéal est de marcher en mai-juin ou en septembre-octobre dans les climats tempérés. Afin d'avoir une vision des différentes possibilités et de choisir au mieux en fonction de vos envies, de vos affinités, de vos capacités, il convient de savoir sur quel thème vous souhaitez bâtir votre voyage, dans quel pays, et de connaître les types d'environnements afin de mesurer leurs avantages et leurs inconvénients respectifs.

- **Les voyages à dominante culturelle** sont axés plus particulièrement sur le patrimoine, les sites historiques, les musées et la culture du pays. Ils sont en général faciles et les marches en pleine nature ne sont pas très longues.
- **Les voyages de découverte** allient culture et nature. Ils se déroulent en dehors des sentiers touristiques, afin de partir à la rencontre des populations et de partager quelques instants de vie avec elles. On marche déjà plus. Effectivement, la plupart des étapes se font à pied.
- **Le voyage aventure** est, bien entendu, le plus sportif, mais aussi le plus authentique, car vous partez à la découverte de lieux moins accessibles aux touristes, les étapes sont plus longues et plus difficiles. Il vous faudra certainement un entraînement au préalable et une très bonne forme physique quoi qu'il arrive.

Le niveau de difficulté du voyage à pied constitue un élément important.

- **Tranquille,** sans aucune difficulté majeure avec des étapes courtes et non techniques, il se déroule durant 2 heures à 4 heures de marche sur des sentiers bien balisés, toujours près d'un site à découvrir, d'un village ou non loin d'une route. C'est vraiment la balade idéale pour une initiation.
- **En famille,** il devra être adapté à l'âge des enfants (déconseillé avant 6-7 ans), ce qui n'exclut pas d'aller parfois un peu hors des sentiers battus. En général, les agences prévoient toujours la possibilité de récupérer l'enfant sur le trajet avec un véhicule en cas de grosse fatigue.
- **Les randonnées dynamiques** sont conçues, quant à elles, pour des étapes de 4 heures à 6 heures avec des

La randonnée fluviale

Mêler croisière fluviale et randonnée, c'est l'idée qu'a eue la société CroisiEurope. À chaque escale, une randonnée est proposée pour découvrir paysages, faune et flore. La randonnée en groupe cible les plus beaux circuits des territoires visités, dans des distances et durées variables selon les arrêts. Les pauses sont l'occasion d'explications culturelles ou floristiques par le guide. Qui dit croisière fluviale dit rythme lent, et la randonnée telle qu'elle est proposée par l'opérateur se met au diapason. L'allure est tranquille et les excursions pédestres ne dépassent pas les 10 km pour permettre à chacun de suivre le mouvement et de profiter de la nature environnante. CroisiEurope propose ce type de séjour en France et en Europe : Rhône et Saône, la vallée du Douro au Portugal, une escapade au fil du Danube, à Cadix, dans les Carpates...

■ **CROISIEUROPE**
12, rue de la Division Leclerc
STRASBOURG
✆ 03 88 76 44 44
www.croisieurope.com
strasbourg@croisieurope.com
Ouvert du lundi au vendredi de 9h à 18h30 ; le samedi de 9h à 12h. American Express.
Depuis 1976, CroisiEurope s'impose comme une référence en matière de croisières fluviales. Le croisiériste s'est associé au Club Vosgien de Strasbourg pour ajouter une offre inédite à sa carte de séjours : le mariage de la déambulation fluviale et des excursions pédestres. Pourquoi se contenter d'admirer le paysage du bateau quand on peut chausser ses souliers de randonnée et partir à la découverte de l'arrière-pays, dans une randonnée accessible, encadrée par un guide ? Qui plus est, le réconfort d'un bon repas au retour est toujours une promesse motivante ! De belles excursions à la carte et des offres spéciales proposées.

À chacun son niveau

- **Niveau facile :** ouverte à toute personne en bonne santé. Ces randonnées ne présentent pas de difficultés techniques et ne demandent pas d'efforts particuliers.
- **Niveau moyen :** 5 à 6 heures de marche par jour. Pensez à faire une remise en forme avant votre départ, vous en apprécierez d'autant plus votre séjour.
- **Niveau confirmé :** forte dénivellation, exigence technique ou longue distance. Réservé aux sportifs et à celles et ceux qui pratiquent la randonnée régulièrement.

dénivelés sans passages techniques très difficiles. Elles nécessitent néanmoins une bonne condition physique.

- **Enfin,** les plus sportifs aborderont des randonnées plus compliquées (étapes de 7 à 8 heures chacune), dénivelés importants avec certains passages qui peuvent se révéler parfois d'accès délicat.

Différents environnements

Campagne

La campagne reste sans aucun doute le terrain d'exploration pédestre le plus accessible, tant en ce qui concerne la difficulté de la randonnée, que le coût de l'équipement ou la facilité d'approche. C'est en général un bon moyen pour démarrer dans la pratique des voyages à pied et de mesurer ses capacités d'endurance. En France, vous pouvez cheminer sur les GR® (chemins de grande randonnée), mais également de nombreux chemins balisés par des associations, des communes ou des départements dans le cadre du PDIPR (le Plan départemental des itinéraires de promenade et de randonnée), que l'on peut parcourir en boucle sur de courtes distances. Ces itinéraires sont souvent jalonnés de beaux points de vue ou de sites inaccessibles en voiture – vieux moulins ou lavoirs, habitats traditionnels, chapelle isolée sur un petit sommet à l'issue d'un beau chemin de croix, etc. La randonnée pédestre dans la campagne offre également une autre façon d'appréhender la nature et est l'occasion idéale de faire découvrir aux enfants *in situ* la flore et la faune de leur pays.

Forêt

Les massifs forestiers sont des lieux de randonnée prisés et fort agréables. Des forêts légendaires ouvrent leur sentier à qui veut les arpenter. Cependant, la forêt n'est pas qu'un lieu de promenade, elle est aussi un écosystème complexe et souvent un espace de culture forestière. Contrairement aux idées reçues, une forêt ne pousse ni ne s'entretient seule. La main de l'homme est nécessaire pour qu'elle perdure et ne se transforme pas en lande. Alors, quand on traverse une forêt, il faut être conscient de ce qui se trame autour de soi. Il y a cette végétation luxuriante, cette faune discrète, mais il y a aussi des hommes, passionnés, qui œuvrent pour que la forêt vive et que des générations de randonneurs puissent s'en délecter...

Respectez les propriétés privées

Il n'est pas rare qu'un sentier de randonnée traverse une propriété privée. Elle est matérialisée par une barrière et un panneau, indiquant des mentions comme « Passage aimablement toléré » et quelques règles à respecter. Celles-ci demanderont à ce que les randonneurs ne sortent pas des sentiers matérialisés, tiennent leur animal en laisse et s'abstiennent de cueillir fleurs ou champignons.

Pour le bien-être de tous, il est primordial de se plier à ces demandes qui répondent à des exigences de sécurité et de sauvegarde de l'environnement. Il peut s'agir de sécurité quand des travaux forestiers ou divers sont menés : bûcheronnage, abattage, élagage... Mais aussi de bien-être animal pour les oiseaux ou petits mammifères qui ont trouvé là un refuge et partiraient s'ils devaient être menacés par des chiens non tenus en laisse. De même, un piétinement des sous-bois gênera la faune et empêchera la régénération de la forêt si des semis commencent à pointer. Enfin, on s'abstiendra évidemment de camper sans autorisation, de faire un feu de bois et de jeter ses déchets...

Attention, chasse !

En France, dans les campagnes, en forêt et en montagne, la randonnée est déconseillée en période de chasse. Parfois, des interdiction formelles, concrétisées par des barrières entravant la circulation, obligeront à faire demi-tour ou à suivre un chemin alternatif. D'autres fois, il s'agira d'un simple avertissement indiquant le péril encouru, mais les panneaux «Chasse en cours» vous suggèrent toute de même fermement de rebrousser chemin. La chasse s'étend, selon les régions, de mi-septembre à fin février environ, mais des battues ou chasses à courre peuvent être organisées toute l'année. Les accidents de chasse causant la mort des randonneurs ne sont pas fréquents, mais pas rares non plus. Il convient donc d'être extrêmement prudent lors de ces périodes et de se renseigner, dans les mairies locales ou offices de tourisme, sur la randonnée choisie.

Deux types de randonnées

La randonnée courte ou « en étoile ». À la journée, elle consiste à revenir le soir au point de départ. Elle se pratique sur un ou plusieurs jours, sans changer de « camp de base ».

La randonnée itinérante. Elle se déroule sur plusieurs jours, voire plusieurs semaines, et impose d'arriver à l'étape chaque soir – gîte, refuge, campement –, de changer d'hébergement au quotidien et, par conséquent, de transporter ou de faire transporter ses bagages. C'est la formule « marche et bivouac ».

Comprendre la gestion durable de la forêt
Certaines forêts arborent les logos PEFC ou FSC ou la mention « Forêt gérée durablement ». Qu'est-ce que cela signifie ? Empreinte d'émotions, de souvenirs et de romantisme, la forêt est perçue comme un milieu naturel où il fait bon randonner, se détendre, pratiquer des sports de plein air. L'arbre, parce qu'il s'inscrit dans un temps qui nous dépasse, est chargé d'une forte valeur sentimentale. Pourtant, la forêt, dès lors que l'on utilise son bois, se gère.Concrètement, les logos PEFC, FSC et mentions de gestion durable signifient que le propriétaire forestier s'est engagé à suivre des règles pour entretenir la forêt, la faire vivre et préserver l'environnement. Il laisse des arbres vieux et des arbres morts pour conserver l'habitat des espèces naturellement présentes. Il cultive la forêt, ce qui inclut des coupes, et veille à ce qu'elle se régénère, naturellement ou en semant. Sa démarche est de répondre aux besoins en bois de la société tout en maintenant l'état boisé, dans le cycle long qui est celui de la forêt.

Littoral

Les randonnées en bord de mer sont en général faciles même dans les zones un peu montagneuses. Elles demandent toutefois plus d'efforts qu'une randonnée en campagne, sols sablonneux et vents vivifiants générant une fatigue supplémentaire. Attention, certains sentiers sont parfois en bordure de pentes abruptes et il est prudent de bien surveiller les enfants. Pour ce qui est de la panoplie vestimentaire, ciré et bottes en caoutchouc par temps de pluie, lunettes de soleil et couvre-chef en été.

Montagne

De longue date, la montagne attire le marcheur pour des raisons qui tiennent autant à la beauté des lieux (paysages de rêve, panoramas enchanteurs…) qu'aux bienfaits escomptés sur la santé (silence, air pur…). Il est vrai qu'elle permet, au propre comme au figuré, de prendre de la hauteur... N'oubliez cependant pas que l'altitude exige une forme qui, à défaut d'être olympienne (il ne s'agit pas d'alpinisme !), se doit d'avoir été entretenue le reste de l'année. En effet, les dénivelés épuisent rapidement les marcheurs du dimanche. D'aucuns trouveront ces lignes peu encourageantes : ce sont ceux qui envisagent de partir pour la première fois… Si vous êtes dans ce cas, voici quelques conseils à respecter pour que tout se passe au mieux. D'abord, après avoir consulté la météo du jour, choisissez le parcours le plus adapté à vos capacités physiques. Le temps étant particulièrement changeant en montagne, munissez-vous d'un vêtement chaud (la chaleur baisse avec l'altitude) et d'un ciré. Emportez également vos lunettes de soleil, une crème solaire réellement protectrice et, pour les têtes sujettes à l'insolation, un couvre-chef. Enfin, glissez dans votre sac à dos de quoi vous désaltérer ainsi que des fruits secs et autres barres de céréales susceptibles, lors d'une pause, de calmer une petite faim sans alourdir votre estomac. En groupe, ne laissez jamais un randonneur seul et n'oubliez

La randonnée en montagne offre des panoramas magnifiques.

Randonnées urbaines

Les randonnées urbaines séduisent les citadins. Les adeptes de cette nouvelle forme de loisir alliant sport et découverte de l'architecture et de l'histoire sont de plus en plus nombreux aux rendez-vous. C'est une manière intéressante de découvrir sa ville tout en gardant la forme ! Les Comités départementaux et régionaux de randonnées pédestres offrent généralement ce type d'événement, à l'image des Panamées® du Comité Départemental de la Randonnée de Paris. Souvent gratuites, ces randonnées citadines à thème sont ouvertes à tous, petits et grands, jeunes et moins jeunes, et sont généralement encadrées par des accompagnateurs spécialisés qui vous narrent la grande et la petite histoire des lieux traversés et des monuments rencontrés.

pas de toujours prévenir quelqu'un de votre départ, de votre itinéraire et du moment prévu de votre retour. Le GPS est un plus, la boussole indispensable.

Glace

Marcher sur la glace : si l'on associe majoritairement cette pratique à la montagne, elle peut aussi s'appliquer à des destinations comme le Groenland ou l'Islande. Le trek sur glace se pratique lors de séjours dans le nord de l'Europe, dans les terres habitées flirtant avec les pôles, mais aussi en haute montagne, entre France, Italie, Suisse et Autriche. La randonnée glaciaire permettra de découvrir, selon les destinations, les glaciers et les paysages immaculés, fjords, pics de glace, neiges éternelles... pour des souvenirs impérissables. Obligatoirement encadrée, la randonnée glaciaire exige un équipement adapté et ne peut s'improviser.

Ville

Exception faite du traditionnel shopping qui correspond souvent à un véritable itinéraire sportif (bonnes chaussures recommandées !), la randonnée urbaine est un phénomène assez récent. On associe la randonnée à la nature, à la montagne et aux autres environnements plutôt sauvages... Toutefois la randonnée en ville compte de plus en plus d'adeptes.

Les itinéraires thématiques. Qu'il s'agisse de marcher sur une partie urbaine de GR® – même les GR® traversent les villes ! – ou de participer à des randonnées à thème – comme les Panamées® organisées par le Comité départemental de Paris –, la redécouverte de l'espace urbain peut tout à fait se faire par l'intermédiaire de la marche. Pour répondre à un besoin croissant du public, les communes et les offices du tourisme sont de plus en plus nombreux à avoir créé des circuits historiques pour piétons, de petites randonnées le plus souvent articulées autour d'un thème (patrimoine, espaces verts, histoire locale, églises...). Balisés ou non, parfois jalonnés de bornes d'information, ces circuits sont souvent instructifs et insolites : certaines balades thématiques, comme le Chemin du Fauvisme à Collioure ou le parcours Saint-Jean à travers les traboules à Lyon, le circuit autour de Napoléon – «Sur les pas de Bonaparte» – à Valence, le sentier de Cézanne à Gardanne constituent des découvertes fort intéressantes. Le long des canaux et des rivières urbaines, les itinéraires sont particulièrement agréables, voire tout à fait verts. À Paris, les balises jaune et rouge, qui sont la marque des GR® de pays, guident le marcheur d'un ancien faubourg à un autre.

Préparer sa balade. Pour éviter de piétiner parmi la foule ou de rater l'animation d'un grand marché, pensez à choisir la bonne heure de départ et le bon jour de sortie. Sur le macadam, les chaussures à semelles crantées ne sont pas, a priori, indispensables. Il est cependant plus approprié de prendre des chaussures de randonnée si vous envisagez de marcher quelques heures sur un sol pavé, pour gravir des escaliers, etc.

Consultez au préalable un guide touristique ou emportez un Topoguide® vous permettra de mettre à profit votre escapade : circuit choisi, précisions historiques, sites à ne pas manquer, horaires de visites, etc. En arrivant dans une ville, vous pouvez aussi vous adresser à l'office de tourisme local qui très souvent peut mettre à votre disposition – gratuitement ou pour une somme modique – des itinéraires pédestres à thème et un plan de la ville qui suffisent à vous orienter vers les monuments à ne pas manquer, un jardin botanique ou un musée à découvrir.

Les randonnées gourmandes

En plein essor, les randonnées gourmandes sont de plus en plus nombreuses. Organisées par des associations, au profit de grandes causes ou pour la réhabilitation du patrimoine, elles rassemblent toutes les générations au gré de parcours plus ou moins longs, mais toujours praticables, ponctués de haltes gourmandes. Les itinéraires suivent les sentiers de la commune et donnent l'occasion de découvrir un patrimoine proche de chez soi. Ils sont ponctués de pauses : un apéritif pour la première, puis une entrée, un plat, un dessert et un café à l'arrivée. Amour du terroir oblige, les mets que vous dégusterez seront préparés avec soin par des fournisseurs locaux. Aussitôt mangé, aussitôt éliminé... ou presque... Quoi qu'il en soit, cette formule a de quoi motiver les plus récalcitrants ! Pour trouver une randonnée gourmande, pensez à guetter, dès le printemps, les agendas des associations ou à vous renseigner en mairie et office de tourisme.

En famille. Les circuits urbains se prêtent souvent bien à des balades le week-end, ou aux visites touristiques pendant le temps des vacances. Les promenades urbaines peuvent être très divertissantes pour les enfants à condition de trouver les idées qui stimuleront leur curiosité. Une montée en funiculaire, un tour des remparts, la visite d'un beffroi ou encore la découverte d'un labyrinthe végétal seront à coup sûr des projets stimulants ! Reste la circulation automobile : restez vigilant et évitez les grands axes ainsi que les carrefours importants.

Randonnée en famille

Les voyages forment la jeunesse, les randonnées aussi ! Randonner apprend pêle-mêle aux jeunes à assimiler la discipline (on a fixé des règles avant de partir, on doit s'y tenir !), la solidarité et le sens du partage (offrir de l'eau au voisin qui a déjà vidé sa gourde), le respect de l'environnement (non, on ne jette pas son papier de céréales n'importe où !), le goût de l'effort (on arrive bientôt, pas question de flancher !). C'est surtout un excellent moyen pour développer la volonté de l'enfant et affermir son caractère tout en lui laissant de nombreux bons souvenirs qu'il aimera raconter à ses copains au retour des vacances. Toutefois, si l'on souhaite que la randonnée profite aux enfants, il faut veiller à bien connaître les capacités de chacun, et à ne pas le lancer trop tôt ou trop loin. Dans bien des cas, l'avis du médecin de famille et du pédiatre sera fort judicieux, car l'organisme d'une jeune pousse mérite d'être ménagé.

5 ans et de l'envie ! Ainsi, il semble sage d'attendre que l'enfant ait atteint son cinquième ou sixième printemps pour faire de lui un randonneur en herbe. Et encore faut-il que celui-ci ait manifesté des témoignages de son intérêt pour la vie au grand air, l'effort physique, le changement d'habitudes. Et qu'il soit également accompagné par un adulte qu'il connaît parfaitement, qu'il ait aussi d'autres jeunes à ses côtés pour maintenir sa motivation. À noter que, dans ce domaine, il est sage de fixer un objectif à la randonnée familiale : un lac de montagne où prendre un bain, la présence d'animaux sauvages, une grotte emplie de trésors que personne n'a jamais pu récupérer, la découverte de champignons, l'observation des traces d'animaux, etc. Le géocaching pourra être un allié de choix dans cette initiation ! Sans ces aspects, le risque est grand de voir la rando sans cesse rythmée par les pénibles et lancinantes questions qui

Randonner avec bébé : quelques conseils

Vous pouvez partir en randonnée avec votre bébé pour peu que vous preniez, bien entendu, quelques précautions. S'il est âgé de 18-24 mois à 4 ans, soyez vigilant. Même si votre enfant marche, sachez qu'à cet âge il se fatigue très vite et mérite toute votre attention lors de la randonnée. Celle-ci doit être adaptée à son niveau, pensez avant tout à son plaisir ! Certains furent ainsi dégoûtés à vie de mettre un pied devant l'autre dans la nature ! À 3 ans, 1 km est amplement suffisant, le reste se faisant porté par un adulte consentant. Adaptez-vous au rythme de votre enfant. Pas question qu'il coure derrière vous en s'épuisant ! Ce n'est pas une course, encore moins un jeu. Un enfant âgé de 2 et 4 ans n'est pas assez musclé pour supporter une marche continue, n'hésitez pas à faire des pauses et à le laisser jouer et découvrir la nature. Plus la randonnée sera ludique et faite de découvertes, mieux l'enfant marchera et plus la famille appréciera. Évitez bien entendu les conditions météorologiques non favorables, préférez des températures moyennes ainsi qu'un ciel dégagé.

Prévoyez un faible dénivelé, pour une randonnée avec un petit : un maximum de 300 m de dénivelé à la montée. Veillez à ne pas dépasser la fourchette allant de 1 800 à 2 000 m d'altitude. De plus, évitez les montées et descentes rapides en téléphérique de haute montagne.

Soyez à l'écoute et veillez à tout signe de fatigue ou comportement inhabituel qui témoigneraient d'un épuisement physique. Surtout, ne le forcez pas !

Pensez bien à choisir votre itinéraire : n'oubliez pas que vous serez certainement amené à porter votre enfant durant une partie de la randonnée.

Pensez à la protection solaire, à l'hydratation et à un équipement adapté à la marche, comme pour vous et même avec plus de précautions que pour vous. Pour protéger votre enfant des rayonnements nocifs du soleil, pensez à l'enduire de crème solaire écran total, à l'habiller avec des vêtements recouvrant le corps (t-shirt et pantalon ou short) un chapeau ainsi que des lunettes de soleil. En marchant, l'enfant brûle de nombreuses calories, il est important de lui donner de l'énergie régulièrement (barres céréales...). De plus, il se déshydrate sans s'en rendre compte, à vous de veiller à ce qu'il boive suffisamment, au moins toutes les heures. Pour bien marcher, votre enfant doit être chaussé convenablement. Des chaussures conçues pour la randonnée sont recommandées : légères, solides avec des renforts et antidérapantes elles doivent surtout être à la taille des pieds de votre enfant, cela semblé évident mais certains l'oublient...

Anticiper les risques : À l'évidence, on ne laisse pas un jeune enfant marcher seul dans une pente abrupte, sur un sentier escarpé et on lui impose de tenir la main d'un adulte dès lors qu'il y a un risque de chute.

Et pour les seniors ?

Aujourd'hui les seniors sont « jeunes » et de plus en plus nombreux à s'adonner à la marche régulièrement, aussi le voyage à pied n'est pas plus une épreuve que pour des personnes qui manquent d'entraînement. La visite chez le médecin avant de partir reste indispensable, les autres conseils sont identiques. Néanmoins, le groupe doit tenter d'être homogène afin que la marche ne soit pas ralentie par des personnes moins aptes à une longue séance. Bien entendu, de nombreux bénéfices sont à retirer de la pratique de la randonnée pour les seniors, randonnée soft s'entend, sauf pour les seniors qui ont pratiqué toute leur vie et sont donc entraînés et férus.

jalonnaient jadis la route des vacances en voiture avant la naissance de l'ordinateur et des jeux vidéos : « On arrive dans combien de kilomètres ? »

Tranches d'âge et capacités : D'une manière générale, les enfants développent leurs capacités de randonneurs avec les années. Ainsi, il est convenu d'observer que les 4-8 ans peuvent porter jusqu'à 3 kg de matériel et parcourir 3 à 12 km à une vitesse de croisière pouvant atteindre le 3 km/heure. De 8 à 12 ans, les marcheurs peuvent supporter jusqu'à 5 kg de matériel et couvrir 15 km dans la journée. Passé 12 ans, surtout s'il a été bien préparé, le jeune marcheur peut avoir les mêmes capacités qu'un adulte de force moyenne. Dès lors, bien motivé, il peut suivre les adultes partout, surtout s'il est en possession d'un équipement digne d'un randonneur chevronné : sac bien rembourré au dos et aux bretelles avec ceinture ventrale, gourde et canne de randonnée.

La motivation et le plaisir ! Pouvoir suivre les adultes partout ne veut pas dire que l'enfant pourra effectuer tous les parcours pour autant ni même avoir les capacités d'un adulte. Résultat : même s'il donne l'impression (flatteuse pour un parent randonneur) d'être aussi bon que son voisin de 50 ans, le petit d'homme reste un petit d'homme ! Ce qui signifie qu'il est indispensable de souvent ralentir la marche, de vérifier aussi que l'enfant n'est pas déshydraté et, s'il n'a pas bu depuis longtemps et que le soleil tape encore, de l'obliger à utiliser sa gourde. Pas question non plus de faire l'impasse sur le goûter ! Ni sur une pause de 15 minutes toutes les heures (oui, cela ralentit votre randonnée, c'est vrai, mais un enfant – rappelons-le – reste un enfant, surtout en altitude !). Pendant les pauses (surtout celle du pique-nique, plus longue que les autres), profitez de ce temps d'arrêt pour lui raconter des histoires, chanter des chansons entraînantes (même si vous n'avez aucun talent de chanteur), jouer à tel jeu qui l'intéresse... Le jeune marcheur doit rester mo-ti-vé.

Rando avec nourrisson : ce conseil s'adresse aux parents qui voudraient initier leur progéniture à la randonnée en les portant sur leur dos dès leur plus jeune âge : qu'ils veillent à ce que la marche n'ait pas lieu à plus de 2 000 m d'altitude, qu'elle ne dépasse pas les 120 minutes d'affilée et – surtout – que l'enfant soit parfaitement protégé du froid ou de la chaleur, deux ennemis qui peuvent occasionner des drames, surtout quand le « passager » n'a pas encore l'âge d'émettre un avis personnel...

Rando avec une poussette : randonner avec une poussette n'est pas nécessairement une galère... En effet, non seulement il existe des itinéraires balisés accessibles à des poussettes classiques, mais il est aussi possible de prendre des chemins un peu plus escarpés avec des poussettes 4x4. On les appelle ainsi ou poussettes tout-terrain. Ces poussettes à trois roues sont plus maniables pour les parents et plus confortables pour les enfants. La bonne nouvelle, c'est que ce type de poussette se loue ! En montagne, les stations labellisées « Famille plus » disposeront d'itinéraires spéciaux. Dans tous les cas, vous trouverez toutes les informations nécessaires en office de tourisme.

Randonnée entre filles

Certains organismes proposent des séjours de randonnée entre femmes. La question n'est pas tant de s'inscrire dans une démarche féministe que de répondre à une attente des amatrices de randonnées et de treks : pouvoir partir à l'aventure ou rejoindre un groupe de marcheurs, en solo ou entre copines, sans prendre de risque inutile et sans que l'absence de compagnon devienne invitation aux jeux de séduction.

La randonnée au féminin permet aussi l'accès à des zones réservées aux femmes, à l'instar de lieux sur la planète où seule la gent masculine peut pénétrer. Plusieurs agences ont ciblé ce besoin et y répondent. Qu'il s'agisse d'opérateurs au féminin proposant des circuits de trek ou de spécialistes du voyage à pied réservant un séjour aux femmes, plusieurs possibilités s'offrent aux globe-trotteuses.

COPINES DE VOYAGE
✆ 04 20 88 02 63
www.copinesdevoyage.com
contact@copinesdevoyage.com
Copines de voyage se situe entre l'agence de voyage et le réseau social : c'est une plateforme de mise en relation autour de séjours soigneusement sélectionnés. Des groupes de femmes, déjà copines ou non, se constituent selon une destination et un programme. Avant le départ, les échanges entre participantes sont déjà possibles, ce qui fait que les autres voyageuses ne sont pas vraiment des inconnues. Copines de voyage a été créée dans l'esprit de cette atmosphère unique des rassemblements réservés aux femmes. Pour la randonnée, c'est dans la collection «En mode aventurière» qu'il faut aller piocher, et pourquoi pas partir pour un trek au Brésil ou une randonnée dans les Cyclades ?

Randonnée entre geeks

Les nouvelles technologies envahissent tous les domaines et la randonnée ne fait pas exception. Le voyage à pied peut se vivre déconnecté, ou pas, et c'est tant mieux, car il en faut pour tous les goûts. Les accros aux nouvelles technologies trouveront ainsi leur plaisir dans cette activité de plein air. Entre les applications ludiques de chasse au trésor, celles d'orientation adaptées aux randonnées et celles de partage, le randonneur geek n'en a pas fini de rester connecté. Si certaines jouent les guides touristiques, invitant le randonneur à visiter les points d'intérêt l'environnant, d'autres s'engagent sur la voie de la sécurité. Les applications de randonnée sont aussi nombreuses que variées. Pour l'option GPS, vous aurez le choix entre iPhiGéNies, Visorando, MyTrails, ViewRanger GPS, SityTrail, Mhikes, Topo GPS France... Chacune, gratuite ou payante, présente ses atouts : communauté, point météo, suggestion de visites, indication de performances sportives, possibilité de GPS hors connexion... Côté orientation, les amateurs de gadgets téléchargeront les applications de boussole et d'altimètre. Pour ce qui touche à la sécurité, la Croix rouge a créé son application gratuite pour expliquer les gestes qui sauvent. Enfin, des applications ludiques et/ou éducatives agrémenteront la randonnée de ceux qui ont besoin d'une occupation autre que la contemplation des paysages. Chasse au trésor, découverte active de la faune et de la flore, la nature devient terrain de jeu connecté...

Le géocaching ou chasse au trésor 2.0

Le géocaching propose de partir à la recherche de « caches » au trésor. La « cache » est une boîte où le joueur trouvera une surprise. Il la prend et dépose à son tour un objet que le prochain géocacheur découvrira. L'objet peut ainsi voyager très loin, de lieu en lieu, quitter la région, le pays, voire le continent ! Il peut s'agir simplement de partir chercher un point, mais il est aussi possible de suivre un parcours de randonnée multicaches, en prenant l'option de circuits en boucles. Un GPS aide à trouver les caches, mais parfois, il faut aussi faire travailler ses méninges, car des énigmes peuvent être posées. Le joueur apprend alors des anecdotes sur les légendes, le territoire, l'histoire... En famille, entre amis, cette chasse au trésor moderne ravira les esprits joueurs et leur donnera, si besoin était, le goût de la randonnée. Le géocaching se pratique dans plus de 220 pays et l'on recense actuellement plus de 2,6 millions de caches. Toutes les informations sur : www.geocaching.com

Identifier la faune et la flore

« Shazamer » une plante sauvage ? Quel amateur de nouvelles technologies amoureux de la nature ne l'a pas envisagé ? C'est désormais chose possible grâce à Pl@ntnet, l'application qui propose de photographier une plante pour l'identifier. Créée grâce à une base de données de plusieurs centaines de photos, elle permet de retrouver le nom botanique de la fleur ou de l'arbuste observé, avec cette réserve toutefois qu'elle répertorie uniquement les variétés de la flore française métropolitaine. Dans le même esprit, il existe aussi PlantSnap, Smart'Flore ou iNaturalist qui fonctionne aussi pour les animaux. Envie de voir plus grand, ou plus haut ? L'application Clé de Forêt, co-développée par l'ONF, le ministère du Développement durable et GoodPlanet, invite à la découverte de plus de 30 essences d'arbres présentes dans les forêts françaises. De nombreuses anecdotes et photos invitent à un apprentissage ludique en immersion totale. Toutes ces applications, et d'autres encore, sont disponibles sur l'App Store et Google Play.

Randonnée en solo

La randonnée en solo s'adresse à ceux qui souhaitent réaliser le voyage de leur rêve sans attendre un compagnon de route, ami ou amoureux. Sans qu'il soit question de s'aventurer seul en excursion, cette option permet de s'intégrer à un groupe composé de personnes elles aussi venues en toute indépendance. Plusieurs choix sont possibles : les femmes peuvent décider d'un séjour exclusivement féminin, les célibataires peuvent voir dans la randonnée une occasion de trouver l'amour, et, comme l'on fait du covoiturage, on peut faire du covoyage. Si les agences traditionnelles acceptent des voyageurs en solo, d'autres ont fait de ces aventuriers indépendants leur clientèle cible.

Rando pour célibataires

Rando-Celibat : la bonne idée ! Se retrouver entre solo, célibataires et divorcés pour profiter de sorties et de week-ends en groupe, selon vos envies, c'est ce que propose Rando-celibat autour du thème de la randonnée pédestre ou à VTT, marche nordique, accrobranche et autres activités de plein air. C'est en fait une communauté de rencontres composée de membres, où chacun peut en toute convivialité proposer des sorties, auxquels s'ajoutent ceux d'accompagnateurs partenaires. Pour participer, il faut être membre adhérent (cotisation payante au mois d'essai ou à l'année, prix largement abordable). Cela permet de savoir qui propose quoi, et ce en toute quiétude. Le week-end pour les membres de Rando-Célibat, c'est l'occasion de s'évader et d'oublier les tracas de la semaine. Alors sans idée préconçue, en toute amitié, proposez vous-même des sorties et rencontrez d'autres solos qui comme vous en ont assez du célibat morose, mais ne veulent pas pour autant toujours devoir surpayer chacune de leurs sorties ! Finalement, Rando-Celibat, c'est souvent pratiquer la randonnée hors club, une fois de temps en temps, pour le plaisir d'être en groupe de solos de même génération.

www.randocelibat.com

Des petits groupes pour favoriser les échanges, les Covoyageurs.

■ **PARAVECMOI**
✆ 01 84 73 22 10
www.paravecmoi.fr
contact@paravecmoi.com
Ouvert toute l'année. Boutique.
Paravecmoi est né d'un constat que beaucoup de voyageurs solo à petit budget ont fait : cela coûte cher de partir seul ! Paravecmoi propose donc de trouver un covoyageur : au départ, il s'agissait de trouver un « colocataire » pour éviter le supplément *single*, mais les internautes se sont emparés du site pour trouver un partenaire de voyage et partager, ça et là, des frais : location de voiture, de bateau, de logement, accompagnement par un guide... Le site – ou l'application – facilite la rencontre virtuelle par affinités, goûts et envies communs, et permet une géolocalisation des membres. Paravecmoi peut gérer les aspects pratiques : chacun paie sa part et a un dossier de voyage individuel. En lien avec un partenaire voyagiste donnant accès à de nombreux opérateurs en France, le service propose des idées de voyages et dispose d'une plateforme téléphonique dédiée qui répond à toutes les questions.

■ **LES COVOYAGEURS**
96, avenue de Saint-Maur
MONTPELLIER
✆ 04 30 96 53 90
www.les-covoyageurs.com
contact@les-covoyageurs.com
Accueil téléphonique du lundi au vendredi de 10h à 18h. Plus de 200 voyages sur 50 destinations.
Les Co-voyageurs est une agence de voyages réservée aux célibataires et aux mono-parentaux. Si vous êtes un parent seul avec vos enfants, des séjours dédiés existent pour leur donner le goût du voyage et créer de belles rencontres. En randonnée particulièrement, le principe du co-voyage est une excellente idée. Le site regorge de suggestions d'expéditions aux quatre coins du monde : les trésors des Balkans au Montenegro, la côte de Granit rose en Bretagne, la Route de la soie en Ouzbékistan, l'ascension du Kilimandjaro en Tanzanie...

Randonnée et mobilité réduite

Comme de nombreuses activités sportives et de plein air, la randonnée s'ouvre au plus grand nombre. Elle est donc aussi accessible aux personnes en situation de handicap et/ou à mobilité réduite. De nombreuses initiatives existent en France, à travers des associations, des labels, des organismes et des initiatives particulières ou professionnelles.
La randonnée se décline sous différentes formes, selon la situation de handicap : randonnée à pied, en joëlette, en fauteuil tout-terrain (FTT), avec bâton de randonnée, ou, pour les déficiences visuelles, en compagnie d'un guide formé.
La marque d'État « Tourisme et Handicap » est un bon indicateur pour trouver des circuits accessibles. Les établissements ou structures labellisées l'affichent systématiquement. Chaque région, département et pays touristique disposent ensuite de son offre propre, qui grandit d'années en années.
Les associations locales sont aussi nombreuses à proposer des événements festifs autour d'une pratique de la randonnée facilitée pour tous les publics, des sorties spécifiques, etc.

- **Fédération Française Handisport** : www.handisport.org, rubrique « Randonnée ». Le site donne de nombreuses informations, adresses de clubs et d'organismes, conseils techniques, indications de matériel pour pratiquer la randonnée quelle que soit la situation de handicap.
- **Tourisme et Handicap** : www.tourisme-handicaps.org. Ce portail web regroupe de nombreuses informations sur les offres touristiques accessibles aux personnes en situation de handicap.

Fédération Française de Randonnée : www.ffrandonnee.fr. Elle propose depuis 2006 la « rando accessible à tous », avec les modules Rando Santé® et Rando pour Tous®, adaptés aux personnes porteuses de pathologies diverses les conduisant à la sédentarité, ou en situation de handicap (moteur, déficience auditive, visuelle, mentale). Chaque fédération régionale et départementale dispose d'événements et de propositions spécifiques.

HANDI CAP ÉVASION (HCE)
32, chemin de La Creuzette
FONTAINES-SUR-SAÔNE
✆ 04 78 22 71 02
www.hce.asso.fr

♿

Handi Cap Évasion a vu le jour dans les Hautes-Alpes et s'est depuis développée dans tout l'hexagone, avec des antennes dans plusieurs régions (coordonnées sur le site). Elle promeut l'organisation de randonnées pédestres associant personnes en situation de handicap physique (moteur ou sensoriel) et personnes valides. Elle propose un riche programme de randonnées en montagne ou en campagne, en groupes, avec des joëlettes. Des randonnées à la journée sont régulièrement programmées, mais aussi des week-ends ou des séjours d'une semaine, dans les plus beaux paysages de France.

Les fauteuils spéciaux pour la randonnée

Les personnes en situation de handicap (à mobilité réduite) peuvent aussi découvrir les sentiers escarpés et les voies non carrossables. Plusieurs solutions existent, certes souvent onéreuses. Des associations œuvrent pour les rendre plus accessibles ou s'équipent pour leurs événements de plein air. Des locations peuvent aussi être mises en place.

BUGGY BIKE
ZA des Épinettes
558, rue de Branmafan
BARBY ✆ 04 79 68 65 50
www.buggy-bike.eu
commercial@buggy-bike.eu

♿

Ouvert du lundi au vendredi de 8h à 12h et de 13h30 à 17h.

Les Buggy-bike et Ebuggy sont deux réalisations développées par la société savoyarde Chaland-Palmieri. Celle-ci a imaginé et conçu des véhicules tout-terrain adaptés aux personnes à mobilité réduite pour leur permettre de jouir aussi de loisirs *outdoor*. Les Buggy-bike sont des FTT (fauteuils tout-terrain) orientés vers la descente : ils permettent l'accès aux parcours accidentés, sentiers, prairies... et peuvent être utilisés, en terrain plat, tirés par des chevaux, chiens de traîneau... Quant aux Ebuggy, ils sont des FTT motorisés pour faciliter la randonnée quel que soit le terrain. Électriques, ils sont silencieux et propres. Le site propose dans sa rubrique « Pratiquer » un annuaire des adresses en France où ces véhicules sont disponibles à l'essai, à la location et des clubs organisateurs de sorties.

Le plus de ces deux véhicules adaptés ? Leur caractère ludique fait que tout le monde, valides comme non valides, a envie de les essayer !

QUADRIX
5, rue de Malaz, Seynod
ANNECY
✆ 04 50 45 61 45
www.quadrix-team.com
info@quadrix-team.com

Quadrix est spécialiste des FFT, les fauteuils tout-terrain électriques, pour la randonnée et la descente. Il les conçoit, les fabrique et les commercialise. L'entreprise est née de l'impulsion de plusieurs personnes en situation de handicap désireuses de pratiquer un sport en montagne. C'est ainsi que Jean-Luc Fumex (lui-même paraplégique) et Jean-Pierre Lacombe ont créé le concept Quadrix. Leur but ? Offrir plaisir, autonomie et accessibilité aux personnes à mobilité réduite grâce à des technologies innovantes, personnalisées selon les besoins de chaque utilisateur.

JOËLETTE AND CO
ZI Charles-Chana
3, rue de la Galerie
ROCHE-LA-MOLIÈRE
✆ 04 77 42 62 58
www.joeletteandco.com
info@joeletteandco.com

♿

Ouvert du lundi au jeudi de 8h à 12h et de 14h à 18h ; le vendredi de 8h à 12h.

La joëlette est un fauteuil tout-terrain monoroue permettant l'accès à la randonnée aux personnes à mobilité réduite ou en situation de handicap, enfant comme adulte. Celui-ci est manié par deux personnes, une à l'arrière pour la stabilité et l'autre à l'avant pour la traction. Il peut accéder aux terrains escarpés, pentus, herbeux... bref, aux sentiers de randonnée, sans restrictions. La joëlette peut aussi bien être utilisée pour des promenades en famille que lors d'événements sportifs. La société Ferriol-Matrat, initiatrice et fabricante de la joëlette, a aussi développé un modèle électrique, avec les mêmes caractéristiques, mais avec l'ajout d'une aide les accompagnant lors de forts dénivelés par exemple. Plus qu'un site de fabriquant, «Joëlette and Co» propose un espace «communauté», un annuaire des clubs et lieux où pratiquer, un agenda des manifestations intégrant des joëlettes et un blog avec des récits de voyage en joëlette.

Y'a pas que les ânes !

Le capitaine Haddock lui en veut toujours... Quoi qu'il en soit, le lama est par excellence, un très bon randonneur qui s'avère très habile en terrain accidenté. C'est qu'il est muni de pattes très particulières, équipées de deux doigts qui peuvent travailler indépendamment l'un de l'autre et de coussinets qui s'adaptent aux aspérités du sol. Sa souplesse lui permet de franchir d'un saut un tronc d'arbre ou un rocher, il est aussi économe en eau et en nourriture. Pour choisir un lama de randonnée, il faut étudier sa morphologie et veiller à ce qu'il présente de beaux aplombs, une belle musculature afin de porter des charges sans problème. Son caractère est aussi un facteur important, car il faudra qu'une confiance sans faille puisse s'établir entre le meneur et son lama dans les passages difficiles. Comme pour les ânes de bât, un matériel spécifique existe sur le marché pour équiper correctement votre compagnon de marche et de portage. Plusieurs bâts adaptés à divers types de randonnées sont proposés. Pour une petite randonnée d'une journée sur terrain facile, style montagne à vaches, un bât en bois peut faire l'affaire. Pour les grandes randonnées de plusieurs jours, en terrain accidenté, mieux vaut privilégier les bâts en nylon, plus confortables pour l'animal. La charge sur l'animal peut varier de 10 à 30 kg, elle dépend de la morphologie du lama et du type de terrain. Les sacoches seront pesées afin de pouvoir établir un équilibre parfait. Prévoyez toujours un licol et une longe de rechange, une brosse peut aussi être utile. Pour la nuit, utilisez un piquet et trois mètres de longe, une gamelle pour l'eau, et prévoyez éventuellement des compléments alimentaires pour votre animal.

■ **ASSOCIATION FRANÇAISE LAMAS ET ALPAGAS**
VetAgro Sup
1, avenue Bourgelat
MARCY-L'ETOILE
www.lamas-alpagas.org
contact@lamas-alpagas.org
En 1986, des éleveurs de lamas créaient l'association Alpagas et Lamas de France. En 1994 naissait l'association française des petits camélidés. En 2010, les deux entités réunissant des éleveurs et propriétaires passionnés se rassemblaient pour ne former qu'une, l'Association Française Lamas et Alpagas (AFLM). Le site web regorge d'informations sur les randonnées avec les camélidés : bonnes pratiques, conseils, mais aussi adresses d'élevages proposant de partir en excursion à pied avec ces compagnons de voyage peu courants sur nos terres européennes. Une page dédiée à l'annuaire des éleveurs présente sous forme d'une carte de découvrir les membres de l'association et de trouver, dans chaque région, un partenaire de randonnée.

Randonnée détente et bien-être

La randonnée se couple volontiers au bien-être. Les formules randonnée et bien-être se développent de plus en plus : elles associent la marche à du yoga, du shiatsu, de la sophrologie, des soins en thalassothérapie ou balnéothérapie. Avec un tel séjour, le ressourcement est au rendez-vous ! La randonnée n'est-elle pas l'activité idéale pour respirer et se recentrer sur ses sensations et sur son corps ? Et quoi de mieux, après une marche, qu'un moment de détente en spa ou qu'un massage ? De plus en plus d'organismes de voyage proposent désormais ces options de séjour grand air et relaxation.

■ **VAGABONDAGES**
www.vagabondages.com
Réseau d'agences.
De la promenade aux randonnées sportives de haute montagne, du chemin paisible le long d'un canal au grand pèlerinage, de la rando nature à la balade culture... Vagabondages est une équipe de professionnels, mais avant tout de randonneurs passionnés de nature et épris de leur terroir, qui ont transformé leur passion en métier. Les adhérents de Vagabondages connaissent les sentiers sur le bout des semelles et sont tous fortement impliqués dans un développement responsable de leur territoire. Tout un état d'esprit et une passion conjugués avec un professionnalisme rigoureux. Au sein de Vagabondages, ils partagent leurs expériences et leurs savoir-faire pour vous offrir le meilleur de la randonnée en France. Tous sont signataires de la charte Vagabondages, charte de qualité et d'éthique qu'ils présentent dans leurs brochures. Vous les reconnaîtrez au logo de Vagabondages.

■ **PEDIBUS**
Le Bourg
63, chemin du rosaire
SAINT-PIERRE-D'ENTREMONT
✆ 04 79 65 88 27
www.pedibus.org
pedibus@pedibus.org
Pedibus, c'est une agence fondée en 1986 par un amoureux de la montagne en raquettes : Lionel Fouque. Elle s'est d'abord focalisée sur la randonnée en montagne et en France avant de s'ouvrir à l'international. L'agence propose du trek pour les marcheurs les plus chevronnés, mais aussi des balades accessibles en famille ou aux néophytes curieux de nature ! Il existe des formules de randonnée accompagnée, avec guide et groupe, et d'autres libres. Les Alpes, le Massif central, la Bretagne, mais aussi le Népal, la Bulgarie ou la Crète vous accueillent au cœur de leurs merveilles. Les randonnées s'effectuent en itinérance, avec carte ou accompagnateur, selon un itinéraire préparé et balisé.

Randonnée avec les animaux

Comme les marcheurs d'antan, les bergers et autres colporteurs, la randonnée accompagnée par un chien (certains marchent même avec leur chat !), un âne ou un lama est une belle expérience. Un plus ajouté à la rando qui ne va pas sans certaines contraintes et restrictions. Comme pour le reste, il convient d'adopter une attitude responsable…

Randonner avec un âne. En France, l'âne est l'animal de bât par excellence. Son pas est sûr dans les chemins plus ou moins escarpés, et ses exigences alimentaires sont modestes. Randonner avec un âne est de surcroît un bon moyen de motiver les enfants à marcher. Conduit par une longe, l'âne de bât transportera sur son dos les bagages, jusqu'à 3 ou 4 sacs, soit 30 à 40 kg. Il portera aussi, le cas échéant, les enfants fatigués. L'apprentissage des gestes nécessaires – que le loueur vous montrera avant le départ – est simple et rapide. La seule contrainte étant, outre un rythme de marche plutôt lent, l'impossibilité de passer avec l'animal sur des sentiers ou des passerelles peu larges. Il faut donc bien examiner avec l'ânier l'itinéraire projeté. Certains sentiers ou régions sont même particulièrement riches en âniers et en gîtes susceptibles de les recevoir comme le GR® 70 ou chemin de Stevenson dans les Cévennes. Gardez à l'esprit qu'un âne, comme tout animal, peut avoir des réactions potentiellement dangereuses s'il se sent menacé. Soyez attentif au langage corporel de votre compagnon. Faites attention aux morsures et aux ruades, et ne laissez pas vos enfants se faufiler derrière lui.
La liste des âniers et un livret de conseils sont disponibles auprès de la Fédération nationale ânes et randonnée (FNAR) : www.ane-et-rando.com

Randonner avec son chien. Partir avec un chien, c'est assurer une présence rassurante et réconfortante pour ceux d'entre vous qui randonnent seuls. En revanche, cela implique une organisation plus poussée si vous partez pour plusieurs jours. Outre vos vivres, il faudra prévoir celles de votre compagnon et sa couverture (tout comme vous emportez un sac de couchage pour vous). Attention, certains refuges ou gîtes n'acceptent pas les animaux. Renseignez-vous avant votre départ et adaptez votre itinéraire.
Votre animal peut transporter une partie de ses affaires lui-même à l'aide d'un sac de bât adapté à sa morphologie. Ces articles sont de plus en plus fréquents dans les catalogues des spécialistes d'articles canins. Pensez à habituer votre chien à son chargement avant de partir.Très important : durant la rando, surveillez l'état des pattes de votre compagnon. Les coussinets sont relativement fragiles et sensibles à la neige comme à la chaleur. N'oubliez pas de les inspecter à chaque pause pour retirer les éventuels cailloux coincés (comme pour un cheval !). Prévoyez un désinfectant spécifique et n'hésitez pas à consulter un vétérinaire en cas de blessure, plutôt que de risquer une aggravation en forçant la marche. Pour les chiens pratiquant beaucoup, notamment sur les terrains très accidentés, des bottines peuvent être une solution à condition d'être bien aérées. Soignez vigilant également quant à la présence de tiques. Enfin, prenez tous ses papiers et pensez à effectuer les soins préventifs nécessaires avant de partir (surtout à l'étranger).Il faut savoir que rien ne vous oblige à tenir votre chien en laisse dans les espaces publics, l'important étant que ce dernier ne s'éloigne pas de son maître. Toutefois, vous êtes obligé de vous munir d'une laisse et d'une muselière, prêtes à être utilisées si on vous le demande (même si votre chien ne fait pas partie des races à risques). Si votre chien provoque des dégâts, vous serez considéré comme responsable. Mieux vaut donc l'attacher quand vous n'êtes pas sûr de sa réaction.
Sachez enfin que les chiens sont interdits, même en laisse, dans les parcs nationaux et dans certains espaces naturels protégés. Afin de préserver le gibier, il est également interdit de laisser les chiens sortir des allées forestières du 15 avril au 15 juin, sauf s'ils sont tenus en laisse. L'obligation de tenir votre chien ou l'interdiction de l'amener peut être également prescrite par les autorités locales, dans les zones où paissent les troupeaux par exemple. Dans les zones d'élevage, il vaut mieux le tenir en laisse, car un chien peut provoquer un mouvement de panique au sein d'un troupeau. N'approchez surtout pas avec votre chien des troupeaux gardés par les patous, les grands chiens de berger blancs. Leur instinct de défense de leur troupeau peut les amener à attaquer votre animal ou vous. Passez au large.D'autres règles de comportement relèvent du simple savoir-vivre : retenez votre chien près de vous à proximité d'autres promeneurs, veillez à ce que le chien n'effraie pas les chevaux si vous croisez des cavaliers et ne gêne pas les cyclistes.Enfin, soyez conscient que partir avec votre chien réduit drastiquement vos chances d'observer la faune sauvage. Même si vous l'attachez, les animaux sentiront sa présence et s'éloigneront. Votre chien peut également se perdre en poursuivant un chamois ou un chevreuil. Un chien a souvent peur de ce qu'il ne connaît pas, il faudra donc l'habituer progressivement à des expériences nouvelles pour lui, comme la rencontre avec des cavaliers, des troupeaux ovins ou bovins.
En conclusion, ne partez avec votre chien que si vous connaissez ses réactions, ses capacités physiques et êtes certain de son obéissance. Après, tout dépend de la taille de votre animal et de sa condition physique. Tout comme vous, il doit être bien entraîné avant de partir pour une longue randonnée.

Osez le lama ! Les randonnées avec des lamas, à la manière de celles avec des ânes, se développent en France. Elles sont monnaie courante dans certaines régions d'Amérique latine. Les lamas possèdent des aptitudes reconnues pour l'accompagnement de la randonnée notamment en moyenne montagne. D'origine montagnarde, ils sont parfaitement adaptés à l'altitude et leurs sabots sont encore plus sûrs que ceux des ânes. Leur petite taille relative leur permet de passer par des passages étroits. En contrepartie, leur charge de bât devra être moins lourde (de 20 à 30 kg). L'association Française Lamas et Alpagas répertorie les professionnels qui proposent des randonnées avec ces animaux.

ÂNES ET RANDONNÉES

Créée voici plus de 20 ans, la Fédération nationale Ânes et Randonnées (FNAR) regroupe environ 60 professionnels de la randonnée avec un âne. De la rando libre (location de l'âne et de son bât et Topo-guide) à la rando accompagnée (guides avec brevets d'état), le réseau FNAR est présent sur l'ensemble de la France : de la douceur Angevine à la rudesse des Alpes, de la Provence à la Bretagne, des Pyrénées au Massif central, du Jura à la Bourgogne, du Nord au Portugal sans oublier le Centre !

En remettant les ânes au travail, les précurseurs de la randonnée âne, fondateurs de la FNAR, leur ont redonné une utilité économique. Plus de 20 ans après, c'est une véritable réussite, le nombre d'âniers ne cesse d'augmenter et les qualités des ânes en randonnée ne sont plus à prouver ! La force de cette fédération est dans la rencontre de gens qui ont en commun le respect de l'âne, l'attachement à leur région et un engagement moral de qualité et d'accessibilité au plus grand nombre. C'est une passion qui réunit tous ces acteurs de la FNAR dont le fonctionnement repose sur des principes solidaires où croissance et profit ne sont pas les objectifs prioritaires. D'ailleurs si l'on rencontre facilement des âniers heureux, on n'en a encore jamais croisé sur les sentiers qui sont devenus milliardaires !

Les ânes participent à l'essor du tourisme écologique et durable : la majorité d'entre eux ont installé leurs asineries dans des sites paradisiaques, mais souvent loin des gros centres touristiques et de ce fait, les ânes permettent, modestement, à certains petits pays de voir s'installer de nouveaux hébergements, rouvrir de petits commerces de proximité... Bien souvent l'installation d'âniers permet l'ouverture et l'entretien de nouveaux sentiers. Ainsi les ânes participent-ils au développement d'un tourisme nature différent : le rythme d'une randonnée avec un âne permet d'apprécier le paysage et surtout d'aller à la rencontre des habitants des campagnes ou des montagnes, car l'âne ouvre les portes et délie les langues....

Sachez qu'un âne porte les bagages de 2 à 4 personnes soit 30 à 40 kg. Il est équipé de son propre matériel qui vous est fourni par l'ânier : un bât pour le portage, un licol et une longe pour la tenue en main, des sacoches pour les bagages… Il marche régulièrement d'un pas sûr à 3 ou 4 km/h et accueille sur son dos, sous la responsabilité des adultes qui l'accompagnent, les petits enfants lorsqu'ils sont fatigués…

Les soins à apporter à l'âne sont simples et une démonstration est faite par l'ânier avec votre gracieuse participation, la veille ou le jour même de votre départ en randonnée. Dans un premier temps, on vous apprend comment parfaitement étriller, brosser, curer les pieds, placer correctement le bât de votre âne. Après cette démonstration, un petit nécessaire de soins vous est confié : brosses, étrilles, cure-pied, cicatrisant, répulsif insectes…

Reste à adopter la juste attitude. Un âne se pousse, il ne se tire jamais : tout au long du parcours, vous tiendrez l'âne en longe et vous marchez un devant, les autres derrières et si votre âne flâne en cours de route, au besoin agitez une petite branche derrière lui. Un âne s'aborde en douceur et de face, car comme tout être vivant, il n'aime pas être surpris ou qu'on s'adresse à lui en criant ! Faites attention à ne jamais courir derrière un âne qui a été surpris ! Il court plus vite que vous et il pourrait croire que vous aussi vous fuyez : restez calme, et dès qu'il aura compris qu'il n'y a pas de danger, il s'arrêtera rapidement et se mettra tranquillement à brouter.

Chargez correctement votre compagnon à quatre pattes. Les sacs sont chargés de chaque côté de l'âne : il est donc essentiel que les sacs aient le même poids. Lorsque vous préparez vos sacs, pensez à votre âne : évitez les valises et préférez les sacs souples, type sacs de sport, plus faciles à installer dans les sacoches. Les objets durs ou pointus ne doivent pas être positionnés contre les flancs de l'animal. Pensez au centre de gravité du chargement : les objets lourds doivent être au fond du sac, et les plus légers dessus. Veillez à ne pas (le !) vous surcharger, gardez le superflu pour le retour…

L'ânier vous guide sur votre futur chemin : il a repéré l'itinéraire, vous l'explique et vous confie un Topo-guide® ou une carte au 1/25 000. Il prend toujours le temps nécessaire pour vous donner toutes les explications qui vous permettront de faire votre randonnée en toute tranquillité. Il pourra vous remettre au départ un livret dédié qui rassemble toutes les indications importantes.

En France, cinq grands itinéraires sont plus particulièrement équipés pour randonner avec des ânes : « La Grande traversée du Vercors » (Rhône-Alpes), « Le Chemin de Stevenson » (Massif central), « Le Chemin de Compostelle » (GR65 du Puy-en-Velay à Figeac), « Le Chemin des Huguenots » (Dauphiné) et en création « Le Chemin de la Loire ».

Les randonnées avec les ânes sont accompagnées ou en liberté. Sachez enfin que la FNAR est attentive à développer l'activité auprès des personnes atteintes d'un handicap. C'est pourquoi un certain nombre d'âniers se sont engagés dans une démarche de découverte de l'âne et de la randonnée pour les personnes handicapées, dans un souci pédagogique, thérapeutique ou d'accessibilité de la randonnée à tous.

www.ane-et-rando.com

ORGANISER SON SÉJOUR

Chacun a sa façon de randonner, mais au préalable chacun aura déterminé sa destination puis se posera la question du budget à prévoir. Les modalités de la randonnée choisie changent ensuite la donne : avec ou sans accompagnateurs, hébergements en dur plus ou moins luxueux, etc. Deux possibilités s'offrent au randonneur : « monter » son voyage seul ou faire appel à des professionnels. Bien entendu, la seconde solution est la plus coûteuse, mais la plus sécurisée, et donc la moins aventureuse aussi. Sortir ou ne pas sortir des sentiers battus, c'est à vous de choisir. Quoique... La dichotomie n'est plus d'actualité, les agences de voyage spécialisées concoctent désormais des circuits hors itinéraires touristiques balisés ! Il y a les plus «gagnants», ceux qui anticipent leurs réservations (hébergement, moyen de transport...). Chacun sait qu'il faut toujours prévoir un budget un peu plus large, car il y a malheureusement souvent des surprises de dernière minute.

Par ses propres moyens

La formule est la plus souple et la plus économique, mais elle s'adresse à celles et ceux qui savent faire preuve d'une certaine autonomie. Cela nécessite tout d'abord une bonne connaissance du pays et des itinéraires à parcourir. Les guides touristiques, les cartes routières

Sorties naturalistes

La nature, la biodiversité, reconnaître des plantes et des traces d'animaux sauvage, entendre le brame du cerf ou le hululement d'une chouette : c'est aussi cela le plaisir de la randonnée. Il est d'autant plus grand quand on a quelques bases sur le sujet. De nombreuses sorties naturalistes et botaniques sont proposées par les amoureux de la nature, amateurs avertis ou professionnels. Ne manquez pas les excursions dans les réserves naturelles, jumelles à la main ou appareil photo prêt à dégainer ! Découvrez les animaux emblématiques des parcs : loutre d'Europe, faucon pèlerin, chouette chevêche... ou simplement les espèces sauvages, renards, cerfs et biches. Vous trouverez les informations sur ces sorties auprès des organismes locaux et des offices de tourisme qui ne manqueront pas de vous fournir le programme de leurs animations. Citons, pour le plaisir, quelques parcs où il fait bon découvrir la nature :

- **Parc naturel régional de Brière** : découvrez, à pied ou dans les marais, les oiseaux d'eau, les passereaux paludicoles et apprenez à reconnaître les traces des différents mammifères. Ce haut lieu de migration vous émerveillera.
- **Parc naturel du Cotentin** : arpentez le sentier d'interprétation et apprenez grâce aux bornes ludiques et pédagogiques, espionnez les oiseaux des marais depuis des observatoires spécialement aménagés...
- **Parc des Landes de Gascogne** : il dispose de plusieurs sites, l'un dans le bassin d'Arcachon, l'autre sous forme d'un parc ornithologique, il vous propose de découvrir la rivière Leyre et son delta...
- **Parc naturel régional d'Armorique** : associez à la randonnée la gourmandise, puisque le parc valorise également des savoir-faire traditionnels artisanaux, agricoles et culinaires. Marchez auprès des phares, des falaises ou dans les collines...

FÉDÉRATION DES PARCS NATURELS RÉGIONAUX DE FRANCE
9, rue Christiani (18e)
PARIS
✆ 01 44 90 86 20
www.parcs-naturels-regionaux.fr
info@parcs-naturels-regionaux.fr

Cette fédération regroupe les 53 parcs naturels régionaux de France, de celui des Alpilles à celui des Vosges du Nord. Ces parcs ont pour vocation de mettre en valeur de grands espaces ruraux habités, à dominante rurale dont les paysages, leurs milieux naturels et leur patrimoine culturel sont de grande qualité, mais leur équilibre est fragile. Ils s'organisent autour d'un projet concerté de développement durable, fondé sur la protection et la valorisation de son patrimoine naturel et culturel. Les parcs naturels régionaux (PNR) mettent en œuvre des actions en lien avec la protection et la gestion du patrimoine naturel et culturel, l'aménagement du territoire (balisage de sentiers par exemple), le développement économique et social, en animant et coordonnant les actions économiques et sociales pour assurer une qualité de vie sur son territoire, en soutenant les entreprises respectueuses de l'environnement, en s'attachant à l'accueil, l'éducation et l'information du public. Les parcs favorisent le contact avec la nature et sensibilisent les habitants aux problèmes environnementaux. Comme les parcs nationaux, les parcs naturels régionaux constituent de formidables terrain de randonnée. Leurs sentiers sont bien entretenus et balisés. Les itinéraires tracés permettent la découverte de biotopes, de points de vue, d'édifices patrimoniaux remarquables. On peut télécharger des itinéraires de randonnée sur leurs sites Internet.

Art et randonnée

Des associations, agences et organismes privés développent des randonnée à dominante artistique. Vous pourrez ainsi allier randonnée et littérature, avec des ateliers d'écriture couplés à ces balades, la nature ou le paysage de la ville vous invitant à laisser parler votre imagination. La randonnée pourra aussi être l'occasion d'apprendre à magnifier vos prises de vue, à travers des excursions «randonnées et photos». Pourquoi ne pas emporter votre chevalet et quelques pinceaux et tenter une randonnée avec initiation (ou perfectionnement) aux différentes techniques de la peinture et du dessin ? La musique n'est pas en reste, puisque vous trouverez aussi des randonnées musicales, festives ou apaisantes. De tout temps, la nature a inspiré les artistes... laissez-vous porter !

■ TISSEURS DE MOTS
Place du Postel, Bat d'instruction
BRIOUDE
✆ 06 65 91 27 02
www.tisseursdemots.org
tisseursdemots@gmail.com
Les Tisseurs de mots proposent chaque année un programme de randonnée et d'ateliers d'écriture. Moment de découverte et de partage, ces balades seront des «pré-textes» à l'écriture, des sources d'inspiration et des voies d'accès à la créativité littéraire. Ces ateliers encadrés permettront à chacun de créer, parfois en forêt, parfois au gîte, de suivre des pistes d'écriture ou d'œuvrer à des textes collectifs, dans le respect de chacun.

ou topographiques, mais aussi les sites Internet et les blogs sont précieux pour la préparation. Ils fourniront des informations sur le pays, sa topologie, ses sentiers, l'état des itinéraires, leur fréquentation, les hébergements, les modalités de ravitaillement, le climat, les bonnes périodes... Les témoignages sur les blogs et réseaux sociaux sont souvent très précieux et inspirants. On est seul maître à bord pour choisir son pays, son programme, son rythme, la longueur des étapes, les sites à visiter, les activités à pratiquer, et surtout ses compagnons de route. Côté tarif, on supprime les intermédiaires, on choisit son guide sur place si besoin est, mais il n'est pas certain que ce type de voyage revienne moins cher – sauf à proximité de chez soi bien entendu ! – car il peut y avoir des surprises de dernière minute : on est parfois obligé d'entreprendre de longues négociations pour faire baisser les prix, et à l'étranger la barrière de la langue peut se révéler problématique... Autres inconvénients : il faut tout faire soi-même, c'est-à-dire réserver train, avion, location de voiture, hébergement, s'occuper des démarches administratives, négocier les prix... Mais quelle satisfaction, lorsque tout se passe bien, d'avoir réalisé un voyage sur mesure selon son bon plaisir !

■ MON GR®
✆ 01 44 89 93 90
www.mongr.fr
Ouvert toute l'année. Abonnement : à partir de 25.40 € par an.
Le site MonGR.fr propose désormais le service GR® Access. Très attendu, ce module en ligne permet de créer et planifier ses itinéraires de randonnée itinérante. Plus de 200 suggestions de trajets à pied empruntant les 30 000 km de GR® et GRP® sont disponibles, pour des excursions entre 2 et 8 jours. Toutes les traces des GR® sont présentées sur une cartographie IGN (1 : 25 000e), avec, comme dans les Topo-guides®, des descriptions complémentaires pour les zones où le repérage est plus difficile, et l'indication de lieux à visiter. L'outil est également enrichi d'informations sur les hébergements facilement accessibles depuis les sentiers. Les mises à jour régulières en font un service fiable.

■ PARCS NATIONAUX DE FRANCE – OFFICE FRANÇAIS DE LA BIODIVERSITÉ
125, impasse Adam Smith
Immeuble Tabella
PÉROLS ✆ 04 67 69 84 00
www.parcsnationaux.fr
contact@parcnational.fr
Métropole et DOM-TOM confondus, les parcs nationaux français sont au nombre de 10, de la Vanoise (Rhône-Alpes), le premier créé, en 1963, au dernier-né, celui des calanques (PACA). Ce sont des terrains de randonnée privilégiés. Leur découverte sans moteur – à pied, en raquette, ski nordique, ski de randonnée – est la seule autorisée. Vous y découvrez des biotopes protégés – essentiellement en zone de montagne, mais aussi maritime – riches d'une belle biodiversité. Des sentiers balisés, souvent des GR®, les sillonnent. Règle du jeu : ne pas sortir des sentiers balisés ! Vous ne pouvez être accompagné par votre chien, y compris en laisse (attention amende). De même, la cueillette et la chasse sont strictement réglementées. Interdiction de faire du feu, de laisser sur place vos déchets. Bref, la moindre des choses. Rappelons que le parc national le plus ancien dans le monde est celui de Yellowstone, créé en 1872 aux États-Unis. Il y a environ 4 000 parcs nationaux dans le monde, représentant une superficie supérieure à 4,4 millions de km^2. En Europe (300 parcs nationaux aujourd'hui), le pays précurseur fut la Suède qui créa 9 parcs nationaux en 1909. En 1914, la Suisse créa le premier parc alpin. Vinrent ensuite l'Espagne en 1918, l'Islande en 1928, la Finlande. Chaque parc a son site Internet qui détaille les différents itinéraires balisés. Un bon plan pour ceux qui partent randonner seuls.

Faire appel aux agences professionnelles

Si certains aiment voyager sans encadrement, d'autres font le choix de confier l'organisation de leurs circuits à des spécialistes – avec des avantages et des inconvénients – qui détermineront en principe le type de séjour à pied qui vous conviendra le mieux. Des tour-opérateurs spécialisés proposent des parcours détaillés jour par jour avec les grandes étapes, afin que vous puissiez vous faire une idée des lieux à visiter et éventuellement des hébergements proposés. L'avantage est que le budget est en principe déterminé à l'avance et sans surprise. D'autre part, votre guide se chargera de l'intendance et du règlement des problèmes administratifs – pour les déplacements à l'étranger – même si chacun doit mettre la main à la pâte pour la gestion logistique du quotidien. On est également sûr de ne pas chercher son chemin, de faire des étapes adaptées et donc d'arriver à bon port le jour prévu.

Les inconvénients, quant à eux, sont souvent liés au fait de partir en groupe. Difficile de changer de programme sans le consentement de tous, vie en communauté d'individus qui ne se connaissent pas, à moins de former un groupe avec ses propres amis, et manque d'imprévu pour les amateurs de sensations un peu fortes. Toutefois, les agences locales sortent facilement et en toute connaissance de cause des sentiers battus et sont capables de prévoir des circuits personnalisés. N'hésitez pas à visiter et lire attentivement le site Internet de l'organisme qui doit apporter des réponses claires et précises à toutes les questions que l'on peut se poser, et s'assurer par mail de la confirmation. Il faut éviter de payer tout le séjour d'avance, un acompte peut être versé par virement bancaire international, mais attention certaines banques demandent des frais fixes assez importants.

■ VAGABONDAGES
www.vagabondages.com
Réseau d'agences.

De la promenade aux randonnées sportives de haute montagne, du chemin paisible le long d'un canal au grand pèlerinage, de la rando nature à la balade culture... Vagabondages est une équipe de professionnels, mais avant tout de randonneurs passionnés de nature et épris de leur terroir, qui ont transformé leur passion en métier. Les adhérents de Vagabondages connaissent les sentiers sur le bout des semelles et sont tous fortement impliqués dans un développement responsable de leur territoire. Tout un état d'esprit et une passion conjugués avec un professionnalisme rigoureux. Au sein de Vagabondages, ils partagent leurs expériences et leurs savoir-faire pour vous offrir le meilleur de la randonnée en France. Tous sont signataires de la charte Vagabondages, charte de qualité et d'éthique qu'ils présentent dans leurs brochures. Vous les reconnaîtrez au logo de Vagabondages.

■ ALTA VIA
5, rue du Mont Joly
SAINT-GERVAIS-LES-BAINS
✆ 04 83 43 40 11
www.alta-via.fr
contact@alta-via.fr

Alta Via est une association rassemblant des guides de montagne. Elle organise et crée des événements dans les Alpes, pour les amoureux des grands espaces. Ses guides proposent des trekkings et randonnées glaciaires. Partez sur la trace des dinosaures, traversez le Grand Paradis, marchez sur les glaciers et au cœur du Mont Blanc, atteignez les sommets du Mont Rose... Le choix des excursions s'effectue par saison et par niveau. Des randonnées en famille sont possibles. Les activités proposées s'étendent à l'escalade, l'alpinisme, le ski et aux raquettes.

Les professionnels de la randonnée

■ SUR LES HAUTEURS
✆ 05 61 97 66 04
www.surleshauteurs.com
info@surleshauteurs.com

Vers le col de Belle Barde.

Voyageons autrement

Voyageons autrement... c'est la promesse (tenue !) que fait ce site d'information sur le tourisme responsable et durable. Régulièrement mis à jour, il propose un grand nombre d'articles sur les enjeux d'un nouveau mode de voyage, plus respectueux de l'humain, des cultures et de l'environnement. Il réunit aussi un grand nombre d'acteurs du voyage, partageant cette même démarche. Il décrit à chaque fois l'état d'esprit du tour-opérateur et une sélection de ses voyages. Le site dispose d'une interface de demande de devis, fort utile.
Sont référencés par Voyageons autrement : Allibert Trekking, Chamina Voyage, La Pèlerine, La Balaguère, Trek Aventure, Grand Angle...

En savoir plus : www.voyageons-autrement.com

Sur les hauteurs propose des randonnées dans les Pyrénées (classiques et raquettes), mais aussi des séjours à pied dans le monde entier. Leur truc en plus : l'esprit solidaire et durable ! Tous leurs voyages sont accompagnés de guides francophones. Leur catalogue décline plusieurs types de trek : trek dans les îles (Canaries, La Réunion, Madère...), des grands treks (Mongolie, Népal, Zanskar...), des treks d'exception (Groenland, Islande...).

ONF RETROUVANCE®

http://gitesetrandonnees.onf.fr

L'Office national des forêts est le premier gestionnaire d'espaces naturels en France. Dans ce cadre, il conçoit des aménagements pour accueillir le public en forêt ou en milieux naturels, et contribue au développement de l'attractivité des territoires avec ses deux offres destinées aux amateurs d'écotourisme. L'ONF propose d'une part des gîtes à la location à travers toute la France et particulièrement dans le Sud-Est. Ces hébergements tout confort, situés en pleine forêt ou nichés au cœur des montagnes, permettent de profiter de la nature et des activités de plein air, et plus particulièrement de faire escale lors d'une randonnée au long cours dans la région. D'autre part, l'ONF propose plusieurs circuits de randonnées Retrouvance®. Initiés voici une quinzaine d'années, ces circuits situés dans le sud de la France réjouissent les amoureux de la nature. Aujourd'hui, Retrouvance® est l'une des premières marques de circuit de randonnées « tout compris ». Vous retrouvez l'offre complète sur son site Web.

Le succès de la marche nordique

De plus en plus de marcheurs s'adonnent à leur passion en utilisant deux bâtons qu'ils manient avec des gestes amples suscitant la curiosité et, avouons-le, l'admiration des néophytes car ils progressent à une vitesse impressionnante. Ces sportifs sont les adeptes d'une marche qui nous vient du froid, de Scandinavie : la marche nordique ! Quant aux fameux bâtons, si vous les regardez de près, il ne s'agit point de cannes à l'ancienne ou de belles branches de bois astucieusement sculptées, mais d'ustensiles ultra-perfectionnés.
Née en Finlande dans les années 1950 pour permettre aux skieurs de fond de s'entraîner en attendant la neige, cette marche a connu une ascension vertigineuse un demi-siècle plus tard avec l'invention de ces accessoires tout à fait indispensables. Il fallait en effet concevoir un bâton permettant d'absorber les secousses liées à la dureté des sols, qui peuvent facilement endommager les articulations du marcheur. D'après les spécialistes, le bâton idéal comprend entre 70 et 80 % de carbone, le reste étant en fibre de verre.
Cet équilibre ne suffit pas, loin s'en faut ! Le bon bâton doit aussi avoir un gantelet, car le marcheur, pour avancer au rythme souhaité, doit effectuer des mouvements imposant, qu'il lâche puis reprenne son bâton en main, ce que la dragonne d'un bâton de randonnée classique ne peut permettre. Autre exigence : le marcheur doit aussi choisir la poignée qui lui convient. En plastique ? Bof, transpiration assurée. En gomme ? Bien. En liège ? Excellent. Même exigence pour la pointe : tungstène ou fer ? droite ou courbe ? Dans ce domaine, il convient de demander conseil aux spécialistes des magasins de sport ou à un ami devenu accro à ce genre de marche. Elle fait travailler 80 % des parties du corps (le cœur, en particulier) et permet de perdre efficacement du poids, d'où son succès dans l'Hexagone et, plus largement, dans l'Europe entière où elle compte des millions de pratiquants.
Enfin, pour être complet, signalons que cette marche est très différente de la marche traditionnelle et qu'elle impose une condition physique excellente (et on ne peut s'y adonner des heures durant sans faire de longues pauses !). Précisons aussi que ce n'est pas parce que ses mouvements ont l'air simple qu'ils le sont : ils imposent en effet une parfaite coordination des pieds et des mains que nombre de marcheurs ont bien des difficultés à obtenir ! Enfin, ce n'est pas parce qu'on marche avec deux bâtons qu'on pratique nécessairement la marche nordique...

GRAND ANGLE
52, rue du Tortolon
AUTRANS-MÉAUDRE EN VERCORS
✆ 04 76 95 23 00
www.grandangle.fr
info@grandangle.fr
Lundi-vendredi, 8h30-12h30 et 13h30-18h30 ; samedi, 9h-12h et 14h-17h.
Grand Angle est un voyagiste spécialisé dans le voyage nature, à pied, à vélo, à ski nordique, en raquette, en kayak... Agence de voyages de terrain, installée depuis 1985 dans le Vercors à Méaudre, au cœur du parc naturel, l'équipe est formée de professionnels – accompagnateurs en montagne, moniteurs de ski... –, tous passionnés de nature et de voyage, au bureau comme sur le terrain ! Riche de plus de 25 ans d'expérience dans l'organisation de séjours, l'agence propose des circuits guidés ou en liberté, et offre à ses clients toute la souplesse d'une structure à taille humaine pour concevoir des itinéraires sur mesure. Et parmi les nombreux séjours proposés, laissez-vous tenter par celui qui vous fera découvrir en 12 jours la Guadeloupe, les Saintes et Marie-Galante.

CHAMINA VOYAGES
CLERMONT-FERRAND
✆ 04 66 69 00 44
www.chamina-voyages.com
contact@chamina-voyages.com
Chamina Voyages est un tour-opérateur labellisé « Agir pour un tourisme responsable » depuis 2008. Il tire ses origines du milieu associatif du Massif Central des années 1980. L'agence, pionnière du développement de la formule « en liberté » dès 1985, a prouvé son savoir-faire sur la création de circuits avec accompagnateur. Elle propose plus de 200 destinations de randonnée et de trekking, en France, en Europe et dans le monde. En organisant ses séjours de gare en gare avec le choix de porter son sac, Chamina voyages est toujours à la recherche de solutions innovantes pour réduire l'impact écologique de son activité. Différents niveaux de difficulté, divers types d'hébergement et des thématiques (famille, vélo, forme...) sont proposés afin que chacun trouve la randonnée qui lui convient.

AKAOKA – COMPAGNIE DU TREK
✆ 01 83 62 19 68
www.compagnie-du-trek.com
Plus de 400 voyages personnalisables dans les glaces ou les sables, d'un bout à l'autre du monde, accompagés (à partir de 4 personnes) ou en liberté. Akaoka est né de la rencontre de deux professionnels de l'aventure, passionnés de voyages et d'expéditions qui ont passé plus de quinze ans à sillonner les montagnes et les chemins du pourtour méditerranéen. Ils ont noué au gré des rencontres des liens uniques et indéfectibles avec les autochtones devenus aujourd'hui des partenaires de confiance dans l'organisation de leurs voyages. Les programmes proposés sont, pour ceux qui le souhaitent, une base pour élaborer un voyage plus personnalisé, sur mesure. L'agence porte une attention particulière au choix des itinéraires, avec ou sans portage, à la qualité des hébergements, de la restauration ainsi qu'à la sélection des équipes locales et d'encadrement. De plus, l'ensemble des circuits répond à des critères d'éthique : le respect de l'environnement, des traditions et des populations locales. Les programmes s'étendent du sud de la France à l'ensemble du pourtour méditerranéen et se développent depuis peu sur le nord de l'Europe où l'on reste à 5 heures de vol de la France. Akaoka vous accompagne aussi pour organiser des randonnées lointaines, en Inde ou en Indonésie par exemple. Concernant le Liban, Akaoka organise des randonnées de 8 jours qui conviennent aussi bien aux marcheurs chevronnés qu'aux débutants, à ceux qui veulent partir en famille qu'aux individuels.

SERAC ORGANISATION
2, rue de Mortillet
GRENOBLE
✆ 04 76 86 46 84
www.serac-montagne.com
contact@serac-montagne.com
La montagne émerveille parce qu'elle est grandiose, puissante et qu'elle inspire un profond sentiment de liberté. Pour la découvrir, il faut apprendre à la connaître. Guides de haute montagne, accompagnateurs et moniteurs sont indispensables pour qui veut explorer ses décors somptueux, mais aussi dangereux, en toute sécurité. Depuis plus de 15 ans, Serac Organisation met en relation guides et marcheurs pour arpenter les vallées alpines du Vercors au Queyras en passant par l'Oisans ou les Écrins. Cette association de tourisme organise des expéditions plus lointaines comme l'ascension du mont Cho Oyu (8 201 m dans l'Himalaya) ainsi que des séjours botaniques au Maroc, à Madagascar, aux Canaries, en Crète... D'une simple randonnée à la journée à une grande expédition en Himalaya, la gamme est large... Exemples : week-end en Oisans ou le tour du mont Viso, ascension du Gyajikang 7 074 m au nord des Annapurnas en un mois, ou ascension de l'Aconcagua, un grand classique des hauts sommets des Amériques (22 jours). Serac Organisation propose aussi des randonnées pour voir les aurores boréales, un voyage botanique et naturaliste à l'Équateur ou encore une randonnée yoga et bien-être dans la Drôme.

TRACE DIRECTE
2, rue Saint-Laurent
GRENOBLE
✆ 04 58 00 53 93
www.tracedirecte.com
contact@tracedirecte.com
Trace Directe propose des randonnées dans le monde. Spécialiste du voyage sur-mesure et hors des sentiers battus, cette agence dispose d'interlocuteurs dans chaque lieu où elle a mis en place des circuits ou des séjours. Pour chaque destination, un expert local est sollicité. Côté randonnée, on vous propose le Laos, l'Argentine, le Cambodge, la Jordanie, la Mongolie, la Namibie... avec chaque fois des itinéraires et offres uniques.

DESTINATIONS QUEYRAS
8, route de la Gare
GUILLESTRE
✆ 04 92 45 04 29
www.randoqueyras.com
contact@randoqueyras.com

Ancrée dans le parc naturel régional du Queyras, Destinations Queyras offre depuis dix ans un grand choix de randonnées dans son secteur et ailleurs. Cette agence de voyages, créée par quatre professionnels de la montagne, propose des séjours de randonnée pédestre, à raquettes ou à ski de montagne et des treks à l'étranger. En Crète, à Madère, à la Réunion, dans les Cyclades, en Grèce, au cœur de l'Atlas marocain, en Roumanie, au Portugal, en Italie, en Bulgarie, dans les vallées himalayennes... bref, dans le monde entier, et bien sûr dans le Queyras. En toutes saisons, Destinations Queyras s'efforce d'offrir des prestations de qualité, respectueuses de l'environnement et des us et coutumes de chaque pays.

RANDOBIVOUAC

✆ 06 14 49 46 36
www.randobivouac.com
info@randobivouac.com

Sébastien Bouchonneau est accompagnateur en montagne, instructeur en marche nordique, marche afghane dite aussi consciente, et enseignant en stretching postural. Il propose des randonnées montagne, en raquettes à neige, en marche nordique, mais aussi des activités Sport et Cancer (marche nordique et afghane notamment). Ses principales destinations : Pyrénées, Corse, Maroc... Plusieurs types de randonnées sont possibles : à thèmes, d'orientation, itinérantes, bivouacs, séjours « Aventure » pour s'immerger pleinement dans la nature et participer à la vie locale... Chaque randonnée est adaptée au niveau du groupe. Des séjours organisés à la carte sont possibles sur demande.

HUWANS CLUB AVENTURE

4, rue Henri-et-Antoine-Maurras (16e)
MARSEILLE
✆ 01 44 32 09 30
https://www.huwans-clubaventure.fr
communication@huwans.com

Huwans Club Aventure, c'est depuis 1975 une grande famille de passionnés qui voyage aux quatre coins du monde, forme des guides, trace des itinéraires, construit pièce par pièce les rêves d'aventure de milliers de voyageurs avides de nature et d'ailleurs. Spécialiste des voyages d'aventure en France et dans le monde, Huwans Club Aventure propose plus de 800 voyages, 100 destinations, 3 typologies de voyages d'aventure : les trekkings accompagnés, les randonnées, les voyages découverte. Certains programmes sont adaptés aux familles avec enfants. Ces parcours sont adaptés à leur rythme, entrecoupés d'activités ludiques comme les rencontres avec d'autres enfants, des baignades, du canoë-kayak, des activités manuelles, culinaires, etc. Les enfants découvrent la vie en pleine nature, et les guides sont là pour leur expliquer la formation d'un geyser, la formation des dunes de sable, etc. La convivialité, la rencontre, l'échange sont les ingrédients majeurs des voyages Club Aventure. La logistique du voyage est gérée de A à Z dans les plus petits détails. En Croatie, par exemple, Huwans vous propose des randonnées dans les parcs nationaux ; en Dalmatie, circuits sur les crêtes ou d'île en île, des périples mariant nature et culture. Nouveautés : le Maroc, avec les villages du Toubkal en liberté, niveau facile, 8 jours. Facile encore et en famille, l'Égypte « le Nil à contre-courant », 8 jours avec 5 demi-journées de marche et 5 demi-journées de navigation. Huwans Club Aventure organise également des randonnées personnalisées.

Autres adresses : Huwans Genève, 51 rue Prevost Martin, CP124 1211 Genève 4, 022 320 50 80. • Huwans Lyon, 38 Quai Arloing, 69009 Lyon, 04 96 15 10 52. • Huwans Paris, 18 rue Séguiers, 75006 Paris, 01 44 32 09 30.

ALLIBERT TREKKING

37, boulevard Beaumarchais (3e)
PARIS
✆ 01 44 59 35 35
www.allibert-trekking.com
info@allibert-trekking.com

Ouvert du lundi au vendredi de 9h à 19h ; le samedi de 10h à 18h.

Parmi les doyens du voyage « sac à dos », Allibert n'est pas des moindres, et a dépassé les 40 ans d'existence. Acter une passion, celle de parcourir le monde, c'est de cette volonté qu'est né Allibert Trekking, un tour-opérateur fondé par trois guides de haute montagne qui vous font partager leur amour d'un voyage toujours respectueux, proche des hommes et de la nature. Agence guide de montagne avec plus de 1 400 circuits différents dans le monde. Spécialiste des trekkings en haute montagne, Allibert Trekking propose également des itinéraires en famille adaptés à l'âge de l'enfant, à ses capacités d'effort et à la composition du groupe : étapes plus courtes, objectifs intermédiaires, haltes... A chaque étape, des découvertes autour de l'environnement, de la nature et de la culture locale, et des activités ludiques : cheval, bateau, Accrobranche, kayak, vélo, traîneau à chiens... L'encadrement est assuré par un guide ayant l'habitude des enfants. Il est responsable du bon déroulement du voyage et de la sécurité. La possibilité de portage pour les voyages avec animaux – un âne ou un chameau – est réservé pour deux enfants jusqu'à 16 ans, en fonction des destinations. Allibert Trekking s'est engagé dans une démarche de tourisme responsable, ce dont témoigne sa certification ATR (Agir pour un Tourisme Responsable). Parmi ses treks les plus prisés, le tour des Annapurnas, le GR20 en Corse ou les parcs mythiques de l'Ouest américain sont des classiques incontournables.

Autres adresses : 10, rue du Griffon – 69001 Lyon (04 81 65 84 20) • 156, avenue de l'Aiguille-du-Midi – 74400 Chamonix (✆ 04 50 53 88 00) • 19, rue Léon-Gambetta – 31000 Toulouse (✆ 05 34 44 55 70) • 4, rue des Mesures – 06270 Villeneuve-Loubet (04 93 22 62 48) • 4, rue des Mesures – 06270 Villeneuve-Loubet (✆ 04 93 22 62 48) • Rue de Longifan – 38530 Chapareillan (✆ 04 76 45 50 50)

ROUTES DU MONDE ATC

44, rue Louis-Blanc (10e)
PARIS
✆ 01 55 26 93 70
www.atc-routesdumonde.com
boutique-atc@atc-routesdumonde.com

Ouvert du lundi au vendredi de 9h à 17h. Documentation gratuite. Inscription et réservation en ligne ou par téléphone. Adhésion annuelle et familiale.

Routes du Monde ATC propose des séjours, de la location à la pension complète, dans ses résidences de vacances, ses gîtes et ses campings (2 et 3 étoiles), à la mer ou à la montagne, dans les plus belles régions de France. Vous pourrez découvrir également une sélection d'activités de loisirs animées par des bénévoles passionnés : de la sortie journalière au week-end, visites culturelles (musées, théâtre, monuments), randonnées pédestres, cyclotourisme... Productrice de ses propres voyages, l'association vous emmène, avec un accueil personnalisé et attentif, jusqu'au bout du monde à travers des circuits touristiques très complets.

Autre adresse : 23 agences dans toute la France : voir le site web.

RÉSEAU ATES

✆ 01 47 83 48 27
www.tourismesolidaire.org
contact@tourismesolidaire.org

Le Réseau ATES, Association pour le Tourisme Solidaire, propose sur son site une plateforme réunissant les acteurs du voyage solidaire. L'association fédère ces voyagistes et rassemble dans une base de données les propositions de voyages treks et randonnées solidaires de ses membres. Des voyages à pied dans le monde entier sont à découvrir : la traversée d'est en ouest de Madagascar, le Pérou et la Vallée des Incas, les palmeraies du Maroc, les beautés de la Cappadoce, les marches tibétaines au Népal...

RANDONADES

30, allée Arago, PRADES
✆ 04 68 96 16 03
www.randonades.com
rando@randonades.com

Joli nom pour des randonnées et des séjours 100 % Pyrénées et 100% pédestres. Randonades, depuis sa création et à l'inverse de la tendance actuelle, Randonades limite ses groupes à 12 personnes dans un souci de convivialité et de sécurité. Les séjours accompagnés sont assurés à partir de 5 personnes sans supplément. Des hébergements comme à la maison, une offre toujours renouvelée, une implantation locale et proche du terrain sont autant de points forts chez Randonades. Inventeur original des séjours désormais incontournables des Pyrénées, l'agence propose des circuits de Collioure à Cadaquès, de Montserrat à Barcelone ou encore la Caldéa en Andorre, le tour du Canigou, la traversée de Cerdagne Capcir en raquette...

COMPAGNIE DES SENTIERS MARITIMES

1, place Maréchal Juin
RENNES
✆ 02 99 78 83 70
sentiersmaritimes.com
info@sentiersmaritimes.com

La Compagnie des Sentiers maritimes nous fait rêver avec ses propositions autour des océans, des mers, des îles et des lacs. On a déjà la tête ailleurs ! Cette agence de voyages pointue est, depuis 1992, spécialisée dans la découverte du littoral. Au sens large... Elle vous organise des séjours de randonnée le long du littoral de Bretagne, de Méditerranée, du Bosphore et même du Québec. On ne sait quoi choisir entre les randonnées accompagnées, les randonnées liberté, les randonnées croisières, le tour de Bretagne, les randonnées raquettes, l'écotourisme, les séjours bien-être et les multiples destinations. Avec eux, ce sont près de 200 circuits différents qui sont à votre disposition. Le rêve se décline en de multiples évasions et on sait déjà que cette agence va nous proposer LE voyage tant attendu ! En plus, le transfert de vos bagages est assuré entre chaque hébergement ainsi que la réservation des logements tout au long du parcours. Séjours accompagnés ou en liberté. Enfin, de multiples séjours sont proposés sur la Bretagne comme le chemin des phares et ses îles.

VIAMONTS TREKKING

7, rue des Fossés
SAINT-GAUDENS
✆ 05 61 79 33 49
www.viamonts.fr
info@viamonts.com

À l'origine, deux personnes : Thierry et Sarah Modolo... Après avoir parcouru quelques-uns des chemins du monde, Viamonts Trekking voit le jour à Saint-Gaudens, une petite ville commingeoise située au carrefour des quatre vallées : Haute-Garonne, Barousse, Hautes-Pyrénées, Val-d'Aran. L'agence grandit peu à peu, enrichie chaque année de nouvelles destinations. Au-delà des Pyrénées, Viamonts vous fait aussi découvrir le monde même si, enfant de Saint-Gaudens, il reste très attachés à son pays. Au programme toutefois : treks dans le désert et près de 50 pays au choix ! À son catalogue : tour des Annapurnas, traversée de la Jordanie, randonnée bien-être en Chartreuse...

■ ALTA VIA
5, rue du Mont Joly
SAINT-GERVAIS-LES-BAINS
✆ 04 83 43 40 11
www.alta-via.fr
contact@alta-via.fr
Alta Via est une association rassemblant des guides de montagne. Elle organise et crée des événements dans les Alpes, pour les amoureux des grands espaces. Ses guides proposent des trekkings et randonnées glaciaires. Partez sur la trace des dinosaures, traversez le Grand Paradis, marchez sur les glaciers et au cœur du Mont Blanc, atteignez les sommets du Mont Rose... Le choix des excursions s'effectue par saison et par niveau. Des randonnées en famille sont possibles. Les activités proposées s'étendent à l'escalade, l'alpinisme, le ski et aux raquettes.

■ PEDIBUS
Le Bourg
63, chemin du rosaire
SAINT-PIERRE-D'ENTREMONT
✆ 04 79 65 88 27
www.pedibus.org
pedibus@pedibus.org
Pedibus, c'est une agence fondée en 1986 par un amoureux de la montagne en raquettes : Lionel Fouque. Elle s'est d'abord focalisée sur la randonnée en montagne et en France avant de s'ouvrir à l'international. L'agence propose du trek pour les marcheurs les plus chevronnés, mais aussi des balades accessibles en famille ou aux néophytes curieux de nature ! Il existe des formules de randonnée accompagnée, avec guide et groupe, et d'autres libres. Les Alpes, le Massif central, la Bretagne, mais aussi le Népal, la Bulgarie ou la Crète vous accueillent au cœur de leurs merveilles. Les randonnées s'effectuent en itinérance, avec carte ou accompagnateur, selon un itinéraire préparé et balisé.

■ LA PÈLERINE
32, place Limozin
SAUGUES
✆ 04 71 74 47 40
www.lapelerine.com
contact@lapelerine.com
C'est le spécialiste du chemin de Compostelle, mais pas que. La Pèlerine est implantée dans un village étape de « la route du Puy ». Cette agence de voyages est spécialisée dans la randonnée pédestre uniquement, avec une formule « randonnées pédestres et remise en forme » en France comme à l'étranger. Les circuits sont « confort », sans portage de bagages et très souvent en hôtel ou chambres d'hôtes. Parmi les nombreuses destinations – libres ou accompagnées : les sentiers auvergnats, les chemins de Saint-Jacques-de-Compostelle en France et en Espagne, le chemin de Stevenson, et, hors de nos frontières, du trekking en Irlande ou au Portugal... La Pèlerine, présente sur de nombreux salons, privilégie le randonneur et met tout en œuvre pour le revoir sur d'autres circuits.

■ ODYSSÉE MONTAGNE
291, route Les Barbolets
SERVOZ ✆ 04 50 91 20 83
www.odyssee-montagne.fr
odyssee@odyssee-montagne.fr
Odyssée Montagne, c'est d'abord Sandrine et Pierre, un couple d'amoureux de la montagne et des grands espaces. Ensemble, ils ont créé leur agence en 1994, qui s'est agrandie, accueillant en son cœur une équipe de guides passionnés. Alpinisme, randonnée glaciaire, trekking : les déclinaisons des défis nature proposées par Odyssée Montagne sont multiples. Outre les ascensions du mont Blanc, Odyssée Montagne propose la fameuse «Haute Route», le raid à ski entre Chamonix et Zermatt. Des descentes en haute montagne à couper le souffle.

■ PEDESTRIA
399, chemin des Coasses
VAL D'OINGT ✆ 04 72 54 31 59
www.pedestria.net
contact@pedestria.net
Ouvert toute l'année. Du lundi au vendredi de 9h30 à 17h30.
Pédestria, qui a fêté ses 15 ans en 2018, élabore ses propres circuits en complète exclusivité. Si les classiques comme le pèlerinage de Compostelle et le Chemin de Stevenson sont présents à leur catalogue, ils le sont avec une approche inédite, tant dans le découpage des étapes que par des petits «plus» que les randonneurs apprécieront. La maxime de Pédestria, « Tous les chemins mènent à l'homme », traduit bien ses valeurs : partage, rencontre, découverte. Les itinéraires incluent des échanges culturels, des visites, mais aussi des hébergements où règnent le confort et la convivialité. Tour de Bretagne, découverte des châteaux cathares, des vignobles : un itinéraire balisé guide vos pas !

ARGENT, ASSURANCES ET FORMALITÉS

Argent

Si vous ne voulez pas que votre rando manque de fun et de confort, il est important de prévoir au mieux vos dépenses avant de partir et de calculer les faux frais quotidiens en fonction du programme prévu. Assurez-vous toutefois d'avoir un peu de réserve sur votre carte bleue, on n'est jamais au bout de nos surprises ! Et il serait dommage de se priver d'un petit plaisir par manque d'euros !

Assurances

La plupart des voyagistes proposent des assurances. Lisez bien toutes les clauses avant de signer ! Vérifiez également que ces assurances couvrent un vrai besoin : votre propre assurance peut suffire. Un simple appel peut vous permettre d'effectuer des économies et vous donner des informations intéressantes en cas de problème. Parmi les assurances recommandées : les assurances annulation et perte de bagages, ainsi que l'assurance rapatriement, importante lors d'un voyage à pied. Cette dernière est souvent couverte par votre carte bancaire.

FORME, SANTÉ ET ALIMENTATION

Comme toute activité physique, la randonnée exige d'être attentif à votre corps. Vous devez vous préparer, anticiper les petits – ou grands – désagréments de santé et adapter votre alimentation afin de ne pas « caler » au bord du chemin... Un check-up médical préalable peut être utile.

CONDITION PHYSIQUE

Se préparer avant le départ

Marcher, l'être humain en fait l'apprentissage tout petit. Une fois acquise, la marche est naturelle et reste le moyen le plus économique de se déplacer. Elle permet de découvrir et d'arpenter des lieux inaccessibles aux engins motorisés. C'est simple comme chou, mais attention, pas sans danger toutefois. Randonner n'est pas une activité anodine, surtout lorsqu'il s'agit de parcourir des étapes de plus de 3 heures. Il convient de se préparer correctement. Le footing est sans aucun doute le meilleur des entraînements, notamment lorsque l'on projette de marcher en montagne. Cet entraînement doit être régulier et si possible s'effectuer tout au long de l'année. Au mieux, pour tenir le rythme soutenu de la randonnée, il est bon de marcher au minimum 1 heure rapidement chaque jour – 6 km – pendant les trois mois précédant le départ. Sinon, efforcez-vous de faire de courts trajets à pied plusieurs fois dans la journée, en variant, si possible, les terrains. Ajoutez quelques flexions et assouplissements des jambes, à faire idéalement une fois par jour jusqu'au départ et même pendant la marche. La natation, le roller, le vélo et tout autre sport d'endurance sont également une bonne préparation du système « cœur-poumon » qui sera ainsi mieux apte à fonctionner au mieux durant la marche.

- **Et si vous n'avez pas le temps ni l'envie de faire du sport,** préférez au moins les escaliers à l'ascenseur, le vélo à la voiture, etc. Si vous prenez le train pour aller travailler, grimpez dedans avec votre vélo plutôt que de prendre bus, métro ou voiture pour relier la gare à votre lieu de travail... En plus, c'est gratuit.

Gérer son temps et la fatigue

Après le signal du départ, votre préparation physique effectuée, vous vous sentirez prêt à gravir des montagnes... Mais pas si vite ! Rester maître de vous-même et de votre parcours impose de gérer plusieurs paramètres : votre itinéraire, votre dépense physique et votre *timing*. La gestion du temps est l'une des bases fondamentales de la randonnée. Évaluez votre fatigue et n'hésitez pas à faire une pause avant de vous épuiser. Pour éviter que le corps ne se refroidisse lors des haltes, privilégiez des coupures fréquentes à un seul arrêt prolongé. En moyenne, il est bon de s'arrêter de 5 à 15 minutes toutes les heures. Ces pauses sont l'occasion de faire des photos, d'observer la nature environnante, se documenter sur l'histoire locale, le patrimoine ou les produits du terroir... Voire simplement de prendre le temps de méditer ou de discuter... Quoi qu'il en soit, les novices de la marche prolongée doivent savoir qu'il est imprudent de dépasser 4 ou 5 heures de marche quotidienne. Bien entendu, les amateurs de pèlerinage et les alpinistes aguerris dépassent souvent et parfois largement ce maximum préconisé !

S'étirer après l'effort

Après la randonnée, ce sont tous les muscles du corps qu'il faut étirer, car contrairement à ce que l'on pourrait penser, il n'y a pas que les jambes qui travaillent. Ceux qui commencent la randonnée ou reprennent leur activité après une longue pause le savent : après une longue marche, le risque est d'avoir mal partout.Pour chaque étirement, il est recommandé de maintenir la pose pendant 30 secondes, de bien respirer et, surtout, de ne jamais forcer !

- **Nuque** : regardez droit devant vous, nuque détendue. Penchez la tête du côté droit et posez doucement votre avant-bras droit dessus, sans forcer. De même de l'autre côté.
- **Epaules** : main gauche sur épaule droite, prenez votre coude gauche avec la main et tirez légèrement. De même de l'autre côté.

Les bons réflexes en cas de problème

Si vous êtes en Europe, appelez le 112, le numéro d'urgence valable dans toute l'Union européenne. Allez ensuite chercher de l'aide dans un lieu fréquenté ou sur le bord d'une route. Mais attention : surtout, ne laissez jamais seule une personne blessée ou très fatiguée.

Les bienfaits de la marche afghane

La marche afghane, dite aussi marche consciente, en appelle à votre souffle. Sa promesse ? Marcher sans fatigue. Elle s'inspire de la pratique des peuples nomades qui, depuis toujours, parcourent le monde à pied, sur de longues distances, dans des conditions souvent extrêmes. Le secret viendrait du souffle : ces marcheurs incroyables synchroniseraient leur respiration et leurs pas. Il existerait trois rythmes à s'approprier, avec comme base la prise de conscience de son souffle et, pourquoi pas, la répétition de pensées positives – ou mantras – au gré des mouvements. Compter ses inspirations et ses expirations selon ses pas est décrit comme dynamisant, euphorisant même ! Une marche afghane accompagnée vous permettra de vous initier à la technique et, à votre tour, de parcourir des kilomètres avec une endurance décuplée, avec, cerise sur le gâteau, apaisement et sérénité.

- **Biceps** : bras gauche vers l'avant, paume vers le ciel, doigts orientés vers le bas, votre main droite saisit la gauche. De même de l'autre côté.
- **Triceps** : votre bras gauche vient toucher votre épaule droite, en passant derrière votre nuque. De la main droite, vous tirez légèrement sur le coude gauche. De même de l'autre côté.
- **Dos** : les bras en l'air, joignez vos mains et grandissez-vous le plus possible, puis relâchez, plusieurs fois de suite. Posez les mains sur les genoux, penchez-vous en faisant le dos rond, puis revenez dos droit et déroulez votre colonne vertébrale vertèbre par vertèbre.
- **Taille** : fléchissez les jambes, levez la main droite en emmenez-la le plus haut possible vers le ciel et vers la gauche. De même de l'autre côté.
- **Fessiers** : en appui sur votre jambe droite fléchie, amenez votre cheville gauche sur votre genou droit et accentuez la flexion. De même avec l'autre jambe.
- **Cuisses (adducteurs)** : écartez les jambes de deux fois la largeur de votre bassin, puis, mains sur les hanches, fléchissez d'un côté, en gardant l'autre jambe tendue. De même de l'autre côté.
- **Cuisses (quadriceps)** : sur une jambe, fléchie, ramenez votre pied à votre fessier. De même avec l'autre jambe.
- **Mollets** : appuyé face à un mur ou à un arbre, fléchissez une jambe et tendez l'autre, talon au sol, en amenant votre poids vers l'avant. De même de l'autre côté.

SANTÉ

Marcher, tout le monde le sait, est bon pour la santé ! Toutefois, partir en voyage à pied même sur des courtes distances nécessite d'être... en bonne santé. Pour un trek difficile dans des pays au climat inhabituel, il est préférable de consulter son médecin traitant avant de partir. En cas de problèmes cardiaques, un test du cœur à l'effort – test de Ruffier – reste le plus fiable pour évaluer le risque cardiaque. Celui-ci mesure l'activité du cœur à trois moments importants de l'effort : au repos, au moment de l'arrêt de l'effort et une minute plus tard. Dans tous les cas, en groupe, prévenez votre accompagnateur ou vos partenaires si vous suivez un traitement particulier, et n'oubliez pas de faire le plein de vos médicaments quotidiens : vous n'êtes jamais sûr de vous trouver à proximité d'une pharmacie ou, à l'étranger, de retrouver tous les médicaments de vos prescriptions.

Vaccins

En France, la randonnée ne nécessite pas de vaccination particulière. Vérifiez toutefois que vous êtes à jour concernant le tétanos. Partir à l'étranger peut présenter, suivant les pays concernés, des risques sanitaires particuliers. Afin de ne pas être pris de court, il est bon de se renseigner et de prévoir les vaccins suffisamment tôt. La prévention de certaines maladies comme le paludisme se traite non par injections, mais par cachets à prendre avant, pendant et

Croix-Rouge française : l'appli qui sauve

Cette application, gratuite, est une perle. Géolocalisée, elle renseigne sur les centres de secours les plus proches. Intuitive, elle offre trois types de contenus : l'apprentissage des gestes de premiers secours, la préparation aux situations extrêmes (citons, pour ce qui nous concerne ici, les glissements de terrain, incendies de forêt, tremblements de terre...) et les urgences, dont les entorses, morsures, perte de connaissance, fractures, hypoglycémie..., pour agir aussitôt. Pour chaque situation, une explication avec toutes les indications nécessaires est donnée, complétée par des vidéos ou autres conseils, et, si indiqué, un bouton en accès direct pour appeler le 15.

après le voyage (mais le mieux est toujours de se prémunir des piqûres d'insectes à l'aide de produits répulsifs et de vêtements couvrants). En matière de vaccination, le voyage doit toujours une bonne occasion de mise à jour du calendrier vaccinal. En principe, chaque individu devrait posséder un carnet de vaccinations international, toujours utile au moment de la consultation chez le médecin et, surtout, exigible par certains pays. Les pays tropicaux et subtropicaux sont, bien entendu, ceux qui nécessitent le plus de précautions. Le médecin traitant est en général compétent pour donner les informations nécessaires et pratiquer les vaccins en fonction du lieu, des dates, de la durée, des types d'hébergements, des activités, etc. Vous pouvez également vous informer auprès des adresses ci-dessous.

Quelques vaccinations importantes

- **La rougeole :** le vaccin est redevenu obligatoire, car la maladie est observée de nouveau en France sous forme d'épidémie à prendre au sérieux, transmise par les voyageurs.
- **La grippe :** bien connue sous nos latitudes, la grippe reste une maladie potentiellement mortelle pour les sujets à risques. L'intérêt de la mise à jour du vaccin doit être rappelé.
- **La tuberculose :** malgré la suspension de l'obligation de vaccination par le fameux BCG, la tuberculose reste une maladie potentielle chez le voyageur, notamment de longue durée, et particulièrement chez les enfants devant séjourner plus d'un mois dans un pays de forte endémie.
- **L'encéphalite japonaise :** spécifique au bassin asiatique, du Pakistan aux îles du Pacifique, cette infection virale est l'objet d'un nouveau vaccin, mieux toléré et plus facile à administrer – deux injections –, qui conduit à élargir les indications vaccinales.
- **La fièvre jaune :** endémique en Afrique et en Amérique du Sud, la fièvre jaune peut être prévenue par un vaccin dont les effets indésirables, rares, peuvent être graves. Il doit être administré par des professionnels expérimentés et dans un centre habilité.
- **Le tétanos :** important en cas de blessure dans tous les pays.
- **La rage :** certaines zones sont infectées, se renseigner avant de voyager.

Piqûres et morsures

Voilà un danger généralement anodin, mais souvent irritant. Dans certains cas à connaître, si l'on n'y prend pas garde, les piqûres et les morsures peuvent avoir des conséquences graves. En général, on ne part jamais sans apporter dans son sac à dos ce qu'il faut en première urgence pour neutraliser les piqûres d'insectes et les morsures de serpent : de quoi désinfecter localement, un kit Aspivenin et une crème calmante comme un antiprurigineux. Bien entendu, les risques varient selon les pays où vous allez randonner. Renseignez-vous auprès de votre médecin ou sur le site Internet du gouvernement.

Moustiques

Les moustiques femelles piquent pour s'alimenter, notamment lorsqu'elles portent leurs œufs, en déversant dans le sang humain leur salive. Celle-ci provoque toujours de fortes démangeaisons chez l'homme, mais les piqûres sont plus graves lorsque ces insectes véhiculent le paludisme. Si certaines peaux sont plus souvent piquées que d'autres, aucune étude scientifique n'a aujourd'hui réussi à découvrir pourquoi. Se prémunir évite bien des désagréments dans les zones tempérées et s'avère indispensable dans les zones tropicales. Les sprays anti-moustiques pour la peau et les vêtements se révèlent assez efficaces, au contraire des appareils à ultrasons, sauf s'ils sont branchés tout près de la tête de lit. Rien de mieux, pour la nuit, qu'une moustiquaire de bonne qualité.

■ **PARA'KITO**
Evergreen Land Europe sprl
Avenue Louise 367
BRUXELLES – BRUSSEL (BELGIQUE)
✆ +32 2 331 41 23
fr.parakito.com
info@parakito.com
Ouvert du lundi au vendredi de 9h à 17h. Boutique en ligne. Livraison possible.
Para'Kito propose un panel de solutions antimoustiques végétales pour toutes les situations. La société a créé des bracelets antimoustiques ainsi que des sprays ou gel roll-on adaptés aux différentes destinations pour zones infestées et tropiques. Les produits conviennent aux enfants dès 3 ans. Et s'il y a quand même eu piqûre, un gel après-piqûre permettra de soulager les démangeaisons. Les produits sont disponibles en pharmacie, parapharmacie et sur le site d'e-commerce de la marque.

Guêpes, abeilles et frelons

Ces insectes piquent pour se défendre. C'est pourquoi l'excitation d'une personne ayant peur de se faire piquer augmente les risques. La plupart du temps, les piqûres sont très douloureuses, surtout sur les pieds (difficile alors de poursuivre la marche !), mais sans danger, et se résorbent rapidement et sans besoin d'intervention particulière (un peu de vinaigre ou une pommade pharmaceutique adaptée peuvent être utiles). En cas de piqûre : enlevez le dard avec une pince à épiler, aspirez le venin avec une pompe aspi-venin ou, si vous n'en avez pas dans votre trousse à pharmacie, approchez une source de chaleur près de la piqûre – cigarette, briquet, allume-cigare... – pour neutraliser le venin, et désinfectez. L'huile essentielle de lavande peut être un excellent allié pour calmer la douleur. La gravité dépend essentiellement du nombre de piqûres : en cas de piqûres groupées – au-delà de dix –, le risque est un état de choc avec convulsions et perte de conscience. Dans ce cas : appelez les secours.

Araignées

Elles injectent parfois un venin qui n'est que rarement toxique en Europe et ne provoque dans la plupart des cas que des symptômes très modérés. La seule araignée européenne potentiellement dangereuse est la veuve noire, reconnaissable à ses taches rouges. Hors de l'Europe, les araignées dangereuses peuvent entraîner des crampes, une nécrose locale, une anémie, des infections ou un état de choc. Les personnes les plus vulnérables sont les très jeunes enfants, les personnes âgées et les personnes atteintes d'une maladie cardiaque. En cas de morsure par une araignée : désinfecter la plaie, appliquer un sac de glace et consulter un médecin rapidement si les symptômes ci-dessus se manifestent.

Serpents

Toutes les morsures de serpent ne sont pas dangereuses, et le venin, d'ailleurs, n'est pas toujours injecté. Si c'est le cas, il met plusieurs heures pour se diffuser dans tout le corps.
Malgré les idées reçues, il y a des gestes à ne pas faire : ne pas inciser pour faire sortir le venin, ne pas chercher à l'aspirer – la moindre petite plaie dans la bouche est une porte d'entrée –, ne pas pratiquer de garrot – la circulation du sang, bloquée, va former un œdème –, ne pas appliquer d'alcool ou d'éther sur la plaie – ils favorisent la diffusion du venin –, et ne pas donner de thé, de café ou d'alcool à la victime – l'augmentation du rythme cardiaque favorise la diffusion du venin.
À faire, en revanche : allonger rapidement la personne et incliner le membre touché vers le sol pour ralentir la diffusion du venin, retirer les bagues et les bracelets, appeler les secours ou transporter la personne délicatement afin qu'elle bouge le moins possible. On peut, en attendant, nettoyer la morsure avec de l'eau et du savon, puis faire un petit bandage peu serré et appliquer de la glace pour atténuer la douleur.
L'idéal reste l'utilisation du kit Aspivenin, très efficace pour extraire le venin de serpents, de scorpions, scolopendres ou taons. En guise de prévention, le bâton de randonnée peut vous servir à les effrayer : frapper régulièrement le sol et les roches. Les vibrations les font fuir. Regardez aussi toujours où vous posez mains et pieds.

Tiques

De mai à septembre, attention aux tiques : il y en a partout dans la campagne ! Ces parasites peuvent transmettre une maladie très grave (maladie de Lyme). Le meilleur moyen de les dissuader est de porter des vêtements couvrants et d'être vigilant en rentrant, ainsi que les deux jours suivants, à toute sensation d'irritation. Vérifiez alors si vous ne trouvez pas une petite chose brune, ressemblant à un grain de beauté, à l'endroit de cette irritation. Si c'est une tique, il faut consulter rapidement un médecin ou l'enlever délicatement avec une simple pince tire-tique

Piqûres et morsures : attention aux allergies !

Les piqûres bénignes d'insectes et d'araignées sont généralement sans gravité autre qu'une douleur passagère, un gonflement local et une démangeaison. Cependant, chez certains sujets allergiques – 3 % de la population –, une seule piqûre peut entraîner une réaction globale prononcée, pouvant aller jusqu'à l'œdème de Quincke – gonflement de la gorge provoquant l'étouffement. En cas de difficulté à respirer, si la personne piquée possède un anti-allergique puissant – cortisone –, il est nécessaire de le lui administrer sans tarder et, préventivement, d'alerter les secours. En l'absence de médicament, les secours doivent être appelés immédiatement et l'on doit se tenir prêt à procéder aux gestes d'urgence.

disponible en pharmacie. N'utilisez pas de pince à épiler, car vous risqueriez de laisser la tête du parasite et de créer une infection. Évitez l'éther, l'huile, la vaseline, l'essence ou autre, car ils facilitent la transmission des agents infectieux. Désinfectez ensuite la zone de la piqûre. Cette opération pourra par prudence être suivie d'un traitement antibiotique durant trois semaines. Sachez qu'une contamination par la maladie de Lyme non diagnostiquée peut avoir des conséquences très graves des années plus tard.

Soins des pieds et des jambes

C'est le cauchemar des randonneurs : les douleurs aux pieds ! Ampoules, entorses, arthrite… En général, les pieds ne sont pas habitués à la randonnée. Si l'on n'y prête pas garde, ils se blessent rapidement et la guérison peut prendre du temps. L'essentiel est donc de prévenir les problèmes. Le premier ennemi du randonneur ? Les ampoules. Le choix des chaussures et des chaussettes est de ce point de vue primordial. Ensuite, le mal fait, chacun sa méthode, mais certaines « marchent » mieux que d'autres. En hiver ou pour les randonnées en situation de grand froid, sachez qu'il existe des semelles chauffantes. Celles-ci pourront s'avérer salvatrices !

■ LABORATOIRES ASEPTA
✆ +377 92 05 75 51
www.asepta.com
laboratoires@asepta.mc
Produits disponibles en pharmacies et parapharmacies.
Le nom de ces laboratoires monégasques est moins familier que celui des fameuses crèmes qu'ils fabriquent : la gamme Akileïne est en effet connue comme le remède aux bobos pédestres, sécheresse et autres ampoules. Asepta a été fondé en 1946 à Monaco par Paul Lacroix et Henri Mas, et s'est depuis imposé parmi les leaders en dermo-pharmacie et podologie. Conçus et fabriqués en Principauté de Monaco, les produits bénéficient des plus récents progrès de la cosmétologie. Asepta exporte la moitié de sa production. Les randonneurs peuvent aussi être intéressés par la gamme anti-insectes Akipic, une lotion répulsive forte pour les régions tempérées ou les tropiques, ou encore par les produits de prévention contre les mycoses du pied ou anti-échauffements, pour une marche sans désagrément.

■ QENOA
Nazareth Village
NÉRAC
✆ 33 5 53 65 85 56
www.qenoa.fr
contact@qenoa.fr
Ouvert du lundi au vendredi de 10h à 17h. Horaires du service client.
Créé en 1977 et basé dans le Lot-et-Garonne, Qenoa® a élaboré des soins naturels, performants et sans effets secondaires, respectueux de votre équilibre et de l'environnement. Tout est fabriqué en France et la majorité des produits est référencée dans le Vidal et accessible en pharmacie. La marque Qenoa® propose notamment Up By Qenoa®, une gamme de produits de soins destinée aux sportifs amateurs et professionnels : Body Care (préparation physique optimisée, récupération, solutions efficaces en cas de traumatologie) et Pedi Care (hygiène et confort du pied) doivent leur efficacité au duo gagnant : silicium organique + huiles essentielles. Le silicium est reconnu pour son action bénéfique : il favorise la souplesse des articulations et des tendons, l'élasticité des vaisseaux et de la peau et renforce la solidité des os. Les huiles essentielles associées au silicium apportent une action stimulante, relaxante ou antalgique, selon le besoin.

■ SIDAS
18, rue Léon-Béridot
VOIRON
✆ 04 76 67 07 07
www.sidas.com/fr
info@sidas.com
Livraison possible (boutique en ligne).
Sidas est le spécialiste des pieds et de leur confort lors des activités sportives. À chaque problème de pied : échauffement, ampoule, crampes, callosités... une solution étudiée et dédiée. Crèmes, accessoires, semelles, chaussettes, solutions chauffantes : la marque innove sans cesse pour le bien-être des pieds. Sidas propose aussi un blog et des pages informatives très riches : vous y trouverez à coup sûr l'astuce imparable qui changera votre manière de marcher !

Ampoules

Pour les combattre, il y a quelques astuces, mais pas de solution infaillible. Les ampoules sont dues aux frottements et se développent plus vite quand les pieds sont mouillés. Pour éviter les frottements, les chaussures doivent être bien ajustées, et les chaussettes – épaisses – comblant les espaces vides en laissant une certaine souplesse. On peut utiliser deux paires de chaussettes : la première pour absorber la transpiration et la deuxième plus épaisse. Le frottement se fera entre les deux chaussettes, pas sur vos pieds. L'humidité des pieds, et donc le risque d'ampoule, disparaît si les chaussures sont respirantes.

En cas d'ampoule : si elle est déchirée, il faut enlever la peau avant stérilisation et poser un pansement seconde peau. Si elle est encore intacte, la percer à l'aide d'une aiguille rougie à la flamme et laisser un fil permettant de drainer le liquide par capillarité sans mettre à mal la peau irritée : vous devez conserver cette peau pour une meilleure cicatrisation, une fois désinfectée avec un produit type Bétadine®. L'ampoule s'asséchera d'ici au lendemain matin. Si ce n'est pas le cas, on applique avant de repartir le lendemain un pansement seconde peau ou une bande adhésive élastique.

Engelures

Ce sont des lésions cutanées des membres dues au froid humide, qui affectent partiulièrement les doigts et les orteils. Les personnes développant une hypersensibilité au froid ou présentant une faiblesse d'état général, et de circulation du sang en particulier, y sont plus sujettes que les autres. En cas de prémices d'engelures, ne surtout pas frotter, mais placer les orteils près d'une source de chaleur (ni trop près, ni trop brusquement) ou les baigner dans l'eau tiède.

Que faire en cas d'entorse ?

Lorsque le pied « tourne », la première chose à faire est de stopper immédiatement l'activité physique et d'appliquer de la glace pour diminuer l'enflure de la cheville et la douleur. Difficile d'ouvrir le congélateur en pleine montagne. Les sprays cryogènes sont une bonne alternative. Ils atténuent la douleur lors de contusions simples comme les entorses, les élongations ou les tendinites. Le froid empêche aussi l'apparition des hématomes. Certains spécialistes préfèrent l'utilisation de compresses froides à la place des sprays cryogènes qui, en masquant totalement la douleur, peuvent présenter un certain danger.
Il faut ensuite strapper la cheville. Cette contention thérapeutique a pour objectif d'immobiliser et de protéger l'articulation. La durée d'immobilisation sera de 5 à 8 jours pour une entorse bénigne et de 12 à 15 jours pour une entorse moyenne. La fin de la rando !

Soin des jambes

Six heures de marche, ce sont six heures passées debout. Même si elles sont très actives durant la marche, les jambes ont besoin que le sang circule correctement. À l'arrivée, des étirements – pour éviter des courbatures le lendemain – et quelques minutes en position assise avec les pieds surélevés remédieront aux lourdeurs. Des gels drainants soulagent aussi la fatigue ou la lourdeur, même sans procéder à un long massage. Certains experts recommandent également le port, après la marche, de chaussettes de compression, juste quelques heures. Elles réduisent la fatigue musculaire et l'effet jambes lourdes.

Entretenir ses pieds

Avant le grand départ, la taille des ongles au carré, sur le fil de la pulpe de l'orteil, évitera le cauchemar du marcheur : l'ongle incarné. Une visite chez le ou la pédicure peut être très salutaire pour mettre les pieds en état de marche.
Chaque matin, on peut pratiquer une rotation des chevilles, un léger massage et on enfile les chaussures un quart d'heure avant de partir pour que le pied se réaccoutume en douceur à ce qui l'attend… Pour éviter les frottements (et les ampoules), on pourra appliquer une crème antifrottements (la plus connue est la crème Nok, d'Akiléïne®, mais il en existe aussi chez Décathlon). Tous les soirs, il est bon de se baigner les pieds et de les frictionner pour activer la circulation avec des crèmes spécialisées – type Akiléïne® : la ligne rouge de la gamme Akiléïne® propose un baume reposant ou un gel fraîcheur. Pour éviter les mycoses, on pourra saupoudrer l'intérieur de la chaussure avec du talc ou une poudre antifongique. Cela permet de sécher la chaussure, matin et soir. Pour la même raison, dormir avec des chaussettes n'est pas recommandé, sauf en cas de grand froid.

Les risques du soleil

Fini le temps où les baroudeurs allaient tête et jambes nues en plein cagnard ! On connaît désormais bien les risques du soleil… En randonnée, si la pluie n'est guère agréable, le soleil n'est pas pour autant un ami auquel se confier les yeux fermés. C'est en marchant, surtout en été, que l'on se rend compte de la puissance de sa lumière : l'eau de la gourde chauffe à l'intérieur du sac, des objets en plastique ramollissent, les produits solaires sortent de leurs tubes sans qu'on leur demande… Si le matériel chauffe, notre corps en prend lui aussi un sacré coup. La peau des bras, des jambes et de la figure doit être protégée par de la crème solaire haute protection, celle de la nuque par un foulard en coton. Quant à la tête et aux oreilles, elles nécessitent un bon chapeau à bords larges et de couleur claire. Pour les yeux, il faut choisir de bonnes lunettes de soleil – indice C. Dès que l'on commence à ressentir des maux de tête, vertiges ou frissons, l'insolation n'est pas loin. Il faut s'arrêter, se protéger du soleil et de la chaleur, boire beaucoup d'eau. Continuer serait le meilleur moyen pour s'évanouir avant de se réveiller dans un lit avec de la fièvre. Si l'on est seul et que le téléphone portable passe dans la zone, il faut avertir un proche ou les secours locaux – dont on aura pris soin d'enregistrer les coordonnées avant de partir – de la situation.

La pharmacie

Que l'on parte à quelques kilomètres de chez soi ou au bout du monde, une trousse médicale garnie est nécessaire. On peut en trouver en pharmacie ou dans les grandes surfaces – avec les produits de base –, mais il est nettement préférable de la constituer soi-même. En cas de traitement spécifique chronique – asthme, diabète, allergie… –, les médicaments habituels doivent être prévus en quantité suffisante. Ils sont souvent délivrés sur ordonnance et n'ont pas leur équivalent dans tous les pays. Même en France, vous ne trouverez peut-être pas de pharmacie sur votre chemin.
Prenez toujours le temps de vérifier la date de péremption des crèmes et des médicaments, et de lire la notice : certains produits sont susceptibles de provoquer des allergies. Gardez en tête que la plupart des produits ne se conservent pas plus d'un an (voire moins) une fois ouverts. Si les produits ont déjà été transportés sous de grosses chaleurs lors d'une précédente randonnée ou d'un voyage, il est préférable de les jeter et d'en acheter de nouveaux

La couverture de survie

Un indispensable du sac à dos du randonneur ! Pensez à toujours tourner la face dorée de votre couverture de survie vers l'extérieur afin de préserver la chaleur du corps. Très légère, elle s'emporte partout et coûte entre 3 et 5 €.

© Robert Przybysz – Shutterstock.com

HYGIÈNE

Le voyage à pied n'est pas toujours idéal pour les maniaques de la propreté, sauf si les étapes sont prévues en hôtels ou autres hébergements avec sanitaires fonctionnels. Si l'hygiène ne doit pas être une obsession en randonnée, elle reste néanmoins importante. Une bonne douche permet de détendre les muscles, de récupérer et de retrouver une sensation de propreté après l'effort.

Se laver

Même sans point d'eau pour faire un brin de toilette, et sans toilettes pour uriner et déféquer, on se débrouille. Les lingettes sont aujourd'hui le meilleur moyen de conserver une certaine propreté, celles des bébés conviennent aussi bien pour les toilettes du visage et du corps que les endroits plus intimes. Les lingettes antiseptiques sont très utiles pour désinfecter des plaies superficielles, se laver les mains ou les pieds plus en profondeur. Par souci de respect de l'environnement, elles seront, une fois utilisées, mises dans un sac en plastique, puis jetées dans une poubelle dès que cela sera possible. Dans le même souci, les excréments et le papier toilette seront enterrés.

■ **DR BRONNER'S**
ALLEMAGNE
✆ +49 2137 9379100
www.drbronner.de/fr
info@drbronner.de
Livraison possible (site de vente en ligne).
Les savons du Dr Bronner's sont devenus cultes auprès des amateurs de cosmétiques biologiques, végans, respectueux du commerce équitable et... des randonneurs ! En effet, ces savons 18-en-1 allient qualité et efficacité en un seul produit, sans pollution. Il permet la toilette de tout le corps (corps, mains, cheveux, visage), et s'utilise pour la vaisselle, la lessive, mais aussi en déodorant, dentifrice ou bain de bouche. En cela, il est un *must-have* des baroudeurs !

■ **INUKA.COM**
130, route des Saintiers
SÉVRIER ✆ 04 56 49 96 65
www.inuka.com
contact@inuka.com
Partir à l'aventure, cela ne s'improvise pas (sauf si pour vous l'aventure est au bout de la rue...). INUKA.com, «Adventure webstore», a sélectionné une vaste gamme de produits et matériel pour les vrais aventuriers, amateurs de nature, de randonnée et de voyage au grand air. Le site de vente en ligne propose une rubrique assez complète de solutions d'hygiène pour la randonnée en itinérance, les expéditions et le bivouac façon survie : savons bio multiusages, papier toilette biodégradable, serviettes microfibres antibactériennes, feuilles de savon... mais aussi produits désinfectants pour l'eau et trousses de secours.

La trousse de toilette

La trousse de toilette doit être légère, compacte, repliable et son contenu minimal : brosse à dents repliable, tube de dentifrice déjà entamé, rasoir à main pour les hommes, gel de douche faisant également shampoing, déodorant en stick – attention : certains ne supportent ni la chaleur ni l'altitude –, mini-brosse et mini-peigne.

◗ **La serviette de toilette en micro fibre est idéale :** elle est très légère – 200 g environ pour une taille de 55 x 100 cm –, sèche très rapidement et absorbe beaucoup plus qu'une serviette de toilette normale. Certaines ont de plus subi un traitement antibactérien.

LA TROUSSE À PHARMACIE DU RANDONNEUR

		Prescription	Conseils pratiques
Plaies, ampoules	*Antiseptiques, compresses stériles, pansements et bandages*	Plaies bénignes	Lavez-vous les mains avant d'effectuer tout soin. L'antiseptique est appliqué sur la lésion avec une compresse, de l'intérieur de la plaie vers l'extérieur. Veillez à ce que la compresse ne touche pas le flacon, de manière à en préserver la stérilité. Pour une meilleure adhésion du pansement, séchez bien votre peau avant application.
	Bandes anti-ampoules, crème ou spray anti- frottements	Ampoules	Soyez attentif aux frottements, pour les zones sensibles : talons, orteils et voûte plantaire.
Muscles et articulations	*Pommades anti- inflammatoires – Niflugel – ou analgésiques – arnica, Synthol, etc.*	Entorses, tendinites, élongations	Les anti-inflammatoires sont efficaces pour réduire les tendinites ou les douleurs articulaires. L'articulation ou le muscle doivent être laissés au repos intégral. Il existe de nombreux analgésiques – arnica, baumes Kamol ou Synthol, etc. – qui soulagent mais ne traitent pas forcément la cause de la douleur. Plus vite elles sont appliquées, meilleure est leur efficacité.
	Spray cryogène	Entorses, élongations et tendinite	Inadapté aux cas de contractures et de crampes, où il faut au contraire réchauffer le muscle douloureux.
	Bandes de strapping – autocollantes ou avec kit d'accrochage.	Entorses	La réussite du strapping réside dans sa tension : excessive, elle crée un « effet garrot », trop faible, elle ne maintient pas assez la partie touchée. Les bandes successives doivent se chevaucher et la première être recouverte au moins pour moitié.
	Gel et patchs chauffants – Décontractyl, patchs Hansaplast, Capsic de Cliptol Sport.	Échauffement des muscles – crampes et courbatures	Diminuent le risque de tendinite, préviennent et traitent crampes et courbatures. À utiliser le matin, pour s'échauffer, ou le soir, pour récupérer.

Piqûres, morsures et allergies	*Kit Aspivenin*	Éradication des venins de morsure et de piqûre	Un élément essentiel de la trousse à pharmacie : un serpent ne prévient jamais !
	Baume apaisant, spray répulsif	Prévention et traitement des piqûres d'insectes	Un baume soulage uniquement la douleur ou la démangeaison, mais n'a pas d'effet contre les venins.
	Anti-histaminiques, cortisone	Traitement des réactions allergiques	Même si aucune allergie n'est connue, le besoin peut toujours survenir et s'avérer impérieux.
	Tire-tiques	Morsure de tique	On se sert impérativement d'une pince tire-tique pour retirer le parasite sans risque d'y laisser la tête et de provoquer une infection.
Affections générales	*Anti-inflammatoire – aspirine, paracétamol, Ibuprofène, Advil, etc. –*	Traitement des inflammations	En cas de fièvres, d'état grippal ou de douleurs – dentaires, par exemple.
	Collyre	Affections oculaires et sécheresse de l'œil	Indispensable dans les régions sèches, comme le désert. Il peut, sinon, toujours être utile.
	Crème solaire, stick à lèvres, lotion ou crème anti-coups de soleil – Biafine®	Coups de soleil et gerçures	Pour la crème solaire, prévoir des indices de protection forts, surtout en montagne, et renouveler l'application toutes les 2 heures.
Pour les destinations à risques	*Antibiotiques à large spectre, et antibiotiques intestinaux*	Infections bactériennes	Sans avis médical, il faut les utiliser avec discernement, par exemple si la consultation d'un médecin demande un délai. Sinon, pour être efficace, l'utilisation des antibiotiques requiert un diagnostic.
	Anti-diarrhéiques	Diarrhées	À prévoir dans les régions sensibles – manque d'eau potable, nourriture peu sûre, etc.

Faire ses besoins

En pleine nature, aller aux toilettes ne pose aucun problème, encore faut-il rester soucieux de l'environnement. Le mieux est de creuser un petit trou, mais à plus de 100 m d'un point d'eau, d'une rivière ou d'un campement. Faites en sorte de choisir un sol organique, plutôt que du sable, par exemple, et faites vos besoins de préférence au soleil plutôt qu'à l'ombre, afin de faciliter la décomposition. Le papier toilette utilisé est jeté dans le même trou, que l'on recouvre de terre, de sable ou de pierres. Si l'on est plusieurs, on peut créer un petit coin, repérable par tous. Si c'est en pleine marche que vous avez besoin d'une pause, pensez à laisser votre sac à dos sur le chemin, signalant par là-même, votre arrêt et votre emplacement. Cela évitera que l'on s'inquiète pour rien ou que l'on vous perde...

La lessive et la vaisselle

Quant à la lessive et à la vaisselle, c'est le point délicat, pour deux raisons. La première est la nocivité des détergents pour l'environnement. Le savon de Marseille est de ce point de vue une solution très naturelle, adaptée à tous les nettoyages – corps, lessive, vaisselle. La seconde est l'interdiction de souiller des points d'eau potable, même avec des produits naturels. Si de l'eau propre suffit pour la lessive, il faut, pour la vaisselle, qu'elle soit aussi potable. Les points d'eau potable à utiliser doivent donc évacuer efficacement les eaux usées. Si ce n'est pas le cas, remplissez gourdes ou bouteilles et faites la vaisselle hors de la vasque. Impossible d'introduire détergent, débris alimentaires ou eau sale dans la seule fontaine du village... Côté transport et poids du matériel, sachez qu'il existe les savons tout-en-un Dr Dronner's, pour la douche, le shampoing, la vaisselle et la lessive. Vous les trouverez chez les spécialistes de l'outdoor, mais aussi dans les grandes enseignes sportives.

S'ALIMENTER ET S'HYDRATER

La gastronomie fait partie du patrimoine local et du plaisir de voyager, les randonneurs doivent-ils donc se priver des saveurs et des spécialités du terroir ? Randonner, c'est toutefois voyager avec certaines contraintes. En randonnée, les habitudes alimentaires ont plutôt tendance à être bousculées... Et pourtant, on peut vraiment se régaler en randonnée ! Il suffit de s'organiser et de valoriser les richesses et les habitudes culinaires locales. En outre, c'est l'un des grands plaisirs de l'aventure que de bien manger après un effort !

■ **LYOPHILISÉ & CO**
✆ 02 97 87 23 73 – www.lyophilise.fr
team@lyophilise.com
Ouvert du lundi au vendredi de 9h à 17h. Livraison possible (site de vente en ligne).

Fournisseur des skippers du Vendée Globe ou encore des services de secours et d'urgence, Lyophilisé & co est le spécialiste des repas *outdoor* et survie. Idéale pour les randonneurs, vous trouverez sur la boutique en ligne toute une gamme de produits adaptés au trek et aux activités de plein air. Des repas aux desserts en passant par les accessoires, du lyophilisé à l'auto-chauffant, ce sont plus de 450 références de produits des plus grandes marques qui vous seront expédiés sous 24 heures. Également des kits de survie de longue conservation, jusqu'à 25 ans ! Pour les régimes spéciaux, vous trouverez aussi des produits sans gluten, végans, halal ou sans lactose.

■ **BALLOT-FLURIN APICULTEURS**
75, place Lagardère
MAUBOURGUET
✆ 05 62 96 49 57
www.ballot-flurin.com
bonjour@ballot-flurin.com

© Jacob Lund – Shutterstock.com

Être végétarien ou végétalien en randonnée

Si les randonneurs végétariens ou végétaliens savent déjà composer avec une alimentation équilibrée adaptée à une pratique sportive, la randonnée sur plusieurs jours peut toutefois être un défi dès lors qu'ils souhaitent apporter des plats lyophilisés. Quelques sociétés se sont penchées sur cette demande en pleine croissance et proposent désormais des plats de légumes et végétariens à emporter en trek et voyage à pied.

BAROUDEUR ALTITUDE
✆ 02 38 54 01 08
www.baroudeur-altitude.fr
service.info@baroudeur-altitude.fr
Ouvert du lundi au jeudi de 10h à 18h ; le vendredi de 10h à 16h. Livraison possible (site de vente en ligne).
Baroudeur Altitude est un magasin en ligne, loirétain, dédié aux produits d'aventure, comme l'explique son slogan : «Équipez-vous pour l'aventure ! «. Il propose des équipements de randonnée, de survie, de bushcraft et militaires. Si vous envisagez de voyager dans une zone exotique, de faire un séjour en pleine nature avec camping en milieu naturel, vous trouverez sûrement votre bonheur lors de vos préparations, dans cette boutique en ligne gérée par un expert dans le domaine. Baroudeur Altitude dispose à la carte de ses plats lyophilisés dans différentes gammes, dont des repas végétariens et végétaliens.

FALIÈRES NUTRITION
8, avenue de la Gare
CAPTIEUX
✆ 05 56 65 66 54
www.boutique-falieres-nutrition.com
contact@falieres-nutrition.com
Ouvert toute l'année. Du lundi au vendredi de 8h à 18h. Boutique en ligne.
Falières Nutrition, ce sont deux points de vente, l'un en ligne, l'autre en Aquitaine. Spécialisée dans l'alimentation nomade, l'entreprise propose des plats lyophilisés adaptés à la pratique sportive et à tous les régimes : végétarien, végétalien, mais aussi sans allergènes et garantis 100 % sans additifs. Falières Nutrition porte une grande attention à la qualité tant nutritive que gustative de ses préparations. Plats auto-chauffants, snacks, kits repas, le site et la boutique disposent de tout ce qu'il faut pour être rassasié en toute légèreté.

Ouvert du lundi au vendredi de 10h à 18h ; le samedi de 10h30 à 12h30.
Que vient faire l'apiculture bio en trail, sur un marathon ou en randonnée ? Eh bien, elle vous sort des encas classiques et des sentiers battus gustatifs ! Préparez votre Beez'nergy Cake + pour tenir une longue randonnée. Ce cake énergétique au miel et aux épices vous donnera des ailes pour arpenter un long parcours. Le + de cette préparation sportive de Ballot-Flurin, c'est aussi qu'elle a un côté Do-it-yourself, puisque c'est à vous de la confectionner à partir de la préparation fournie. Testez aussi, en produits tout prêts, le Beez'nergy Raw Bar + ou les gels à consommer Beez'nergy Gel+, disponibles en recharges. Il n'y en a pas que pour votre estomac dans la ligne sport de Ballot-Flurin puisque vous trouverez aussi une lotion corporelle à utiliser aussi bien pour chauffer les muscles que pour récupérer après l'effort d'un trail ou d'une course sur route. Expert en santé naturelle depuis trois générations, compagnon des joggers depuis les années 80, Ballot-Flurin utilise la force du temps avec des méthodes manuelles douces et non destructives qui préservent les hautes vertus de leur précieuses récoltes. Tout est mis en œuvre pour que les préparations aient une richesse maximale en principes actifs naturels (enzymes, vitamines, oligo-éléments), grâce à un ensemble complet de pratiques apicoles exigeantes : récoltes à pleine maturité, filtrage manuel, etc.
Le + pour les randonneurs ? Une trousse spéciale avec RAWBAR+, sticks de pollen et baume tout-terrain à la propolis noire.

Autre adresse : 23 bis, avenue du Mamelon-Vert 65110 CAUTERETS

Quelle ration alimentaire quotidienne ?

Même si elle est trop souvent largement dépassée, la ration quodienne en condition normale – c'est-à-dire le plus souvent sédentaire – devrait osciller entre 2 000 et 3 000 calories quotidiennes. En randonnée, on estime que, pour des journées de marche de 20 km, la ration quotidienne monte à 3 000 ou 4 000 calories. Faut-il alors manger plus ? Pas forcément. L'essentiel, surtout, est d'adapter ses habitudes alimentaires à son activité en fournissant à son corps l'énergie suffisante pour l'effort. Place, donc, aux sucres lents... Les polentas, gratins de pommes de terre, assiettes de pâtes ou de légumes secs ont très bonne presse en randonnée ! Ces sucres lents doivent être consommés chaque soir pour reconstituer les stocks utilisés la journée. Ne négligez pas non plus les conditions climatiques. Sachez que marcher sous la pluie ou sous un vent violent entame plus vos réserves caloriques qu'une marche sous des conditions météo calmes. Pour faire simple, écoutez votre corps et mangez à votre faim.

Alimentation

	Rôle pour l'organisme	À quel repas les consommer principalement ?	Où les trouver ?	Part dans l'alimentation journalière
Glucides rapides	Énergie immédiate	Petit déjeuner et déjeuner	Sucre, fruits – frais, secs, confitures, pâtes ou jus –, miel...	**55 %**
Glucides lents	Énergie stockée, vite disponible	Petit déjeuner et dîner	Céréales – pain, pâtes, riz –, pommes de terre, légumes secs – lentilles, haricots blancs, pois chiches...	
Protides	Renouvellement des muscles, énergie stockée, de réserve	Les trois repas	Viandes, poissons, œufs, produits laitiers, céréales et légumes secs	**15 %**
Lipides	Utilisation des vitamines, énergie stockée, de réserve	Les trois repas	Produits laitiers, viandes, œufs, fruits secs, huiles et beurre	**30 %**

Quand et comment s'alimenter ?

Constituer ses réserves

Pour un randonneur partant le matin, deux repas sont très importants : le dîner de la veille et le petit déjeuner, qui doivent être copieux, complets et équilibrés. Si la marche a lieu l'après-midi, le déjeuner sera composé de pâtes, de viande grillée ou de poisson, de salade, d'un laitage et de fruits, le tout accompagné de pain et d'eau. Le ou les jour(s) de marche, le petit déjeuner sera copieux avec au moins 1/4 de litre de boisson pour l'hydratation – lait, eau, jus de fruits ou café –, des produits laitiers pour le calcium et les protéines, du pain tartiné de beurre et de confiture ou des céréales pour l'énergie et un fruit pour les vitamines et les sucres rapides. Si vous avez bon appétit, vous pouvez ajouter des œufs ou du jambon.

Pendant la marche

La nourriture durant la pause déjeuner doit être plus légère que celle du dîner : quelques sucres lents (un bon sandwich avec des crudités), un œuf et un fruit, une barre de céréales éventuellement, et surtout de l'eau pour se réhydrater. Pensez aux fruits secs, aux noix et amandes... Ils présentent le triple avantage d'être légers, caloriques et bons pour la santé. Pendant l'effort, il est important de réalimenter le corps en glucides toutes les heures et en petites quantités pour maintenir la résistance de l'organisme : barres de céréales, pâtes de fruits, chocolat ou fruits secs sont parfaitement adaptés. On peut ajouter des protéines toutes les 3 heures. Il peut s'agir d'une tranche de jambon ou de poulet, d'un yaourt, de berlingots de lait concentré ou d'un œuf.

▸ **Un conseil :** les produits laitiers peuvent être enveloppés dans un linge humide afin d'être gardés au frais dans le sac à dos. Les autres produits peuvent être conservés dans des boîtes étanches ou dans des sacs plastique, à l'abri de la température extérieure.

S'hydrater

Il est recommandé de boire à peu près 3 litres d'eau par jour pour des conditions moyennes – plus, s'il fait chaud – et, surtout, de ne pas attendre d'avoir soif. L'idéal est de boire 500 ml par heure, en prise régulière toutes les 20 minutes – cinq à six gorgées. Évitez l'eau glacée qui désaltère autant, mais peut faire très mal au ventre. Boire beaucoup en randonnée est important, ne serait-ce que pour compenser ce qui est perdu par la transpiration. Mais ça n'est pas tout : l'hydratation prévient nombre de tendinites, assure le bon fonctionnement des muscles et évite les douleurs musculaires. Pour le transport de l'eau, gourdes ou bouteilles en plastique conviennent, mais la gourde isole thermiquement. L'eau des torrents en montagne, fraîche et limpide, est aussi peu sûre que celle des rivières de campagne. Bactéries au programme... Dans certains pays en voie de développement, même l'eau potable peut présenter une composition bactériologique à laquelle notre corps n'est pas habitué qui occasionnera troubles gastriques ou intestinaux, déshydratation, etc. Dans certains coins du monde, il est même recommandé de ne pas l'utiliser du tout, même pour se brosser les dents. On ne doit y boire que de l'eau en bouteille que l'on débouche soi-même ou décapsulée devant soi ou de l'eau bouillie. Si vous buvez des sodas ou autres boissons froides, attention à ne jamais ajouter de glaçon !

■ **DRINKPURE**
SUISSE
✆ +41 44 533 26 40
www.drinkpure-waterfilter.com
info@drinkpure-waterfilter.com
DrinkPure est un filtre à visser sur le bouchon de n'importe quelle bouteille ou gourde pour rendre son eau potable. En randonnée et en trek, il permet de pouvoir consommer en toute sécurité n'importe quelle eau. Le système de filtre est robuste et convient parfaitement aux activités *outdoor*. Côté efficacité, il est imbattable : il retient 99,99 % des bactéries, 99 % des virus. Poids plume, il pèse 150 g et se transporte facilement.

■ **LIFESTRAW**
✆ 09 72 33 15 89
eu.lifestraw.com
Se procurer de l'eau potable quand on fait une sortie à pied, que l'on est en campement ou que l'on réside en gîte à la ferme peut s'avérer un parcours du combattant. Lifestraw a la réponse : ses solutions filtrantes s'adaptent à toutes vos sorties, elles garantissent une eau potable en toutes circonstances. Le filtre Lifestraw Flex combiné à sa poche Gravity offre un ensemble particulièrement léger (195 g), capable de filtrer 1 litre toutes les 2 minutes, en plus son installation est très facile. Les matériaux utilisés sont en plastique résistant (sans BPA).

■ **WATER TO GO**
NP Distribution – Water-to-go Grance
80, impasse du P'tit Ramoneur
SAINT-JEAN-DE-SIXT
✆ 04 50 02 36 00
www.watertogo.fr
contact@watertogo.fr
Ouvert du lundi au vendredi de 9h à 17h. Livraison possible (site de vente en ligne).
Voici une gourde nouvelle génération qui présente la particularité de filtrer l'eau en la rendant potable. Water-to-Go utilise la technologie filtrante de la NASA qui permet d'éliminer 99,9 % des impuretés, bactéries et substances nocives qui peuvent être présentes dans l'eau. Une manière efficace de disposer d'eau pure et saine sous toutes les latitudes. Chaque filtre Water-to-Go permet de traiter 200 litres d'eau. Plus qu'il n'en faut pour randonner durant quelques semaines sans problème ! Les gourdes existent en noir ou en blanc, et les filtres peuvent être renouvelés autant de fois que l'on veut. En vente sur Internet et dans différents points de vente (recensés sur le site Web).

■ **KATADYN**
Kemptthal
37 Pfäffikerstrasse
ZÜRICH (SUISSE)
✆ +41 44 839 21 11
www.katadyn.com/fr/fr
info@katadyn.ch
Katadyn Group a développé plusieurs produits d'hydratation à destination des randonneurs et amateurs de sports *outdoor*. Sa famille de gourdes avec filtres BeFree est une petite révolution : vous n'avez plus à vous inquiéter de la qualité de l'eau ! Vous la remplissez à une source et la membrane EZ-Clean™ fait le reste. Elle élimine les micro-organismes, les bactéries et les protozoaires. Grand avantage : la flasque, légère, se replie une fois vidée pour se ranger le plus facilement du monde !

Désinfecter l'eau

Il existe des désinfectants qui potabilisent l'eau du réseau de distribution, de sources ou de puits. Dans les comprimés de Micropur Forte DCCNA, les ions argents associés au chlore évitent toute prolifération bactérienne pour une période allant jusqu'à six mois. Il est à utiliser en complément d'un filtre pour des eaux sales. Un comprimé suffit pour 1 l et comptez ensuite entre une demi-heure et une heure avant de boire l'eau. Une fois que l'eau est totalement désinfectée, le récipient ne doit pas rester ouvert. Il faut être certain que le bouchon n'ait pas touché quelque chose de sale et la boire rapidement. Les pastilles de purification d'eau se trouvent facilement en magasins de sport (avec rayon randonnée et trekking) et sur les sites web spécialisés dans l'aventure *outdoor*.

POUR LA MARCHE

La randonnée reste une activité abordable et il n'est pas indispensable de dépenser des sommes folles en équipement. Résistez à la pression de la société de consommation ou aux conseils un peu trop intéressés de certains vendeurs. Mais attention tout de même ! Il y a quelques passages obligés, au premier rang desquels, bien sûr, une paire de chaussures de marche adaptée, des vêtements souples et respirants, et selon la météo, un vêtement de pluie, une polaire, des lunettes de soleil, etc.

La chaussure

Trouver chaussure à son pied prend un peu de temps. C'est la première chose dont il faut s'occuper. Comme pour le reste de l'équipement, il est nécessaire de bien estimer l'usage que l'on fera de ses chaussures pour adapter son investissement. Inutile de dépenser 150 € pour une paire qui vous servira une ou deux fois dans l'année pour marcher sur du plat ou de la moyenne montagne. Pour autant, ne sous-investissez pas : un mauvais achat peut suffire à faire de votre randonnée un calvaire. Concernant les prix des différents modèles, il peut s'avérer utile et prudent (pour le porte-monnaie) de se tenir informé des promotions que les différentes marques accordent tout au long de l'année.

■ **LOWA**
lowa.fr
Lowa, marque connue et reconnue par les passionnés de sports *outdoor* reste fidèle à sa philosophie : offrir à ses clients un équipement exceptionnel pour des aventures en plein air. Elle ne cesse d'innover en créant des chaussures de loisirs légères aux bottes alpines haut de gamme, confortables, légères, respirantes, conçues, pour la plupart, à partir d'un mélange de matériaux synthétiques, robustes, à la semelle assurant un amorti optimal... De plus, certains modèles peuvent être équipés de crampons. Impossible de faire le moindre faux pas !

■ **MERRELL**
44, rue des Petites-Écuries (10e)
PARIS
✆ 01 56 03 60 08
www.merrell.com
M° Poissonnière
Livraison possible (vente par Internet).
Si vous envisagez de faire un trekking à l'autre bout du monde ou dans notre bonne vieille France aux chemins rocailleux, la maison Merell sera sans doute l'un des meilleurs moyens de se chausser pour l'occasion. Spécialisée dans la chaussure de randonnée, Merell propose également des baskets de course, des chaussures pour la marche été comme hiver, des polaires, des pantalons stretch pour homme, femme ou enfant, mais aussi des chaussures *casual* à porter en toutes circonstances. Les sports aquatiques ne sont pas oubliés non plus avec des bottes waterproof et des parkas à séchage rapide... Avec plus de 35 ans d'expérience et d'innovation dans le domaine, Merell assure le confort des baroudeurs. Si la marque ne possède pas sa propre boutique, on retrouve ses produits dans de nombreux magasins de la capitale. Les plus pressés commanderont en ligne et se feront livrer gratuitement.

▶ **Autre adresse :** Consulter le site internet

Quelle chaussure pour quelle randonnée ?

Pour les petites randonnées. Pour une marche de 2 à 6 heures par jour sur le plat ou en petite montagne, privilégiez la souplesse et l'aération. Tige basse (selon le terrain, toutefois), semelle flexible, revêtement respirant et légèreté globale sont plutôt de mise. N'hésitez pas à investir pour un revêtement imperméabilisé (nylon imperméabilisé, cuirs traités...) : vous y perdrez peu en aération, mais gagnerez beaucoup en confort, en cas de pluie ou simplement de terrain un peu humide.

Pour les grandes randonnées. Des terrains plus pentus ou accidentés, à raison de 5 à 8 heures de marche par jour, exigent un investissement un peu plus important. Chaussures plus lourdes à tige haute, semi-rigide, à semelles crantées et amortissante, pare-pierre et revêtement étanche.

Pour la haute montagne. 7 à 10 heures de marche par jour en montagne, sur des terrains très accidentés et pentus, parfois aériens, avec passages fréquents de neige, de torrent ou d'éboulis, demandent des performances particulières : tige haute, étanchéité et protection du revêtement optimales, rigidité importante.

PARABOOT PRO
65, rue des Tuilliers, Centr'Alp 2
SAINT-JEAN-DE-MOIRANS
contact@paraboot-pro.com

La marque Paraboot à la consonance anglo-saxonne est bien 100 % française. C'est la saga d'une famille qui a lié son destin depuis maintenant quatre générations à celui de l'entreprise. En quête d'une paire de chaussures de randonnée de montagne haut de gamme, en cuir, raffinée, ce sont les Paraboot qui vous conviendront. Pas moins de 150 opérations manuelles sont nécessaires à leur réalisation. Comme autrefois, elles sont entièrement coupées et piquées à la main par une équipe de professionnels, le tannage des peaux est obtenu selon un savoir-faire traditionnel.

La semelle

Le choix d'une bonne semelle doit satisfaire à quelques exigences. L'adhérence au sol, d'abord : un crantage profond s'adaptera aux pentes, à la neige, aux terrains humides ou accidentés ; une semelle lisse aux terrains plutôt plats, secs et bien entretenus. L'amortissement des chocs, ensuite, pour protéger la voûte plantaire : les semelles actuelles sont toutes très performantes, mais on pourra choisir la technologie Vibram© pour un confort supplémentaire ou ajouter une semelle intérieure de gel. Enfin, deux aspects ne doivent pas être négligés : la flexibilité (pour éviter les crampes et assurer une bonne circulation du sang) et l'étanchéité (gage d'hygiène). Vous trouverez des semelles cousues ou collées, sachant que les premières, plus chères, ont la réputation d'être plus imperméables.

La tige

C'est l'autre partie de la chaussure : accrochée à la semelle, elle tient le pied et le protège. Elle doit d'abord être à la bonne hauteur : tige basse pour ne pas bloquer la cheville sur terrain plat et non accidenté ; tige haute, couvrant la cheville, dès qu'il y a de la pente, de l'humidité ou des pierres. Dans tous les cas, elle doit être rembourrée au talon pour éviter les douleurs musculaires, les entailles ou ampoules. La rigidité enfin doit être adaptée : plus la route est difficile, plus la tige doit maintenir et protéger le pied et la cheville.

Le revêtement

Il faut d'abord trouver le meilleur compromis entre imperméabilité et aération. Si la croûte de cuir est incomparable, on trouvera aussi des revêtements synthétiques comme le GORE-TEX©, moins chers et généralement suffisants. Le revêtement doit aussi protéger des coups (éboulis, petite chute de pierres, etc.) : vous trouverez toujours une bande pare-pierre autour des chaussures de montagne.

N.P DISTRIBUTION – NIKWAX FRANCE
Chalet la Santaline
80, impasse du P'tit-Ramoneur
SAINT-JEAN-DE-SIXT ✆ 04 50 02 36 00
perbetn.oxatis.com
info@np-distribution.fr

Ouvert du lundi au vendredi de 9h à 12h et de 14h à 17h. Horaires du service client. Livraison possible (boutique en ligne).

NP Distribution est le spécialiste du spray imperméabilisant. Nikwax fabrique des produits de nettoyage et d'entretien de grande qualité qui prolongent la vie et améliorent la performance de vos vêtements, chaussures et équipements. Que vous randonniez sous la pluie ou dans l'humidité des tropiques, Nikwax vous garde au sec. Vous pouvez ainsi compter sur ces produits pour imperméabiliser vos chaussures, votre veste, mais aussi depuis peu, grâce à un nouveau procédé, vos polaires. Il est tout de même déconseillé de traverser les rivières à la nage tout habillé !

L'entretien

Choyez vos chaussures de marche, condition nécessaire à la longue durée de vie de vos nouvelles protégées ! Pensez à entretenir tout particulièrement celles qui sont en cuir avec, par exemple, de la graisse de phoque (nom usuel, à ne pas prendre au mot). Pensez aussi à toutes les imperméabiliser, surtout si vous êtes certains de voguer en terrain humide ou enneigé. Les produits d'entretien ne manquent pas, à vous de trier et d'investir dans ce qui est vraiment utile. Pensez aussi à vous munir en route d'une deuxième paire de lacets et de chaussures de rechange – tongs ou sandales légères – afin de laisser reposer vos pieds après l'effort.

L'essayage

La règle n°1 ? Être à l'aise, c'est-à-dire être bien dans vos chaussures ! Ce conseil supplante tous les autres. Certes, les chaussures demandent à être « rodées », mais il est essentiel de s'y sentir bien dès les premiers pas dans le magasin. Une précaution : procéder aux essayages avec des chaussettes épaisses ou, sinon, avec deux paires, le soir de préférence, quand vos pieds sont fatigués. Laissez toujours à peu près 1 cm entre vos orteils et l'avant de la chaussure : le pied a en effet tendance à grandir après plusieurs heures de marche et, en descente, à se tasser sur l'avant. Il est donc normal de chausser un peu plus grand en chaussures de marche qu'en chaussures de ville, mais n'exagérez pas : le pied doit tout de même être maintenu pour éviter les frottements et les ampoules. Enfin, avis aux plus coquets : les chaussures les plus belles ne sont pas toujours les plus confortables !

Les chaussettes

Pas question de lésiner sur vos chaussettes ! Pour les plus prévenants, des chaussettes spéciales randonnée existent. Pour ceux qui préfèrent les compromis, les mélanges coton/fibres polyester ou laine/fibres polyester se trouvent à la pelle. On oublie les chaussettes de sport bas de gamme, sans talons préformés ou en acrylique : c'est plus facile, c'est sûr, mais le résultat est garanti en cas de longue marche... Optez pour la laine ou le mélange soie/laine en hiver. Si vos pieds sont vraiment fragiles, des sous-chaussettes ou des chaussettes en fil d'Écosse empêcheront le frottement direct entre la chaussette et la peau. Vous pouvez aussi adapter vos chaussettes aux différents types de randonnées. Que ces dernières soient faciles ou soutenues, la tige et le rembourrage peuvent s'accorder à la forme et à la hauteur de la chaussure.

■ **BV SPORT®**
✆ 04 77 52 11 47
www.bvsport.com/fr
contact@bvsport.com
Une bonne paire de chaussettes de randonnée peut tout changer... surtout quand elle combine le meilleur de l'innovation. BV Sport® a développé des modèles dédiés à la marche (en chaussettes et soquettes). Ses chaussettes doubles, hyper-ventilées, associent deux couches : l'une adhère au pied, l'autre à la chaussure. Résultat : pas de frottements, pas d'échauffements, pas d'ampoules... Qui plus est, le système AIRGON, naturellement ventilé, permet une bonne régulation thermique et facilite l'évacuation de l'humidité. Enfin, la micro-fibre SENSIL® BREEZE offre une sensation de fraîcheur, même par fortes chaleurs.

■ **THYO**
37, rue des Bonnetiers
MOLIENS ✆ 03 44 46 46 06
www.thyo.fr
contact@thyo.fr
Ouvert du lundi au vendredi de 8h30 à 12h et de 13h30 à 17h. Horaires du service client. Livraison possible (boutique en ligne).
C'est le spécialiste de la chaussette de sport : running, trail, ski et pour ce qui nous intéresse trekking ! Pour la rando, les chaussettes sont non seulement techniques – fabriquées avec des matières à la pointe de la technologie, du confort et de l'efficacité thermique –, mais aussi fun, avec de jolies couleurs et des motifs sympas. Soquettes ou mi-chaussettes, toutes avec un renfort morphologique pour la douceur et la solidité, du 35 au 46, vous avez vraiment le choix. Pratique : la chaussette antimoustiques imprégnée d'une lotion répulsive à l'huile essentielle d'eucalyptus, qui résiste à plusieurs lavages. Idéal pour les randos sous les tropiques... Vous pouvez commander sur le site Internet où vous disposez même d'une rubrique « Les bonnes affaires ».

Le « haut »

Là aussi, vous n'aurez que l'embarras du choix. On trouve de tout, à tous les prix. L'essentiel, encore une fois, est de miser sur le confort et d'opter pour des matières adaptées. En randonnée, les conditions changent rapidement selon que l'on marche face au soleil puis à l'ombre fraîche d'un sous-bois. Inutile d'emporter sa garde-robe, mais il faut pouvoir parer facilement aux changements climatiques : soleil, ombre, pluie, vent, grande chaleur ou froid...

■ **DAMART SPORT**
✆ 08 92 70 50 40
www.damartsport.com
Ouvert tous les jours de 8h à 20h. Horaires du service client. Magasins dans toute la France et vente sur le site Internet. Livraison possible (site de vente en ligne).
Cette griffe spécialisée dans les fibres textiles innovantes propose une gamme de vêtements techniques dédiés tout spécialement à la randonnée. Damart Sport met au point et commercialise des vêtements « intelligents » appropriés aux activités sportives. Tous les vêtements pour homme, femme et enfant de la marque Damart Sport sont conçus dans le même esprit de performance, de technicité et de confort autour de 3 technologies qui ont fait la réputation de la marque : Thermolactyl™, la technicité réchauffante (testée et approuvée par l'Ecole de ski française), Climatyl™, la technicité de protection pluie, et Ocealis™, la technicité rafraîchissante (brevetée). De la polaire aux chaussettes en passant par le caleçon, version hiver ou version été, vous trouverez ici de quoi vous équiper avant de partir !

■ **RANDOECO**
✆ 04 28 35 05 71
www.randoeco.fr
contact@randoeco.fr
Horaires du service client (boutique en ligne) : du lundi au vendredi de 9h à 12h et de 14h à 18h.
Plutôt qu'une spécialisation, RANDOECO en a choisi deux : l'équipement outdoor, oui, mais écoresponsable. Faisant le constat que les sports en pleine nature se développaient, la jeune société, dont les fondateurs sont passionnés de randonnée, a souhaité se distinguer en privilégiant les produits «verts» et la démarche RSE respectueuse de l'humain et des ressources. C'est ainsi qu'elle a sélectionné des vestes de randonnée déperlantes sans PFC, des matières premières écologiques, des vêtements sans teintures nocives... Le site web, bien conçu, permet de se constituer un équipement complet.

© ViewApart – iStockphoto.com

■ **SODIFFUSION**
✆ 04 58 15 01 09
www.sodiffusion.fr
Service client : du lundi au vendredi, horaires d'été : du 1er avril au 31 août de 9 à 12 heures / Horaires d'hiver : du 1er septembre au 31 mars de 9 à 12 heures et de 14 à 16 heures.
SODIFFUSION est spécialiste des vêtements chauffants, rafraîchissants et anti-UV, à revêtir pour les activités de plein air. Le site dispose d'une sélection de produits spécialement conçus pour la randonnée. On trouvera, notamment, des gants chauffants, des chaussettes chauffantes, des sous-vêtements chauffants pour ne pas subir les désagréments du froid lors d'une randonnée hivernale. Inversement, des solutions existent pour que la chaleur devienne plus supportable : tour de cou refroidissant, poignets ou gilets rafraîchissants...

■ **VERJARI**
Ça phosphore chez Verjari ! En 2018, Antoine et François, sportifs français, passionnés de nouvelles technologies, fondent la marque. Ils veulent développer une nouvelle génération de vêtements outdoor composés de textiles plus évolués, intelligents, performants et écoresponsables pour vous maintenir au chaud, au froid ou au sec. Leur dernière-née : la veste phosphorescente Firefly (fonctionnement inspiré des lucioles !) qui émet de la lumière à la tombée de la nuit et réagit à toute autre source lumineuse, peut briller pendant 1h quand elle est chargée à 100 %.

■ **CIMALP**
30, rue de la Roche
SAINT-MARCEL-LÈS-VALENCE
✆ 04 75 58 90 00
www.cimalp.fr
Ouvert du lundi au vendredi de 9h à 17h. Horaires du service client. Livraison possible (boutique en ligne).
On vient ici en quête de vêtements ou d'accessoires techniques pour la randonnée, l'alpinisme, les trails... Ou même pour des voyages de type sac à dos. C'est la marque française spécialiste des vêtements techniques pour la randonnée et les températures extrêmes. Elle propose notamment des vestes multi-usages au top, à la fois coupe-vent, imperméables et assez chaudes tout en restant très compactes, assurant ainsi la fonction de seconde et troisième couches pour un poids minimum. Elle a développé trois technologies inédites – 3D-Flex, Softshell et Primaloft – pour répondre aux besoins des randonneurs. La qualité est au rendez-vous ainsi que l'accueil et les bons conseils.

La règle des trois couches

C'est la règle de base : trois couches très simples, qu'on rajoute ou enlève selon les changements météo. Elles suffisent largement pour toutes les situations.

▸ **Les sous-vêtements.** En matière de maillot de corps ou de tee-shirt, optez pour du coton, une valeur sûre, ou pour une fibre synthétique spéciale. Mieux vaut les prévoir amples pour laisser le corps respirer. Attention aussi à la couleur : le tee-shirt noir n'est pas recommandé par temps de grand soleil, préférez-lui plutôt une couleur claire. Quant aux chemises de randonnée, elles sont à la fois confortables et pratiques !

▸ **Le pull ou la polaire.** Qu'il s'agisse d'un pull ou d'une veste polaire, la deuxième couche conserve la chaleur. Si vous optez pour le pull, préférez la laine au coton, évidemment. Connues et reconnues, les fibres polaires ont l'avantage d'être chaudes, mais aussi peu encombrantes et légères à porter et à transporter. Plus faciles à enfiler et à enlever avec leur ouverture zippée, elles représentent un investissement modéré et franchement utile.

Pour ou contre le bâton de marche ?

C'est une question d'utilité réelle : pour les petites randonnées sans trop de charge et si vous êtes en bonne condition physique, le bâton de marche est inutile. En revanche, dès que la charge est lourde, que la route s'allonge ou s'élève ou si vous avez quelques difficultés articulaires, il ne faut pas hésiter une seconde : le bâton de marche vous aidera de manière significative. En répartissant la charge en montée, les bâtons symétrisent le corps, sécurisent le pas, protègent le dos et les articulations et économisent de l'énergie. À l'arrivée, le résultat est là : nettement moins de fatigue. Il permet aussi aux seniors de se sentir en sécurité, car il peut se transformer, dans les descentes notamment, en bâton anti-chute. Conseil d'ami : pensez à les acheter pliables pour pouvoir les ranger si vous devez vous aider de vos mains pour grimper. L'idéal ? Le carbone ou la fibre de verre, moins chers. Privilégiez les poignées en caoutchouc ou en liège caoutchouc pour une meilleure prise en main. Évitez le plastique qui fait transpirer. Pour la longueur, votre bâton doit arriver à deux largeurs de mains au-dessus de la taille, soit 0,7 x votre taille.

■ MAISON GUIDETTI
✆ 04 38 02 02 32
www.guidetti-sport.com
contact@gtech-grenoble.com
Ouvert le lundi de 14h à 16h30 ; du mardi au vendredi de 10h à 12h et de 14h à 16h30. Horaires du service client. Livraison possible (boutique en ligne).
La Maison Guidetti est spécialiste des bâtons de marche. Créée en 2004, en France, par Pascal Guidetti, l'entreprise s'est fait une belle place dans le monde des amoureux de la randonnée. L'innovation est au cœur de son développement, tout comme la qualité, puisque les bâtons de marche Guidetti sont garantis à vie ! La boutique en ligne propose aussi quelques accessoires de randonnée, ainsi que la liste des boutiques en France où trouver ses produits.

La veste. À tout prix, la troisième couche doit être imperméable, couper le vent et avoir une capuche. Oubliez le traditionnel coupe-vent simple qui n'est pas très aéré et laisse facilement passer l'eau. Dans l'idéal, si vous avez les moyens, optez pour une veste en GORE-TEX® ou dans une matière comparable. Elles sont, c'est vrai, un peu plus chères que des coupe-vent « enduits », mais restent plus légères et plus performantes. Des modèles d'Adidas, Mammut, Norrøna, Haglöfs, Millet… La cape de pluie, enfin, est une bonne solution pour les courtes randonnées d'été, lorsqu'elles ne réservent pas trop de surprises météorologiques. Insuffisantes, toutefois, en montagne. Elles peuvent aussi protéger votre sac à dos ou vous servir d'isolant avant l'installation de votre sac de couchage.

Le pantalon et le short

Pas question de partir en randonnée en jeans ! Le pantalon de randonnée doit éviter les frottements, garantir une liberté de mouvements tout en offrant toute la protection nécessaire. Il existe donc des pantalons spécialement adaptés, dont le confort n'est vraiment pas superflu, en élasthanne ou en toile de coton, et déperlants si possible. Les accros préféreront les « 2-en-1 », qui se dézippent au-dessus du genou pour se transformer en short ou en pantacourt. Pratiques, lorsque le fond de l'air se réchauffe ! Un peu plus chers aussi… Mais dans ce domaine, il existe de gros écarts.

Les accessoires

Disons-le tout net : rien ne vous empêche d'y laisser une fortune, si vous le souhaitez, tant l'offre est large. Certes, tous ces accessoires ont une utilité et peuvent vous faciliter la vie. Toutefois, s'il vous faut simplement le nécessaire, vous trouverez votre bonheur ci-dessous.

■ BUFF®
www.buff.com
BUFF est connue pour la variété de son cache-cou multifonctions, idéal pour les activités de plein air les jours de grand soleil, réalisé avec 95 % de matériaux recyclés, une protection solaire UPF+50 et un effet rafraîchissant, avec gestion optimale de la transpiration. BUFF innove aujourd'hui dans le masque réutilisable avec un filtrage bactérien de 99 % d'efficacité, un ajustement réglable, une respirabilité élevée, un confort toute la journée. Cinq filtres de replacement certifiés sont inclus, conformes à la norme relative aux masques chirurgicaux.

Le chapeau ou la casquette

Ils vous accompagnent en tous temps et en tous lieux, pour vous protéger de la pluie, mais surtout du soleil. Un coup de chaud est bien vite arrivé, d'autant plus facilement qu'il suffit d'un peu de vent pour ne pas s'en rendre compte. À l'inverse, en cas de froid, sachez bien que c'est par le crâne et les mains que l'on perd le plus de chaleur. La gamme est étendue, de la casquette simple au modèle « Indiana Jones » en microfibres, avec tour de tête absorbant, œillets de ventilation, etc. On en trouve des modèles réversibles si vous passez de la pluie au beau temps. Bref, il y en a pour tous les goûts et toutes les bourses. Le foulard, dans certains cas, vous sera utile pour vous protéger d'une tempête de sable ou vous rafraîchir sous le chapeau. À chacun d'apprécier.

La ceinture

Quitte à en acheter une, optez pour une ceinture multifonction : porte-billets, accroche-gourde, couteau, appareil photo, GPS...

Les gants

Répétons-le : ce sont par les extrémités du corps que l'on perd le plus de chaleur. En plus de protéger vos mains du froid, les gants les protégeront également lorsqu'il s'agira de couper des branches ou de monter une tente. Autant on portera des gants chauds en hiver, autant il est pratique de savoir qu'on en trouve de très légers. Les sous-gants de soie ou synthétiques et les gants en polaire ou en laine sont à superposer en cas de grand froid.

Les genouillères et chevillères

En randonnée, les genoux et les chevilles sont mis à rude épreuve. Une bonne genouillère ou chevillière maintiendra les articulations fragilisées et préviendra les blessures. Notez que les modèles en Néoprène sont plus légers que ceux en tissus.

Les lunettes de soleil

En montagne, en bord de mer ou dans le désert, protégez vos yeux ! Ce qui compte : l'indice de protection contre les rayons du soleil, à déterminer selon l'endroit et l'altitude. Les montures en carbone ou en fibre de carbone sont, sans aucun doute, les plus résistantes et les moins chères.

Lampes et éclairage

Côté éclairage, les propositions oscillent entre deux grandes familles de produits : les lanternes et les lampes torches. Côté lanternes, la majorité des offres actuelles privilégient l'électrique (avec piles ou rechargeable), la technologie LED et les lampes à énergie solaire. C'est parfait pour votre campement. Pour vos déplacements, les lampes torches ou frontales sont de mise. Leur portée va de 50 à 250 mètres selon le modèle et le fonctionnement.

■ **PETZL®**
✆ 04 76 92 09 00
www.petzl.com
info.france@petzl.com
Spécialiste technique des sports outdoor, Petzl® a développé une large gamme de matériels et accessoires de sécurité et d'éclairage. Les randonneurs trouveront dans le catalogue de la marque un large choix de lampes frontales : rechargeables, intelligentes (luminosité automatiquement adaptée), programmables, multi-faisceaux, de secours, ultracompactes... ainsi que de nombreux conseils professionnels.

Gourdes et poches à eau

Boire beaucoup. Un point c'est tout. On préconise une gourde en métal insérée dans un étui isotherme ou d'autres encore meilleures, elles-mêmes isothermes grâce aux deux parois. Quel que soit le modèle, les capacités varient de 0,6 l à 2 l. Évitez tout de même les thermos, trop encombrants, ou les gourdes en plastique, mal isolées. Le fin du fin ? La poche à eau a le vent en poupe. Il faut dire qu'elle est plus légère et d'une grande capacité (2,5 à 4 l), se place dans le sac à dos, dans un compartiment prévu à cet effet ou est directement incluse dedans. Et vous voilà parti avec une pipette et un tuyau en bouche.

Les guêtres

Elles sont très utiles en cas de grandes pluies ou lorsqu'il vous faut traverser broussailles et ronces ; et, bien entendu, lorsque vous randonnez en raquettes dans la neige.

Jumelles

Accessoire indispensable ? Franchement, oui. Vous ne raterez rien d'une nature généralement prolifique – waouh, l'envergure de l'aigle dans le ciel, le saut du chamois dans la falaise ! Mais, surtout, vous choisirez votre route en observant un terrain avant de vous engager. Des jumelles compactes de bonne qualité, avec un grossissement de 8 à 10 fois, sont pratiques et très performantes.

LE SAC À DOS

Avec les chaussures, c'est le second accessoire indispensable du randonneur à pied. Portez toute votre attention sur le choix de votre sac. Pensez à votre dos, il vous le rendra bien assez tôt... En randonnée itinérante, le sac est un élément de première importance.

■ **MILLET**
✆ 04 50 10 72 50
www.millet.fr
Ouvert du lundi au vendredi. Horaires du service client. Livraison possible (site de vente en ligne).
Millet propose des vêtements techniques pour la randonnée et, plus généralement, les sports de montagne. La marque a bâti sa renommée sur ses sacs à dos, qu'elle optimise et rend plus performants depuis... 1921 ! En 2013, l'entreprise française a même été récompensée d'un prix pour son sac à dos «Ski Touring Matrix», au design inédit et innovant avec son système de dos articulé. Millet décline aussi une offre qualitative de chaussures, vêtements et accessoires adaptés à la randonnée.

Bien choisir son sac à dos

Attention à ne pas vous perdre au milieu de tous les modèles mis à votre disposition et à ne pas laisser les gadgets faire pencher la balance. Optez pour un sac adapté en fonction de votre morphologie ! Il va de soi que, ce dernier étant constamment avec vous, il convient de le choisir avec beaucoup de soin... Ne vous précipitez pas. Préférez la rationalité à l'esthétisme ! Les sacs à dos peuvent être classés par volume. Il existe également de sacs d'hydratation et de sacs à dos adaptés pour le VTT, le raid et le trail, ainsi que des porte-bébés. Choisir son sac à dos demande de bien identifier ses propres besoins, notamment en termes de capacité de rangement, d'adéquation entre le volume et la durée, et des spécificités de votre randonnée.

Votre enfant... sur le sac à dos !

Et si vous pouviez transporter votre sac à dos et votre enfant (de moins de 5 ans) sur le dos, en toute sécurité ? C'est l'idée brillante de Saddle Baby : une solution qui devrait constituer un formidable terrain d'entente entre parents et enfants...

SADDLEBABY
www.saddlebaby.com
Livraison possible (vente en ligne sur le site Internet). Parents de jeunes enfants adeptes de la marche, voici un accessoire révolutionnaire ! Il s'agit d'un siège en polyuréthane qui se positionne sur vos épaules – et non un sac à dos avec des sangles pour porter votre enfant. Le confort pour l'enfant est parfait, la vision du chemin et du paysage aussi. Un système de fixation des jambes à l'avant assure la sécurité, une sangle ventrale complète l'équipement et vous randonnez mains libres. Voilà une nouvelle façon de marcher en famille très futée ! Ce système est adapté aux enfants de deux à cinq ans.

Pour les petites randonnées

Pas besoin d'investir dans un sac à dos sur mesure, un sac basique fera l'affaire. Il ne sera pas pile-poil adapté à votre dos et pourra ballotter un peu, mais il conviendra néanmoins fort bien !

Pour les moyennes randonnées

Les sacs à dos de moyenne randonnée sont bien élaborés. Ils sont tous ou presque dotés d'un dos ventilé, de coussins lombaires et d'une ceinture ajustable à la taille pour un bon maintien. Vous pouvez l'acheter avec des filets, des poches externes et un compartiment pour l'eau. Parmi les sacs qu'on peut recommander citons ceux de Lafuma, The North Face et de Millet. Tous remplissent parfaitement leur mission.

Les sacs de grande randonnée

Vous pouvez quasiment transvaser le contenu de votre valise dans votre sac à dos. À un détail près : pensez à vous séparer du superflu si vous ne voulez pas que votre dos en pâtisse trop longtemps. De 50 l pour 8 jours à 120 l pour 15 jours et plus. Certains magasins vous offrent la possibilité de vous mettre en situation, comme si vous y étiez, et ce en remplissant votre sac de poids. À vous de déceler ensuite si vous êtes en bonne posture ou non ! N'oubliez pas la housse de pluie, il en existe pour tous les sacs.

Remplir son sac à dos

Faire son sac est un moment primordial. D'un sac à dos judicieusement rempli et équilibré dépendra le bon déroulé de la randonnée. Il s'agit de ménager votre dos et de ne rien oublier d'indispensable tout en vous allégeant du superflu. Tout un art ! Un sac mal fait équivaut à une journée de marche gâchée. La bonne répartition de vos affaires est donc de mise si vous voulez profiter pleinement de vos journées. Le poids que l'on peut porter varie bien sûr en fonction des individus, de leur morphologie, de leur résistance. Les plus costauds porteront des sacs de 20 à 25 kg, mais en moyenne 10 à 15 kg maximum restent très supportables, même sur des journées un peu longues et difficiles. D'abord, pensez à mettre les objets les plus lourds au centre, près du dos pour ne pas être tiré vers l'arrière pendant la marche, et surtout en montée. Au fond du sac, mettez la toile de

Plutôt que le sac à dos, le chariot !

Certains diront que c'est révolutionnaire, d'autres que ce n'est pas trop tôt. Bref, tous les randonneurs de la planète ont salué avec le sourire l'arrivée de Carrix®, la technologie suisse qui donne raison à son slogan publicitaire : « Votre dos aussi a le droit d'être en vacances ! ». Le principe de ce sac à dos roulant : reporter la quasi-totalité de votre sac à dos sur un chariot que vous tirez à l'aide d'un harnais. Un conseil : pensez à remplir votre sac avec moins de 20 kg afin d'épargner les roues du Carrix® qui soutiennent tout le poids de ce dernier (même si les roues sont increvables !). Vous pouvez aussi, si vous rencontrez des obstacles insurmontables, porter le chariot fixé au sac (le poids du sac plus celui du Carrix®, 5 kg), porter le sac au dos et tirer le chariot vide fixé au harnais ou encore porter le sac au dos et porter le chariot à la main. Bien sûr, ce chariot-malin a un coût : environ 500 € tout de même ! Mais il est garanti deux ans...
La France n'est pas en reste, puisqu'il existe désormais le Trollix, qui se définit comme «le compagnon idéal de vos randonnées» et promeut le «Zéro kilo sur le dos, tout sur le charriot». Il s'attache avec un ceinturon et des bretelles et permet de marcher les mains libres, sans entrave.

- **Carrix®** : www.carrix.ch
- **Trollix** : www.trollix.fr

Choisir le bon sac à dos

Ce sont bien sûr le ou les usages auxquels vous destinez votre sac à dos qui guideront votre choix. Vous devrez prendre en compte les éléments suivants : le volume de rangement, les facilités de rangement, les accessoires et fonctionnalités, le poids, le confort.

- **Le volume de rangement :** exprimé en litres, c'est le premier critère de votre sélection. Les sacs à dos jusqu'à 35 litres sont pratiques pour les randonnées à la journée. Les sacs de 35 à 45 litres pour un weekend avec nuit en étape. Pour les randonnées de plusieurs jours, choisissez des sacs de 50 à 80 litres en fonction du matériel à porter. Certains sacs à dos sont extensibles, ce qui vous permet d'avoir un sac moins encombrant quand vous randonnez plus léger.
- **Le rangement :** le nombre de poches et les facilités d'accès sont à prendre en compte. La poche principale (divisée parfois en deux compartiments avec une paroi amovible). Les poches latérales (pratiques pour les gourdes) ou ventrales (pour la carte ou les en-cas) avec zip ou poches filets. Les poches sur le rabat : elles peuvent être à l'intérieur du rabat ou à l'extérieur pour un accès facile durant la journée. On trouve aussi des poches sur la ceinture.
- **Le poids :** un critère important si vous cherchez à voyager le plus léger possible. Le sac à dos sera un des éléments les plus lourds de votre paquetage. Attention toutefois, un système de portage performant peut expliquer et justifier quelques centaines de grammes en plus.
- **Le confort de portage :** il dépend de plusieurs éléments : le système de portage (plus ou moins sophistiqué selon les sacs). Les plus en pointe utilisent des armatures flexibles qui assurent un bon report du poids sur les hanches et qui accompagnent les mouvements du marcheur. Le matelassage de la ceinture, du dos et des bretelles peut présenter de matières perforées pour la circulation de l'air. Par ailleurs, certains sacs ont un espace entre le dos et le sac de façon à créer un courant d'air qui permet d'évacuer l'humidité. Si vous randonnez par temps humide et/ou chaud, ce critère sera important. Les réglages : les grands sacs disposent de bretelles réglables en hauteur qui vous permettent d'ajuster le sac à votre morphologie et favorisent une bonne répartition du poids. Un sac bien réglé fait porter le poids du sac sur les hanches et sollicite moins les épaules. Certains sacs disposent également de ceintures réglables pour un meilleur ajustement aux hanches. Enfin, il existe parfois une sangle de poitrine. Si vous avez mal aux épaules, c'est que votre sac est mal réglé ou que le poids est mal réparti. Avant de partir : pensez à bien régler votre sac. La répartition du poids doit être équilibrée et les objets les plus lourds doivent être près de votre dos et si possible en bas du sac afin que le centre de gravité du sac soit le plus près possible du corps.
- **Les accessoires :** accroches extérieures (sangles, boucles, clips) pour porter facilement les accessoires (tentes, matelas, bâtons, piolets, crampons, mousquetons, skis) ; compartiment interne pour poche à eau avec ouverture pour la pipette ; sangles de serrage pour rendre le sac à dos plus compact ; certains sacs sont équipés de housses imperméables. C'est pratique en cas de pluie. Il est très utile de disposer d'une cape de pluie qui couvre le randonneur et le sac.

tente et le matériel de couchage (à l'exception du tapis de sol qui ira au-dessus du sac). Superposez ensuite les vêtements, la serviette de toilette, la pharmacie et la trousse de toilette, les denrées alimentaires, le matériel de cuisine et les chaussures. Dans le compartiment du haut, privilégiez ce qui doit rester accessible ! Dans les poches latérales, vous pouvez répartir, à votre aise, votre polaire, votre pique-nique, votre gourde et vos vêtements de pluie. Pensez à la banane : grâce à elle, votre essentiel reste à portée de main. On y mettra la crème solaire, la boussole, les mouchoirs en papier, un couteau, les lunettes de soleil, le papier hygiénique… À vous de jouer et d'imbriquer vos affaires dans le bon ordre, en évitant les casse-tête !

ORGANISER SON CAMPEMENT

D'un bout à l'autre de la planète, sauf au fin fond de la jungle ou au sommet de la montagne, vous pouvez, au gré de vos itinéraires, vous arrêter dans des hôtels, des gîtes ou des chambres d'hôte. Vous pouvez également, quand cela est possible, loger chez l'habitant ou dans un refuge, planter votre tente sur des terrains habilités ou faire du camping sauvage en pleine nature. Attention si le bivouac d'une nuit est toujours possible, dans certaines zones une seconde nuit ne sera pas tolérée et certainement pas votre tente montée toute la journée… Attention aussi aux propriétés privées, certains propriétaires sont susceptibles ! D'ailleurs, souvent, il suffit de demander la permission pour être bien accueilli. Quoi qu'il en soit, préparer votre itinéraire en fonction des hébergements et des lieux de campement. Certains ont fait des kilomètres et des kilomètres de détour pour trouver un lieu adéquat pour passer la nuit ! Une expérience qui n'a rien de drôle, sauf à avoir beaucoup d'humour…

■ **GUIDE GITES D'ÉTAPE ET REFUGES**
www.gites-refuges.com
Ce site web, dûment et régulièrement mis à jour, rassemble les possibilités d'hébergement des voyageurs (à pied, en vélo, à cheval...) dans toute la France et dans les pays frontaliers. Le site se veut complet et sans sélection. Il recense les gîtes d'étape, les gîtes auberges, les gîtes d'alpage, les refuges de montagne, les refuges-bivouac, les abris... Selon la fréquentation des itinéraires de randonnée choisis, il pourra être recommandé de réserver sa nuit.

Pour la nuit

Pour que la journée se passe bien, rien ne vaut une bonne nuit de sommeil, bien au sec, bien au chaud, et protégé des insectes. Aujourd'hui, on peut trouver facilement tout le nécessaire pour le couchage en randonnée et camping : sacs de couchage, mais aussi matelas autogonflants et gonflables, les draps de sacs et les oreillers compléteront votre équipement pour encore plus de bien-être. Le bivouac est un secteur qui innove constamment : les matelas sont plus confortables et mieux isolés, les sacs de couchage plus légers et plus chauds... Si vous aviez des idées reçues, c'est le moment de les réviser !

La tente

Beaucoup de modèles sont disponibles, de la petite tente Quechua « 2 Seconds » à la tente « dôme » familiale. Si vous partez pour plusieurs jours, avec bivouac chaque soir, la légèreté et la facilité de montage sont déterminantes. Côté confort, évaluez vos besoins de rangement et de ventilation (une tente bien ventilée fera la différence en été). Côté légèreté et encombrement, évaluez le poids de votre sac et anticipez bien le mode de transport (à la main, dans ou sur le sac…). Le poids varie de 2 kg pour les tentes 2 places à 15 kg pour les 4 places. Une belle différence… Si vous partez à plusieurs, préférez donc l'option plus légère tant au niveau du prix que du poids en choisissant plusieurs tentes plutôt qu'une seule. En montagne, un peu d'investissement n'est pas un luxe : résistance, légèreté et étanchéité sont des paramètres très importants. Il existe des tentes spécialisées de une à deux places et de 1 à 3 kg. Elles misent davantage, grâce à des arceaux en aluminium, sur la résistance au vent et sur la légèreté.

- **1) Choisir l'emplacement :** évitez les sols rocailleux ou en pente (de mauvaises surprises à prévoir en cas de pluie, donc de ruissellement) et éloignez-vous des points d'eau si votre peau attire les moustiques.
- **2) Nettoyer le terrain :** débarrassez-vous des cailloux et des branches. Arrosez légèrement en cas de sécheresse afin de planter plus facilement les piquets.
- **3) Orienter la tente :** repérez la direction du vent et placez l'ouverture de la tente à l'opposé.
- **4) Monter la tente :** veillez surtout à ce qu'il n'y ait pas de contact entre le double toit et la tente. En cas de pluie, creusez une rigole autour de votre tente pour que l'eau s'évacue plus facilement.

■ **HMGEAR**
620, route de Calvin
ARVILLARD
✆ 06 52 84 38 56
www.highmobilitygear.com
info@highmobilitygear.com
Ouvert du lundi au vendredi de 10h à 18h. Livraison possible (site de vente en ligne).
HMGear, pour High Mobility Gear, est spécialiste du léger, et même de l'ultra léger. Cela tombe bien, c'est justement l'une des qualités que l'on attend d'une tente, d'un sac de couchage ou d'un sac à dos lorsque l'on part en randonnée. La boutique en ligne a sélectionné des produits et matériaux de haute technicité pour un matériel allégé, mais toujours aussi – voire plus encore ! – qualitatif, innovant et résistant. Votre tente ne sera plus un poids...

Le tapis de sol

C'est à vous de voir si vous l'emportez ou non en le fixant à votre sac à dos. Sans être indispensable, il demeure très utile sur les sols inégaux et rocailleux, et isole également du froid et de l'humidité. Voyez ce détail comme un gage de confort supplémentaire, surtout pour votre dos ! Certains sont en mousse, d'autres en mousse cellulaire type RidgeRest, très légers.

Le matelas

Le matelas est souvent relégué au second plan pourtant il est tout aussi important que le sac de couchage ! Il assure le confort et l'isolation avec le sol. Il est toujours

3 questions sur les tentes « 2 Seconds »

- **Sont-elles faciles à monter ?** Évidemment, oui. Leur dépliage est presque instantané et le montage ne nécessite que de planter les sardines. Il faut en revanche prendre un petit de coup de main pour apprendre à la replier rapidement. Mais une fois qu'on possède ce dernier, ce rangement devient un plaisir !
- **Sont-elles résistantes et confortables ?** Oui, autant que les autres. La gamme s'est élargie et propose maintenant des modèles avec une meilleure ventilation pour éviter la condensation.
- **Sont-elles facilement transportables ?** C'est leur seul point faible. Si leur poids est très raisonnable, elles se rangent toutes dans une housse ronde de 50 à 70 cm de diamètre difficilement compatible avec la randonnée itinérante. Il est compliqué de la fixer sur le sac à dos. Certains y arrivent !

© AscentXmedia – iStockphoto.com

gonflable mais il en existe des ultra-minimalistes à trous ! Ce dernier apporte une protection de la tête, du dos, mais pas des jambes qui seront à même le sol.
Le matelas « gonflable » est un peu encombrant, mais il améliore nettement la qualité du sommeil. Attention, toutefois, le matelas « gonflable », épais comme un matelas normal, est prévu pour le camping, mais n'est pas adapté au transport lors d'une randonnée itinérante (à moins que vous fassiez transporter vos bagages).
Une meilleure solution ? Le matelas « autogonflant », plus mince, facile à gonfler et à replier, très confortable, beaucoup moins encombrant (1 kg), et tout à fait conçu pour le bivouac chaque soir. Parmi les nouveautés et innovations en termes d'équipements, nous ne pouvons que vous orienter vers la société spécialisée dans les couchages itinérants, Therm-A-Rest, ou la marque Exped. Les deux ont développé des couchages isolants, pour un vrai confort thermique.

- **www.thermarest.com**
- **www.exped.com**
- **www.klymit.com**
- **www.forclaz.fr**
- **www.seatosummit.fr**

Le sac de couchage

Vous n'aurez que l'embarras du choix en la matière. Et la règle est simple : plus ils sont chauds et légers, plus ils sont chers ! Renseignez-vous donc d'abord sur les conditions : le pays, la saison, la météo, le type de randonnée. Les températures nocturnes détermineront le choix du sac. Pour les régions tempérées (entre 5 et 15 °C), optez pour un sac « couverture », rectangulaire. Pour des régions plus froides (entre 0 et 5 °C), les sacs « sarcophages » sont nettement plus protecteurs grâce à la capuche et des zips autobloquants, plus chauds, plus légers et plus faciles à comprimer. Ils sont aussi plus chers. Enfin, comptez plusieurs centaines d'euros pour des sacs de couchage destinés aux froids extrêmes (jusqu'à moins 20 °C) ! Ils se veulent auto-respirants, légers et très résistants.
Dans ce domaine aussi, l'innovation est permanente, avec une résistante à l'humidité et au froid ou encore un confort constamment améliorés. Pensez à vérifier que votre sac de couchage est équipé d'une capuche !

- **www.mountainhardwear.com**
- **www.valandre.com**
- **www.snowleader.com**
- **www.alpiniste.fr**

Le sac à viande

Le frottement dans le sac de couchage peut être désagréable. C'est là l'intérêt du « sac à viande », sac qui peut aussi servir de drap en cas de grosses chaleurs. Vous avez le choix de la matière : en coton, en polyester ou en soie (ce qu'il y a de mieux : plus chaud, plus léger et plus agréable). Sachez que si vous voyagez en Asie, particulièrement en Thaïlande, vous trouvez sur les marchés des sac à viande en soie à prix défiant toute concurrence ! Inutile dans ce cas de l'acheter en France avant de partir (pareil pour les moustiquaires de voyage).

Le hamac

Il fait rêver… Deux arbres suffisent pour l'accrocher et dormir tranquille, sous les étoiles. Attention, il ne s'emploie pas n'importe où ! Il reste une bonne solution dans les pays chauds et humides (il est obligatoire dans la jungle), en Amérique du Sud, éventuellement dans nos régions tempérées, en été. Il a l'avantage d'assurer une plus grande aération que la tente, d'être confortable, mais de garantir une moins bonne protection. Un conseil : préférez le modèle avec moustiquaire pour vous prémunir des moustiques et insectes en tous genres. Enfin, il existe des hamacs-sacs de couchage, plus lourds, mais plus protecteurs et sécurisants.

1, 2, 3, chargeurs solaires !

À l'heure des nouvelles technologies et de l'écologie, les chargeurs solaires prennent la main. Le principe : de petits panneaux solaires captent l'énergie solaire et la stockent pour charger vos appareils. Ils proposent généralement une gamme d'adaptateurs afin de faciliter le chargement de ces derniers. Attention toutefois à la durée de chargement qui varie en fonction de l'ensoleillement et du nombre de panneaux.

MATÉRIEL-AVENTURE
✆ 09 72 33 15 89
www.materiel-aventure.fr
info@materiel-aventure.fr
Livraison possible (boutique en ligne).
Matériel-Aventure recense tout ce qui peut être utile pour randonner et camper... dont des hamacs adaptés à la randonnée ! Le site propose des hamacs légers, peu encombrants, ultra-résistants (fabriqués en toiles de parachute), simples ou doubles, avec les accessoires indispensables (housses, attaches, tarp...). Il privilégie deux marques : Sea to Summit Ultralight Hammoc et «Tcket To The Moon», spécialistes reconnus du sujet.

La moustiquaire

Elle est, à notre avis, indispensable en été ou dans les pays chauds. La moustiquaire n'encombre pas votre sac, mais se révélera décisive en cas d'infestation. Et ça, vous ne pouvez pas toujours le savoir avant de partir. La nuit, elle vaut en effet mieux que toutes les lotions anti-moustiques du monde... Certaines sont en outre imprégnées d'un insecticide actif jusqu'à 1 an.

Le matériel quotidien

Il ne suffit pas de prévoir les vêtements et les chaussures pour partir en randonnée. Les soirées au coin du feu méritent quelques accessoires... Heureusement qu'il est possible de se livrer aux petits plaisirs de la vie loin de chez soi ! Le tout est d'avoir eu les bonnes idées au préalable.

La vaisselle et la cuisine

Pensez léger... Préférez l'aluminium et le titane ! Ils restent les matériaux les plus résistants et les plus légers. Quechua propose un set de cuisine pour deux personnes avec 1 casserole, 1 couvercle/poêle, 1 pince, 2 tasses en polypropylène. Il existe maintenant des assiettes en silicone, faciles à transporter, mais pas de casserole, bien sûr. Vous pouvez aussi vous équiper de couverts pliables, emboîtables ou de gobelets télescopiques : les astuces pour gagner de la place sont nombreuses sur le marché. L'incontournable demeure le couteau suisse. Multifonction, il vous servira de tire-bouchon, d'ouvre-boîte, de tournevis, de ciseaux, de lime, de couteau...

- **www.materiel-aventure. fr**
- **www.pyrene-bushcraft.com**

Le réchaud

Le réchaud sert de grands services et peut donc être rajouté fort utilement à la batterie de cuisine. Ils fonctionnent avec du gaz, d'autres avec alcool, essence ou bois et certains sont même multi-combustibles Si vous prenez l'avion, souvenez-vous que les cartouches de gaz sont interdites par les compagnies aériennes, même dans la soute. Pour faire votre choix, prenez en compte les contraintes de votre destination, votre usage et le poids du matériel. Enfin, sachez que, parfois, vous pourrez faire du feu, pour préparer votre repas ou faire chauffer votre café à la cow-boy ! Incomparable, mais il vous faudra alors prendre toutes les précautions nécessaires pour éviter tout risque d'incendie et bien vous renseigner sur les autorisations. Les amendes en cas d'interdiction sont parfois très (très) lourdes... et amplement justifiées au regard du danger !

- **www.aventurenordique.com**

MON RECHAUD.COM
✆ 04 76 39 79 67
www.monrechaud.com
info@monrechaud.com
Livraison à domicile possible. Nombreux sites de vente en France. Conseils, informations par téléphone du lundi au vendredi de 10h à 12h et de 14h à 18h.
Le site « Monrechaud.com » est spécialisé dans le matériel *outdoor* pour le camping et la randonnée. Il pose et répond à une question simple : « Comment bien choisir son réchaud ? » Le blog et les explications des experts vous permettront de faire un choix éclairé entre les différents combustibles possibles, à moins que vous ne préfériez contacter directement le site pour un conseil personnalisé. Qui dit réchaud dit repas : le site dispose aussi d'une gamme de vaisselle, popotes et aliments lyophilisés.

CAMPINGAZ® SHOP
✆ 04 22 04 00 05
www.campingaz-shop.fr
contact@campingaz-shop.fr
C'est l'amie des campeurs et des randonneurs. Créée en 1949, la société Campingaz® diffuse ses produits dans plus de 11 800 magasins répartis à travers le monde. On lui doit un grand nombre d'accessoires de cuisine mais aussi des désherbeurs, des matelas gonflables, des parasols chauffants, des barbecues, des produits de soudure, des lanternes, des réchauds, des bouteilles de gaz, des glacières, des toilettes chimiques, etc. Bien entendu, personne ne vous demande de mettre tout cela dans votre sac à dos !

Les lampes et les sources de lumière

Là encore, on n'arrête pas le progrès ! On les veut à LED avec piles pour la puissance ou sans piles par simple commodité. Dans ce cas, il n'y aura qu'à les secouer ou tourner une manivelle pour que la lampe s'allume. La lampe frontale, quant à elle, vous laissera libre de tous vos mouvements. Pensez peut-être à en emporter deux et veillez à ne pas les mettre dans le même panier ! Chacune son utilisation. Si vous avez peur de tomber en panne malgré tout, vous pouvez vous munir de bâtons auto-éclairants. À tordre et à secouer, ils éclairent alors, comme par magie, pendant 12 heures environ. On les voit de loin et ils se déclinent dans toutes les couleurs pour mettre un peu plus d'originalité dans vos vies !

Pelle pliable

La pelle pliable s'adonne à de nouvelles fonctions : déblayer la neige, creuser des trous. Certaines sont même équipées de hache ou de scie.

Les petits plus ?

Munissez-vous toujours de fil, d'aiguilles, de boutons et d'épingles à nourrice. Mais encore de ruban adhésif isolant, de tendeurs, de sangles simples ou en ruban scratch, d'élastiques ou de ficelle. Pensez aussi aux pinces à linge, précieuses ! Et enfin, d'un sifflet, d'un briquet ou d'allumettes et de bouchons d'oreilles. À vous aussi de réfléchir à ce qui pourrait vous servir et de trouver des astuces pour voyager malin !

S'ORIENTER ET SE REPÉRER

Votre sac à dos fin prêt, il reste maintenant à prendre le départ de votre randonnée qui va vous faire vivre de nouvelles aventures. Bien sûr, au préalable, vous aurez consulté une carte pour connaître la – bonne – direction à prendre. Songez aussi à consulter le dernier bulletin météo pour savoir quelle tenue adopter.

Les cartes

Les cartes sont un incontournable de la randonnée. La France est une référence en la matière et il n'est pas difficile de trouver son bonheur pour qui part randonner dans l'Hexagone ou les zones frontalières. L'IGN est un incontournable. Vient ensuite la question de l'échelle. Pour la randonnée, elle ne doit pas excéder 1/100 000e (soit 1 cm pour 1 km). Une échelle au 25 000e est idéale. Elle permet de se repérer très finement.

Se procurer une carte pour la France est aisé : on en trouve dans les grandes librairies, les librairies de voyage ou directement sur Internet. Les offices de tourisme, les comités départementaux de tourisme ou les associations départementales de randonnées pédestres proposent souvent des cartes ou des Topoguides® peu chers.

Si l'on peut trouver son bonheur sur Internet, mais difficilement, le plus sûr reste de vous adresser à une librairie spécialisée dans le voyage qui vous commandera la carte selon votre destination. Anticipez vos besoins, car une telle commande peut prendre quelques semaines. Pensez enfin à vous procurer la dernière parution en date. Et pour cause : les infrastructures peuvent évoluer rapidement…

- **Les cartes IGN.** Une référence, bien sûr. L'Institut géographique national propose l'ensemble du territoire à des échelles différentes. La série bleue « Top 25 » (1/25 000e), la plus précise, est LA carte de randonnée : 1 cm y représente 250 m. La série verte « Top 100 » (1/100 000) est moins fine, mais offrira une vision globale de votre randonnée itinérante. Enfin, la série rouge, « Top 250 », restera dans votre boîte à gant pour faciliter tous vos trajets.
- **www.ignrando.fr**

© David Pereiras – Shutterstock.com

Décrypter une échelle

L'échelle est le taux de réduction d'une zone géographique sur une carte. Elle est toujours mentionnée sous la forme d'un rapport (1/25 000e ; 1/100 000e, etc.). Ce rapport est celui de la distance mesurée sur la carte par la distance réelle représentée.

- **Carte au 1/25 000e :** 1 cm sur la carte = 25 000 cm dans la réalité, soit 250 m.
- **Carte au 1/100 000e :** 1 cm sur la carte = 100 000 cm dans la réalité, soit 1 km.
- **Carte au 1/250 000e :** 1 cm sur la carte = 250 000 cm dans la réalité, soit 2,5 km.
- **Une règle à retenir :** plus le dénominateur (chiffre du dessous) est petit, plus la résolution est fine. Une carte au 1/25 000e est donc plus précise qu'une carte au 1/100 000e... De même qu'1/4 de gâteau est une plus belle part qu'1/12e !

LA COMPAGNIE DES CARTES
lacompagniedescartes.fr
La Compagnie des cartes est une librairie en ligne spécialisée dans les cartes de randonnée, routières, murales, les guides de voyage pour chaque recoin de la planète. Ce ne sont pas moins de 5 000 cartes qui sont proposées sur le site et livrées entre 1 et 5 jours après la commande. C'est le site idéal pour trouver la carte ou le guide d'une destination confidentielle ou encore peu touristique.

La boussole

C'est la compagne indispensable à la carte : impossible de définir son chemin sur une carte si l'on ne peut l'orienter convenablement. L'affaire est simple : il suffit de faire coïncider le nord déterminé à la boussole avec celui indiqué sur la carte. Les boussoles ne sont jamais très chères et n'ont pas besoin d'être sophistiquées. S'il existe des applications boussole sur smartphone, nous vous recommandons tout de même de privilégier l'objet physique qui, lui, n'a pas besoin de capter un signal GPS et ne risque pas de « buguer ».

Le GPS

Le principe est connu : le GPS vous localise sur une carte et vous oriente grâce au repérage satellite. Très vaste pour la voiture, le marché est en revanche plus restreint pour la randonnée. Seules quelques marques ont développé des modèles – Garmin, TwoNav, Bushnell...
Actuellement, les modèles plébiscités par les spécialistes sont ceux de la marque Garmin. Première contrainte : la couverture géographique. Les modèles de randonnées ne couvrent pas forcément tout le territoire. Attention, donc, à bien choisir. Deuxième contrainte : l'autonomie, de 8 à 30 heures au maximum. Très simples d'utilisation, ils vous localisent et vous guident sans effort et proposent maintenant des cartographies en relief et une mémoire « trace » qui permet de visualiser et de retrouver son chemin. Il a ses défenseurs et ses détracteurs. Pour ces derniers, malgré leur efficacité, les GPS ne remplacent pas une bonne carte au 1/25 000e et ne procurent pas forcément le même plaisir. À chacun d'en apprécier l'utilité...

Des applis GPS pour randonner ?

De nombreuses applications GPS se sont développées pour la randonnée. Plusieurs sont même recommandées par les experts comme fiables. On citera notamment :

- **RandoGPS,** gps de randonnée pédestre à télécharger gratuitement ;
- **Randonner Malin**, un site avec de nombreux conseils pratiques et techniques ;
- **IphiGénie**, développée par l'Institut National Géographique et référence sur les cartes françaises (abonnement au Géoportail : 5,99 € par mois ou 14,99 € par an) ;
- **Visorando**, qui donne accès aux cartes et permet de trouver des itinéraires de randonnée en France et dans le monde (abonnement trimestriel à 11,99 € ou annuel à 18,99 €) ;
- **ViewRanger GPS**, avec cartes France et cartes topographiques de 23 pays (prévoir abonnement Géoportail IGN) ;
- **SityTrail**, avec 60 000 km de sentiers balisés PR® et GR®, des cartes du monde, + une alarme quand on s'éloigne de l'itinéraire (11,99 € par mois ou 24,99 € par an) ;
- **Topo GPS France**, pour la France et plusieurs pays à l'international, paiement par sections de carte détaillée.

La prudence impose de ne pas randonner avec comme seul outil de repérage un smartphone. Prévoyez toujours une carte pour pallier une panne de batterie, de réseau ou de connexion.

Faire de votre montre une boussole

Faute de boussole, on peut utiliser sa montre, pour peu qu'on la règle à l'heure solaire. Dans l'hémisphère Nord, placez votre montre à plat et pointez la petite aiguille en direction du soleil. Imaginez ensuite une ligne qui partage en deux parties égales l'angle formé par la petite aiguille et le 12 indiqué sur la montre. Cet axe indique le sud. Dans l'hémisphère Sud, pointez le 12 vers le soleil. Le nord est indiqué par une ligne qui partage en deux parties égales l'angle formé par le 12 et la petite aiguille.

S'ÉQUIPER ?

En dix ans, au fur et à mesure que la randonnée se démocratisait, le marché de l'équipement s'est développé considérablement. Les grandes enseignes ont enrichi leur offre spécialisant toujours plus les différents rayons dédiés aux différents sports. Celui de la rando ne fait pas exception à la règle ! Certaines boutiques indépendantes résistent et proposent service, compétence et matériel pointu parfois haut de gamme, introuvable dans les grandes enseignes. Le néophyte et l'amateur avertis trouveront facilement le nécessaire et le superflu... Rares sont aujourd'hui les villes et villages touristiques qui ne possèdent pas leur magasin de sport.

Les généralistes

C'est parce qu'elles ont fait leurs preuves que ces enseignes sont aujourd'hui incontournables. Accessibles à tous, elles offrent un gage de qualité tant pour les débutants que pour les confirmés et proposent des prix attractifs.

■ DECATHLON
✆ 09 69 32 33 22
www.decathlon.fr
Une enseigne devenue incontournable. On y trouve tout pour tous les sports à des prix très intéressants. Aujourd'hui grâce au coton issu de l'agriculture biologique, au polyester recyclé ou encore à des matériaux sans PVC, Quechua conçoit des produits dont l'impact sur l'environnement est réduit tout en privilégiant un très bon rapport qualité/prix. La marque Géonaute est également spécialisée dans la randonnée à pied. Les produits sont tous testés sur le terrain par des sportifs amateurs ou expérimentés, en présence de ses ingénieurs et chefs de produits pour évaluer en priorité la résistance, la précision et la sécurité. Régulièrement, la société innove et propose des produits allant au devant des besoins des sportifs, quel que soit leur niveau. On peut commander sur le Net et être livré en magasin.

■ GO SPORT
✆ 09 70 83 05 05
www.go-sport.com
Ancien champion de ski, Daniel Cathiard prend les rênes du groupe de distribution Genty-Cathiard à la mort de son père. En 1976, il créé la Société alpine de sport qui distribue des articles de sport sous enseigne Team 5. De cette expérience naît trois ans plus tard GO Sport, la première grande surface de sports multimarque. L'enseigne a sa propre marque GO Sport et lance des concepts originaux comme l'enseigne Miss GO. Au crédit de la marque : vous êtes remboursé si vous trouvez moins cher ailleurs, et vous pouvez, selon les conditions, essayer le matériel. En 2018, les enseignes Twinner France ont rallié Go Sport.

■ INTERSPORT
✆ 01 69 10 82 00
www.intersport.fr
Le groupe, créé en 1968, est issu de l'association de 4 réseaux nationaux (Allemagne, Pays-Bas, Belgique et France). En France, c'est La Hutte, créée en 1946 et liée au scoutisme depuis ses débuts, qui s'est associée à la centrale d'achat. Le groupe compte aujourd'hui quelque 5 400 magasins affiliés dans 40 pays. L'enseigne distribue des marques exclusives comme par exemple McKinley, entièrement dédiée à l'univers de l'outdoor et de la montagne, ou Etirel pour tous les types de vêtements de sport. On trouve l'enseigne dans certains bourgs reculés où d'autres ne sont pas.

■ NATURE & DÉCOUVERTES
✆ 01 83 77 00 00
www.natureetdecouvertes.com
Enseigne nationale au logo tortue, fondée en 1990 par François et Françoise Lemarchand, Nature & Découvertes est dédiée à la nature et au bien-être dans un souci de protection de l'environnement et de commerce équitable. Nature & Découvertes compte des magasins dans toute la France, en Belgique, en Suisse et en Allemagne. Chaque boutique se déploie sur une vaste surface séparée en plusieurs espaces : enfance, camping, jardin, librairie, sciences, thés, huiles essentielles et cosmétiques bio, bijoux, détente et bien-être... Vous trouvez dans les différentes boutiques de l'enseigne des hamacs, des chapeaux de cow-boys, des moustiquaires, des sacs à dos, des lampes de poche solaires, des kits de survie douce, et beaucoup de choses (plus ou moins) utiles à mettre dans votre sac à dos. Sans oublier tout un rayon de livres sur la randonnée et la botanique, l'observation de la faune et des étoiles, l'entomologie ou la géologie. Des randonnées à thème sont organisées pour les membres du club Nature & Découvertes dans chaque région où une boutique est implantée.

■ **SPORT 2000**
www.sport2000.fr
contact@sport2000.fr
Sport 2000 a été créé en 1966. 36 détaillants décident de la jouer « collectif » et fondent le groupement Sport 2000. Parmi eux, trois joueurs de l'équipe de France de football : Pierre Batteux, Just Fontaine et Jean Djorkaeff. En 1972, le réseau Montagne de Sport 2000 voit le jour avec 5 premiers adhérents. Aujourd'hui, il compte 3 200 magasins dans le monde dont environ 600 en France. Généraliste, cette enseigne est néanmoins spécialisée dans les sports de montagne, le camping et la randonnée.

Les spécialistes et les marques

Gage de qualité, ces enseignes ont l'avantage de proposer un contact et un niveau de conseil qu'on ne trouvera pas forcément dans les grandes chaînes pour un prix généralement un peu plus élevé, mais pas systématiquement. À vous de choisir, selon vos besoins et votre budget.

■ **CAMELBAK®**
http://camelbak.fr
Camelbak®, c'est la référence pour les sacs à dos avec système d'hydratation et les gourdes. Il existe plusieurs types de sacs d'hydratation : les sacs d'hydratation simple avec uniquement une poche pour le liquide, et les sacs d'hydratation mixtes avec une poche pour le liquide et un volume réservé au rangement.

■ **TERRE DE RANDONNÉE**
✆ 03 23 97 38 13
www.terrederandonnee.com
sarlvcmc@free.fr
Ouvert du lundi au vendredi de 9h à 12h et de 13h30 à 18h. Horaires du service client. Livraison possible (boutique en ligne).
Terre de Randonnée est un site marchand réunissant de nombreux articles pour une randonnée sereine. Son blog «Sport et Rando» est une mine d'informations et de bons conseils pour bien préparer sa marche, trouver des idées de séjour ou se laisser tenter par d'autres sports de plein air. Le site propose tout type d'équipements : vêtements, chaussures, tentes, livres et cartes, sacs à dos, matériel d'orientation, équipements de premiers secours... Bref, tout l'indispensable et tout le confort dont vous pourriez avoir envie pour votre aventure à pied !

■ **SNOWLEADER**
15, rue du Président-Fabre
ANNECY
✆ 08 20 42 03 74
www.snowleader.com
contact@snowleader.com
Ouvert du lundi au samedi de 10h à 19h. Livraison possible (boutique en ligne).
The Reblochon Company a tout compris d'une montagne toujours plus dynamique avec Snowleader. Une enseigne qui a su s'adresser aux jeunes passionnés de la glisse en ne se prenant pas trop au sérieux avec sa célèbre vache... Mais attention, s'il y a du fun, il y a surtout du bon matos et des conseils de pros. C'est ce qui fait la force d'une boutique qui ne contient pas toutes les richesses (et les marques) à retrouver sur un site Internet très complet. C'est là que l'on vient choisir sa planche parmi les plus pointues, ses vêtements parmi les plus techniques et les plus stylés, et toujours des nouveautés. Possibilité de faire les curieux à la boutique sans être harcelé, avec conseils assurés.

Autres adresses : 6/8 rue du Président-Carnot – Lyon. • 92 Avenue Michel Croz – Chamonix.

■ **LAFUMA**
Rue Victor-Lafuma
ANNEYRON
✆ 04 50 10 72 60
www.lafuma.com
♿
Ouvert tous les jours de 9h à 12h et de 14h à 17h. Horaires du service client. Livraison possible.

L'entreprise a été créée par Victor, Alfred et Gabriel Lafuma, trois frères artisans tanneurs et selliers, experts en fabrication de sacs, dont le sac à dos qui deviendra leur emblème. En 1936, c'est l'invention de l'armature du sac à dos en même temps que celle des congés payés. En 1954 est créé un secteur dédié au mobilier de camping au succès immédiat. 1980 voit le développement d'une gamme de produits de randonnée. Puis c'est l'absorption des marques Millet, Le Chameau et Ober, Oxbow et BiShoes et finalement Eider. Les sportifs de la région connaissent bien ce magasin d'usine où trouver sacs à dos mais aussi tentes, chaussures et vêtements *outdoor*, mobilier de jardin, etc. Dans les vastes hangars, vous farfouillez pour dégoter à votre convenance blousons, polaires, coupe-vents, accessoires, vestes en GORE-TEX®, sacs de couchage, chaises... La magasin abrite des rayons enfant, femme et homme. Une manière de faire du shopping efficace pour toute la famille à prix cassés ! Ceux qui n'ont pas la chance d'habiter la Drôme peuvent trouver les produits Lafuma dans les enseignes de sport ou en vente en ligne sur le site Internet de la marque.

Autre adresse : Adresses des revendeurs de la marque sur le site web.

BAYO

✆ 04 70 58 73 00
www.bayo.com
Ouvert du lundi au vendredi de 9h à 18h. Horaires du service client.

On le sait, la randonnée, qu'elle soit pédestre, à vélo ou à moteur, est le loisir préféré des Français. Pour réussir sans encombre son voyage, il existe aujourd'hui un moyen simple de préparer son itinéraire et même de simuler virtuellement la future randonnée depuis le fond de son fauteuil. Et cela on le sait aussi ! Leader dans la vente de GPS durant de nombreuses années, la société Bayo a, en 2000, développé et édité un logiciel de préparation de route exploitant les cartes de l'Institut géographique national : CartoExploreur. Pour la première fois, la cartographie de l'IGN devenait accessible au grand public. Deux échelles avec des niveaux de précision différents sont actuellement proposées : le 1/25 000 et le 1/100 000. Les logiciels sous forme de CD contiennent aussi une base de données complète de villes, rues, lieux-dits, hameaux et autres toponymes. Il est de ce fait possible de rechercher comme avec un GPS une adresse précise. Au cours de votre randonnée, il est alors facile de vous situer sur le fond de carte choisi et par rapport à un tracé préparé à l'avance avec dénivellation.

OPINEL

508, boulevard Henry-Bordeaux
CHAMBÉRY
✆ 04 79 69 46 18
www.opinel.com
Ouvert du lundi au jeudi de 8h à 12h et de 13h30 à 17h30 ; le vendredi de 8h à 12h.

L'Opinel, célèbre couteau de poche « à la main couronnée ». Cet emblème a été choisi en 1909 en hommage à Saint Jean-Baptiste et à l'ancien duché de Savoie, par Joseph Opinel, son créateur. Inchangé depuis plus d'un siècle, son design est l'un des plus aboutis de tous les temps.

Histoire. Victor-Amédée Opinel, colporteur, apprend à forger des clous lors de ses tournées. Il installe en 1800 son premier atelier de forge à Gevoudaz, hameau d'Albiez-le-Vieux, près de Saint-Jean-de-Maurienne. Son fils, Daniel, travaille ensuite à ses côtés et puis reprend l'atelier à sa succession. Il deviendra un taillandier renommé très apprécié des paysans qui venaient de loin pour lui acheter serpes ou faucilles... En 1890, son fils aîné, Joseph Opinel, a 18 ans et travaille dans l'atelier de taillanderie familial. Sa passion des machines et des process de fabrication vont lui donner envie d'inventer un objet qu'il veut pouvoir fabriquer avec les techniques modernes. Contre l'avis de son père, qui aimait le travail artisanal et se méfiait des machines, il passe ainsi son temps libre à peaufiner la forme et la fabrication d'un petit couteau de poche : l'Opinel est né !
Joseph Opinel a l'idée de décliner son couteau en différents formats qui pourront convenir aux mains grandes ou petites et être dédiés à différents usages. Ainsi en 1897, il met au point 12 tailles numérotées de 1 à 12. Dans les années 1970, un couteau géant avait été fabriqué en petite quantité comme objet publicitaire pour les vitrines des commerçants.... qui ont très vite demandé à l'entreprise de les fabriquer en grande série pour les vendre aux particuliers ! Le géant n° 13 est doté d'une lame de 22 cm et mesure 50 cm ouvert ! Le succès commercial ne se dément pas, Joseph doit fabriquer plus de quantités. Il quitte la forge de son père et construit son usine au pont de Gevoudaz en 1901, près de l'atelier familial. Dans ce nouveau bâtiment, il souhaite rationaliser la production et met au point des machines pour fabriquer les manches plus rapidement. Grâce à sa turbine hydraulique, il est le premier habitant de la commune à avoir l'électricité ! En 1915, Joseph Opinel décide d'installer son entreprise dans les faubourgs de Chambéry, à Cognin, au cœur d'un réseau ferré et routier important. En 1917, épaulé par ses deux fils, il débute le développement industriel et commercial d'Opinel. En 1950, Maurice, le fils de Marcel, rejoint la société, il en est le président encore aujourd'hui. En 1955, le système de sécurité Virobloc est créé : une virole tournante qui en coulissant sur la virole fixe peut fermer la fente et ainsi bloquer la lame dépliée. Il sera généralisé sur tous les modèles en 2000. Avec l'accroissement de la demande lors des Trente Glorieuses, un nouveau site de production est construit au lieu-dit la Rivériaz.
En 1998, le fils aîné de Maurice Opinel, Denis, prend la direction générale de l'entreprise. En 2003 le siège social est déplacé de Cognin à la Revériaz. En 2016, Opinel ouvre une filiale à Chicago (USA).

Les produits. Couteaux et outils de poche (tire-bouchon, mini-tournevis, couteaux à huîtres, couteaux de jardinage...), couteaux de cuisine, couverts...

Les plus. Le Musée Opinel, créé en 1989, dans l'ancien atelier du grand-père de Jacques Opinel, retrace l'histoire de l'Opinel. La visite se conclut par un film réalisé au sein des ateliers et présentant le processus de fabrication actuel.

Les emplois. 120 salariés produisent 5 millions de couteaux par an. En 2017, la société réalise un chiffre d'affaires de 24 millions d'euros, dont 45 % à l'export, dans 70 pays. Elle possède une filiale aux Etats-Unis.

EXPÉ
96, boulevard Lafayette
CLERMONT-FERRAND
✆ 04 76 36 02 67
www.expe.fr
expe@expe.fr
Ouvert du mardi au samedi de 10h à 19h. Livraison possible (site de vente en ligne et 8 magasins en France).
Expé est une sorte de paradis, virtuel ou réel selon que vous fréquentiez le site web ou l'un des 8 magasins du réseau, dont celui de Clermont-Ferrand, pour les amoureux du sport *outdoor*. Cette enseigne, créée en 1983 et basée dans le Vercors, se fait un plaisir d'équiper les baroudeurs de tous niveaux. Spécialiste en matériel d'escalade, vous y trouverez aussi pour vous équiper en randonnée, trail, ski de randonnée, sport de glisse, roller, kite surf et voiles. Les produits sont sélectionnés sur critères de qualité revendiqués par ces spécialistes. Expé, c'est donc une philosophie, qui fait du conseil au client une priorité, comme une sorte d'invitation à l'aventure.

HOVE SPORT
211, rue de la Gare
HEILIGENBERG
✆ 03 88 48 00 48
www.hove-sport.fr
contact@hove.fr
Ouvert du lundi au jeudi de 8h à 12h et de 13h30 à 17h ; le vendredi de 8h à 12h.
HOVE Sport, ou Horizon Vertical, est le distributeur de différentes marques de sports *outdoor*. Sur son site Internet, vous trouverez tous les revendeurs proche de chez vous (Au Vieux campeur, Culture Vélo,…). L'univers de la montagne représente le domaine de prédilection d'HOVE Sport. La distribution de plus de 12 marques mondialement connues permet de proposer l'intégralité des équipements pour toutes les activités outdoor et montagne. Parmi les marques représentés par Horizon Vertical : Vaude (vêtements pour de montagne et de vélo, tentes, sacs à dos, sacoches…), Early Rider (draisiennes et vélos haut de gamme pour enfants), Icelantic skis, Onza (pneus VTT et route), Kong (matériel et équipement pour l'escalade), Saltic (chaussons d'escalade), Tendon (cordes d'escalade), et bien d'autres encore…

▶ **Autre adresse :** Voir site web.

FRENDO
✆ 04 86 36 15 55
www.frendo.fr
frendo@frendo.fr
Vente en ligne.
Fondée en 1946, la société française Frendo propose une gamme complète de matériel de montagne et d'escalade, de bivouac, de luges et de lampes. Frendo développe ses propres modèles, toujours plus innovants et plus pratiques pour répondre aux plus exigeants. L'entreprise propose notamment le Montagne Kid. Ce bâton de randonnée pour les enfants, avec réglage rapide et simple, est muni d'une poignée adaptée aux petites mains et d'une pointe en acier. Vous trouverez aussi le sac Voza II. Ce sac à dos de randonnée ultra confortable possède un dos ventilé avec filet Mesh tendu, des renforts Mesh épaules et hanches. Avec un volume de 32 litres pour un petit kilo seulement, il figure parmi les plus légers de sa catégorie. Pour mémoire, la griffe a été fondée par le grand alpiniste Édouard Frendo, en 1946 qui donna son nom à une voie sur la face nord de l'Aiguille du Midi et au mont Frendo au Groenland. Hyperactif et passionné, il fut aussi le fondateur et le directeur de l'École nationale de ski et d'alpinisme de Chamonix. À la fois technicien et aventurier, Édouard Frendo fut le fournisseur et le chef d'expéditions dans l'Himalaya, au Japon, en Afrique et dans la cordillère des Andes. La tradition perdure…

AU VIEUX CAMPEUR
www.auvieuxcampeur.fr
infos@auvieuxcampeur.fr
Le Vieux Campeur est le grand spécialiste et le pionnier des loisirs *outdoor*, donc de la randonnée. Chaussures, sacs à dos, équipements de camping, de montagne, de voyage : vous trouverez tout le nécessaire. De l'anti-moustique aux chaussures de rando les plus performantes, des cartes IGN aux gourdes les plus légères, la panoplie du parfait randonneur est condensée en une enseigne. Le Vieux Campeur est implanté à Paris, Lyon, Thonon, Toulouse, Strasbourg... Toutes les adresses sont sur son site web et celui-ci fait aussi office de boutique en ligne.

▶ **Autre adresse :** Consulter le site internet

CHULLANKA
Zone commerciale de Portet-sur-Garonne
11, boulevard de l'Europe
PORTET-SUR-GARONNE
✆ 05 62 20 72 50
www.chullanka.com
contact.vente@chullanka.com
Ouvert toute l'année. Du lundi au vendredi de 10h à 19h30 ; le samedi de 9h30 à 19h30. + Site de vente en ligne.
Ce grand magasin s'est spécialisé dans la vente de matériel et d'accessoires haut de gamme et dédiés aux activités cyclistes et de montagne (randonnées, escalade, sports

de glisse, trail, etc.). Ici, on vous propose non seulement une offre complète d'équipement (et d'habillement également), mais aussi de nombreux conseils, dispensés par des personnes qui pratiquent et donc expertes dans tous ces domaines. En plus de l'espace de Toulouse, vous trouverez des magasins à Metz, Bordeaux et Antibes, et un site Internet complet de vente en ligne.

Autres adresses : 2222, route de Grasse – 06600 Antibes – ✆ 04 92 91 79 00 • RN57 - Zone Commerciale Cora – 57160 Moulins-Les-Metz – ✆ 03 87 50 94 90 • ZAC Mérignac-Soleil – Chemin de Pouchon -33700 Mérignac – ✆ 05 24 72 88 18

CIMALP
30, rue de la Roche
SAINT-MARCEL-LÈS-VALENCE
✆ 04 75 58 90 00
www.cimalp.fr

Ouvert du lundi au vendredi de 9h à 17h. Horaires du service client. Livraison possible (boutique en ligne).

On vient ici en quête de vêtements ou d'accessoires techniques pour la randonnée, l'alpinisme, les trails... Ou même pour des voyages de type sac à dos. C'est la marque française spécialiste des vêtements techniques pour la randonnée et les températures extrêmes. Elle propose notamment des vestes multi-usages au top, à la fois coupe-vent, imperméables et assez chaudes tout en restant très compactes, assurant ainsi la fonction de seconde et troisième couches pour un poids minimum. Elle a développé trois technologies inédites – 3D-Flex, Softshell et Primaloft – pour répondre aux besoins des randonneurs. La qualité est au rendez-vous ainsi que l'accueil et les bons conseils.

PYRENEX
Avenue de l'Adour
SAINT-SEVER
✆ 05 47 31 90 00
www.pyrenex.com
eshop@pyrenex.com

Ouvert toute l'année.

La griffe est connue pour ses doudounes de rêve. Crée en 1859 au cœur des landes de Gascogne, terre d'élevage des oies et des canards, l'entreprise familiale a commencé par le négoce de plumes et duvet naturel. 150 ans plus tard, elle devient une entreprise leader dans la confection et la commercialisation de produits finis, en garnissage naturel : couettes, oreillers, traversins, sacs de couchage et vestes. La marque, mondialement connue, est devenue célèbre grâce à son produit phare, la doudoune, très appréciée de tous les randonneurs y compris par ceux qui pratiquent dans des conditions extrêmes. Grâce à des méthodes et process toujours plus innovants, Pyrenex poursuit son développement et exporte 60 % de sa production aux quatre coins du monde. En France, ses produits sont proposés dans de très nombreux magasins de sports. La liste des points de vente est consultable sur le site Internet.

AVENTURE NORDIQUE
✆ 04 76 39 79 67
www.aventurenordique.com
info@aventurenordique.com

Ouvert du lundi au vendredi de 10h à 12h et de 14h à 18h. Horaires du service client. Livraison possible.

Aventure Nordique, la boutique créée par Régis Cahn – sportif accompli qui a à son actif de nombreux raids et expéditions à skis dans les régions nordiques – propose une gamme de matériels sélectionnés par un spécialiste de l'itinérance. C'est un site Internet très bien fait où l'on retrouve tous les équipements utiles à une randonnée, longue ou courte, en pleine nature. Plusieurs univers s'ouvrent à vous avec les plus grandes marques (Hilleberg, Sir Joseph, Granite Gear, Exped…) : randonnée et bivouac, randonnée nordique, pulka (traîneau de transport), vêtements et protections, ainsi qu'une librairie. Son blog est aussi une mine d'informations précieuses. Cette boutique est indispensable avant de partir pour le grand Nord, mais aussi très utile pour partir à l'aventure dans les Alpes été comme hiver.

A.S. ADVENTURE
1, rue des Acacias
THILLOIS
✆ 03 52 84 00 17
www.asadventure.fr
info@asadventure.com

Ouvert du lundi au samedi de 10h à 20h. Vente en ligne sur le site Internet.

Cette griffe spécialisée compte 48 magasins, en France, en Belgique et au Luxembourg. Cette grande surface indépendante implantée dans la banlieue de Reims est spécialisée dans l'équipement pour les sports qui se pratiquent dans la nature. A.S.Adventure est une escale shopping dédiée à tous les globe-trotters, les amateurs de la nature et les adeptes des loisirs actifs. Vous y trouvez sous un seul toit et sur la toile tout ce qu'il faut pour partir sous les tropiques, au Pôle Sud, à Barcelone ou dans les Ardennes belges… En prime : les conseils professionnels de collaborateurs de vente spécialisés. Vous avez en rayon les produits sélectionnés parmi les meilleures marques du monde des loisirs de plein air qui s'ajoutent à une large offre de produits sous le label maison, Ayacucho, d'un bon rapport qualité-prix et correspondant totalement à la mission de l'entreprise. Trekking en hiver ou promenade récréative, randonnée dans le désert ou cyclisme à la mer… racontez votre histoire, les collaborateurs A.S.Adventure trouveront la solution.

Autres adresses : Adresses en Belgique et au Luxembourg sur le site web. • Allée du Préambule 3 - 77127 Lieusaint. • Polygone Riviera – 119, avenue des Alpes – 06800 Cagnes-sur-Mer.

ALTIPLANO
Les Geymonds
Rue de Machurons
VILLARD-DE-LANS
✆ 04 76 46 15 81
www.altiplano-sport.fr
contact@altiplano-magasin.com

Ouvert le lundi de 14h30 à 19h ; du mardi au dimanche de 9h30 à 12h et de 14h30 à 19h. Livraison possible (vente en ligne).

Ce n'est pas en Amérique latine, mais dans l'Isère... Cette boutique spécialisée, en chair et en ligne, est implantée au cœur du massif du Vercors et animée par une équipe de passionnés du sport *outdoor*. Sa devise : *Toujours plus haut, toujours plus technique !* Ceci dans la version à ski, à vélo ou à pied. Le randonneur peut trouver sur place donc ou sur le site Internet tout un équipement dûment sélectionné et testé, des chaussures à la tente. Si vous n'avez pas la chance de passer par le Vercors, Altiplano expédie votre commande.

Le matériel en ligne

■ HARDLOOP.FR

✆ 01 48 58 30 28
www.hardloop.fr
serviceclient@hardloop.fr
Du matériel pour la rando, le trekking, le trail et tous les sports de plein air. Des rubriques nouveautés, promotions, par marques, par sport, etc. Les deux fondateurs sont des passionnés et des experts qui savent faire des choix judicieux. Vous pouvez leur faire confiance. Surfez également dans une rubrique consacrée au choix de vos aventures, vos guides, vos destinations.

■ LARANDONNEE.FR

9, avenue Georges-Clemenceau
✆ 04 67 58 59 10
www.larandonnee.fr
contact@larandonnee.fr
Livraison possible (vente en ligne sur le site Internet).
Vente en ligne de sacs à dos, chaussures, accessoires, livres, matériel de couchage, vêtements *outdoor*... Ce site est une bonne manière de vous équiper sans bouger de chez vous ni perdre de temps. Il propose également une « vraie » boutique pour ceux qui habitent Montpellier, qui existe depuis 1988. Ce spécialiste propose une sélection bien pensée pour les sportifs et les passionnés de sorties nature. Sur le site, glanez les promotions, conseils, infos rando...

■ TRAILMARKET.COM

ITALIE
✆ +39 01 2447 9804
www.trailmarket.com
info@trailmarket.com
Ouvert du lundi au vendredi de 8h30 à 12h30 et de 13h30 à 17h30. Horaires du service client. Livraison possible (site de vente en ligne).
Trailmarket est le spécialiste italien de la région de Turin pour la vente en ligne de matériel de course à pied et de randonnée. Au menu : chaussures, vêtements, équipement, livres, cartes et... soldes. De très nombreuses marques sont représentées : The North Face, Petzl, Raidlight, Salomon, LEKI, Oakley®, Julbo, Gipron, Brooks, BV Sport®, etc. Assistance technique par téléphone et opinions des clients en ligne permettent un choix éclairé.

■ AVENTURE NORDIQUE

11, rue Charles-Péguy
GRENOBLE ✆ 04 76 39 79 67
www.aventurenordique.com
info@aventurenordique.com
Une boutique qui vend du matériel de randonnée et bivouac, située à Grenoble. Vente en ligne possible.

■ SETH OUTDOOR

✆ 06 24 34 61 59
www.seth-outdoor.fr
contact@seth-outdoor.fr
Livraison possible (vente par correspondance sur internet).
Que vous soyez simple campeur, sportif de l'extrême ou adepte du survivalisme, SETH Outdoor est une adresse (Internet) toute désignée pour trouver les pièces d'équipement les plus spécialisées. Le magasin garantit les meilleurs prix des marques phares sur son catalogue, très fourni, de l'ensemble du matériel nécessaire aux excursions en extérieur : des vêtements, allant des chaussettes *army* à la combinaison de camouflage, des ustensiles de survie (gourdes, couteaux, trousses pour urgences en milieu hostile...), mais aussi toute sorte de matériel de bivouac, des protections anti-insectes, et même des drapeaux et des arbalètes. De quoi résister en toutes circonstances !

■ RAYON RANDO

8, rue des Clairières
LES SORINIÈRES
✆ 02 40 46 08 01
www.rayonrando.com
rayonrando@gmail.com
Cette entreprise basée à Nantes a mis en place une boutique Internet proposant toute l'actualité de l'équipement pour les marcheurs. Avec plus de 100 marques, vous retrouverez les valeurs sûres de l'*outdoor*. Le site regroupe du matériel parfois très technique, mais aussi des premiers prix qui tiennent la route : une sélection large de produits et accessoires pratiques et fiables. Faites également un saut sur leur blog dédié à la randonnée !

■ AQUAPAC

✆ 01 34 60 59 97
www.aquapac.fr
aquapac@orange.fr
Le concept Aquapac est né à Londres en 1983, à l'initiative de trois jeunes planchistes qui souhaitaient écouter de la musique tout en pratiquant leur sport favori. Depuis, Aquapac développe et améliore la gamme de ses produits avec un système de fermeture breveté : l'Aquaclip™. Aujourd'hui, Aquapac reste le numéro 1 de la housse étanche avec une gamme innovante pour téléphones portables, radios VHF, lecteurs MP3, clés, sacs de randonnée, etc. Voir la gamme sur le site Internet.

■ INUKA

✆ 04 56 49 96 65
www.inuka.com
contact@inuka.com
Boutique en ligne.
Inuka est une boutique en ligne qui propose un grand choix de matériel pour la randonnée, les raids ou les expéditions sauvages. Sac à dos, vêtements, GPS, boussoles, chaussures, jumelles à vision nocturne, coutellerie outdoor, gants et sous-gants... vous trouverez tout ce qu'il faut pour passer un séjour dans la nature en toute sécurité.

Petite histoire de la grande randonnée

La Fédération française de randonnée pédestre doit beaucoup à la passion d'un homme, Jean Loiseau, architecte à la Banque de France et féru de nature et de marche, qui crée, après la Première Guerre mondiale, un groupe de marcheurs, « Les Compagnons Voyageurs ». Ces « compagnons » arpentent les chemins de France et d'Europe munis de cartes et de boussoles avant de vouloir faire partager leur plaisir à tous les Français.

S'inspirant de ce qui avait été fait à l'étranger – Allemagne, Pays-Bas et même Etats-Unis –, les compagnons commencent à baliser les sentiers en apposant des traits de peinture sur différents supports dans la nature (rochers, arbres, etc.). Le travail avance vite et, en 1947, plusieurs tronçons des futurs GR® sont en chantier grâce à de nombreux bénévoles : en région parisienne, sur les bords de Loire, etc. Le 22 août de cette même année est créé le Comité national des sentiers de grande randonnée (CNSGR). Le réseau des GR® va s'étendre à toutes les régions de France, grâce au travail de milliers de bénévoles. Au fil du succès de la marche à pied, émerge le besoin de représenter les randonneurs : la Fédération française de la randonnée pédestre naît ainsi le 22 avril 1978 et reçoit l'agrément du ministère de l'Environnement pour son rôle dans la sauvegarde de l'environnement naturel. Elle fédère aujourd'hui de nombreuses associations nationales et locales.

LA FÉDÉRATION

■ **FÉDÉRATION FRANÇAISE DE LA RANDONNÉE PÉDESTRE**
64, rue du Dessous-des-Berges
PARIS (13e)
✆ 01 44 89 93 90
www.ffrandonnee.fr
info@ffrandonnee.fr
Ouvert du lundi au vendredi de 9h à 12h30 et de 13h30 à 18h.

C'est l'institution de la marche en France, à laquelle celui qui cherche des informations peut s'adresser en priorité. Aujourd'hui, la Fédération représente 180 000 km de sentiers balisés en France – de grande randonnée (GR®) ou de promenade et randonnée (PR®) – et près de 220 000 adhérents. La fédération propose quelque 240 Topo-guides®. Elle mène plusieurs missions de front : la création et le balisage de sentiers, la veille environnementale via le réseau Eco-veille®, l'animation de clubs et la valorisation et la promotion de la randonnée, notamment par son activité d'édition. Elle collabore aussi avec l'IGN (Institut géographique national) à l'établissement des cartes de randonnée. Sachez que pour marcher sur ses deux pieds comme nos ancêtres, la Fédé' n'en reste pas moins ouverte à la modernité, comme le montrent les versions numériques, autres applications pour smartphone et son portail Mon GR® qui permet de créer ses propres trajets. Elle a récemment développé deux nouvelles manières de randonner :

- **Rando Santé® :** pour rendre la randonnée accessible aux personnes à mobilité réduite, en situation de handicap ou de difficulté d'intégration.
- **Rando Challenge® :** pour rendre la randonnée plus conviviale, ludique, culturelle mais aussi sportive. Orientation et perspicacité seront sollicitées.

LES INCONTOURNABLES

■ **OFFICE NATIONAL DES FORÊTS**
2, avenue de Saint-Mandé (12e)
PARIS
✆ 01 40 19 58 00
contact@onfinternational.com

L'Office national des forêts est le premier gestionnaire d'espaces naturels en France.

Dans ce cadre, il conçoit des aménagements pour accueillir le public en forêt ou en milieux naturels et contribue au développement de l'attractivité des territoires avec ses deux offres destinées aux amateurs d'écotourisme :

- **La location de gîtes**
Ces hébergements, tout confort, situés en pleine forêt ou nichés au cœur des montagnes, permettent de profiter de la nature et des activités de plein air.
- **Les circuits de randonnées Retrouvance®**
Accessibles à tous les amoureux de la nature, ces circuits sont à l'origine du succès de la formule qui, en 15 ans, a fait de Retrouvance® l'une des premières marques de circuit de randonnées « tout compris ».

■ **INSTITUT GÉOGRAPHIQUE NATIONAL**
Le Géoroom
8, avenue Pasteur
SAINT-MANDÉ
✆ 01 43 98 80 00
www.ign.fr
communication@ign.fr
M° Saint-Mandé ou RER A Vincennes
Ouvert du mardi au vendredi de 13h30 à 17h30. Horaires d'accès à la photothèque. Gratuit.
L'IGN est un établissement public, opérateur de référence pour l'information géographique et forestière. Acteur du numérique au service des territoires, l'IGN a lancé l'Espace loisirs, le portail de référence pour toutes les activités nature. Ce nouveau portail multi-activités, multi-services et multi-supports fédère les différents acteurs du paysage touristique et sportif français. Il regroupe des données de référence et des services en ligne pour s'adonner à des activités de plein air et partir à la découverte des territoires français. Il offre la possibilité aux professionnels et aux amateurs de partager et valoriser des itinéraires, parcours, informations touristiques, de créer des communautés pour enrichir les contenus proposés… et ainsi d'ouvrir la voie pour que chacun trace sa route. Pour les randonneurs, l'IGN dédie une boutique à ce loisir avec des « cartes à la carte », des guides, des applications mobiles, des outils GPS et des accessoires pour le camping, entre autres choses... Ceux qui sont en région parisienne pourront aller voir le Géoroom, espace multi-service avec expositions et librairie.

LES GUIDES DE RANDONNÉE

Vous êtes un randonneur plus ou moins aguerri et vous n'avez pas besoin d'accompagnateur ou de guide ? Donc, vous savez qu'en étant seul, il vous faut vous munir au minimum d'une carte IGN Top25 (les bleues au 1/25 000) de votre lieu de randonnée et d'un guide qui la détaille. Plusieurs maisons d'édition en ont fait leur spécialité et, comme toujours, c'est mieux de faire confiance aux spécialistes ! Souvent, ces professionnels sont implantés sur le terrain : Alpes, Pyrénées…

Fédération française de randonnée

C'est un acteur essentiel du monde de la randonnée, d'abord à travers le balisage et l'entretien de nombreux sentiers, mais aussi par ses activités d'information et d'édition. Elle propose la célèbre et incontournable collection des topo-guides®. Ces guides renseignent sur l'ensemble des itinéraires balisés, cartes à l'appui, à travers toute la France. Ils se déclinent aujourd'hui en quatre collections :

- **PR®** : Promenade et Randonnée, soit de petites excursions, à la journée ou à la demi-journée, la plupart du temps en boucle. D'une durée de 2 à 6 heures, avec différents niveaux de difficultés, les circuits sont balisés et faciles à suivre. Ils permettent de découvrir sa propre région ou de visiter son lieu de vacances. Les nombreuses précisions sur le patrimoine et l'environnement locaux en font un excellent guide.
- **GR®** : Grande Randonnée, soit les itinéraires de GR® et GRP® (Grande Randonnée de Pays) balisés en rouge et blanc. Ces guides découpent le trajet en tronçons et donnent toutes les indications utiles pour ne pas se perdre, mais aussi pour visiter les alentours.
- **Rando-citadines®** : pour les balades en ville, à la découverte du patrimoine architectural, des lieux secrets et des beautés cachés des grandes métropoles.
- **Sentiers des patrimoines®** : pour l'éveil au patrimoine en famille, par la marche. Les guides sont supervisés par des enseignants qui apportent une démarche et un éclairage pédagogiques adaptés aux enfants.

Au total, ces collections comptent quelque 240 guides.

- **En savoir plus :** boutique.ffrandonnee.fr/topoguides

Éditions IGN

Les «Cartes de rando Top 25 et Séries bleues» sont l'outil indispensable des randonneurs. Elles contiennent toutes les précisions concernant un terrain, afin de s'y orienter dans les meilleures conditions. Le moindre sentier, la moindre maison, le moindre ruisseau ou bois y est indiqué. Impossible de ne pas savoir où vous êtes !

Éditions Glénat

Les éditions Glénat, implantées à Grenoble, proposent plusieurs collections spécialisées dans la randonnée en montagne, les balades en famille, le trekking, la grande traversée du Vercors, les Alpes, etc.
Exemples :

- **LES GUIDES LIBRIS :** anciennement produits de la coédition entre l'IGN et les Editions Libris, cette collection renommée a été reprise par Glénat. Itinéraires en France à pied ou en VTT pour toute la famille ou pour les plus sportifs, par régions ou thématiques, le tout agrémenté de sites à visiter… Difficile de ne pas trouver son bonheur.
- **CARTES GRAND AIR** : des cartes détaillées au 1/60 000e pour s'orienter en randonnée.
- **LES PETITES ESCAPADES** : nouvelle collection qui propose des circuits et balades en famille, accessibles et adaptés aux jeunes marcheurs. Le guide compile les visites culturelles et les excursions en vélo, en voiture...
- **LES SENTIERS D'ÉMILIE** : une collection récemment reprise à Rando Editions. Il s'agit de petits guides de randonnée, classés par département et destinés à la famille avec des randonnées faciles, de 1 à 3 heures.
- **MONTAGNE RANDONNÉE :** pour les plus beaux itinéraires de randonnée en montagne.
- **LE P'TIT CRAPAHUT :** un format pratique et une charte graphique vivante, c'est le pari de cette collection qui parle aux enfants comme aux parents. Itinéraires très clairs, cartes faciles à lire et beaucoup de photos avec, en prime, des « bons plans » : musées, bars accueillants, curiosités géographiques…

VOUS ÊTES
À UN CLIC
DE VOS SORTIES
ignrando.fr

- **RANDO-ÉVASION** : une région, des randonnées à la journée, pour une découverte de ses richesses environnementales et patrimoniales.
- **LE PETIT MANUEL DE MÉTÉO DE MONTAGNE :** un guide pratique sur un point essentiel pour qui veut arpenter les montagnes. Aux explications des phénomènes climatiques s'ajoute ce qu'il faut savoir pour prévoir le temps et faire face aux impondérables.

Éditions Les Guides Goursau

Cette maison d'édition familiale a été fondée en 2005, près de Toulouse. Elle est spécialisée dans la publication de guides de balades et de découvertes. Les ouvrages de son catalogue présentent la particularité d'avoir des illustrations en 3-D, réalisées par un dessinateur et graphiste, qui offrent une représentation parfaite des paysages rencontrés sur chaque itinéraire et circuit. Il s'agit de petits guides avec entre 10 et 15 randonnées à pied ou à vélo rédigés par des professionnels locaux issus d'offices de tourisme, accompagnateurs en montagne ou guides de haute montagne.

Éditions Chamina

Les guides Chamina traitent une partie de la France et sont réputés pour leur couverture du Massif central. Ils sont proposés par département ou par biotope et se destinent à tous les âges et tous les niveaux. Ils promeuvent l'art et la manière de la promenade à pied, ou comment faire le plein d'oxygène en randonnant « intelligent ».

Éditions Rother

L'éditeur allemand Rother propose en français des promenades, de longues randonnées et des circuits vers d'intéressants points de vue et sites culturels. Il offre un bref et clair descriptif avec des indications importantes sur les difficultés, les niveaux, des cartes de randonnée en couleurs et une description précise de l'itinéraire pour chaque randonnée. Certains guides indiquent des bons plans (restauration par exemple). Il existe des ouvrages par région ou par thème comme le Chemin de Compostelle.

Éditions du Vieux Crayon

Les Editions du Vieux Crayon publient les guides référence « Miam Miam Dodo ». Spécialiste des chemins de Compostelle, la maison d'édition a créé plusieurs ouvrages référence alliant cartographie et informations pratiques pour l'hébergement, le budget, les haltes... Si vous souhaitez randonner avec un âne, c'est aussi chez elle que vous trouverez toutes les informations nécessaires.

PRESSE SPÉCIALISÉE

OUTDOOR GO !

www.outdoorgo.com
redaction@outdoorgo.com

Outdoor Go ! promeut l'aventure au grand air, qu'il s'agisse de randonnée, de trek, de kayak, de VTT... et ce, dans le monde entier. Les voyages à pied sont perçus par beaucoup comme des exploits réservés à certains sportifs et aventuriers, une opinion que le magazine s'attache à démentir ! La randonnée et les activités de plein air sont des bonheurs accessibles : il suffit de se lancer. Outdoor Go ! vous accompagne avec ses conseils, ses idées et ses témoignages...

PASSION RANDO

4 numéros par an.

Le magazine trimestriel de la Fédération française de la randonnée présente tous les événements organisés en région par les comités, des propositions de périples en France comme à l'étranger, des conseils pour s'équiper, etc. Ce magazine est désormais servi sur abonnement.

BALADES, LE MAGAZINE DE TOUTES LES RANDOS

✆ 01 78 09 15 80
www.randosbalades.fr
abonnement@europresse.fr

Disponible en kiosque et sur abonnement, ce périodique qui parait tous les deux mois, est dédié à la randonnée en France, avec une petite ouverture sur l'étranger. La randonnée, ici, est mise à la portée de tous. Au sommaire : actualités, destinations en France et à l'étranger, cahier pratique avec les conseils, les infos santé et nutrition, les tests sur le matériel, et des fiches topos à conserver. Les grands lieux de randonnée gardent une place prépondérante.

MONTAGNES MAGAZINE

✆ 04 76 70 54 11
www.montagnes-magazine.com
redaction@montagnes-magazine.com

Comme son nom l'indique, cette revue mensuelle est consacrée à la montagne avec de nombreuses thématiques telles que les sports de montagne et les enjeux humains, économiques et environnementaux de l'aménagement de ce milieu naturel. On y retrouve également toute l'actualité, des reportages, un guide saisonnier (stations, descentes, stages, etc.), des conseils pratiques en pédagogie écologique et en sécurité, des portraits de grands alpinistes et de nombreux tests matériels.

TREK MAGAZINE

www.trekmag.com
i-abo@niveales.com

Mensuel né en 1999, *Trek magazine* est accessible en kiosque et sur abonnement. Il reste aujourd'hui la référence en matière de magazine sur la randonnée et le trek, avec une image de défricheur de nouveaux terrains. Découverte de destinations à l'étranger et en France, tests d'équipements et de matériels, dossiers pratiques, idées de séjours, carnets de routes et très belles photographies sont au sommaire de chaque numéro.

LIBRAIRIES SPÉCIALISÉES

C'est le premier pas ! Enfin presque...C'est du moins une escale judicieuse pour tous, et indispensable pour ceux qui organisent seuls leurs randonnées. Vous pouvez y trouver des cartes détaillées, des topo-guides® actualisés, des guides de randonnée (dont les ouvrages *Petit Futé*)... Les librairies généralistes et même celles des grandes surfaces ont désormais toutes leur rayon consacré aux livres de voyage et de randonnée. Les librairies spécialisées sont cependant toujours, bien entendu, la meilleure solution en la matière.

A Paris

■ LIBRAIRIE VOYAGEURS DU MONDE

48, rue Sainte-Anne (2e) PARIS
✆ 01 42 86 17 38
librairie@voyageursdumonde.fr
M° Pyramides ou Quatre-Septembre.
Ouvert du lundi au samedi de 9h30 à 19h.
La librairie Voyageurs du Monde réunit des libraires passionnés de voyages (et de livres de voyage) pour des sélections et des conseils pointus, quelle que soit votre destination ou vos envies. Vous y trouverez tout ce qu'il faut pour préparer votre excursion : cartes, atlas, guides régionaux, nationaux ou thématiques, littérature d'aventure... Les enfants ne sont pas en reste avec des albums qui, à coup sûr, leur donneront le goût du voyage et de la nature. Enfin, vous trouverez bien évidemment une soigneuse sélection d'œuvres qui vous captiveront pendant vos temps de trajet.

■ ULYSSE

26, rue Saint-Louis-en-l'Ile (4e) PARIS
✆ 01 43 25 17 35
www.ulysse.fr
ulysse@ulysse.fr
M° Pont-Marie
Ouvert du mardi au vendredi de 14h à 20h. Et sur rdv.
C'est la plus ancienne librairie de voyage de France, et le « kilomètre zéro du monde », comme le dit le slogan de la maison. D'ici, on peut en effet partir vers n'importe quelle destination grâce à un fonds extraordinaire de livres consacrés au voyage. Catherine Domain, la libraire et fondatrice de cet endroit (en 1971), est là pour vous aider dans votre recherche, notamment si vous voulez vous documenter avant d'entreprendre un séjour. Membre de la Société des Explorateurs, du Club International des Grands Voyageurs, fondatrice du Cargo Club, du Club Ulysse des petites îles du monde et du Prix Pierre Loti, elle est vraiment une spécialiste du voyage. Vous trouverez ici aussi de nombreuses cartes non disponibles dans les librairies habituelles. En rayon, plus de 20 000 ouvrages neufs et anciens, cartes et revues sur tous les pays et toutes les destinations.

■ AU VIEUX CAMPEUR

48, rue des Écoles PARIS (5e)
✆ 01 53 10 48 48
www.auvieuxcampeur.fr
infos@auvieuxcampeur.fr
Ouvert du lundi au mercredi et le vendredi de 11h à 19h30 (jeudi jusqu'à 21h), le samedi de 10h à 19h30. E-shop.
Le Vieux Campeur est le temple du voyageur : vous trouverez tout le nécessaire pour préparer votre voyage, que ce soit dans la Cordillère des Andes ou dans un fjord de Laponie. Mais le Vieux Campeur c'est aussi et bien sûr une librairie, une véritable institution qui propose beaucoup d'ouvrages sur la randonnée, de documentation pour organiser son voyage et des guides à thème : eau, neige, terre, tout y est. Au sous-sol se trouvent les cartographies et les guides étrangers. Au rez-de-chaussée, le tourisme vert avec les randonnées, les balades et les raids aventure. Enfin, l'étage fait la part belle à l'escalade, à la spéléo ainsi qu'à la voile et à la plongée. Les commandes sont possibles sur le site Internet. A Paris, près de 30 boutiques de l'enseigne autour de la rue des Écoles dans le Ve arrondissement. Chacune étant spécialisée dans un domaine très précis : chasse, alpinisme, marche à pied, etc. Au Vieux Campeur est aussi présent dans de nombreuses villes en France : Strasbourg, Toulouse, Grenoble ou encore Sallanches. Vous y trouverez forcément votre bonheur.

■ TRANSBORÉAL

23, rue Berthollet (5e) PARIS
✆ 01 55 43 00 37
www.transboreal.fr
contact@transboreal.fr
RER B Port-Royal – M° lignes 6 (Glacière) et 7 (Censier-Daubenton ou Gobelins).
Bus 21, 27, 83 & 91.
Ouvert du lundi au vendredi de 9h30 à 13h et de 14h à 19h. Livraison possible (boutique en ligne).
C'est tout à la fois une maison d'édition spécialisée dans les récits de voyages au long cours, réalisés généralement à pied, et une librairie proposant plus de 5 000 titres ouvrant de nouveaux horizons. Une excellente adresse pour mettre vos pas dans ceux d'aventuriers authentiques, pas forcément médiatisés, mais tous profondément engagés dans leurs rêves et leurs aventures. Beaucoup sont des marcheurs et des pèlerins modernes. Transboréal organise régulièrement des rencontres avec ces auteurs et voyageurs avec lectures à la clé ou visionnage de films.

■ LIBRAIRIE DES ALPES

6, rue de Seine (6e) PARIS
✆ 01 43 26 90 11
librairie-des-alpes.com
librairiedesalpes@gmail.com
Métro Odéon (ligne 4) ou Pont-Neuf (ligne 7).
Ouvert du mardi au samedi de 12h à 19h.
Fondée en 1933, la Librairie des Alpes est une véritable institution. QG des amoureux de la montagne et de grands noms de l'alpinisme, le lieu respire l'authenticité et les envies de voyage. La librairie réunit des livres rares, des guides confidentiels, des cartes anciennes... bref, des pépites. Elle valorise aussi le travail de ces photographes passionnés qui révèlent la nature et le monde à travers leurs clichés. Que vous cherchiez un ouvrage ancien ou moderne, vous trouverez votre bonheur.

GIBERT JOSEPH

21, rue Lagroua-Weill-Hallé (13e)
PARIS
✆ 01 46 46 10 50
www.gibertjoseph.com
service.client@gibert.com
M° Place d'Italie

Ouvert du lundi au samedi de 10h à 19h30. Fermeture des entrées à 19h20. Boutique en ligne.

On ne vous fera pas l'affront de vous présenter Gibert Joseph, librairie prisée par les étudiants et les professions de l'enseignement, qui a pignon sur rue depuis 1935. En plus de 70 ans d'existence, Gibert Joseph a étendu son empire à travers toutes les grandes villes de France, multipliant sa franchise de livres scolaires, littérature et d'occasion ainsi que divers produits culturels (CD, DVD...) ou de papeterie. Dans Paris, Gibert Joseph a élu ses quartiers aussi dans le 13e arrondissement, à proximité de l'université Paris Diderot et de la Bibliothèque François-Mitterrand. On peut donc y trouver tout ce qu'offre Gibert Joseph afin de s'équiper pour ses études ou pour le plaisir de se cultiver dans tous les domaines.

Autre adresse : voir sur le site Internet.

GÉOROOM (IGN)

8, avenue Pasteur
SAINT-MANDÉ
✆ 01 43 98 80 00
www.ign.fr
facebook@ign.fr
Métro : Saint-Mandé, Bérault (ligne 1).
RER : Vincennes (ligne A).

Ouvert du mardi au vendredi de 13h30 à 17h30.

Le Géoroom, nouvel espace de l'IGN, est la cartothèque de l'IGN, mais aussi un espace muséographique. Retrouvez dans cette nouvelle boutique tout le nécessaire pour préparer vos randonnées et vos voyages : cartes Top 25 de randonnée, cartes Top 100 Tourisme et Découverte, cartes routières, cartes Découverte du monde... L'offre est axée sur les loisirs et l'évasion avec aussi des produits numériques (GPS, DVD, guides de voyage) et des idées cadeaux (cartes en relief, globes...). Avec toujours la collection « Découverte du monde », composée de 134 cartes, de l'Afrique du Sud à l'Ukraine en passant par l'Union européenne.

En région

AUTOUR DU MONDE

65, rue Pierre Mauroy
LILLE
✆ 03 20 78 19 33
www.autourdumonde.biz
contact@autourdumonde.biz

Ouvert du lundi au samedi de 10h à 19h. Ouvert les dimanches de décembre.

Il règne dans cette librairie une atmosphère presque magique. Sans doute est-ce dû à la présence de tous ces guides et atlas qui invitent à la découverte de contrées lointaines. Riche de centaines de références, qu'il s'agisse de romans ou d'essais, de livres de photos ou d'albums jeunesse, cette librairie est une ode au voyage et à l'évasion. L'équipe, composée de voyageurs curieux et passionnés, prodigue astuces et conseils non seulement sur les ouvrages proposés, mais aussi et surtout sur les destinations choisies. De libraires, les membres de l'équipe deviennent en quelque sorte guides de voyage, et c'est cela qui fait de la librairie Autour du Monde un lieu unique et essentiel.

RACONTE-MOI LA TERRE

14, rue du Plat
LYON
✆ 04 78 92 60 22
www.racontemoilaterre.com

Ouvert du lundi au samedi de 10h à 19h30. Vegan friendly.

Raconte-moi la terre est à la fois une librairie consacrée à la découverte du monde, un cyber-café en wi-fi et un restaurant (produits bio et/ou issus du commerce équitable). C'est le paradis des globe-trotters et des rêveurs, de ceux qui veulent découvrir la Terre, un espace toujours convivial et accueillant. On trouve des guides, toutes les cartes, des livres de cuisine, des livres pour enfants et des ouvrages de littérature classés par régions du monde. Un conseil avisé et sympathique de véritables libraires qui connaissent aussi bien Lyon, la France que les pays les plus exotiques ! Il y a aussi des mappemondes, de la musique, des globes terrestres, des objets artisanaux qui feront autant d'idées cadeaux.

Autre adresse : Village Oxylane Décathlon – 332, avenue Général-de-Gaulle, BRON.

ARIANE LIBRAIRIE DU VOYAGE

20, rue du Capitaine-Dreyfus
RENNES
✆ 02 99 79 68 47
librairie-voyage.com
pascal@librairie-voyage.com

Ouvert le lundi de 14h à 19h ; du mardi au samedi de 9h30 à 12h30 et de 14h à 19h.

Il est des endroits qu'il est essentiel de fréquenter lorsqu'on est un grand baroudeur ou un voyageur en quête de bonnes adresses. La librairie du voyage Ariane fourmille de guides, de récits de voyage, de cartes, d'accessoires variés et de livres divers qui vous feront faire le tour du monde en quelques pages. Depuis 1989, Ariane décline et communique l'amour du voyage à tous ceux qui en franchissent la porte. Les randonneurs y trouveront des cartes détaillées, les amateurs de destinations extrêmes des ouvrages pratiques, et ceux qui cherchent à entrer en contact avec la population locale des guides de conversation. Pratique pour éviter les malentendus ou se munir d'une variété d'accessoires pour voyager en toute sécurité : ceintures à billets, boussoles, oreillers pour l'avion, pochettes à divers usages. Ariane dispose aussi d'un rayon beaux-livres et d'une section récits de voyage, avec des auteurs comme Jack Kerouac, Mac Orlan ou Cendrars. Explorez ainsi les rayons au gré de vos envies, de vos besoins, arrêtez-vous un instant pour feuilleter la magnifique *Bible des camping-cars* et n'hésitez surtout pas à solliciter l'équipe, accueillante et de bon conseil. Si le monde est un labyrinthe, Ariane tisse le fil pour vous y guider.

SUR INTERNET

ECOVOYAGEURS
www.ecovoyageurs.com
Ce site d'écotourisme vous propose une sélection de voyages respectueux de la nature et des hommes, pour voyager autrement, loin du tourisme de masse. Des expériences en immersion avec des offres de qualité sont proposées par des acteurs reconnus à contacter directement et en toute confiance. Il promeut également des activités non polluantes et favorise au maximum la mobilité douce. Et il n'y en a pas de plus douce que la marche à pied !

VOYAGES POUR LA PLANÈTE
www.voyagespourlaplanete.com
info@voyagespourlaplanete.com
Ce site est dédié au tourisme équitable et durable, respectueux de l'environnement et des populations locales. C'est une mine d'informations et de bons plans pour voyager autrement. Des liens avec des sites de voyagistes spécialisés, des informations pratiques et une multitude d'idées de voyage complètent les informations. Vous saurez également tout sur les labels et les critères.

WWW.ALTITUDERANDO.COM
www.altituderando.com
Altitude Rando est un support d'information indépendant qui parle de montagne, de treks et de randonnées. Vous y trouvez une belle collection de guides de randonnée, rédigés par de nombreux randonneurs, ainsi que des dossiers conseils et quelques conseils quant au respect de la nature et de l'environnement. Le plus : il s'agit d'un site collaboratif entièrement gratuit avec des contenus de grande qualité rédigés eux aussi par des passionnés.

WWW.JOURNALDUTREK.COM
www.journaldutrek.com
Un webzine dédié au voyage d'aventure. Très interactif, ce site vous montrera la marche à suivre (c'est le cas de le dire !) en matière de matériel, vous proposera des idées de destination et vous fournira beaucoup de conseils pratiques. C'est l'une des références sur le Web.

WWW.MARCHE-NORDIQUE.NET
www.marche-nordique.net
Sur ce site, vous trouverez un large panel d'informations sur la pratique de la marche nordique, ses techniques, le matériel, les clubs, les événements... Très utiles, les fiches techniques sur les échauffements ou les étirements vous éviteront quelques tracas musculaires.

FRANCE DIPLOMATIE
37, quai d'Orsay (7e) PARIS
www.diplomatie.gouv.fr
Ouvert toute l'année. Informations en ligne, interface de contact sur le site. CB et chèques non acceptés.
France Diplomatie, le site du ministère de l'Europe et des Affaires étrangères, donne aux voyageurs tous les renseignements nécessaires au choix d'une destination de voyage. La rubrique «Conseils aux voyageurs» permet une recherche par pays, avec les dernières informations actualisées. En fonction du contexte géopolitique ou sanitaire (risques d'attentats, d'enlèvements, épidémies en cours...), certains séjours sont fortement déconseillés. Les situations pouvant évoluer très rapidement, nous vous recommandons d'assurer votre sécurité personnelle en vous tenant informés.

Les blogs

I-TREKKINGS
www.i-trekkings.net – itrekkings@gmail.com
Blog communautaire sur la randonnée et le trekking, I-Trekking est une source intéressante d'informations. Les tests et recensements de nouveaux matériels sont nombreux, donc parfaits pour éclairer un choix. Des récits de randonnée, avec traces GPS, sont mis à disposition. Le site offre aussi une rubrique de conseils sur tous les sujets afférant à la marche, au bivouac et à l'organisation d'une aventure *outdoor*.

MARGUERITE & TROUBADOUR
www.marguerite-et-troubadour.fr
marguerite.troubadour@gmail.com
Marguerite & Troubadour, un nom teinté de fraîcheur et de légèreté pour un blog qui l'est tout autant. Dédié au voyage d'aventure et à la randonnée, il est une mine d'inspiration et d'informations fort utiles pour se lancer. L'auteur propose itinéraires, conseils et récits de voyage dûment agrémentés de photos, toutes splendides. Elle dispense aussi ses conseils pour appréhender un premier trek ou une randonnée hors de sa zone de confort. On sent le vécu, et c'est fort agréable !

RANDONNER MALIN
www.randonner-malin.com
Ce site web et blog regorge d'informations sur la randonnée. Tous les conseils pratiques y sont, du choix des chaussures à la manière la plus efficace de replier son sac de couchage. François, qui tient ce site, partage avec générosité et passion toutes les petites et grandes astuces qui permettent de profiter au mieux de son séjour à pied, qu'il s'agisse d'une marche de quelques heures ou d'une aventure de plusieurs jours.

TRACE TA ROUTE
www.trace-ta-route.com
contact@trace-ta-route.com
Trace ta Route est un blog collaboratif écrit par des passionnés de voyages, et notamment de voyages à pied. Leurs articles réguliers vous suggèrent des voyages à pied, des excursions dans des grandes villes, des itinéraires et des guides pratiques, mais aussi des tests de matériel, des recommandations pour bien s'équiper et des conseils pour randonner serein. Ajoutez à cela de très belles photos et vous êtes déjà loin...

GLOBE TREKKEUSE
www.globetrekkeuse.com
Céline est une randonneuse passionnée, qui parcourt le monde avec son sac à dos (de jamais plus de 10 kilogrammes). On retrouve sur son site une foule de conseils pratiques et de beaux témoignages de visites.

TREK
LA CHAÎNE DES SPORTS OUTDOOR
UNE CHAÎNE DU GROUPE
MEDIAWAN
DISPONIBLE SUR :
CANAL
free
SFR
bouygues
molotov.tv
WATCH IT!
@TrekHD
www.trekhd.tv
Olotropp.com

SALONS – ÉVÉNEMENTS

■ LE SALON DU RANDONNEUR

50, quai Charles-de-Gaulle
Cité internationale – Centre des Congrès
LYON
✆ 04 78 39 37 11
www.randonnee.org
lpons@expocing.fr

Du 25 au 27 mars 2022.

La randonnée, ça marche très bien en Auvergne-Rhône-Alpes. Chaque année – et encore plus depuis le confinement – de très nombreux visiteurs, marcheurs, pèlerins, mais aussi cavaliers et cyclo-randonneurs viennent au Salon du Randonneur à la Cité Internationale pour découvrir de nouveaux parcours sur notre territoire et partout ailleurs en France. De la balade dans son village aux itinéraires de grande randonnée, toutes les destinations sont ouvertes. Des animations pour apprendre à lire une carte topographique, faire de la cani-rando ou découvrir la marche nordique. Et tous les ans : la rando du salon de Lyon avec la FFRandonnée, à la découverte des plus beaux sites de la ville.

■ DESTINATIONS NATURE

Paris-Expo Porte de Versailles
1, place de la Porte-de-Versailles
Pavillon 4 (15e)
PARIS
✆ 01 76 77 12 39
www.destinations-nature.com

Entrée : 12 €.

C'est le rendez-vous annuel des randonneurs et des randonneuses depuis plus de 30 ans ! Venez sillonner les allées du salon pour faire le plein de bonnes idées afin de préparer vos escapades : trek, randonnées à cheval, à vélo ou bien sûr à pied, marche nordique, trail... les idées ne manquent pas ! Plusieurs villages thématiques se retrouvent donc dans le hall 4, et les stations, hébergeurs et prestataires, un village des tour-opérateurs, un village montagne, un coin des blogueurs (très suivis par la communauté) et un espace dédié au matériel sont les principaux rendez-vous de ce salon, une vraie source d'inspiration en matière de tourisme et de loisirs alternatifs.

RANDONNÉE ET PÈLERINAGE

Pélerin sur la route de Saint-Jacques-de-Compostelle, León.

RANDONNÉE ET PÈLERINAGE

Un pèlerinage est, selon la définition du *Petit Robert*, « Un voyage individuel ou collectif qu'un fidèle fait à un lieu saint pour des motifs religieux et dans un esprit de dévotion. » Le lieu choisi peut être, pour un catholique, Lourdes, Pontmain ou, parmi vingt autres, Jérusalem, et pour un musulman, c'est La Mecque. Ce voyage peut s'accomplir en voiture ou en train, en car ou en avion. Il peut aussi s'effectuer avec ses deux jambes et un bâton de pèlerin. Dès lors, il s'agit bien d'une randonnée pédestre qui peut vous faire marcher, si vous optez pour les trois plus fameuses, jusqu'à Saint-Jacques-de-Compostelle, Chartres ou l'une des sept villes bretonnes figurant dans le Tro Breizh... S'y ajoutent des destinations spirituelles à l'étranger : à Jérusalem, en Iran, à Assise (Italie), en Pologne ou en Galilée, en Jordanie, en Arménie...

■ **CHEMINS ET RENCONTRES**
28-32, place Poissonnière, MÂCON
✆ 03 85 32 96 82
www.chemins-et-rencontres.fr
pelerinages@chemins-et-rencontres.fr
Chemins et Rencontres est une agence de voyage spécialisée dans les pèlerinages catholiques et voyages culturels. Elle propose des voyages spirituels en Terre sainte, en Italie, en péninsule ibérique, dans tout le bassin méditerranéen, mais aussi en Russie, en Asie et même en Amérique latine. Elle collabore avec les services diocésains et adhère à la Charte des Pèlerinages.

■ **INTERMÈDES**
10, rue de Mézières (6e)
PARIS
✆ 01 45 61 90 90
www.intermedes.com
info@intermedes.com
M° : Saint-Sulpice (ligne 4) ou Rennes (ligne 12) ou Sèvres-Babylone (ligne 10 et 12).
Du lundi au jeudi de 9h à 19h et le vendredi de 9h à 18h. Le samedi de 9h30 à 16h en basse saison.
Intermèdes a repris Terre Entière, mais la marque continue à élaborer et commercialiser de beaux séjours et itinéraires spirituels. Terre Entière vous accompagne sur les chemins de pèlerinage avec divers itinéraires : « Compostelle », « Terre sainte », « Les pays du Jourdan », « L'Éthiopie chrétienne », « La Cappadoce et ses églises souterraines à pied », « Les fresque célestes de Roumanie », « La croisière Saint-Paul » ... Les pèlerinages avec Terre Entière sont aussi une occasion privilégiée d'aller à la rencontre des chrétiens du Moyen-Orient, éprouvés car ils constituent le plus souvent une fragile minorité dans leur propre pays, sont menacés par les intégrismes et ont soif de rencontrer des frères vivant dans d'autres cultures. Leur rencontre sera précieuse pour eux comme pour vous. Pour chacun de ces pèlerinages, Terre Entière balise le chemin. Voyages réservés toutefois aux gros budgets que n'ont pas toujours les amateurs de rando...

SAINT-JACQUES-DE-COMPOSTELLE

Un must qui peut s'effectuer sur plusieurs années !

▶ **De tous les pèlerinages éprouvants pour le corps,** celui de Saint-Jacques-de-Compostelle est le plus exigeant : 1 600 km en partant du Puy-en-Velay ! Le plus couru aussi qui, toute l'année, mène au tombeau de saint Jacques des milliers de volontaires venus du monde entier. Si certains, pour des raisons de disponibilité, d'argent et de santé, s'offrent le luxe de faire le « camino de Santiago » en une fois, la plupart des pèlerins le « saucissonnent » en moult étapes réparties sur de longs mois, voire sur plusieurs années. Cette méthode « par tronçons » consiste, seul ou en groupe, à marcher huit à dix jours par an, autrement dit à effectuer d'innombrables « pélés dans le pélé ». Ces « tronçons » peuvent facilement aller d'un sanctuaire à un autre. Exemples : de Notre-Dame du Puy à Sainte-Foy de Conques ou à Notre-Dame de Rocamadour. Puis, deuxième étape, de Sainte-Foy de Conques à Saint-Pierre de Moissac ou de Notre-Dame de Rocamadour à Notre-Dame de Roncesvalles. À chacun de choisir...

▶ **Les raisons de se rendre à Saint-Jacques sont multiples,** qui voient cheminer côte à côte et solidaires dans la joie et – souvent – la douleur, des marcheurs qui croient au Ciel et des randonneurs qui n'y croient pas (pas encore ?). Il est vrai que la route est la même, ainsi que les efforts pour la suivre jusqu'au bout. À ce sujet, l'évêque du Puy, Mgr Bricard, a une formule que nombre de randonneurs ont eu l'occasion de tester : « On part souvent en randonneur et on devient progressivement pèlerin, c'est-à-dire «chercheur d'un sens profond». »

▶ **Concernant le pèlerinage :** www.webcompostella.com et www.chemin-compostelle.info

Pérégrinez en Brocéliande

Si le Tro Breiz passe par Brocéliande quand il relie Dinan à Vannes, un autre pèlerinage, récemment balisé (2014) et proposé au public, invite les pèlerins à découvrir des lieux légendaires de la geste arthurienne et de la chrétienté bretonne. L'itinéraire de 95 km se construit autour de trois abbayes millénaires : l'abbatiale de Saint-Méen, Notre-Dame de Paimpont et Saint-Jacques de Montfort. Sur le sentier, qui emprunte parfois des voies non répertoriées en GR® de Pays, l'émerveillement sera au rendez-vous. Un guide papier est mis à disposition par l'association contre une adhésion symbolique.

En savoir plus : www.sentier3abbayes.com

PÈLERINAGES DE CHARTRES

Prier la Vierge Marie sur les pas de Péguy !

Même si la cathédrale de Chartres attire des pèlerins depuis près de mille ans, le pèlerinage éponyme doit sa notoriété à un écrivain catholique français mort au champ d'honneur en 1914, Charles Péguy. Deux ans plus tôt, pour honorer un vœu exprimé au chevet de son fils atteint de la typhoïde, le fondateur de la revue des *Cahiers de la Quinzaine* fit Paris-Chartres à pied en remerciant la Vierge Marie tout du long. « Je suis Beauceron, Chartres est ma cathédrale », écrira-t-il à son ami Joseph Lotte. Et de poursuivre par ces mots que bien des pèlerins de Chartres pourraient écrire aujourd'hui encore : « Je n'avais aucun entraînement. J'ai fait 144 km en trois jours. On voit le clocher de Chartres à 17 km de la plaine. De temps en temps, il disparaît derrière une ondulation, une ligne de bois. Dès que je l'ai vu, ça a été une extase. Je ne sentais plus rien, ni la fatigue, ni mes pieds. Toutes mes impuretés sont tombées d'un coup. J'étais un autre homme. J'ai prié. J'ai prié, mon vieux, comme jamais je n'ai prié. » Cette version « sur les pas de Péguy » enfantera trois pèlerinages qui mobilisent, un siècle plus tard, de nombreux jeunes tous les ans.

Le pèlerinage des jeunes. Le premier est celui des étudiants qui vit le jour en 1935 et se déroule chaque printemps, le week-end des Rameaux. Il a connu jusqu'à 10 000 participants au début des années 1960 qui le virent ensuite décliner jusqu'à ce que l'archevêque de Paris, Mgr Lustiger, le relance : en 1997, l'année des Journées mondiales de la jeunesse qui se tinrent à Paris, il accueillit 5 000 participants. Rebaptisé « Pèlerinage des Jeunes à Chartres », il rassemble aujourd'hui des volontaires qui ne sont pas nécessairement étudiants.

Les pèlerinages de Pentecôte. Le second « pélé » de Chartres a, lui, vu le jour en 1983. Ce grand rendez-vous de la tradition attire chaque année près de 10 000 pèlerins. Organisés en chapitre, ils effectuent une grosse centaine de kilomètres à pied durant le long week-end de la Pentecôte. Leur départ s'effectue le samedi matin, après une messe à Notre-Dame et leur arrivée a lieu le lundi après-midi, après deux nuits au bivouac. La moyenne d'âge des pèlerins est de 21 ans. Si le catholicisme des marcheurs est clairement revendiqué par les chants et les prières qui rythment ces trois jours, nombreux sont les participants qui se tiennent éloignés de la foi le reste de l'année. Si certains avouent être en recherche, d'autres sont là « pour le fun », l'ambiance que suscite immanquablement une longue marche en commun, ou encore pour tester leurs capacités physiques à supporter trois jours de marche qui s'achèvent par une messe dans la cathédrale chère à Péguy. Contacts : Notre-Dame de Chrétienté, 49, avenue de Paris, 78 000 Versailles (02 39 07 27 00). www.nd-chretiente.com

Pour être complet, signalons qu'il existe un troisième « pèlerinage de Chartres » mais qui, lui, s'effectue dans l'autre sens, vers Paris, et croise celui de Notre-Dame de Chrétienté. Il se déroule également sur trois jours, lors du week-end de la Pentecôte, mais, organisé par la Fraternité sacerdotale Saint-Pie X (FSSPX), il réunit une autre mouvance du catholicisme, à savoir les lefebvristes, en rupture avec le Vatican.

LE TRO BREIZ

Lancez-vous sur les chemins du Tro Breiz, route de tradition !

Ce pèlerinage a pour but d'honorer la mémoire des sept saints fondateurs de la Bretagne. Venus du pays de Galles et de Cornouailles entre les Ve et VIe siècles, Samson, Maclou (ou Malo), Brieuc, Tugdual, Pol Aurélien, Corentin et Patern eurent la bonne idée de créer les premiers évêchés suivants : Dol-de-Bretagne, Saint-Malo, Saint-Brieuc, Tréguier, Saint-Pol-de-Léon, Quimper et Vannes. Ce pèlerinage a été remis au goût du jour dans le mitan des années 1990 par une association, Les Chemins du Tro breiz. Aujourd'hui de nombreuses associations permettent de l'accomplir selon des parcours différents. En effet, vous ne trouverez pas d'itinéraire tout prêt ou de tracé officialisé depuis la nuit des temps...

C'est que le Tro Breiz se pratiquait librement et que le pèlerin, pauvre, s'arrêtait tantôt dans sa famille, tantôt dans des congrégations. Le but est de se rendre dans chacune des sept villes qui, toutes, avis aux amateurs, méritent le détour.

Contact : Les chemins du Tro breiz, BP118, 29250 Saint-Pol-de-Léon, tél : 02 98 69 11 80, www.trobreiz.com.

La légende dit que tout Breton qui fait le Tro Breiz est certain de gagner le Paradis.
Par contre, ceux qui ne le font pas de leur vivant devront le faire après leur mort en avançant chaque année de la longueur de leur cercueil ! Ce qui est certain c'est que le Tro Breiz n'est pas une marche comme les autres, il se singularise par son tracé circulaire en sept étapes.Le pèlerin du Tro Breiz, n'a pas un lieu à gagner, mais une boucle à boucler. En reliant les sept villes fondées par les saints qu'il est venu honorer, il encercle un territoire pour le sacraliser. Par ce geste pérégrine, il remonte le fil de l'histoire, tout en orientant de manière décisive sa propre aventure. À l'image de la pérégrination des moines fondateurs de la Bretagne, le Tro-Breiz est pour lui un cheminement en quête du Paradis.Au cours de la marche, certains choisiront de faire une pause dans une chapelle, d'autres vont s'assembler autour d'une croix de chemin. Pour d'autres encore, la paix intérieure qui s'installe au cours de la marche sera suffisante.

TOUS LES CHEMINS MÈNENT À ROME

En route vers la cité éternelle

La Via Francigena, « voie des Français » en traduction littérale, est la preuve empirique que tous les chemins mènent à Rome ! Ce réseau de chemins et routes est emprunté pour des pèlerinages vers Rome. Alliez randonnée, foi et tourisme grâce à un itinéraire encore raisonnablement fréquenté. Celui-ci se vante d'offrir une authenticité et une fraîcheur qui feraient aujourd'hui défaut à l'itinéraire menant à Saint-Jacques-de-Compostelle. Le meilleur moyen de se faire une idée sera donc d'arpenter cet itinéraire. Depuis plus de 20 ans, la Via Francigena est reconnue par le Conseil de l'Europe, qui l'a déclarée « Itinéraire culturel européen ».

Un blog pour tout savoir : http://viafrancigena.fr

LE CHEMIN DE SAINT CUTHBERT

Dans les pas des moines

L'itinéraire du « Chemin de saint Cuthbert » propose la traversée d'une des plus belles régions britanniques, entre l'Ecosse et l'Angleterre. Il est apprécié pour ses paysages à la fois magnifiques et sereins. Sur une centaine de kilomètres, il invite le pèlerin à relier le chemin des Southern Uplands et celui des Pennines. Le parcours, qui se fait entre 4 à 6 jours, rassemble plusieurs sites emblématiques : l'abbaye de Melrose, les collines d'Eildon et de Cheviott, les landes de Northumberland Sandstone ou encore la réserve de Lindisfame. Le chemin est balisé avec la croix de saint Cuthbert.

Avertissements particuliers : le passage vers Holy Island se faisant à marée basse, pensez à vérifier les horaires de marée. Soyez aussi attentifs à la météo, le brouillard et la pluie ayant tendance à s'inviter dans la région.

La référence : il existe un guide précis indiquant le chemin parcouru par les moines du monastère de saint Cuthbert pour protéger les reliques de l'envahisseur normand. Le *Summary Guidebook* de Roger Smith et Ron Shaw est régulièrement réédité, mais uniquement en version originale anglaise.

LES CHEMINS DU MONT-SAINT-MICHEL

Vers l'abbaye du saint pourfendeur de dragons

Les chemins qui mènent au Mont-Saint-Michel sont aussi variés et nombreux. Vous pouvez partir à pied de Paris, Lyon, Rouen ou même Saint-Jacques-de-Compostelle. Pour ceux qui voudraient arpenter ces itinéraires du premier au dernier kilomètre, sachez qu'il en existe quatre : « Les chemins de Compostelle au Mont », « Les chemins de Tours au Mont », « Les chemins d'Europe du Nord » et « Les chemins d'Italie ».Les Chemins du Mont-Saint-Michel sont reconnus « Itinéraires culturels » par le Conseil de l'Europe. À la clé de chacun, une découverte de la richesse paysagère des campagnes européennes et françaises, pour, à l'arrivée, contempler le Mont, dominé par l'archange Saint-Michel. Il vous reste à traverser la baie et ses sables mouvants, moment inoubliable parmi tous, de votre périple.

En savoir plus : www.lescheminsdumontsaint-michel.com

RANDONNÉE BOTANIQUE ET CUEILLETTE SAUVAGE

RANDONNÉE BOTANIQUE ET CUEILLETTE SAUVAGE

Mettre un pied devant l'autre, l'activité se suffit à elle-même ! Marcher au plein air est un plaisir en soi et tous les randonneurs sont bien d'accord là-dessus. Toutefois, on peut agrémenter la randonnée d'objectifs naturalistes et au fil de la marche observer véritablement la nature en connaissance de cause. Ainsi en est-il dans les randonnées sur les traces des animaux sauvages, des safaris photo à pied, des marches à la découverte de patrimoines particuliers autour d'itinéraires thématiques. Il en est de même des sorties botaniques où l'on chemine avec un spécialiste sur les chemins pour herboriser, reconnaître selon les saisons telle ou telle plante sauvage, apprendre à identifier les plantes comestibles, aromatiques ou médicinales et même cuisiner ces cadeaux de la nature. Au menu : soupe d'ortie et d'ache odorante, salade de pissenlits aux pignons de pin, salicorne ou salsifis des près, gratin de tussilage, confiture de cynorhodons, liqueur d'hysope, fraises des bois à la menthe aquatique et bien d'autres délices...

LES SPÉCIALISTES

■ NATURE & DÉCOUVERTES

www.natureetdecouvertes.com/evenement

Ouvert toute l'année.

Adepte de la *slow attitude*, Nature & Découvertes ne se contente pas de proposer dans ses magasins, dispatchés dans toute la France, une large gamme de produits et d'équipements dédiés à la randonnée et au *outdoor*, l'enseigne coordonne des sorties nature. Chaque année, partout en France, plus de 4 000 activités pour les adultes et les enfants : randonner, cultiver son jardin bio, observer les oiseaux, ou encore découvrir les étoiles… Allez sur le site Internet, cliquer sur votre région, vous aurez toutes les propositions et l'agenda des sorties encadrées par des guides passionnés sélectionnés par le groupe Nature & Découvertes qui vous emmène prendre un bon bol d'air et de verdure à prix doux. Le plus : la fondation Nature & Découvertes soutient des projets qui participent à la protection de la biodiversité.

■ ALUNA VOYAGES

✆ 06 74 28 70 98

www.aluna-voyages.com

contact@aluna-voyages.com

Ouvert toute l'année. Du lundi au samedi de 9h à 19h.

Aluna signifie en langage kogi : « Esprit de la nature, moment de répit pour penser le monde ». Une équipe de professionnels, grands connaisseurs des lieux, accompagnateurs en montagne, en marche nordique, consultants en éco-tourisme, créateurs de séjours (par exemple botanique avec cueillette pour préparation gourmande), est à votre service. Sont favorisés les séjours dans toute la France en petit groupe (max 8 pers) et 100 % nature.

Les familles ne sont pas en reste, que diriez-vous de randonner avec un âne ou de vivre la vie de trappeur le temps d'un week-end ?

© goodluz – Shutterstock.com

■ **STAGES FRANÇOIS COUPLAN**
Haut Ourgeas, BARRÊME
✆ 06 17 78 25 47
www.couplan.com – contact@couplan.com
C'est le pionnier français de l'ethnobotanique, des stages de survie douce, de reconnaissance des plantes comestibles dans la nature et de cuisine naturelle. Basés dans les Alpes-de-Haute-Provence et en Suisse, François Couplan et son équipe vous emmènent aussi à travers le monde. Une aventure vraiment étonnante qui vous révèle des ressources insoupçonnées. A vivre pour une journée, un week-end ou une semaine dans son petit paradis du sud, mais vous en garderez certainement quelques nouvelles habitudes plus économes et un désir d'autonomie, voire d'autarcie.

Autre adresse : 72, chemin des Broussatières — 69126 Brindas — France — 06 17 78 25 47

■ **PULSATILLE**
1bis, route des Demoiselles-coiffées
REMOLLON
✆ 04 92 57 12 28
www.pulsatille.com – contact@pulsatille.com
Ouvert toute l'année.
L'association Pulsatille – du nom d'une belle anémone sauvage – organise des stages et randonnées botaniques et des séjours naturalistes. Celle-ci est basée dans les Hautes-Alpes, entre vallée du Buëch et pays Gapençais. Cette région, entre Provence et Alpes du nord, bénéficie d'un climat privilégié ainsi que d'une nature très riche et préservée. Pulsatille propose un large choix de stages, séjours de randonnées botaniques ou naturalistes dans les Alpes du Sud (vallée du Buëch, Dévoluy, Champsaur, Écrins, Queyras, Dévoluy), en Provence (Maures, Mercantour) ou en Corse. Ces séjours s'articulent autour de balades d'herborisation avec très peu de marche. Les « séjours de randonnée botanique » s'adressent à ceux qui veulent découvrir la botanique à travers des randonnées faciles sans négliger l'attrait paysager de l'itinéraire.

Lac de Guéry.

CUEILLETTE ET GASTRONOMIE SAUVAGE SUR LA CHAÎNE DES PUYS

Comment glaner et accommoder sa cueillette sauvage ?

Envie d'un séjour de randonnée accompagnée au cœur de la montagne auvergnate pour découvrir et savoir identifier la flore spécifique de cette région, pour apprendre à reconnaître les espèces communes à tous les massifs montagneux ? Cela paraît alléchant, n'est-ce pas ? Aluna Voyages vous propose des randonnées en étoile accompagnées par l'un des auteurs du guide pratique *Plantes comestibles, cueillettes et recettes des 4 saisons* (éditions Debaisieux). Votre guide naturaliste et accompagnateur en montagne vous fait découvrir toute la générosité de la nature riche en baies, en feuilles, en fleurs, en champignons, en racines et en herbes aromatiques. Non seulement comestibles, toutes ces plantes sont aussi très savoureuses et riches en vitamines et oligo-éléments. En groupe, vous apprenez à identifier, cueillir et utiliser la flore sauvage. Avec cette vraie leçon d'ethnobotanique – utilisation traditionnelle des ressources de la nature par l'homme – vous renouez avec des savoir-faire et des connaissances d'antan…

Les balades

Parmi les séjours proposés par Aluna Voyages sur la thématique botanique et cueillette, l'un d'eux s'articule autour de 5 journées de marche et de partage. On compte de 3 à 5 heures de randonnée par jour, sur terrain peu dénivelé, donc accessible à tous. Le groupe sera composé de 3 à 8 personnes avec la possibilité de groupes déjà constitués par vos soins. Les nuits se passent en gîte.

Jour 1 : Lac de la Cassière
Le séjour commence par un rendez-vous donné au gîte « Entre Lacs et Volcans », situé au lac de la Cassière (à 17 km de Clermont-Ferrand). 2 à 3 heures de balade et cueillette permettent de se mettre dans le bain et de découvrir le décor, puis un dîner rassemble tous les convives.

Jour 2 : La Cassière – lac du Guéry – La Cassière
C'est parti pour 4 heures de marche et de cueillette. Vous partez en voiture au lac du Guéry, le plus haut lac d'Auvergne. Celui-ci s'enorgueillit d'une biodiversité étonnante et de panoramas somptueux. La marche se fait entre forêts et prairies, dans une nature foisonnante de richesses et de nuances.

Jour 3 : La Cassière – lac de Servière – La Cassière Rebelote ! Direction le lac Servière et découverte de la nature foisonnante et de ses richesses gustatives. Une baignade au lac est même possible pour les plus aventureux.

Jour 4 : La Cassière – chaîne des Puys – La Cassière Vous marcherez encore 4 bonnes heures au cœur du Parc naturel régional des Volcans d'Auvergne (PNRVA), sur la chaîne des Puys. Celle-ci se révèle, mystérieuse, alternant forêts et prairies. Le lieu est emblématique d'une diversité écologique aussi riche qu'incroyable.

Jour 5 : La Cassière
Retour au calme avec 2 à 3 heures de marche pour cette dernière journée. Votre guide vous propose de vous concocter des préparations à rapporter, en souvenir de votre escapade nature.

SUR LA PISTE DE LA PIVOINE SAUVAGE DE RIBIERS EN BUËCH

A la découverte de la flore méditerranéenne de montagne

Avec Pulsatille et FloreAlpes, les botanistes débutants ou confirmés peuvent herboriser avec peu de marche et découvrir la grande variété de la flore des Alpes du Sud, en parcourant le pays du Buëch et l'est des Baronnies. Ce secteur des Hautes-Alpes, dont le relief s'échelonne de 500 à plus 2 800 mètres, est à la fois baigné d'influences méditerranéennes et alpines avec le Vercors et le Dévoluy tout proches. Cette variété floristique s'explique par la présence de milieux très variés allant de la pelouse steppique à la hêtraie-sapinière montagnarde en passant par la chênaie pubescente, les alpages et les rochers calcaires d'altitude. La flore y est très variée, abondante et surtout très bien préservée. L'agriculture y a gardé des proportions très humaines et les pratiques sont très souvent respectueuses de l'environnement. Le but du jeu est d'identifier chaque plante et de prendre le temps de l'observer ou de la photographier sans crainte de ralentir le groupe puisque les groupes des stages et des séjours botaniques sont composés de randonneurs désirant justement herboriser. Ici il s'agit d'ailleurs plus de botanique que de marche... Vous pouvez charger votre sac à dos de matériel photo !
L'hébergement se fait dans la première chambre d'hôtes de France à avoir obtenu le label « Ecogite » des Gîtes de France. La cuisine y est élaborée à partir d'ingrédients du jardin ou de la région. Vous êtes accompagnés par Franck Le Driant (Pulsatille), botaniste confirmé, créateur du site web FloreAlpes.com, coauteur des ouvrages *Atlas des plantes rares ou protégées des Hautes-Alpes* et des *Randonnées botaniques dans les Hautes-Alpes*. Les itinéraires prévus sont adaptables en fonction de l'état d'avancement de la floraison et des conditions météorologiques. Ils peuvent être modifiés sur la seule décision de l'encadrant au dernier moment afin de garantir une observation botanique optimale, ce qui reste le but principal de ce séjour d'une semaine. Séjours de randonnée botaniste : de 5 à 10 jours dans plusieurs biotopes (Buëch, Queyras, Ubaye, Mercantour, Champsaur, Ecrins, Corse, etc.). Quelques idées de journées à herboriser :

Flore des pelouses steppiques et méditerranéo-montagnardes. Environ 50 m de dénivelé, 4 heures de marche. Herboriser sur les terrasses glaciaires du Buëch permet de découvrir des plantes de la chênaie pubescente et des pelouses xériques (très chaudes). Au programme : le cytise couché, le rosier de France, la gesse noire, le mélampyre à crête, la fraxinelle, plusieurs orchidées... Dans les pelouses xériques, sont attendus le liseron cantabre, l'achillée tomenteuse et un cortège de petites plantes comme la crucianelle à feuilles étroites. Prenant de la hauteur sans aucun effort vous découvrez la végétation des pelouses steppiques de crêtes, plantes à l'écologie très particulière : l'euphorbe à tête jaune, le curieux silène cure-oreille, la serratule à tige nue, la germandrée dorée et bien d'autres espèces originales.

Plantes messicoles et dalles gréseuses du Rosannais. Environ 50 m de dénivelé, 4 heures de marche. Le secteur du Buëch est un des plus riches de France pour les plantes messicoles (des moissons). Dans les environs de l'Épine vous découvrez des espèces emblématiques comme le pavot argémone, plusieurs espèces d'adonis, le bleuet, le buplèvre à feuilles rondes... ou la très rare turgénie à larges feuilles. En parcourant les seuls secteurs gréseux de la région, vous découvrez la flore particulièrement riche des sols acides et le relief spécifique de ce secteur avec accumulation de dépôts de sables profonds composant de nombreux milieux locaux intéressants à observer.

Chênais pubescente et zones humides dans le sud des Hautes-Alpes. Environ 50 m de dénivelé, 4 heures de marche. Journée dans le sud du département, secteur le plus méditerranéen des Hautes-Alpes. Dans les pelouses et les chênaies claires observation de nombreuses espèces d'orchidées : plusieurs ophrys, orchis pyramidal, limodores, les trois céphalanthères, quelques hybrides, mais aussi d'autres plantes comme la curieuse aristoloche pistoloche ou l'androsace à grands calices. Dans ce secteur, certaines zones humides permettent d'observer un certain nombre de plantes des pelouses temporairement humides devenues rares, dont l'orchis punaise et la violette naine.
Flore des alpages méditerranéo-montagnards. Environ 350 m de dénivelé, 4 heures de marche. Pour aborder un côté plus alpin, direction les alpages du Duffre et de Bonnet Rouge pour découvrir la flore des pelouses et des rochers calcaires d'altitude. Ce secteur est situé en bordure du Vercors et bénéficie d'une hygrométrie hivernale optimale pour de nombreuses espèces. Gros contraste avec les journées précédentes au niveau de la flore et des

paysages. Parmi les nombreuses espèces : androsace velue, iberis des rochers, tulipe australe, fritillaire du Dauphiné, orchis à odeur de sureau, orchis pâle, plusieurs saxifrages dont la rare saxifrage du Dauphiné… et bien d'autres.

Hêtraie et sapinière montagnarde. Environ 200 m de dénivelé, 4 heures de marche. De par leur hygrométrie et les conditions d'enneigement en hiver, les hêtraies-sapinières possèdent une flore très particulière. Les espèces qui y croissent ne se rencontrent en général que dans ce type de milieu. Parmi les plus emblématiques, on citera le mythique sabot de Vénus, facile à observer. Parmi les autres plantes particulières : plusieurs espèces de pyroles, dont la pyrole à une fleur, l'aspérule de Turin, l'actée en épi, le fusain à larges feuilles… et bien d'autres. On peut aussi herboriser dans des landes plus ouvertes afin de découvrir d'autres espèces de la région.

En savoir plus : www.pulsatille.com et www.florealpes.com

HERBORISER SUR LE CHEMIN DE RONDE DE MOLINES-EN-CHAMPSAUR

Découverte de la flore alpine dans le Champsaur

Vous partez avec Flore Alpes et l'association Pulsatille. Un accompagnateur en montagne et botaniste patenté, vous accompagne au départ de Molines-en-Champsaur pour un circuit de 6 heures dont 4 heures de marche qui permet l'exploration de différents milieux : à l'ubac, une sapinière parsemée de passages rocheux et traversée par plusieurs torrents rejoignant la Muande ; à l'adret, des landes et des îlots boisés ; à l'ubac et et à l'adret, des rochers, des rocailles et des éboulis. Les herborisations entre la Motte et Molines permettent aussi des découvertes intéressantes : pelouses acidophiles à scléranthes, pelouses steppiques à fétuque du Valais. Il est d'ailleurs curieux de rencontrer ici cette plante intra-alpine et même, en cherchant bien, une station de Sabot de Vénus. L'un des plus prestigieux fleurons botaniques de cette vallée est la potentille du Dauphiné dont une grande station est située sur un site difficilement accessible. Outre ses attraits floristiques et paysagers d'été, la vallée de Molines est un merveilleux objectif de randonnée d'automne grâce aux somptueuses couleurs des mélèzes et des feuillus. Vous découvrez donc quatre biotopes bien différents et la flore inhérente à chacun d'entre eux :

Les sapinières. La présence de sites rocheux et de torrents concourt à la diversité et à la richesse de la flore. Les ravins humides présentent des coulées d'aulnes verts. Cet arbuste typique des sites subalpins ombragés et frais a été présenté abrite la flore classique des bois humides : érable sycomore, camerisier des Alpes, camerisier à fruits noirs, achillée à grandes fleurs, aconit tue-loup, fougère femelle, actée en épis, spirée Aronce…

Les landes et les îlots boisés d'adret. Du Sellon à Molines le sentier de ronde parcourt des sites d'adret assez variés : landes ouvertes à amélanchier, églantiers et genévriers, îlots boisés à mélèzes et arbres à feuilles caduques (hêtres, érables, frênes…), pentes d'éboulis (les Casses de Chagnard), rochers. Ces landes sont un site privilégié pour l'observation de différentes espèces d'églantiers de montagne : *Rosa montana*, *Rosa villosa*, *Rosa pimpinellifolia*, *Rosa dumalis*, *Rosa pendulina*, *Rosa rubrifolia*… Ceux-ci fleurissent à partir de mi-juin. On peut admirer dès septembre leurs fruits (cynorrhodons) très décoratifs dont on fait d'excellentes confitures.

Rochers, rocailles et éboulis. Les rochers couvrent des surfaces importantes aussi bien à l'ubac qu'à l'adret du Sellon à Molines. Les délaissés de la Muande s'étalent largement aux abords de Molines. Les Casses de Chagnard près du village sont un grand éboulis.

Les prairies. Elles sont peu représentées sur notre randonnée. Il en reste cependant une surface assez importante à l'ouest et près de Molines au lieu-dit « La Prairie ».

L'œillet à delta est facile à identifier et très décoratif : on en a tiré des formes horticoles. Floraison en juillet. Le silène visqueux est une espèce des pelouses acides rare sur les Hautes-Alpes, présent seulement dans le Champsaur-Valgaudemar.

D'autres randonnées peuvent être effectuées à partir de Molines : col de Fonfroide, Pas et Col de l'Escalier et Pic Queyrel, col du Cendrié…

En savoir plus : www.florealpes.com et www.pulsatille.com.

A LA DÉCOUVERTE DE LA FLORE TYPIQUE DE CAMARGUE

La Camargue est une vaste zone humide dessinée par les cours d'eau et les étangs, elle a la forme d'un triangle entre Arles au nord, Fos-sur-Mer au sud-est et le Grau-du-Roi au sud-ouest qui s'ouvre sur la mer. Son artère centrale : le Rhône. Malgré son absence de relief, elle recense plus de 1 000 espèces de plantes à fleurs soit près d'un quart de la flore de France. Vous serez émerveillé par la végétation variée issue du combat incessant entre le fleuve, la mer et l'homme.

Ce parc naturel régional est un formidable terrain de jeu pour les randonneurs naturalistes, botanistes, amateurs de paysages emblématiques changeant, remodelés selon la saison. Un conseil, regardez où vous mettez les pieds ! Même si de nombreuses plantes comestibles tentent vos papilles, on ne les cueille pas !

Flore de la sansouire – étendue salée en provençal – qui change selon la saison : gorgée d'eau pendant de longs mois, elle subit la sécheresse l'été rendant les sols craquelés, saturés de sel, rendant vraie la carte postale, et y paissent et y déambulent chevaux et taureaux. La salicorne se teinte de diverses couleurs aux fil des saisons : verte au printemps, grise en été et plutôt rouge en hiver. Ses rameaux charnus stockent l'eau afin de diminuer la concentration en sel dans ses tissus. Elle est comestible, peut être utilisée comme condiment, macérée dans du vinaigre ou bien cuisinée comme des haricots verts d'où son surnom de « haricot de mer ». Ne passez pas à côté de l'obione ou « faux pourpier », dont les feuilles crues ou cuites sont aussi comestibles. Plante en pleine floraison de juillet à octobre, ses fleurs très discrètes de couleur jaunâtre sont groupées en épis grêles rassemblés en petites panicules sans feuilles au sommet de leurs rameaux. Les roselières que constituent les roseaux (ou *sagno* en provençal) contribuent à la lutte contre la pollution des eaux mais pas que... Ils sont récoltés en hiver pour servir de toit de chaume à la maison typique camarguaise, la « cabane de gardian » ; et bien sûr ils abritent les nichées de canards et d'autres oiseaux aquatiques, et servent aussi de frayères.

Flore des marais. La saladelle ou lavande de mer ou fleur de la Camargue, emblème des gardians, est un « porte chance » ! Elle s'étend sous forme de tapis et colore les pâturages de son bleu tendre. Six variétés de saladelles sont présentes en Camargue. Elle rejette l'excès de sel absorbé par ses feuilles. Il suffit de les retourner pour en avoir la preuve.
Rares sont les arbres pouvant supporter la salinité du sol, c'est le cas du tamaris, qui sert de perchoirs aux nombreux oiseaux. Ces marais accueillent des formations végétales de plantes émergées comme les scirpes, les joncs.

Flore des pelouses. Milieux naturels où se développe un grand nombre de légumineuses (trèfles, lotus, vesces) et de graminées (chiendents, fétuques, agrostis) où l'on découvre l'iris jaune, la renoncule d'eau, les genêts et les myosotis.

Flore pour la consolidation des dunes. En Camargue, il y a l'intérieur des terres et le littoral avec ses plantes qui participent à la stabilisation des dunes comme l'oyat (graminée aux épis allongées) ou l'euphorbe maritime, le raisin de mer (petit arbuste vert à boules rouges), le panicaut (ou chardon bleu) et le lis des sables qui fleurit l'été et qui est protégé au niveau national.

Pour en savoir plus :
www.parc-camargue.fr
www.reserve-camargue.org
www.tourduvalat.org

LES CHEMINS DE LA BIODIVERSITÉ DANS LE PNR DU VENTOUX

Dépaysant, puissant, paisible et sauvage, le Parc naturel régional du mont Ventoux offre des panoramas époustouflants sur les villages environnants et sur les Alpes ; des itinéraires pédestres – pierriers, pelouses, forêts – qui dévoilent les deux visages du Géant – alpin et méditerranéen -, qui explorent son étonnante biodiversité autant que sa fragilité. Partez à l'ascension du Ventoux (1 910 m) en marchant sur les traces du célèbre entomologiste Jean-Henri Fabre : une promenade-découverte « guidée », dans les larges et beaux chemins, par de nombreux panneaux explicatifs afin d'apprendre tous les secrets du paysage.
La montagne du Ventoux, classée réserve de biosphère de l'Unesco, regorge de plantes endémiques et présente sur ses flancs tous les étages de végétation. Des zones de culture l'on passe de la chênaie verte aux plantes constituant l'étage méditerranéen.

Flore rencontrée à 800/900 m. C'est l'étage collinéen et ses chênes blancs, les pins noirs d'Autriche et les cèdres.

Flore rencontrée vers 900/1 000 m. C'est l'étage montagnard qui accueille la hêtraie et des plantes alpines comme le lys martagon, l'euphorbe de Loiseleur.

Flore rencontrée au-dessus de 1 500 m. Bientôt ne s'offre plus au regard qu'un immense champ de pierraille ponctué de pins à crochets associés aux genévriers rampants. Ouvrez l'œil !
Vous êtes dans un magnifique jardin alpin : vous reconnaîtrez le fameux pavot du Groenland ou la saxifrage à feuilles opposées, le pavot des Alpes, la campanule alpestre, l'ibéride et le linaire, d'humbles raiponces, de minuscules œillets, l'alysson à feuilles en coin, le silène de Pétrarque (le même qui en 1336, curieux, avait grimpé au sommet du Ventoux) et bien d'autres fleurs miniaturisées, avec en dernier cadeau l'ancolie commune.

En savoir plus :
parcduventoux.fr
Pl@ntnet.org

RANDONNÉE SOLIDAIRE

RANDONNÉE SOLIDAIRE

S'il est une activité qui se conjugue à merveille avec les valeurs de développement durable et de solidarité, c'est bien la randonnée. Plusieurs organismes spécialisés vous proposent de concrétiser votre envie de voyager de manière vertueuse. Lors d'un voyage solidaire, plusieurs aspects sont à l'honneur :

La rencontre : Au gré des étapes de votre voyage, vous allez à la rencontre des populations locales, au cœur des villages. Elles sont impliquées dans votre séjour, aussi bien l'accueil, la restauration, l'hébergement que l'élaboration des circuits. Le tourisme de randonnée devient pour les habitants des pays visités une source de revenus complémentaires.

L'implication : Les organismes qui proposent des excursions labellisées « solidaires » ne s'investissent pas à moitié. Ils jouent un rôle social dans la vie des communautés intégrées au projet de développement touristique. Ils privilégient des recrutements locaux, des formations et la mise en place de relations durables.

La sensibilisation : Dans une randonnée ou un autre voyage solidaire, vous êtes sensibilisé, si vous ne l'étiez pas déjà, aux enjeux de ce type de tourisme et à l'éthique exigée, mais aussi au respect de l'environnement, des cultures locales et du patrimoine.

Le respect : Un organisme de tourisme responsable s'engage à mettre en place des conditions de travail correctes pour les employés, ainsi qu'à avoir une politique environnementale.

Sites ressources :
Il existe de nombreuses agences proposant des voyages, à pied et autre, ayant fait de la solidarité leur fer de lance. Vous trouverez sur ces deux sites plusieurs dizaines d'entre elles et, ci-dessous, une sélection de quelques-unes.
Le site officiel et label ATR (Agir pour un Tourisme Responsable) : www.tourisme-responsable.orgLe site de l'associaton ATD (Acteurs du Tourisme Durable) : www.tourisme-durable.org
Le portail Voyageons autrement : www.voyageons-autrement.com

LE VOYAGE AUTREMENT

■ **NOMADE AVENTURE**
40, rue de la Montagne-Sainte-Geneviève (5e)
PARIS
✆ 01 46 33 71 71
www.nomade-aventure.com
infos@nomade-aventure.com
M° Maubert-Mutualité ou RER Luxembourg.
Ouvert du lundi au samedi de 9h30 à 18h30. Circuits sur mesure. Activités.
Nomade Aventure, comme son nom l'indique doublement, est une agence qui vous change de vos habitudes sédentaires. Avec ses voyages placés sous le thème de la nature, de la culture et de la rencontre, elle vous propulse vers de nouvelles aventures. Loin des meutes de touristes, vous mettrez à profit les bonnes connaissances des agents sur la région en profitant à la fois de circuits originaux et de spots incontournables. Nomade Aventure fait de votre voyage de véritables vacances en vous permettant de vous détendre, ils prévoient tout !

Autre adresse : Autres agences à Lyon, Toulouse et Marseille.

■ **ATES**
8, rue César-Franck (15e)
PARIS
✆ 01 47 83 48 27
www.tourismesolidaire.org
contact@tourismesolidaire.org
L'ATES (Association pour un Tourisme Equitable et Solidaire) a pour objet de soutenir, d'évaluer et de promouvoir les projets et les acteurs du tourisme équitable et solidaire. Le réseau est ouvert à tout organisme de voyages, répondant aux critères du tourisme équitable et solidaire établis par l'ATES, ainsi qu'à tout organisme ou personne qui soutient, par son action, ces formes de tourisme. En regroupant au niveau national les différents acteurs voyagistes et organisations partenaires du tourisme équitable et solidaire, l'ATES devient ainsi l'interlocuteur de référence et offre une plus grande clarté et visibilité sur ce secteur en pleine croissance, son offre de voyages et ses retombées en termes de développement local. L'ATES rassemble aujourd'hui une trentaine de membres engagés autour d'une charte commune.

RANDONNÉE ET BIEN-ÊTRE

RANDONNÉE ET BIEN-ÊTRE

Pour aller plus loin !
Besoin d'un dépaysement total pour perdre la notion du temps, un confort authentique pour vous ressourcer, des paysages naturels pour vous reconnecter avec la nature et des pratiques saines et bienfaitrices pour le corps et l'esprit ? C'est ce que les spécialistes du bien-être proposent lors de journée, week-end, séjours, tous inoubliables, uniques et riches d'échanges et d'apprentissages en associant le bonheur de la marche à des séances de yoga, de Qi-Gong, de méditation, de jeûne, de détox… le panel est large ! Assurément, vous retrouverez un bien-être physique et mental, vous serez zen ! Soyez curieux, optez pour la séance nocturne, par exemple lors du lever de la lune !

- **Plutôt yoga ?** Cette discipline qui combine postures, exercice de respiration, et méditation – à chacun son style : le dynamique, le statique, le doux.
- **Plutôt Qi-Gong ?** Une pratique mêlant mouvements, postures, concentration de l'esprit et respiration.

Vous l'aurez compris, ces activités sont une invitation à un voyage intérieur à la rencontre de vous-mêmes, qui vous aide à vivre en harmonie avec notre nature profonde, et à laisser s'épanouir un « savoir-être-heureux ». A utiliser sans modération !
Véritables médecines « douces » pour le corps et le mental ! Parole de futé !

LES SPÉCIALISTES

SPADREAMS
✆ 01 84 88 32 65
www.spadreams.fr
info@spadreams.fr
SpaDreams est depuis plus de 40 ans le spécialiste et le précurseur dans le domaine des séjours pour la forme physique et du bien-être psychique. La gamme de produits est très diversifiée, elle couvre des offres bien-être et spa ainsi que des programmes détox et nutrition, des séjours de cures d'Ayurvéda et de Yoga. Ce sont des séjours dans de magnifiques environnements afin de prendre le temps de se régénérer et de respirer une bouffée d'air. La culture des lieux n'est pas oubliée. Comme vous êtes unique, le service personnalisé est leur priorité !

TRIPANEER
www.bookyogaretreats.com
Spécialiste de séjours, de stages de yoga, de méditation et de randonnées en France, l'équipe de professionnels s'adapte selon votre niveau de pratique et le style de séance choisie. Ici, on propose de vous faire vivre une expérience entre purification et régénération profonde du corps et de l'esprit dans des cadres exceptionnels (maison de famille, château, gîtes…). Pendant votre séjour, vous dégusterez une délicieuse cuisine saine et végétarienne préparée avec soin sur place. La journée commence par la méditation et le yoga puis séquence sportive…

AU PAS DE L'ALPETTE
Bellecombe
CHAPAREILLAN
✆ 04 76 45 22 65
www.alpette.com
contact@alpette.com
Ouvert du lundi au vendredi de 9h à 18h.
Bien-être, randonnée, qi gong, relaxation au cœur des Alpes, ce sont ces séjours que vous propose une équipe de professionnels. Un large choix de programmes est à votre disposition dans le but de vous ressourcer, de partager des moments chaleureux. Vous marcherez dans des cadres d'exception, façonnés par les éléments naturels et l'homme au cours des siècles, où se côtoient les paysans, les troupeaux de bovins et les artisans de la région. Journées ponctuées de séances de qi gong !

RANDO BIEN-ETRE
Les Garniers
RÉOTIER
✆ 06 64 43 28 00
Guilhemette Dhoyer, diététicienne, initiatrice en marche nordique et QI Gong est spécialiste des séjours Randonnées et Bien-être depuis plus de 12 ans, elle met à votre disposition, son savoir-faire, son accompagnement et son écoute. Ses séjours sont un temps où chacun peut rependre le contact avec les fondamentaux de son existence. Elle donne chaque jour un rythme où chacun peut se sentir bien, au bon endroit, au bon moment. Cette introspection est mise continuellement en miroir : relation bienveillante avec les autres, les animatrices et avec l'environnement.

AM'ARA
SAINT-RÉMY-DE-PROVENCE
✆ 06 30 73 68 55
amaravita36@gmail.com
Découvrir la Provence sauvage au rythme de randonnées douces en y intégrant des pauses contemplatives et de yoga adaptées à tout niveau, voilà l'idée originale de Cornelia, professeur de yoga et guide touristique, pour vous ressourcer et faire le plein d'énergie vitale.
Ces journées ou demi-journées peuvent être personnalisées et inclure :

- **en période estivale la baignade (mer ou rivière)**
- **les découverte et dégustation de plantes sauvages comestibles**
- **l'histoire et la visite de sites culturels**

Venez avec drap de bain, casquette, eau et pique-nique (si journée complète).

CIRCUITS EN FRANCE

Sur les sentiers mythiques de la forêt de Vizzanova.

AUVERGNE-RHÔNE-ALPES

Auvergne. L'Auvergne est tout à fait adaptée à la randonnée pédestre. Paysages majestueux et variés, itinéraires diversifiés, de la sortie en famille aux périples de plusieurs jours, vous avez le choix des itinéraires et des sentiers. Sur le chemin, des auberges accueillantes, des rencontres inattendues, des monuments à visiter, de bonnes petites adresses à découvrir ne manqueront pas de vous séduire...

Rhône-Alpes. Voici une région très attractive pour les randonneurs, tout particulièrement pour ses sentiers en montagne. De GR® en circuits balisés par les départements, vous n'avez que l'embarras du choix pour ce qui est des itinéraires à pratiquer. Les topo-guides® abondent, les accompagnateurs aussi. Les pratiques sont variées : rando, trail, marche nordique... Certains lieux réputés sont au programme, dont le mont Blanc, notre sommet national. Le long du chemin, vous pouvez bivouaquer, dormir en refuge, en gîte, en hôtel...

LES SPÉCIALISTES

ARCANSON
2195, route de la Croix Perrin
AUTRANS-MÉAUDRE EN VERCORS
✆ 04 76 95 23 51
www.arcanson.com – contact@arcanson.com
Ouvert toute l'année. Du lundi au vendredi de 8h à 12h et de 14h à 18h30 ; le samedi de 9h à 12h et de 14h à 17h. Agence de voyage et gite.
La société Arcanson a une double activité : agence de voyage et gîte. Depuis 1985, dans le parc naturel du Vercors, elle met son superbe chalet de 15 chambres (une ancienne laiterie rénovée par Martine et Jean-Yves) à la disposition des amateurs de ski de fond et de raquettes (l'hiver), de randonnées pédestres et VTT (aux beaux jours). Reprise par Aurélie et Adrien, qui avaient eu la bonne idée d'entrer dans la maison en 1998, Arcanson poursuit sa double vocation. Arcanson propose des randonnées accompagnées ou en liberté, des randonnées adaptées aux familles et d'autres très sportives, des randos plaisir combinées avec de la balnéo… Et ceci en Vercors, bien entendu, mais aussi dans toutes les régions de France et au-delà dans les îles, en Asie, dans le Grand Nord et même au Moyen-Orient.

ESPACE ÉVASION
50, rue de la Chapelle
BEAUMONT
✆ 04 50 31 03 65
www.espace-evasion.fr
info@espace-evasion.com
Agence spécialisée dans les sports de montagne implantée en Haute-Savoie, Espace Évasion vous propose un choix de randonnées d'altitude accompagnées ou en liberté, dans les Alpes, mais aussi dans les autres massifs du monde. Randonnée avec des ânes, randonnée colorée de gastronomie et d'œnologie, randonnée botanique... Une large gamme de propositions. Espace Évasion met notamment à son catalogue la vallée du Roya, le tour des gorges du Verdon, le Mercantour, un week-end trappeur aux Queyras, une rando bien-être à Névache...

Randonnées et trail en Isère

Isère Tourisme, l'antenne tourisme du Conseil départemental de l'Isère, s'attache à la promotion de la randonnée et du trail dans les massifs et les laines iséroises. Avec 9 000 km de sentiers balisés, une large palette de sentiers et de paysages, particulièrement dans un environnement montagnard aux massifs typés, l'Isère attire les randonneurs. Ils constituent chaque année plus d'un tiers des touristes dans le département ! Le site Internet de la structure a été pensé pour inciter tous les vacanciers à découvrir ces sentiers. Chaque itinéraire donne toutes les clés pour partir en randonnée à la journée ou pendant quelques jours sur tous les territoires de l'Isère et pour tous les niveaux. Les circuits sont détaillés (nombre d'heures de marche, dénivelé, etc.) pour permettre à chacun de choisir sa randonnée en fonction de ses centres d'intérêt, du territoire, de la difficulté et de la durée.

Trail : Découvrez le trail en Isère. Cette activité en plein essor, avec près de 400 000 pratiquants en France, a une place de choix en Isère. La première station de trail iséroise est née dans le massif de Chartreuse, à Saint-Pierre-de-Chartreuse. Désormais s'y sont ajoutées les stations de Belledonne-Pays d'Allevard, de l'Oisans, du Taillefer-Alpe du Grand Serre et du Vercors. Testez chacune d'entre elles avec leurs équipements, le nombre de parcours dotés d'un balisage spécifique, le type de relief, ainsi qu'une suggestion d'itinéraires.

Plus de précisions le site : www.isere-tourisme.com

SUR LES TRACES DE STEVENSON

Le 22 septembre 1878, l'écrivain écossais Robert Louis Stevenson part à pied du Monastier-sur-Gazeille avec son ânesse Modestine. Douze jours, 220 km et beaucoup d'aventures plus tard, il arrive à Saint-Jean-du-Gard. L'année suivante, il publie à Londres son journal de route : *Voyage avec un âne dans les Cévennes*. Une anthologie ! En 1978 était célébré le 100e anniversaire du voyage de Stevenson, par le Club Cévenol. Six ans plus tard, la Fédération française de randonnée pédestre balise le chemin de Stevenson et lui donne la dénomination de GR®70. Elle édite également, avec Chamina, le Topoguide® du chemin. C'est l'année suivante, en 1994, qu'est créée l'association Sur le Chemin de R.L. Stevenson qui regroupe des prestataires de tourisme, situés sur le chemin ou à proximité et associés pour faire vivre cet itinéraire, travailler ensemble et offrir un produit de qualité. En 1998, alors que l'on commémore le 120e anniversaire du passage de Stevenson, l'association embauche un Agent de Développement Tourisme et un Jumelage est scellé avec le Robert Louis Stevenson Club d'Édimbourg.En 2002 est initié le Festival Stevenson (au Pont de Montvert, puis dans une commune différente chaque année). En 2004, on fête les 10 ans de l'association et un nouveau jumelage est scellé avec le comité Stevenson d'Etréaupont dans l'Ain, qui met en lumière son *Voyage en canoë sur les rivières du nord* en 1876. 2006 : 1re édition de la Semaine Stevenson dans le cadre du Festival nature du Parc national des Cévennes. 2008 : 130e anniversaire du Voyage de Stevenson et Modestine dans les Cévennes avec d'avril à octobre, 250 km de programmation culturelle et festive, création de l'exposition « Voyage avec Robert Louis Stevenson », avec la participation de Michel Le Bris, spécialiste de Stevenson, créateur et directeur du festival Les Étonnants Voyageurs à Saint-Malo.
En 2018, l'association a célébré le 140e anniversaire du voyage de l'écrivain.

Depuis 1994, l'association Sur le chemin de R.L. Stevenson et ses partenaires œuvrent pour le développement économique du territoire en faisant vivre le GR®70, et ce, dans le respect de la nature et du patrimoine. Ses missions s'articulent autour de plusieurs angles. La mise en réseau des prestataires touristiques « Relais Stevenson » (hébergeurs, restaurateurs, organisateurs de séjours, loueurs d'ânes, transporteurs de personnes et de bagages, sites et intervenants culturels ou randonnée) qui travaillent ensemble, sur ou à proximité du GR®70, pour offrir un produit de qualité au service des randonneurs. L'accompagnement des randonneurs dans la préparation de leur randonnée (regroupement des informations pratiques). La promotion du chemin de Stevenson (salons, accueil presse, édition de documentation, site Internet…). La mise en valeur du patrimoine (naturel et culturel) du chemin,
la coordination des projets et des initiatives locales pour le développement du chemin.

Les adhérents de l'association forment un réseau de plus de 170 professionnels : hébergeurs, restaurateurs, organisateurs de séjour, organisateurs et accompagnateurs de randonnée équestre, transporteurs de personnes et de bagages, loueurs d'ânes, intervenants culturel, sites culturels.
Le travail ainsi mené, avec l'aide de nombreux partenaires institutionnels, a fait du chemin de Stevenson l'un des GR® les plus connus de France et un véritable outil de développement pour les territoires concernés.

L'association vous accompagne dans la préparation de votre aventure. Vous trouverez sur ce site les informations pratiques nécessaires. Seul, en groupe, avec un âne, à vélo ou à cheval, vous pouvez découvrir le chemin emprunté par Robert Louis Stevenson en 1878… L'objectif à moyen terme est de mettre en lien des territoires en France, en Belgique, en Ecosse et en Angleterre où Robert Louis Stevenson a vécu et voyagé.

Les randonneurs qui empruntent le sentier de Stevenson sont invités à compléter au retour de leur séjour un questionnaire en ligne. Une participation qui permet de mieux cerner les attentes des randonneurs et contribue à l'amélioration du sentier.

Entre Auvergne et Languedoc-Roussillon, le chemin de Stevenson relie le sud du Massif Central aux Cévennes profondes… Un itinéraire phare du Massif-Central, 250 km du Puy-en-Velay à Alès… Quatre départements traversés : Haute-Loire, Ardèche, Lozère, Gard. Ainsi le GR®70 traverse-t-il quatre territoires bien identifiés et diversifiés. Le Velay : un doux mélange coloré entre reliefs volcaniques et hauts plateaux agricoles… Le Gévaudan : un pays légendaire où les petites vallées accueillent des forêts sauvages éclairées de pâturages et de marais… Le mont Lozère : un étrange massif nu, parsemé de chaos granitique aux formes arrondies et ponctué de sources fraîches… Les Cévennes : profondes et lumineuses à la fois, les vallées cévenoles invitent doucement au farniente, à la nonchalance du midi.

Le site Internet vous informe en détail sur l'histoire et l'évolution de ce sentier, osons ce terme galvaudé, mythique. Vous y trouvez tout ce qu'il faut pour organiser votre randonnée : hébergement, itinéraires téléchargeables, etc : www.chemin-stevenson.org/fr

LA BESSANNAISE

Centre de montagne et bien-être
BESSANS
✆ 04 79 05 95 15
www.labessannaise.com
info@labessannaise.com

Ouvert toute l'année. Tarifs à la semaine en formule tout compris sur une base de 3 pers. par chambre entre 400 et 1200 € par pers.. 140 lits. 190 logements (lits). Chèque Vacances. Wifi gratuit. Restauration. Prêt matériel de ski. Hammam, bain bouillonnant, sauna. Animations. Excursions.

Ski de fond en hiver et randonnées pédestres en été, la montagne et la découverte de ses trésors pentus... Tout cela se fait avec le confort de formules tout compris, pour un accès à l'évasion accessible même aux petits budgets. La résidence de vacances La Bessannaise a prévu d'offrir aussi aux vacanciers, un espace bien-être, pour que la détente puisse s'inviter au programme (hydromassage, bain de vapeur, sauna finlandais, balnéo intérieure/extérieure, solarium). Danses (latinos, de salon..), bridge, contes et balades sont autant d'autres propositions pour varier les plaisirs.

Quand aux excursions à pied, elles s'adaptent au rythme des randonneurs et à leur aisance dans la marche : « piano » pour des dénivelés tout en douceur, jusqu'à « forte » pour les très bons marcheurs. Le ski de fond et son approche seront de la même façon adaptés aux skieurs.

MASSIF CENTRAL RANDONNÉES+

Pré Lafont
Col de la Barricaude
BURZET
✆ 06 78 17 26 00
www.massif-central-randonnees.com
contact@mcr-rando.com

Massif Central Randonnées+ promeut la randonnée et les activités de pleine nature en Ardèche. Implantée près du Mont Gerbier, source de la Loire, l'agence recèle d'itinéraires par monts et par vaux, au cœur des volcans, dans la chaîne des Puys, le massif du Sancy, les Cévennes... Elle invite à parcourir le chemin de Stevenson, les gorges du Tarn... Les randonnées s'effectuent en liberté ou accompagné, en compagnie d'âne ou sans, à la journée et jusqu'à une quinzaine de jours. L'agence propose également des séjours en plein air adaptés aux personnes en situation de handicap ou en réinsertion sociale.

MONT BLANC EXPERIENCE

CHAPAREILLAN
www.montblanc-experience.com
info@montblanc-experience.com

Au cœur des Alpes françaises… de Chamonix à l'Autriche en passant par la Suisse et l'Italie du Nord, Mont Blanc Expérience vous ouvre les portes d'un univers fascinant par ses richesses culturelles et naturelles… Une équipe de professionnels et de passionnés vous accompagne sur les sentiers, au plus profond de splendides vallées alpines et jusqu'aux plus beaux sommets de légendes. Suivez le guide en été, à pied ou à crampons, en hiver, à ski ou à raquette à neige… Pour les propositions : « Tour du Cervin », « Randonnée dans les Dolomites », « Tour du Mont Blanc ». Et pour les plus sportifs, les randonnées glaciaires : « Haute Route Chamonix Zermatt », « Les 4 000 du Valais suisse », « Le Grand Paradis » … Vous pouvez aussi partir en famille, en liberté : « Tour du Mont Blanc avec des ânes », par exemple. Ou encore, associer randonnée et balnéo ! L'offre est large.

L'AUBERGE NORDIQUE

1515, route de Lormay
LE GRAND-BORNAND
✆ 04 50 02 31 12
www.auberge-nordique.com
info@auberge-nordique.com

Ouvert toute l'année. Fermé mai. Octobre et novembre. Restauration (demi pension). Sauna.

L'Auberge Nordique, c'est un séjour tout compris, même le spa avec sauna, hammam, grotte de sel et salle de fitness dans une belle architecture de style nordique ! Visible de loin avec ses troncs d'épicéa écorcés tels des totems, ce bâtiment abrite des appartements de séjour. L'auberge est une structure de type associatif créée par un instituteur en retraite en 1970 afin de développer le ski de fond dans la vallée du Bouchet. Un pari réussi ! En famille, en solo ou entre amis, le centre d'accueil propose une multitude de séjours tout compris organisés autour de la randonnée, du ski nordique, de la raquette à neige qui permettent de profiter au mieux du massif des Aravis. L'Auberge Nordique promeut des activités et soirées conviviales, adaptées aux enfants, dont un grand nombre est ouvert aux non-résidents. Un grand choix et des prestations de qualité qui permettent une vraie détente.

COMITE REGIONAL DE LA RANDONNEE PEDESTRE EN AUVERGNE RHÔNE-ALPES

✆ 04 78 52 36 86
auvergne-rhone-alpes.ffrandonnee.fr

Ouvert toute l'année. La FFR propose la Rando Santé®, adaptées aux personnes en situation de handicap ou de difficulté.

Anciennement Comité Régional de la Randonnée Pédestre en Rhônes-Alpes, la fédération a mué au 1er janvier 2017 pour devenir le Comité Régional Auvergne-Rhônes-Alpes de la Randonnée Pédestre. La région est particulièrement appréciée des randonneurs. Le Comité s'est donné pour mission de promouvoir la randonnée dans sa région, mais aussi de la sécuriser et de la professionnaliser par le biais de stages d'initiation ou à destination des animateurs, contribuant à la sauvegarde de l'environnement, et est acteur du développement et de l'entretien des itinéraires balisés (GR®, GRP®, et PR®). Son site permet aux randonneurs de mieux préparer leur parcours, mais aussi de connaître le milieu et le patrimoine avec des informations qualifiées à consulter en chemin.

PEDIBUS
Le Bourg
63, chemin du rosaire
SAINT-PIERRE-D'ENTREMONT
✆ 04 79 65 88 27
www.pedibus.org
pedibus@pedibus.org
Pedibus, c'est une agence fondée en 1986 par un amoureux de la montagne en raquettes : Lionel Fouque. Elle s'est d'abord focalisée sur la randonnée en montagne et en France avant de s'ouvrir à l'international. L'agence propose du trek pour les marcheurs les plus chevronnés, mais aussi des balades accessibles en famille ou aux néophytes curieux de nature ! Il existe des formules de randonnée accompagnée, avec guide et groupe, et d'autres libres.
Les Alpes, le Massif central, la Bretagne, mais aussi le Népal, la Bulgarie ou la Crète vous accueillent au cœur de leurs merveilles. Les randonnées s'effectuent en itinérance, avec carte ou accompagnateur, selon un itinéraire préparé et balisé.

LA PÈLERINE
32, place Limozin
SAUGUES
✆ 04 71 74 47 40
www.lapelerine.com
contact@lapelerine.com
C'est le spécialiste du chemin de Compostelle, mais pas que. La Pèlerine est implantée dans un village étape de « la route du Puy ». Cette agence de voyages est spécialisée dans la randonnée pédestre uniquement, avec une formule « randonnées pédestres et remise en forme » en France comme à l'étranger. Les circuits sont « confort », sans portage de bagages et très souvent en hôtel ou chambres d'hôtes. Parmi les nombreuses destinations – libres ou accompagnées : les sentiers auvergnats, les chemins de Saint-Jacques-de-Compostelle en France et en Espagne, le chemin de Stevenson, et, hors de nos frontières, du trekking en Irlande ou au Portugal... La Pèlerine, présente sur de nombreux salons, privilégie le randonneur et met tout en œuvre pour le revoir sur d'autres circuits.

LES CIRCUITS

Au cœur du Beaufortain

- **Département :** Savoie (73), d'Arêches à Queige
- **Temps estimé :** 2 jours – 28 km
- **Saisons idéales :** printemps, automne
- **Catégorie :** facile
- **Accès :** Arêches

Les Beaufortains vivent leur vie de montagnards et invitent le vacancier à partager un pays qu'ils n'ont pas déserté. Ici, les souvenirs d'enfance deviennent réalité avec la crête des sommets enneigés dessinant l'horizon, les prés d'un vert intense où paissent les troupeaux, le petit village serré autour de son clocher, accroché à la pente et, partout, les chalets de bois, disséminés sur les flancs de la montagne. En altitude le beaufort acquiert toute sa saveur !
Parmi ses sommets les plus remarquables, vous admirerez le Grand Mont, l'Aiguille du Grand Fond et la Pierra Menta – la pierre montée –, sorte de dent rocheuse en surplomb au-dessus du lac de Roseland, autour de laquelle a lieu la célèbre course de ski-alpinisme, la Pierra Menta. Le signal de Bisanne, avec ses 1 941 m, constitue un belvédère remarquable sur le massif du mont Blanc tout proche. Le Beaufortain c'est aussi la région privilégiée des lacs de barrage.
Au cœur des versants verdoyants et des forêts, visitez l'authentique Arêches. De passage au printemps, vous croiserez quelques beaux troupeaux de tarines, avant leur départ en alpage. Arêches, c'est aussi son église Saint-Jean-Baptiste de style baroque savoyard, son chalet La Ruine, ses cadrans solaires, greniers et oratoires, sans oublier le célèbre barrage et le Cormet de Roselend. Vous reliez les hameaux disséminés autour d'Arêches, notamment le plus pittoresque de tous, Boudin, sur la route du col du Pré. Plus loin, le hameau Le Praz, superbe avec ses chalets disposés autour du four à pain central, sa chapelle Saint-Antoine avec son bassin et son ensemble de petits greniers. Le Bersend, quant à lui, surplombe le célèbre Beaufort, aux ruelles pavées étroites et fleuries en saison et aux maisons hautes, l'une des communes les plus étendues de Savoie, véritable bourg de montagne à 760 m d'altitude. Hauteluce a su aussi préserver son authenticité avec son église au clocher à bulbe classé, sa chapelle de Belleville, son écomusée... Profonde et majestueuse, ouverte sur le massif du Mont-Blanc, la vallée d'Hauteluce demeure un site préservé. Queige, la campagne à la montagne, aux portes du Beaufortain, un village pour les amateurs de liberté et de tranquillité. La richesse et la décoration intérieure de son église baroque dédiée à sainte Agathe contrastent avec l'austérité de son architecture extérieure, la Pietà. La commune de Villard-sur-Doron offre sa plaine parsemée de balles de foin. Tracez votre itinéraire d'un hameau à l'autre, d'un village à l'autre, d'un col à un sommet, les possibilités sont innombrables ! Un remarquable territoire de randonnées en étoile.

- **Informations complémentaires :** www.lebeaufortain.com

Au cœur du parc naturel régional du Vercors

- **Départements :** Drôme (26) et Isère (38), de Lans-en-Vercors à Corrençon
- **Temps estimé :** 2 jours – 25 km
- **Saisons idéales :** printemps, automne
- **Catégorie :** moyen

- **Accès :** Lans-en-Vercors

Le Vercors est une véritable citadelle de calcaire qui s'érige entre la vallée du Rhône à l'ouest et les Alpes à l'est. Vous gagnerez, au travers des forêts d'épicéas, les alpages et hauts plateaux du massif. Ici, pas moins de quatre-vingts espèces végétales sont protégées. Plus haut, des reliefs plus alpins pour rejoindre les sommets vous offrant successivement la vue sur les Alpes : du mont Blanc aux Ecrins et de la Chartreuse au Jura. Un écrin de nature, le parc naturel du Vercors vous dévoilera la richesse de sa faune : les chevreuils pâturent à la lisière des bois, les marmottes se prélassent au soleil pendant que le bouquetin fait la sieste sur une vire. Et, sous l'œil attentif de l'aigle royal, les jeunes chamois jouent dans les pentes. Découvrez Lans-en-Vercors, un village au cœur des quatre Montagnes avant de vous lancer pour les fameuses gorges du Bruyant. Proche du village, ce site magnifique classé depuis 1977 est un véritable havre de fraîcheur. Le cheminement le long du Bruyant, enserré de jolies falaises, vous fera découvrir tous les charmes d'un torrent de montagne. Peut-être aurez-vous la chance d'y apercevoir le cincle plongeur ou quelques chamois sur les vires herbeuses surplombant les gorges. Enfin, au pied de la cascade, retrouvez les vestiges de l'ancien moulin – meules, canaux… Des passerelles permettent de passer d'une rive à l'autre. De Lans-en-Vercors, rejoignez Villard-de-Lans. Chacun choisit son itinéraire. Certains préféreront l'ascension du pic Saint-Michel pour découvrir le bassin grenoblois, d'autres le parcours en balcon par le sentier Gobert, offrant une magnifique vue d'ensemble sur le val de Lans. Evasé telle une auge, le val de Lans porte les traces du lac glaciaire qui l'occupa il y a trois cent mille ans. Cette vraie plaine d'altitude est encadrée par deux lignes de montagnes.

A l'est, les crêtes rocheuses et raides de la Grande Roche et du pic Saint-Michel, des Crocs de l'Ours dominant de près de 1 000 m le val. A l'ouest, les croupes forestières des bois de Servagnet et de Chaband apportent plus de douceur. Villard-de-Lans, la plus importante station de ski du plateau du Vercors, est un village typique ayant su conserver son patrimoine architectural, développé au début du siècle grâce à un tourisme de cure réservé à la bourgeoisie. Le lendemain, vous rejoindrez Corrençon. Sur ce dernier tronçon le pont de l'Amour, la cascade et l'alpage de la Fauge.

- **Informations complémentaires :** http://parc-du-vercors.fr et www.lansenvercors.com

La vallée de la Valserine

- **Département :** Ain (01)
- **Temps estimé :** 1 jour – boucle
- **Saisons idéales :** printemps, automne
- **Catégorie :** facile
- **Accès :** Bellegarde-sur-Valserine

Une balade tranquille au cœur du parc naturel régional du Haut-Jura. Du parking du viaduc, empruntez le sentier des Berges en rive droite et remontez jusqu'aux « Pertes de la Valserine », un site impressionnant. La rivière sillonne au milieu des gorges abruptes, coule en cascades puis se perd entièrement sous la pierre. A cet endroit, le pont naturel des Oulles, poste-frontière jusqu'au milieu du XXe siècle – qui, suite à un éboulement, n'est plus naturel – a été le lieu de passages privilégié des commerçants, paysans et guerriers.

La Valserine disparaît en flots tumultueux dans de profondes crevasses. Ce phénomène impressionnant se répète sur près de 200 m, tout autour, subsistent des trous ou « oulles » creusés dans la roche par le mouvement circulaire de l'eau lors des grandes crues. Le parcours emprunte une série d'escaliers et de passerelles. Grâce à l'une d'elles, vous passerez sur la rive gauche, juste avant le barrage de Métral. Remarquez, à proximité, la bâtisse abritant une jolie pompe à eau aux engrenages de bois. Vous voici aux Pertes, où la rivière

Randonneuse dans le parc naturel régional du Vercors.

Le pays du Grand-Bornand s'ouvre au regard des amoureux du massif des Aravis.

semble disparaître sur plusieurs dizaines de mètres. Prêtez l'oreille, on l'entend gronder, elle n'est pas loin. En vous penchant au-dessus des profondes crevasses qui entaillent le sol rocheux, on la sent presque. Elle est simplement quelques mètres plus bas, faisant des siennes. Le sentier suit maintenant l'affluent, la Semine que l'on franchit au pont de Coz – ce tronçon est à éviter pendant les périodes de crues ou de verglas. A partir du pont de Confort, il est possible d'accéder à la Mêlée des Eaux en quelques minutes pour voir la Semine rejoindre la Valserine. En poursuivant le long de la vallée et avant de gagner la D14a, vous pourrez accéder, avec prudence, à un magnifique point de vue sur le pont des Pierres, ici même où vous franchirez la vallée pour rejoindre Confort. Le sentier emprunte alors la voie du Tram, ce qui est bien sympathique. Retour au point de départ.

- **Informations complémentaires** : www.terre-valserine.fr

Le massif des Aravis

- **Département** : Haute-Savoie (74), du Grand Bornand à Manigod
- **Temps estimé :** 2 jours – 25 km
- **Saison idéale :** toute l'année
- **Catégorie :** facile
- **Accès :** Le Grand-Bornand

Entrecoupé de cols et de vallées creusées par les torrents, le massif des Aravis abrite depuis plus de 10 000 ans une population libre et courageuse, vivant du bois et de l'agriculture. Il a, avec ses quatre villages – dont deux labellisés « Famille Plus » –, conservé toute son authenticité, avec ses chalets traditionnels, son patrimoine religieux préservé, son importante activité pastorale liée à la fabrication du reblochon, fameux fromage AOC, ses coutumes et traditions toujours présentes, ses paysages vierges de toute activité favorisant une faune et une flore riches et abondantes.

Découvrez le Grand-Bornand (950 m d'altitude), blotti au cœur des vallées riantes du Bouchet et du Chinaillon, avec ses quelques quatre cents chalets traditionnels. Sous leurs toits de tavaillons ou d'ancelles, ces trésors patrimoniaux préservés ornent fièrement les pentes douces des alpages. Ville étape régulière du Tour de France, la commune organise de nombreux rendez-vous estivaux, sportifs ou culturels. De passage en août, partagez son incomparable festival international de spectacles jeune public « Au Bonheur des Mômes ». Saint-Jean-de-Sixt est, quant à lui, un véritable petit coin de paradis, niché à 960 m d'altitude. A mi-parcours, à La Clusaz (985 m d'altitude), vous serez surpris par le détonant mélange de traditions et de modernité dans un site magnifique, au pied de la chaîne des Aravis. La Clusaz a su trouver un juste équilibre, en se forgeant le caractère d'un village fidèle à son passé mais plus vivant que jamais. Profitez de votre passage pour déguster les spécialités du pays, tomme blanche, polenta, fromages et charcuteries du pays… la cuisine savoyarde saura vous régaler. Enfin, Manigod (1 500 m d'altitude) et sa station Col-de-Croix-Fry-Col-de-Merdassier, baignés de calme et de beauté. Nature préservée, alpages verdoyants, Manigod est un lieu de séjour idéal, avec ses 140 km de sentiers balisés. C'est aussi le village natal du grand chef Marc Veyrat. Lac Charvin, montagne de Sulens, plateau de Beauregard, sont autant de sites exceptionnels pour se ressourcer et goûter au dépaysement. Le village et sa vallée réservent de nombreuses découvertes : l'église et son orgue à tuyaux, la Maison du patrimoine, les visites et goûters à la ferme, le marché savoyard… En station, piscine, dévalkart, poney, buggy, trampoline… au pied du majestueux sommet de l'Étale.

- **Informations complémentaires** : www.legrand-bornand.com/balades-randonnees-trekking.html

Le sentier des Muletiers

- **Département :** Puy-de-Dôme (63)
- **Temps estimé :** 1 jour
- **Saisons idéales :** été, printemps, automne
- **Catégorie :** facile
- **Accès :** col de Ceyssat

Classé Grand Site de France, le Puy de Dôme règne du haut de ses 1 465 m sur la chaîne des Puys et ses quatre-vingts volcans. Montagne emblématique de l'Auvergne, ce Puy a donné son nom au département – les responsables de l'époque avaient pensé à « mont Dore » mais en bons Auvergnats, cela faisait trop riche ! Le Géant des Dômes, des Romains, en passant par Pascal, jusqu'au couple Anquetil-Poulidor, est vraiment une star. Avec sa silhouette imposante aux formes arrondies, coiffé de son antenne, il donne envie de le gravir, mais il est avant tout un espace naturel fragile. L'accès au sommet est possible par les différents chemins de randonnées entourant le site – la route étant exclusivement réservée aux véhicules. Le chemin le plus pratique et le plus accessible toute l'année est celui des Muletiers, emprunté depuis l'époque romaine. Nous sommes nombreux à avoir chaussé nos baskets et pris notre courage à deux pieds pour affronter cette sente qui nous propulse vaillamment à presque 1 500 m d'altitude. Classique me direz-vous, certes, mais à quelques minutes seulement de la capitale auvergnate et accessible à tout le monde. Le col de Ceyssat – 1 078 m – est situé sous le Puy de Dôme, c'est ici qu'est donné le départ. Marchez à votre rythme. Le sentier est facile. Tout au sommet sont prévus pour récupérer son souffle restaurant, salle de pique-nique, centre d'informations, et pour les moins claqués, vols en parapente. Alors cool, les amis ! Au sommet toujours plusieurs tables d'orientation pour un panorama impressionnant et unique sur l'alignement des puys au sud et au nord, sur le massif du Sancy et le plateau des Combrailles, sur le Livradois-Forez et l'agglomération clermontoise.

On peut aussi accéder au sommet du Puy de Dôme à bord d'un train à crémaillère moderne, le Panoramique des Dômes, en 15 minutes...

- **Informations complémentaires** : https://volcan.puy-de-dome.fr

Le tour du Cantal

- **Département :** Cantal (15), de Murat à Mandailles
- **Temps estimé :** 3 jours – 24 heures
- **Saisons idéales :** été, printemps, automne
- **Catégorie :** moyen
- **Accès :** Murat

On ne le sait guère, mais le massif du Cantal est, avec l'Etna, le plus vaste massif volcanique d'Europe. Toutefois aucune éruption n'est à redouter de ce massif situé entre Périgord et Basse-Auvergne (les dernières datent d'il y a environ deux millions d'années !). Non, la seule chose que le Cantal puisse offrir, outre ses paysages impressionnants, c'est un accueil on ne peut plus chaleureux et une gastronomie qui enrichit tous nos plateaux de fromages. Cet itinéraire emprunte une partie du GR® 400 qui, lui, propose 140 km et 4 635 m de dénivelés cumulés.

Que notre circuit commence à Murat est une bonne nouvelle car cette petite ville occupe un site remarquable avec ses pitons volcaniques dominant la cité, et sur lesquels s'accrochent les maisons grises couvertes de lauzes. Elle vaut aussi, cette petite ville, que vous visitiez son église Notre-Dame-de-Ohoux, sa halle, ses fontaines et ses élégantes demeures. Pour gagner Lioran, vous cheminerez ensuite à travers la forêt de Murat (encore elle !), découvrirez le magnifique cirque de Chamalières (1 410 m) et atteindrez le sommet de l'Aiguillon (1 665 m). Respirez, écoutez, regardez... puis recommencez ! Magnifique ! Après une bonne nuit de repos, vous reprendrez par la Montée au Plomb du Cantal, sommet le plus élevé des monts culminant à 1 855 m. C'est le centre d'un immense volcan qui peut atteindre 60 km de diamètre ! De profondes vallées d'origine glaciaire rayonnent de son centre et les vestiges de vieux burons abandonnés témoignent du passé récent des activités de montagne.

Un téléphérique situé à son sommet dénudé permet la pratique du ski sur deux versants. Le panorama ? A 360°, époustouflant ! Découvrez maintenant les « trois puy » : Brunet (1 806 m), Cède (1 768 m) et Gros (1 514 m) avant de redescendre vers la vallée de la Cère, vallée glaciaire aux vertes prairies aux beaux jours et enneigées l'hiver, pour atteindre Thiezac. A quelques pas, le hameau de Niervèze, dominant la vallée avec, au nord, le Puy Griou, et, au-dessus, en direction de Puy Gros, le domaine des estives et de la forêt. Ce petit village est un parfait modèle d'architecture traditionnelle des monts du Cantal. L'itinéraire se poursuit jusqu'à Mandailles, terminus de notre randonnée, avec un spectacle à ne pas manquer : la cascade de Faillitoux, une chute impressionnante de plusieurs dizaines de mètres tombant du bord d'une coulée de lave. A ses pieds, de très belles orgues basaltiques. Enfin, la journée s'achèvera par le sommet de l'Elancèze (1 571 m) et la vallée de la Jordanne. Les plus courageux, eux, pourront revenir à Murat en passant par le Claux. Ils auront ainsi de nouveaux paysages somptueux à découvrir : des puy en veux-tu en voilà (Chavaroche, Mary, Peyre-Arse, Griou, et Seycheuse), ainsi que le col de Sense, la célèbre brèche de Rolland. Sans oublier les pâturages du lac Glory.

- **Informations complémentaires** : www.cantal-destination.com

Le tour du lac d'Annecy

- **Département :** Haute-Savoie (74), d'Annecy à Talloires
- **Temps estimé :** 2 jours – 40 km
- **Saison idéale :** toute l'année
- **Catégorie :** facile
- **Accès :** Annecy

Le tour du lac d'Annecy à pied est un itinéraire de promenade de 43 km au plus près du bord du lac. Il

emprunte une partie du GR®P éponyme proposé par la FFR. Un cheminement varié et agréable, parmi les villes et les villages, les roselières, les plages et deux réserves naturelles, offre des panoramas sur les massifs alentour. Des points de départ répartis tout le long du parcours avec parkings pour les voitures, débarcadères pour les bateaux, transports en commun, vous permettent de combiner votre itinéraire selon votre envie et le temps dont vous disposez.
Des panneaux thématiques et des panoramas permettent de mieux connaître les paysages jalonnent le parcours. Un balisage et une signalétique avec poteaux directionnels vous indiquent la prochaine destination et les temps de parcours. Chaque ville ou village constitue une étape, vous permettant de personnaliser votre randonnée. Les balises vous guident aux différents croisements.
Annecy est le plus connu des quatre grands lacs de Savoie et de Haute-Savoie. Il offre à découvrir des eaux bleu turquoise chères à Cézanne. S'y reflètent la vieille ville d'Annecy, la Tournette, les Dents de Lanfon, le mont Veyrier ou la baie de Talloires. Et, par-delà les rives, deux châteaux de contes de fées semblent se saluer : Menthon-Saint-Bernard sur les hauteurs et Duingt au bout de l'éperon séparant le Grand du Petit lac. A quelques kilomètres, aux sources du lac d'Annecy, s'ouvre le pays de Faverges. L'été, plaisanciers, véliplanchistes, nageurs et pêcheurs profitent des eaux tempérées qui oscillent entre 22 et 24°C.
Aujourd'hui, Annecy, ville d'art et d'Histoire, et le lac ont gardé de nombreuses traces de son passé complexe comme le palais de l'Ile, construit au XIIe siècle ou encore les châteaux de la route des Ducs de Savoie. Le Vieil Annecy mérite tous les détours.
Découvrir le lac d'Annecy, c'est d'abord contempler un paysage exceptionnel, composé de bleu, de vert et de blanc, d'eau limpide, de forêts et de neige. Le panorama du lac et des montagnes qui l'entourent est doux, non agressif mais néanmoins imprégné de caractère alpin : le lac se situe à 447 m d'altitude, mais est surplombé au point le plus haut par la Tournette, époustouflant sommet en forme de fauteuil, qui culmine à 2 351 m.
A Sevrier, ne manquez pas de visiter le musée Paccard. Depuis plus de deux cents ans, plus de cent mille cloches sont sorties de ces ateliers, dont en 1891 la célèbre Savoyarde, plus grosse cloche de France. Sévrier, c'est aussi les Etains du Lac et l'écomusée du Costume savoyard. Toutefois, l'un de nos coups de cœur reste Talloires, délimité d'un côté par le lac, de l'autre, par les montagnes. Superbe ! D'abord chapelle, puis monastère, sa magnifique abbaye érigée au XVIIe siècle par les moines bénédictins est aujourd'hui un hôtel restaurant 4 étoiles apprécié non seulement pour son confort mais également pour son histoire culturelle extraordinaire. Depuis l'église Saint-Germain, le panorama sur la baie de Talloires et sur tout le lac est tout simplement somptueux. Si la fatigue ne vous gagne pas, tentez le roc de Chère, grand éperon rocheux s'avançant sur le lac et dont le massif forestier recèle une flore étonnante ou encore la cascade d'Angon aux chutes d'eau spectaculaires.

- **Informations complémentaires** : www.savoie-mont-blanc.com ou www.hautesavoiexperience.fr

Les gorges de l'Allier

- **Département :** Haute-Loire (43), de Brioude à la Bastide-Puylaurent
- **Temps estimé :** 5 jours – 60 heures
- **Saisons idéales :** été, printemps, automne
- **Catégorie :** moyen
- **Accès :** Brioude

Si l'Allier mérite de longues randonnées ce n'est pas seulement parce que le plus long affluent de la Loire (420 km) garde un côté sauvage en maints endroits. C'est surtout parce qu'il a su creuser dans ses vallées un site unique et grandiose de gorges profondes offrant des vues à couper le souffle. Exceptionnels et sauvages, les paysages multiplient les contrastes : falaises à pic, chaos de roches et promontoires, orgues basaltiques où tours, églises romanes et autres châteaux sont accrochés. Sur les versants abrupts, forêts et landes à genêts règnent en maîtres. Quant aux villages, ils possèdent de jolies maisons polychromes et nichent sur des replats au-dessus des eaux tumultueuses de l'Allier (on y revient !).
Notre itinéraire suit une partie du GR 470. Il débute aux portes des gorges de l'Allier, dans la Haute-Loire (43), au cœur d'une commune au charme méridional, Brioude, qui s'est développée autour de la basilique Saint-Julien, la plus vaste église romane d'Auvergne. Puis apparaît une autre beauté agrippée aux flancs d'un rocher basaltique : la petite cité médiévale de Saint-Ilpize qui attire les regards grâce aux vestiges de son château féodal, de son église du XIVe siècle et de son élégant pont suspendu qui la relie à Villeneuve-d'Allier. Rejoignez ensuite Lavoûte-Chilhac, son magnifique prieuré et son pont médiéval du XIe siècle. A Chilhac, au-dessus des eaux de l'Allier, un curieux empilement crée la surprise : les colonnes parfaitement verticales d'orgues basaltiques supportent la masse exubérante d'une coulée figée comme à regret. Sur ce promontoire naturel, les maisons bâties sur le modèle vigneron, l'église et l'ancien château du village se découpent fièrement dans le bleu du ciel. L'église de Blassac mérite, elle aussi, une halte. Tout comme, un peu plus loin, Langeac, petite cité de caractère reconnaissable à son pont à deux arches sur l'Allier, ses façades ocre et sa collégiale Saint-Gal typique avec son clocher polygonal. A Monistrol-d'Allier passe le chemin mythique de Compostelle. Là encore, la foi chrétienne a laissé de belles traces humaines, deux églises paroissiales et trois chapelles érigées dans un décor naturel magnifique. Plus loin, les ruines du château de Douchanez, le site du Nouveau Monde, et d'autres vestiges, ceux du château de Vabres. Langogne et Cheylard-l'Évêque – sur le chemin de Stevenson – réjouiront aussi vos regards. Mais il est temps de rentrer à Brioude ! A partir de la Bastide-Puylaurent, vous pourrez le faire par le Cévenol, qui offre un parcours ferroviaire unique en France en plein cœur des gorges.

- **Informations complémentaires** : www.gorges-allier.com

Les gorges de l'Ardèche

- **Département :** Ardèche (07), de Vallon-Pont-d'Arc à Saint-Martin-d'Ardèche
- **Temps estimé :** 3 jours – 64 km
- **Saisons idéales :** printemps, été
- **Catégorie :** moyen
- **Accès :** Vallon-Pont-d'Arc

Site naturel d'exception, les gorges de l'Ardèche, réserve naturelle, serpentent sur une trentaine de kilomètres entre de majestueuses falaises avec des à-pics de quelque 250 m. Une histoire géologique datant de plus de 100 millions d'années est à l'origine de ce canyon et de ses nombreuses grottes et avens que vous trouverez sur cet ancien plateau calcaire. Les gorges de l'Ardèche, c'est aussi une présence humaine depuis le paléolithique où les chasseurs nomades qui suivaient les migrations des troupeaux de chevaux et de rennes s'abritaient dans les cavités. Témoin de cette présence, la grotte Chauvet, datant de plus de 30 000 ans et ornée de trois cents peintures rupestres... Un joyau pour les archéologues. Depuis cette date, les gorges et leurs environs ont sans cesse été occupés, d'abord par les Celtes qui nous ont laissé de nombreux menhirs et dolmens, puis par les Romains qui ont navigué sur l'Ardèche, et jusqu'à aujourd'hui où la descente des gorges fait le bonheur des kayakistes. Le sentier de randonnées pédestres est situé au fond du canyon – possibilité de suivre aussi la route touristique, située en haut de la corniche, et d'admirer les nombreux points de vue depuis les belvédères. Au départ de Vallon-Pont-d'Arc, visitez la grotte de Deroc aux belles concrétions. Une autre merveille de la nature vous attend : le Pont-d'Arc, nommé porte d'entrée naturelle des gorges de l'Ardèche. Le sentier de Combe-Longue vous mène jusqu'à Saint-Remèze où vous accéderez à de nombreuses grottes et plusieurs avens. Un musée de la Lavande a élu domicile dans une ancienne bergerie. A travers vignes et champs de lavande, vous gagnerez la Dent de Rez. Le village de Saint-Montan, classé Village de caractère retiendra toute votre attention avec ses deux églises romanes et son château du XIVe siècle. La traversé du bois des Géantes ne manque pas non plus d'intérêt avec ses nombreux dolmens qui vous guideront jusqu'au village de Saint-Martin-d'Ardèche, en bordure de la rivière. Dans les gorges, profitez du spectacle grandiose de Dame Nature.

- **Informations complémentaires :** http://pontdarc-ardeche.fr

Quelques sentiers dans les vignobles du Diois

- **Département :** Drôme (26)
- **Temps estimé :** une demi-journée à un jour par randonnée
- **Saisons idéales :** printemps, automne
- **Catégorie :** facile
- **Accès :** Die

Vin pétillant naturel et populaire, la clairette de Die affiche 2 000 ans d'âge. Respect ! Son AOC a été obtenue en 1942. Tout de même ! En 1971, la méthode de fabrication de la Clairette de Die Tradition, unique en France, est identifiée sous le nom de « méthode dioise ancestrale ». Il s'agit d'une technique de vinification qui repose sur une fermentation incomplète en cuve qui se poursuit en bouteille à partir du sucre résiduel du raisin. Un vin festif et sans chichi qui a de nombreux adeptes... Les viticulteurs indépendants et la cave coopérative Jaillance de Die s'attachent à animer le pays autour de ses vins précieux, clairette, mais aussi chatillon-en-Diois : œnotourisme, fête de la clairette, festival Espiègleries... Ils ont également tracé des sentiers dans les vignes. Autant de petites randonnées pour se mettre en jambe avant de grimper vers les sentiers du parc du Vercors !

Randonnée dans les gorges de l'Ardèche, près de Vallon-Pont-d'Arc.

Plusieurs itinéraires possibles très différents les uns des autres qui permettent de découvrir de magnifiques paysages en surplomb de la rivière, de la vallée, de falaises, etc. Vous croisez des vignobles, mais aussi des maisons de vignes, des monuments remarquables, des chapelles, des ruisseaux... Vous cheminez les yeux sur le Glandasse, sommet emblématique du Diois, le pays de Die et de la clairette, ou sur les Trois Becs autre repaire diois.

- **Sentiers au départ de** : Die, Ponet et Saint Auban, Chatillon-en-Diois, Barsac, Vercheny, Montmaur-en-Diois, Saint-Sauver-en-Diois.
- **Informations complémentaires** : www.diois-tourisme.com

Randonnée et œnotourisme autour de Ruoms

- **Département :** Ardèche (07)
- **Temps estimé :** demi-journée à un jour par randonnée
- **Saisons idéales :** printemps, automne
- **Catégorie :** facile
- **Accès :** Ruoms

Il n'y a pas que les eaux vives en Ardèche, terrain de jeu apprécié tout au long de l'été... Il y a aussi le vin, aux quatre saisons ! Sans oublier les châtaignes, la charcuterie et nombre de spécialités traditionnelles. L'Ardèche vous invite à cheminer gourmand et à apprécier ces vins de cépages et de terroir, de coopératives en caves particulières. Vous pouvez randonner dans le vignoble des coteaux et jouir ainsi de beaux panoramas et de paisibles promenades. Quelques sentiers vignerons viennent compléter l'offre de randonnée de ce département très pédestre... L'Ardèche est, en effet, très bien pourvue en la matière avec 6 000 km de chemins, dont 600 km de GR, 650 km de GR de pays et 4 500 km de promenades.

- **Découvrez les vignobles autour de Ruoms** où vous ferez forcément escale pour visiter le nouveau Néovinum, tout à la fois espace de découverte œnologique, moderne et très intéressant, et caveau des vignerons ardéchois où faire provision de bons flacons. Vous profitez d'une immersion spectaculaire dans l'univers des vins d'Ardèche, une heure de visite guidée à travers un parcours mis en scène et interactif de trois salles, suivi d'une dégustation commentée de trois vins pour vous initier ou approfondir vos connaissances œnologiques.
- **À proximité, la cave coopérative de Valvignères** est le camp de base d'un sentier vigneron que vous pouvez emprunter seul en suivant le PDIPR qui traverse les vignes ou avec les coopérateurs de la cave qui vous proposent des journées accompagnées avec découverte des vins, des vignes et pique-nique en commun. En savoir plus : *www.cavevalvigneres.fr*.
- **À proximité toujours, le village de Saint-Alban-Auriolles** vous propose, quant à lui, cinq beaux sentiers balisés. Le plus court – le Sentier familial de découverte – est ponctué de tables de lecture pédagogique sur l'habitat néolithique, l'historique du site du calvaire, la géologie, l'architecture rurale en pierre, architecture et urbanisme. En chemin, vous découvrez un dolmen. Ce circuit emprunte de très beaux chemins médiévaux, empierrés et entourés de murets qui ont été débroussaillés par les bénévoles de l'association villageoise Chemins faisant. On marche dans les traces des anciens en empruntant les sentiers de pierre, une allée bordée de cèdres géants, à travers les dalles calcaires immenses dans les odeurs de garrigue et jusqu'à la calade qui ramène au village.
- **Un autre sentier vigneron est balisé, plus au nord, au nord d'Aubenas,** au départ de la cave coopérative de Lablachère. Il vous fera serpenter à travers le vignoble en terrasse typique des Cévennes ardèchoises. Ces terrasses localement nommées « faïsses » et sur lesquelles les cépages Viognier, Chatus, cépage ancien réhabilité emblématique du secteur et bien d'autres produisent des vins d'Ardèche de caractère. Vous découvrirez aussi les cabanes de vignes servant autrefois de remise d'outils nécessaires pour la culture. Elles accueillaient les travailleurs, mais aussi les familles qui se rejoignaient lors de la pause déjeuner. En savoir plus : www.cave-lablachere.fr.
- **Itinéraire pédestre « Sur les pas de Gambert ».** Il faut remonter vers le nord et traverser le Rhône pour se retrouver côté Isère du vignoble et découvrir cet itinéraire de 1 heure 45 sur 4 km qui permet de découvrir le fameux vignoble de l'Hermitage. En onze étapes, il vous offre d'apprécier la géologie, les modes de culture de la vigne en terrasses, ses différents cépages ainsi ses terroirs. Départ prévu à la cave de Tain. Renseignements : www.explore-hermitage.com.
- **Le plus :** les domaines viticoles vous proposent souvent des chambres – voire des tables – d'hôtes qui vous permettent de partir du bon pied et de bon matin à travers les vignes et de découvrir les coulisses du vin. Allez-y pendant les vendanges !

Sur les traces de San Antonio

- **Départements :** Isère (38), sur la commune de Saint-Chef, près de Bourgoin-Jallieu
- **Temps estimé :** 2 heures – 10 km
- **Saisons idéales :** printemps, été, automne
- **Catégorie :** facile
- **Accès :** Saint-Chef

Accessible à tous, ce circuit vous invite à partir à la découverte du patrimoine local et de San Antonio. Entre la terre et les vieilles pierres, l'histoire est au rendez-vous avec l'Abbaye de Saint-Chef et le château de Chapeau Cornu. « *Un jour, ils viendront en pèlerinage sur ma tombe, par cars entiers, on leur fera des forfaits... Je ferai sous-Lourdes en somme* », plaisantait Frédéric Dard, écrivain originaire du Dauphiné, devenu mondialement connu grâce à son enfant de plume, le fameux commissaire San Antonio et les nombreux polars dans lesquels celui-ci mène ses enquêtes. Selon ses dernières volontés, il a été enterré dans le cimetière de Saint-Chef, village où il avait passé une partie de son enfance, et où il aimait se ressourcer.

Vous marchez sur les traces de San Antonio. Le parcours commence avec la découverte d'un des chefs-d'œuvre de l'art religieux en France, l'église abbatiale de Saint-Chef, fondée au VIe siècle par saint Theudère. Classée monument historique, celle-ci abrite un ensemble exceptionnel de fresques du XIIe siècle illustrant des scènes de l'Apocalypse de saint Jean. Autour de l'édifice, les maisons à tourelles, aux portes historiées et aux baies à meneaux nous guident vers la sortie du bourg. Cap sur le hameau de la Biousse. L'itinéraire rend hommage à l'imagination et à la générosité de l'enfant du pays : plongées en sous-bois, traversées de vallons étroits, passages sur de larges crêtes, échappées belle sur des coteaux plantés de vignes... A mi-parcours, une halte au château de Chapeau-Cornu s'impose. Cette forteresse médiévale est devenue un lieu de villégiature prestigieux et une halte gastronomique réputée. Après le hameau d'Arcisse, vous rejoignez Saint-Chef par les vestiges de son château féodal, dont la fameuse tour du Poulet. Il sera temps de rendre, au cimetière du bourg, une visite à Frédéric Dard. Enfin, ne partez pas sans découvrir la maison du patrimoine de Saint-Chef, musée qui a dédié un étage passionnant et émouvant aux deux enfants du pays devenus célèbres, le père de San Antonio, d'une part, le comédien Louis Seignier, d'autre part. Bornes interactives et riches collections.

- **Renseignements complémentaires** : www.isere-tourisme.com
- **Pratique** : possibilité de retirer à l'office de tourisme un guide (1,50 €) avec des itinéraires de randonnée.

Balades entre gorges et cols dans les Baronnies

- **Département :** Drôme (26).
- **Distance :** 15,87 km aller-retour.
- **Temps estimé :** 6h.
- **Dénivelé positif :** 538 m.
- **Dénivelé négatif :** 537 m.
- **Saisons idéales :** printemps, été, automne.
- **Catégorie :** moyenne.
- **Accès :** Départ par la promenade des Princes de Monaco qui longe l'Ouvèze.

Une randonnée magnifique au printemps avec des cerisiers en fleur, sans difficulté majeure et bien balisée, qui démarre par les gorges d'Ubrieux et se poursuit entre oliviers, vignes, vergers et forêts, sans oublier quelques cols et les paysages parfois chahutés des Baronnies.
Longer l'Ouvèze en direction des gorges d'Ubrieux. Juste après le pont qui franchit la rivière, tourner à gauche (balisage jaune) pour longer l'Ouvèze, dépasser le stade et rejoindre la départementale au niveau de la Font d'Annibal. Continuer vers la gauche le long de la départementale en admirant les gorges d'Ubrieux.
Juste après le pont qui retraverse la rivière, prendre à gauche la petite route des Péchières. Respecter le balisage jaune et privilégier la piste de gauche peu après les dernières maisons. Le chemin monte alors à flanc de montagne à travers une forêt de chênes et de pins (direction Linceuil). Quand le chemin arrive au pied d'une falaise, continuer sur la gauche. Continuer à monter jusqu'à atteindre une zone dégagée.
Dépasser les ruines de la bergerie des Cades et aller tourner tout au fond du vallon où le chemin fait une épingle à cheveux avant de rejoindre le col de Milmandre et son panorama.
Au col de Milmandre, rattraper le GR®9 qui permet d'amorcer le retour vers Buis-les-Baronnies. Le GR® longe alors des barres rocheuses qu'il franchit, sans aucune difficulté, au col de Malpertuis.
Continuer à descendre. On retrouve des zones cultivées avec oliviers, cerisiers et vignes avant de rejoindre une piste qui, à droite, se dirige vers la petite route du col d'Os que l'on emprunte vers la droite.
Rester sur cette route (même quand le GR® oblique brutalement à gauche) en admirant le mont Ventoux et continuer à descendre jusqu'à rejoindre les maisons.
Il ne reste plus qu'à rejoindre le parking par les petites rues et places du village et à vous restaurer à l'une des terrasses ombragées.

- **Pour en savoir plus :** www.baronnies-provencales.fr

Bouvante-le-Bas : tour du Val Sainte-Marie

- **Département :** Drôme (26).
- **Distance :** 16 km.
- **Temps estimé :** 6h.
- **Saisons idéales :** printemps, été, automne.
- **Catégorie :** difficile – marcheurs entraînés.
- **Départ :** le village de Bouvante-le-Bas.

Une randonnée sportive pour découvrir le magnifique domaine des moines qui vécurent dans la chartreuse du Val Sainte-Marie, fondée par le Dauphin au XIIe siècle.
De Bouvante-le-Bas, rejoignez par la route les hameaux de la Courerie puis les Vignés. Poursuivez par un chemin à droite qui démarre tranquillement, puis par une montée soutenue pour rejoindre le col de la Rochette. Le col franchi, poursuivez sur environ 400 m, puis tournez à droite dans une prairie et trouvez une sente près d'une ancienne grange qui s'élève dans la forêt en écharpe à gauche.
On rejoint une piste, suivez-la à gauche. Elle rejoint une piste plus importante que l'on emprunte vers la droite. Arrivée à Pélandré (maison). Après la maison, traversez la prairie vers la gauche pour s'approcher des falaises et admirer le Val Sainte-Marie en contrebas, puis poursuivez sur une piste (GR9) qui contourne le Serre de Pélandré par l'est. Au carrefour des Quatre Routes, poursuivez par le GR9. Plus loin, il devient raide (chemin de Manamillé). A un embranchement (cairn), quittez le GR9 et prenez la piste forestière qui descend sur la droite. Croisez une piste horizontale, restez sur la piste descendante qui rejoint ensuite une petite crête pentue, empruntez-la vers la gauche. Arrivez un peu au-dessus du portail des roches. Poursuivez jusqu'aux ruines de la chartreuse (XIIe siècle). Vous pouvez aussi suivre le sentier balisé (G9) jusqu'à Bouvante-le-Bas.

- **Pour en savoir plus :** www.royans.com

BOURGOGNE-FRANCHE-COMTÉ

Bourgogne. La Bourgogne, ce sont des vins mais aussi quelque 6 000 km de sentiers et autres itinéraires sillonnant un territoire magnifique, de l'Yonne à la Saône-et-Loire et de la Nièvre à la Côte-d'Or.

Franche-Comté. Un air pur, de jolis paysages… Randonner dans la vallée du Doubs ou sur les sentiers du Jura promet de belles sensations. N'oubliez pas le vin jaune et le mont d'or, deux spécialités locales dont il serait dommage de se priver, surtout après une bonne marche !

LES SPÉCIALISTES

COMITÉ RÉGIONAL DU TOURISME DE FRANCHE-COMTÉ

✆ 03 81 25 08 00
randonnee.franche-comte.org

Ouvert du lundi au jeudi de 9h à 12h30 et de 13h30 à 17h ; le vendredi de 9h à 12h30 et de 13h30 à 16h.

Ce site géré par l'office de tourisme de la région recense des itinéraires de randonnée à la demi-journée, journée ou sur plusieurs jours, avec carte et descriptifs complets. Très bien fait, il est une mine d'informations, à consulter en ligne ou à télécharger, pour qui veut surfer avant d'aller marcher.

BOURGOGNE RANDONNÉE

4 place du commerce
CLUNY
✆ 03 85 20 54 88
www.bourgognerando.com
info@bourgognerando.com

Du lundi au vendredi 09h30 à 12h30 - 13h30 à 17h30.

Bourgogne Randonnée crée et organise des randonnées dans toute la Bourgogne. Elle conçoit des excursions à la journée, selon vos thèmes de prédilection et vos envies : randonnée en amoureux, randonnée en famille, randonnée sportive, activité d'entreprise ou entre amis... à dominante culturelle, patrimoniale, sportive ou gourmande ! Parmi les offres à la carte, parcourez le Beaujolais viticole, admirez les vignobles au pied de Solutré, effectuez le chemin des Moines ou des grands crus ou empruntez la Voie des Vignes.

COMITÉ RÉGIONAL DE LA RANDONNÉE PÉDESTRE DE BOURGOGNE-FRANCHE-COMTÉ

23, rue du Vallon
THISE ✆ 03 81 61 21 78

Ouvert toute l'année. Licence à partir de 25.40 €/an. La FFR propose la Rando Santé®, adaptées aux personnes en situation de handicap ou de difficulté.

La Bourgogne ne fait pas rêver que les amateurs de bons vins… Cette région bien aimée est un véritable paradis pour les randonneurs. Plus de 6 000 km de chemins balisés la sillonnent. Si vous ne voulez pas passer à côté d'un bon plan, si vous souhaitez trouver la randonnée qui convient à vos jambes ou à celles de votre groupe, une seule adresse à retenir et à contacter : celle du comité régional ! Ses missions : promouvoir et soutenir la pratique de la randonnée en Bourgogne, diffuser les informations relatives à la randonnée, soutenir et conseiller ses comités départementaux rattachés… C'est aussi lui qui forme les randonneurs, les baliseurs, les animateurs et qui entretient les sentiers. Le site regorge de conseils pratiques et d'astuces pour les randonneurs en herbe.

Les chemins de la Contrebande

A cheval entre la France et la Suisse, les chemins de la Contrebande invitent les randonneurs à parcourir sur le mode d'une aventure connectée des circuits historiques. Trois itinéraires sont proposés, avec, pour chacun, énigmes à résoudre et jeux de rôle pour une découverte ludique et originale du patrimoine local. Pour tous, un guide et une application dédiés sont disponibles.

Circuit 1. L'Orlogeur, de Morteau à la Chaux-de-Fonds
Sur 5 jours et 60 km, initiez-vous aux pratiques secrètes de la contrebande.

Circuit 2. La Bricotte, de Maîche à la Ferrière
Pendant 5 jours et 77 km, endossez le rôle d'une bricottière. Faites connaissance avec ce personnage absolument indispensable à la vie de l'époque...

Circuit 3. Le colporteur, de Saint-Ursane à Saint-Hippolyte
Votre mission ? En trois jours et 45 km, vous, colporteur néophyte, devez vendre le plus de produits possible et rétablir la vérité...

Se lancer dans l'aventure : www.lescheminsdelacontrebande.com

LES CIRCUITS

Au cœur du Morvan

- **Départements :** Yonne (89) et Nièvre (58), de Quarré-les-Tombes à Planchez
- **Temps estimé :** 4 jours – 72 km
- **Saisons idéales :** été, printemps, automne
- **Catégorie :** facile
- **Accès :** Quarré-les-Tombes

Le Morvan est un plateau bosselé très vaste et couvert de forêts qui laissent apparaître çà et là prairies, cultures et hameaux pittoresques. Il est aussi garni d'innombrables ruisseaux et rivières ainsi que de lacs de retenue conçus par l'homme et parfaitement intégrés dans le paysage. Ce plateau s'élève lentement du Bassin parisien vers le Massif central.

C'est dans l'Yonne que commence notre itinéraire, à Quarré-les-Tombes, dernier bastion icaunais avant la Nièvre, terre d'élections de l'ancien président Mitterrand. Le village est situé dans le parc naturel régional du Morvan, entre les vallées de la Cure et du Cousin, au sommet du mont Culan à 460 m d'altitude. Outre cette spécificité il présente aussi la particularité de montrer, rassemblés autour de l'église, une bonne centaine de sarcophages mérovingiens ! Rejoignez le hameau de Courotte où vous longerez le lac de Crescent entouré de forêts et de prairies avant d'atteindre l'Huis Barrat, Chalaux puis le hameau de Plainefas et les bords du lac de Chaumeçon. D'une surface de 135 hectares, ce barrage, tout comme ses voisins, a une mission précise : réguler indirectement les eaux de l'Yonne et de la Seine pour éviter les crues dans la capitale. Le soir faites une halte à Brassy, un petit village où l'on peut manger et dormir. Le lendemain, direction les hameaux de Rivières et Maguémont à travers bois et prairies. Passez par la Croix-Gerrin pour atteindre Ouroux-en-Morvan, station verte de vacances, où l'on découvre aussi le maquis Bernard, haut lieu de la Résistance en Morvan, ainsi que des vestiges de l'Antiquité. Par les villages de Montpency, Gourgermain et les Quatre-Vents, vous atteindrez, niché dans la vallée de l'Yonne au creux de petites montagnes, le plus grand lac du Parc du Morvan, celui de Pannecière (13 km de long, 520 hectares) qui réjouit les photographes car il leur offre des panoramas différents en fonction des saisons et du niveau de l'eau. A Chaumard, les petites plages sauvages, les coins de pêche et les points de vue sur le lac abondent. Sur les hauteurs, dans les forêts, vous aurez une pensée pour les 22 résistants du maquis de Chaumard tués par les Allemands le 31 juillet 1944 suite à une dénonciation. En longeant le lac, arrêtez-vous à Corancy pour y contempler son patrimoine religieux, l'église de Saint-Euphrône et la chapelle de Faubouloin dont la construction suscita de nombreuses légendes. Sur l'autre rive du lac, découvrez Montigny-en-Morvan et sa grande plage sauvage. Et offrez-vous en famille, si le cœur vous en dit, une promenade en calèche tirée par un percheron imposant. Enfin, par le lieu-dit « le fou de Verdun », vous rejoindrez Planchez, un petit village perdu au milieu de la forêt.

La ceinture de Besançon

- **Département :** Doubs (25)
- **Temps estimé :** 2 jours – 23 km en boucle
- **Saison idéale :** été
- **Catégorie :** moyen
- **Accès :** Besançon

Un bien agréable itinéraire en boucle au départ du parking Chamars. Pour préchauffer les mollets, faites une halte bien méritée à Besançon. Erigée selon Vauban, sa citadelle fait plus que dominer la cité, elle en est l'élément le plus déterminant, l'âme, l'acropole en même temps que la signature. Ouvrage militaire s'il en est, elle recèle aujourd'hui des trésors de connaissances muséographiques. Vos chérubins adoreront le musée zoologique et se passionneront pour l'horloge astronomique. Les plus grands s'attarderont aux musées du Temps, des Beaux-Arts et d'Archéologie, et toute la famille aimera musarder dans sa vieille ville. La randonnée proprement dite va quant à elle vous permettre de longer les berges du Doubs, d'abord sur sa rive gauche jusqu'à l'entrée du tunnel fluvial sous la citadelle Vauban, puis sur sa rive droite jusqu'au barrage de La Malate. En s'élevant jusqu'au bourg de Montfaucon – 610 m –, à partir des belvédères du château médiéval et du relais des télécoms, vous profiterez de vues panoramiques sur la vallée du Doubs, Besançon, et les monts en direction de Vesoul, Belfort, Morteau, Pontarlier, Lons-le-Saunier et Dole. Ce parcours comportant de nombreux passages en sous-bois est apprécié en hiver et surtout en été.

- **Informations complémentaires** : article sur le blog « Dieppe Rando Caux », tenu par un passionné de randonnée (http://dieppe.rando.caux.over-blog.com). Photos et plan.

La Côte de Beaune

- **Département :** Côte-d'Or (21), de Beaune à Meursault
- **Temps estimé :** 2 jours – 25 km
- **Saisons idéales :** été, printemps, automne
- **Catégorie :** facile

Vous voici dans une des parties la plus prestigieuse du vignoble de Bourgogne. Le vignoble de la Côte de Beaune s'étend sur une vingtaine de kilomètres entre Ladoix-Serrigny et le magnifique coteau des Maranges. Sur ce coteau, souvent étroit et magnifiquement exposé au soleil levant, les plus grands vins blancs secs du monde côtoient des vins rouges de grande réputation. Sa renommée est étroitement liée à sa capitale, Beaune, véritable siège historique et économique de la Bourgogne viticole. C'est ici d'ailleurs que commence notre circuit. La journée sera nécessaire pour découvrir cette ville qui mérite que l'on s'y attarde. Dans ses rues anciennes, vous flânerez en admirant de belles maisons Renaissance.

A ne manquer sous aucun prétexte : l'hôtel-Dieu, la collégiale Notre-Dame et le musée des Vins de Bourgogne installé dans l'ancien hôtel des ducs de Bourgogne. Pour un bol d'air au milieu des vignes, grimpez vers la montagne de Beaune. D'ici, vous pourrez rejoindre Chorey, puis le joli village d'Aloxe-Carton. Par le vignoble encore, vous rejoindrez Savigny-les-Beaune et son magnifique château. Au pied des vignes, à l'entrée du village, vous verrez une imposante statue représentant saint Vincent, le patron des vignerons. Haute de plus de 6 m, elle a été sculptée en une seule pièce dans un séquoia. A Pommard, avec sa curieuse église offrant au regard un clocher carré, vous découvrirez un vin rouge, certainement le plus robuste et le plus tannique de Bourgogne. Partez à la rencontre des vignerons du château de Pommard, le plus grand vignoble privé de Bourgogne. Visitez son jardin à la française et sa roseraie, son musée de la Vigne, et explorez ses caves. Puis, vous traverserez Volnay, Monthélie et son église romane du XIIe siècle, Auxey-Duresses, niché dans une combe profonde menant à la Rochepot et son château – l'un des plus beaux de Bourgogne. Il mérite une visite pour son beau triptyque du XVIe siècle. Dernière étape, Meursault et ses grands crus, mais aussi un riche patrimoine à découvrir. A quelques kilomètres, les grands vins blancs mondialement connus de Puligny-Montrachet et Chassagne-Montrachet.

- **Informations complémentaires et variantes** : www.beaune-tourisme.fr et www.beaune-rando-vigne.com/fr

Lacs et cascades du Jura

- **Département :** Jura (39), de La Tour du Meix à Ilay en passant par Clairvaux-les-Lacs
- **Temps estimé :** 3 jours – 68 km
- **Saison idéale :** printemps
- **Catégorie :** facile
- **Accès :** La Tour du Meix

On se doutait bien qu'un pays capable de fabriquer un aussi bon fromage que le comté jouissait d'un décor superbe mêlant à la fois forêts profondes et charmants villages, lacs agréables (avec parfois des plages aménagées) et somptueuses cascades, spécialités culinaires locales et autres petits torrents avec, en toile de fond, les célèbres monts du Jura. C'est cette région paisible et de moyenne altitude que nous vous proposons de découvrir via une randonnée de deux jours qui débute à La Tour du Meix.

Sitôt sur place vous traverserez une forêt pour gagner le Pont de la Pyle et le belvédère de Château-Richard. Le Pont de la Pyle est un ouvrage de 351 m de long et situé à 75 m de hauteur offrant à ses usagers un superbe panorama sur le lac de Vouglans. La randonnée se poursuit via la plage de Sauchauffant et, en dehors des rives du lac, la découverte de villages pittoresques en diable : Saint-Christophe, Marsonnay. Ensuite, vous retrouvez le lac au port de la Saisse et gagnez Pont-de-Poitte en longeant l'Ain. Ce trajet vous permettra de découvrir – et d'admirer – les fameuses « marmites » et le Saut de la Saisse. Après une nuit à Pont-de-Poitte vous quitterez ce paisible village par l'autre rive du lac de Vouglans. Une fois de plus, nous vous conseillons de vous éloigner de temps à autres pour pimenter votre randonnée par la découverte de villages dont le cachet vous réjouira. Passé Auge, faites connaissance avec la campagne jurassienne et, en suivant les villages de Thonia et Soucia, gagnez deux lacs – un petit et un grand – qui portent le même nom, Clairvaux, et sont séparés l'un de l'autre par des prairies humides. Pour la troisième étape, prenez, à partir de Clairvaux-les-Lacs, un sentier qui conduit à Uxelles, petit village niché autour d'une belle chapelle du XVIIe siècle, et qui rejoint la vallée dite « du Hérisson ». Mais attention ce nom n'a rien à voir avec les petits animaux qui intriguent les enfants ! Non, les spécialistes pensent qu'il a pour origine la contraction de deux mots grec et celtique voulant dire « eau sacrée ». Il est vrai que la beauté des lieux nous incline à opter pour cette appellation : le Hérisson est une vallée qui offre un spectacle que d'aucuns qualifieront de divin, avec la succession de sept cascades de toute beauté dont les plus hautes mesurent plus de 60 m. Un régal pour les yeux ! Et une fin de randonnée… divine !

Le pays des Mille Etangs

- **Département :** Haute-Saône (70)
- **Temps estimé :** 1 jour
- **Saison idéale :** été
- **Catégorie :** facile
- **Accès :** Luxueil-les-Bains

Pour une balade en famille « sérénité », choisissez de parcourir le plateau des Milles Etangs – 220 km^2 –, dans le nord du département, au cœur des Vosges saônoises, entre les vallées du Breuchin et celle de l'Ognon. Les landes, les forêts et les prés entremêlés de ruisseaux et de plans d'eau en font une région fascinante, façonnée il y a des milliers d'années par les glaciers, puis transformée par les hommes en une immense réserve piscicole constituée de huit cent cinquante étangs. Plusieurs circuits sont possibles, avec en moyenne une quinzaine de kilomètres chacun. Au Saut de l'Ognon, la roche a été creusée, permettant à la rivière de s'écouler plus facilement et de limiter les crues meurtrières dans le village de Servance. Un sentier thématique sur l'eau vous y conduira. Le sentier des Etangs à Beulotte-Saint-Laurent chemine dans un paysage typique du plateau. Le sentier découverte d'Ecromagny vous fait découvrir les richesses de la tourbière des Viaux et du patrimoine bâti du village, ici même où l'on ferrait encore les bœufs il n'y a pas si longtemps. A proximité, le sentier des Epoissets, entre lande, prés, bois et étangs. Le sentier du paysage du plateau d'Esmoulières se faufile, quant à lui, au milieu des pâtures et des fermes à chari. Ouvrez l'œil pour observer carpe, tanche, truite que l'on peut venir taquiner par endroits, à l'ombre de roseaux, saules et carex. Parmi la végétation encore, admirez les nénuphars, la renoncule flottante, l'iris faux acore, la caltha des marais, les littorelles, le nymphéa blanc – superbe ! Pendant l'assec, trèfle des champs, corrigiole, bidents, scirpe maritime et millepertuis boréal – unique en Europe ! – prennent racine. Dans les airs, une valse de grèbe huppé, martin-pêcheur, héron cendré, colvert, balbuzard, hirondelle…

Pour les conseils de visite, ne manquez pas Luxeuil-les-Bains au passé antique avec ses thermes, son abbaye Saint-Colomban et le cloître du XVe siècle, son musée d'archéologie – le plus ancien de France ! –, son conservatoire de la Dentelle et son cœur de ville mi-gothique, mi-Renaissance. Le bourg médiéval de Faucogney, avec dans son église un remarquable retable, mérite aussi l'attention. De la chapelle Saint-Martin, la vue embrasse toute la vallée du Breuchin. À Melisey, ne manquez pas le circuit Découverte au bord de l'eau, ni la visite de son église.

- **Informations complémentaires** : www.les1000etangs.com

Les reculées du Jura

- **Département :** Jura (39), d'Arbois à Château-Chalon
- **Temps estimé :** 3 jours – 69 km
- **Saison idéale :** printemps
- **Catégorie :** facile
- **Accès :** Arbois

Si tout le monde connaît le terme « avancée », « reculée », lui, mérite une définition que le *Petit Robert* nous donne en quelques mots : « *Fond d'une vallée jurassienne en cul-de-sac et aux parois abruptes.* » Précisons qu'à la base de ces vallées étroites jurassiennes se trouve une grotte ou un réseau souterrain d'où sort une résurgence, donnant naissance à un cours d'eau qui occupe ensuite le fond de la vallée. Ajoutons qu'il suffit de visiter l'une de ces grottes pour voir le rôle joué par l'eau et découvrir que ces fameuses « Marmites des Géants » sont reliées entre elles par de petits canaux. Bien sûr, ces reculées offrent des paysages grandioses qu'une randonnée de trois jours permet de contempler.

Celle que nous avons retenue commence à Arbois, une petite ville qui affiche deux titres de gloire : c'est la capitale des vins du Jura et celle où le célèbre Louis Pasteur, originaire de Dole, vécut de longues années et fit d'innombrables expériences dans son laboratoire personnel et dans la vigne attenante (les deux ont été conservés, se visitent et méritent le détour). Puisque vous n'êtes pas pressé, et que vous randonnez pour votre plaisir, prenez également le temps de découvrir le château Bontemps, l'église Saint-Just, le château Pécaud et les vieilles maisons qui longent la Cuisance.

Pour gagner la Reculée des Planches (où la Cuisance prend sa source), il vous faudra rejoindre les villages de Mesnay et des Planches, avant d'admirer la grotte des Planches et la cascade des Tufs (un spectacle dont on ne se lasse pas !). Avis aux plus courageux qui voudraient profiter pleinement des vues magnifiques sur cette vallée encaissée : grimpez sur le rebord du plateau !

Pour l'itinéraire Arbois-Poligny, vous quitterez Arbois par les vignes afin de gagner la capitale du comté – Pupillin – et son site gallo-romain. Vous cheminerez au pied ou sur les premières pentes de ces falaises couvertes de vignes et de forêts. Vous pourrez aussi découvrir une belle et étroite vallée, la Culée de Vaux. Pour profiter pleinement du paysage, un belvédere vous attend : celui de la Croix du Dan. Entre Poligny et Château-Chalon, vous pénétrerez le vignoble jurassien et vous vous arrêterez dans des villages où le temps semble s'être arrêté : Mury, Passenans, Frontenay, Menetru. Puis vous arriverez à Château-Chalon qui, du haut de l'éperon rocheux sur lequel il est perché, donne l'impression de veiller jalousement sur son fameux et séculaire vin jaune, lequel saura agréablement conclure vos trois belles journées de randonnée.

Les villages de Chablis

- **Département :** Yonne (89), de Préhy à Poinchy
- **Temps estimé :** 2 jours – 20 km
- **Saisons idéales :** printemps, automne

Vignoble de Chablis.

- **Catégorie :** facile
- **Accès :** Préhy

D'un saut, on passe facilement de la vallée de l'Yonne à celle du romantique Serein où coule le chablis, vin blanc sec distingué, vif et fruité, souvent copié mais jamais égalé, caractérisé par son goût minéral et sa robe teintée d'or vert, qui représente plus des deux tiers de la production icaunaise.
Depuis Préhy, la vue embrasse la quasi-totalité du vignoble chablisien, permettant une bonne visualisation de la hiérarchie des appellations. Vous distinguerez Petit Chablis, sur les plateaux, Chablis sur les coteaux exposés au nord et à l'est, Chablis premier cru sur les deux rives du Serein et Chablis grand cru sur la rive droite de la rivière, tous issus du cépage chardonnay. Descendu à Chablis, vous profiterez des trésors de la petite cité avec sa vieille ville, sa collégiale Saint-Martin, ses caves... Vous pourrez déguster l'autre gloire locale, l'andouillette, avant de monter à l'aire des Clos, au sommet des grands crus : Vaudésir, Valmur, Blanchot, Grenouilles, Les Clos, Les Preuses et Bougros, sept merveilles qui s'accrochent sur les coteaux abrupts et pierreux de la rive droite.
Cette balade tranquille au cœur du vignoble chablisien peut être étendue à souhait. Dans un rayon de quelques kilomètres seulement, vous pourrez aussi découvrir Courgis, bâti sur le flanc nord d'un coteau couvert de vignes. L'intérieur du village a conservé son aspect ancien et pittoresque. Ses rues étroites et escarpées, ses vieilles demeures environnant le château et l'église sont toujours enclavées par le chemin de ronde. A l'ouest de Chablis, à flanc de coteau, Milly domine la vallée du Serein. Sur ses coteaux en premier cru « les Lys et la Côte de Léchet », furent plantées les premières vignes au XVIe siècle. Chichée mérite qu'on s'y attarde avec sa rue principale d'où partent des ruelles-impasses de vieilles maisons pittoresques. Au centre, se dresse l'église Saint-Martin à l'unité remarquable. A proximité, quelques vestiges d'un ancien prieuré bénédictin. Au pâtis, de belles promenades le long du Serein vous attendent. Voisine de Chablis, Poinchy se compose en deux parties, l'une à proximité du château, l'autre autour de l'église. Le village est abondamment arrosé par le ru des Fontaines de Teigneuse et par le Serein dont les rives ombragées sont bien connues des promeneurs et des pêcheurs.

Sur le site du Mont d'Or

- **Département :** Doubs (25), des rives du lac Saint-Point au Mont d'Or
- **Temps estimé :** 3 jours – 45 km
- **Saison idéale :** printemps
- **Catégorie :** moyen
- **Accès :** Saint-Point-Lac – 10 km de Pontarlier

Régalez-vous, sans modération, de l'air des montagnes du Jura, du Haut-Doubs et de ses grands espaces préservés. Commencez par la visite des paisibles et typiques villages servant d'écrin au lac de Saint-Point, troisième lac naturel de France. Le sentier du tour du lac court sur 23 km, agrémenté de tables de lecture vous contant l'histoire du lieu et vous offrant des points de vue majestueux sur les prairies et forêts d'épicéas contribuant à la sérénité du site. Oye-et-Pallet avec sa plage au bord du Doubs, ses sentiers de randonnées et ses pistes de ski de fond, est la porte du lac. Saint-Point-Lac vous laisse profiter de son port et de sa plage proposant un bon nombre d'activités nautiques. Dégustez aussi comté, morbier, mont-d'or et le petit saint-point. En balcon au-dessus du lac Saint-Point, entre l'eau et la forêt, à 900 m d'altitude, Malbuisson, station verte, s'étire entre le hameau du Vézenay et la forêt de la Fuvelle. Il perdure ici une tradition hôtelière et gastronomique qui ne s'est jamais démentie au fil des ans. En surplomb encore, Montperreux. Un belvédère donnant sur l'Ance de Chaon et l'ensemble de la vallée des deux lacs a été édifié à côté de la petite chapelle du XVe siècle et de l'espace loisirs. Ne manquez pas la Source bleue ou encore la Fontaine ronde, notamment pendant la période de montée des eaux. Les marécages et les tourbières de la petite commune de Malpas sont particulièrement bien conservés. Du joli petit village de la Planée, abritant la plus ancienne église du canton, profitez de la vue sur tous les hauts sommets du Jura. Prenez maintenant la direction Les Longevilles-Mont-d'Or, village de la station de Métabief. Visitez miellerie, fonderie de cloches. Faites une pause pique-nique au belvédère des Deux Lacs et une étape à la Maison de la Réserve avant de parcourir les gorges du Fourperet. Enfin, dernière étape, le sommet du mont d'Or. Du haut de ses 1 463 m, ce superbe balcon vous offre un panorama renversant, la Garde jurassienne animée des roches du Suchet, du Chasseron ou de la Dent de Vaulion, et vous renverra aux cimes mythiques de l'arc alpin tels que l'Aiguille du Midi, les Grandes Jorasses, les Drus mais aussi la Jungfrau, le Mönch, l'Eiger et le Weisshorn... Une première loge pour un spectacle grandiose !

- **Informations complémentaires et parcours alternatifs** : www.malbuisson-les-lacs.com

Sur le site du Saut du Doubs

- **Département :** Doubs (25)
- **Temps estimé :** 1 jour
- **Saison idéale :** automne
- **Catégorie :** moyen
- **Accès :** Villers-le-Lac

Dans ce haut lieu touristique franc-comtois, il est préférable d'éviter la période estivale – même si les gorges et l'itinéraire en sous-bois permettent de trouver un peu de fraîcheur ! – et de choisir plutôt le mois d'octobre lorsque les forêts des pentes abruptes ont revêtu leurs couleurs d'automne et que les eaux tumultueuses sont de retour. C'est là que la randonnée est la plus belle !
Depuis Villers-le-Lac, le Doubs s'enfonce dans une vallée profonde et sinueuse formant ainsi de très jolies gorges. C'est la première partie de ces gorges du Doubs que cette randonnée propose de découvrir entre le grandiose Saut du Doubs – 27 m – et le barrage du Châtelot.

Après un périple pittoresque dans le fond des gorges, le long du lac artificiel de Moron en aval du Saut, avec en particulier les magnifiques rochers du passage d'Entreroche, l'itinéraire prend de la hauteur afin d'admirer les gorges et le lac de Moron depuis le belvédère du Châtelard. Le site d'Entreroche est tout simplement à déguster ! Un espace dégagé permet d'apprécier le flanc ouest des rochers plongeant dans le lac. Puis le sentier franchit une porte taillée à même la roche et on se retrouve alors côté est. Le spectacle est grandiose dans cette vallée profonde et sauvage au pied de magnifiques falaises. La pente des berges devient alors un peu moins raide et l'on se retrouve dans la sapinière, exploitée, du bois des Rochers. Un peu plus loin, les cabanes des pêcheurs de Moron. La vue est dégagée sur les rochers du Creux-de-Moron en face. De là, rejoignez le barrage du Châtelot dans un cadre magnifique, barrage-voûte franco-suisse, mesurant 150 m de longueur et surplombant de 75 m la rivière à l'aval. Reprenez alors le chemin forestier pour atteindre le belvédère aménagé du Châtelard. 300 m plus bas s'étire la forme arquée du lac de Moron ! Magique ! A l'ouest, admirez les bassins du Doubs et l'embarcadère. Plus loin, les cimes jurassiennes du Haut-Doubs… En reprenant l'autre versant du mamelon du Châtelard, direction Les Vions, écoutez au passage le vrombissement du Saut du Doubs en contrebas. Récemment, une passerelle a été installée sur la rivière au niveau de l'embarcadère permettant ainsi de rejoindre le côté suisse des gorges et d'autres sentiers de randonnées.

Sur les pas des moines bénédictins de Cluny

- **Département :** Saône-et-Loire (71), de La Roche-Vineuse à Berzé-le-Chatel
- **Temps estimé :** 3 jours – 37 km

© LianeM / Adobe Stock

Cluny et son abbaye.

- **Saisons idéales :** printemps, automne
- **Catégorie :** facile
- **Accès :** Cluny

Cluny, ville médiévale connue dès 910 par la renommée de son abbaye, est surplombée de collines atteignant en moyenne 500 m d'altitude. Des espaces de forêt, devignes et de pâtures relient entre eux des villages au patrimoine fabuleux : l'Art roman s'y exprime partout, l'habitat rural est préservé, les châteaux racontent leur histoire… N'hésitez pas à ponctuer – avec modération ! – ce circuit par les dégustations des vins et les visites des vignobles du Mâconnais et de la côte chalonnaise.

Vous aimerez flâner dans le vieux village de la Roche-Vineuse, au pied de la colline de la Rochette, pour y découvrir de belles demeures Renaissance et XVIIIe siècle. De la colline de Montceau, où des tables expliquent le paysage, un vaste panorama de la plaine de Saône aux célèbres roches de Solutré et Vergisson. Visitez le site archéologique de la Lie, la chapelle romane de Nancelle et le musée de la Vigne et du Vin au château de la Greffière. Par le hameau de la Croix-Blanche au milieu de cultures et de bocages, vous rejoignez Berzé.

Avec ses treize tours dominant la vallée du Mâconnais, Berzé est une forteresse du XIIIe siècle bien conservée. Réputée imprenable sous Louis XI, on y retrouve d'ingénieux systèmes défensifs au sein de ses trois murs d'enceinte. Antérieure au château, une chapelle carolingienne se cache parmi des jardins en terrasse qui offrent une vue exceptionnelle sur le val Lamartinien.

Plus loin, visitez le prestigieux patrimoine de Cluny – qui a fêté en fin 2010 le 1 100e anniversaire de son abbaye –, nombreux bâtiments monastiques, musée d'Art et d'Archéologie, bourg monastique riche en maisons romanes et gothiques, églises, majestueux hôtel-Dieu, ainsi qu'un superbe panorama du haut de la tour des Fromages, sans oublier le haras national datant du XIXe siècle. Quittez la cité pour Donzy-le-Pertuis.

Blanot, village blotti au cœur de la vallée du Grison est le coin idéal pour se détendre avant de découvrir le mont Saint-Romain, jadis lieu de pèlerinage très fréquenté. De ses 579 m, il domine de sa masse compacte, au nord, le site de Blanot. De sa table d'orientation, une vue panoramique vous est offerte sur les Alpes, le Jura, le Morvan et le Charollais. Cormatin, beau château du XVIIe siècle, nous dévoile son parc, superbe invitation à la flânerie et à l'imagination. Le tout petit village de Chapaize est tout mignon avec sa rayonnante église du XIe siècle, de style lombard, entourée de maisons de pierre à galeries mâconnaises. Sa grande forêt avec étangs s'ouvre à la balade apaisante. Au hameau de Lancharre, visitez l'église du XIIe siècle, trace d'un monastère de chanoinesses, riche de vestiges architecturaux et historiques. Dans le village encore, de nombreux artisans et artistes. Le château médiéval de Brancion, une des plus grandes places fortes de Bourgogne du sud, surplombe le bourg médiéval et toute la vallée environnante. L'abbaye Saint-Philibert à Tournus est considérée, à juste titre, comme un chef-d'œuvre de l'Art roman. Elle offre au visiteur un ensemble remarquable.

Sur le littoral ou dans les terres, les sentiers bretons invitent à la découverte d'un terroir authentique, rude et beau à la fois dans son environnement de roche et de verdure. Ici, le soleil tape rarement trop fort, le vent du large apporte son iode et une petite pluie fine accompagne parfois le randonneur. Difficile de ne pas tomber sous le charme de cette atmosphère très attachante...

LES SPÉCIALISTES

RANDO BRETAGNE
rando.tourismebretagne.com
Rando Bretagne est le site du Comité Régional de Tourisme de la Bretagne spécialement dédié à la randonnée en terre armoricaine. Que vous souhaitiez arpenter les sentier de l'Argoat (Bretagne des terres) ou de l'Armor (Bretagne du littoral), vous trouverez un large choix de parcours à effectuer à pied, à vélo, en marche nordique, avec des ânes, en ville, en mode connecté... Vous trouvez sur le site les plus beaux circuits ou des recherches ciblées selon vos envies. Surfez avant de marcher !

Tour de Bretagne à pied avec la Compagnie des Sentiers Maritimes

Tour de Bretagne : l'évasion en bord de mer. La Bretagne à son rythme selon vos envies, c'est ce qu'offre Compagnie des Sentiers Maritimes, des séjours inoubliables en toute liberté ! Plus de 2000 km, de Granville au nord à La Roche-Bernard au sud, soit 22 circuits de 8 jours le long de la Manche et de l'océan.

Visiter la Bretagne autrement. Sortir du trekking en montagne ou désert, et des destinations de notoriété comme Belle-Ile-en-mer ou le Golfe du Morbihan, c'est possible grâce à cette formule ; découvrez ainsi un littoral fait de criques et pointes aux paysages tous différents.

En avant marche pour un Tour de Bretagne. Muni d'un carnet de voyage complet, empruntez des sentiers aux paysages inédits. De Granville à Saint-Malo, traversez les grèves du Mont Saint-Michel et appréciez les îlots sauvages et les grands espaces... En suivant le GR® 34, « Sentier des douaniers », vous serez plongés dans un univers marin comme Erquy et ses splendides falaises de grès roses ou Fort La Latte dominant la Baie de La Fresnaye...
Pour plus d'aventures prenez un bateau pour rejoindre l'une des nombreuses îles accessibles de la côte bretonne. L'agence s'occupant de toute la logistique, notamment le transport des bagages, vous voyagerez « confort ».

COMPAGNIE DES SENTIERS MARITIMES
1, place Maréchal Juin
RENNES
✆ 02 99 78 83 70
sentiersmaritimes.com
info@sentiersmaritimes.com
La Compagnie des Sentiers maritimes nous fait rêver avec ses propositions autour des océans, des mers, des îles et des lacs. On a déjà la tête ailleurs ! Cette agence de voyages pointue est, depuis 1992, spécialisée dans la découverte du littoral. Au sens large... Elle vous organise des séjours de randonnée le long du littoral de Bretagne, de Méditerranée, du Bosphore et même du Québec. On ne sait que choisir entre les randonnées accompagnées, les randonnées liberté, les randonnées croisières, le tour de Bretagne, les randonnées raquettes, l'écotourisme, les séjours bien-être et les multiples destinations. Avec eux, ce sont près de 200 circuits différents qui sont à votre disposition. Le rêve se décline en de multiples évasions et on sait déjà que cette agence va nous proposer LE voyage tant attendu ! En plus, le transfert de vos bagages est assuré entre chaque hébergement ainsi que la réservation des logements tout au long du parcours. Séjours accompagnés ou en liberté. Enfin, de multiples séjours sont proposés sur la Bretagne comme le chemin des phares et ses îles.

■ **FFRANDONNÉE BRETAGNE**
Bât. Etic Center
9, rue des Charmilles
CESSON-SÉVIGNÉ
✆ 02 23 30 07 56
bretagne.ffrandonnee.fr
bretagne@ffrandonnee.fr

Le comité de la fédération française de la randonnée pédestre en Bretagne a pour mission de développer, améliorer et faire partager les chemins tout en contribuant à la sauvegarde de l'environnement. Epaulé par un site Internet complet et facile d'utilisation qui vous donne accès à l'agenda et au catalogue des brochures et guides, il permet aussi de se faire une idée précise des circuits et séjours possibles, en fonction des randonnées (durée des randonnées, type de sorties, jour de sortie...) et de vos aptitudes (facile, sportive...).

Autres adresses : Comité de l'Ille-et-Vilaine : Maison départementale des Sports – 13 B, avenue de Cucillé – Rennes – ✆ 02 99 54 67 61 - Mail : info@rando35.fr – www.rando35.fr • Comité des Côtes-d'Armor : Maison départementale des Sports – 18, rue Pierre-de-Coubertin – 22440 Ploufragan – ✆ 02 96 76 25 65 - Mail : rando22@wanadoo.fr – http://cotes-darmor.ffrandonnee.fr • Comité du Finistère : 4 route de Saint-Renan – BP 02 - 29810 PLOUARZEL – ✆ 02 98 89 60 06 - Mail : ffrandonnee29@cegetel.net – www.ffrandonnee29.fr • Comité du Morbihan : Maison du Sport – 9, allée Fr.-Joseph-Broussais – Parc du ténénio – 56000 VANNES – ✆ 02 97 40 85 88 - Mail : rando56@wanadoo.fr – www.rando56.fr

LES CIRCUITS

Au pays de Brocéliande

- **Départements :** Ille-et-Vilaine (35) et Morbihan (56)
- **Temps estimé :** 2 jours
- **Saison idéale :** d'avril à septembre
- **Catégorie :** facile
- **Accès :** Paimpont

Un voyage au pays des légendes celtiques, c'est ce que vous propose cet itinéraire au cœur de l'immense et belle forêt qui entoure Paimpont. La route principale entre Plélan-le-Grand et le bourg ne manque pas de charme. Ses longues branches forment une voûte, une tonnelle devrait-on dire, d'un si beau vert au printemps et en été et d'un ton or à l'automne. Parmi les monuments et curiosités légendaires, ne manquez pas de visiter l'abbaye de Paimpont de style gothique médiéval. Un peu plus loin se trouve l'étang du Pas-du-Houx. Avec ses 80 hectares, il est le plus grand étang de la forêt de Paimpont, riche en faune et en flore aquatiques. Sur ses rives se font face le château de Brocéliande et le château du Pas-du-Houx du XXe siècle. Au sud de la forêt, découvrez les forges de Paimpont, à proximité d'un lieu légendaire le « Pont de Secret ». Au nord de la forêt, à quelques pas du bourg de Concoret, le château de Comper, considéré jadis comme l'une des plus fortes positions de Haute-Bretagne. Vous enjamberez ses douves asséchées pour découvrir les expositions du Centre arthurien qu'il abrite. De l'histoire à la légende encore, le Grand Étang est associé au lac de la fée Viviane qui cache aux yeux des curieux le château de cristal construit par Merlin pour sa belle élève. A voir aussi le tombeau de Merlin, vestige d'une allée couverte néolithique, pour lequel de nombreuses personnes vouent un culte. A proximité du monument, la fontaine dite « de Jouvence ». La forêt de Brocéliande renferme de très vieux arbres. Le plus célèbre d'entre eux est Guillotin,

Le hêtre de Pontus à Paimpont, le roi de la forêt de Brocéliande.

millénaire et faisant plus de 9 m de circonférence, que l'on vient saluer entre Concoret et Tréhorenteuc. Près du hameau de « Folle Pensée », à l'ouest de la forêt, un lieu à la fois pittoresque et modeste de Brocéliande : la fontaine de Barenton, ici même où Merlin rencontra Viviane et dont les eaux auraient le pouvoir de guérir. Attention, verser cette eau sur le perron de la fontaine déclencherait un orage très violent… Près de Tréhorenteuc toujours, le Val sans Retour, lieu de légendes le plus réputé de la forêt, une vallée encaissée contrastée par ses paysages, creusée profondément dans le schiste rouge et accueillant le Miroir aux Fées. A proximité, le Tombeau du Géant, monument mégalithique constitué de menhirs dressés il y a 5 000 ans. Énigmatique encore le Jardin aux Moines, site spectaculaire de Brocéliande. En dehors de la commune, le château de Trécesson où la Dame blanche hante toujours le domaine.

- **Informations complémentaires et idées alternatives** : www.broceliande-vacances.com

Belle-Île-en-Mer

- **Département :** Morbihan (56)
- **Temps estimé :** 1 jour
- **Saisons idéales :** été, printemps, automne
- **Catégorie :** facile
- **Accès :** port de Sauzon

Peinte par Monet, décrite par Flaubert, vantée par Mitterrand (à la fin de sa vie) et, entre autres célébrités, chantée par Laurent Voulzy, Belle-île-en-mer porte fort bien son nom et séduit quiconque y passe ne serait-ce qu'une journée.

C'est ce que nous vous proposons avec cette randonnée qui vous fera découvrir une côte sauvage battue par les vents du large et dont les falaises subissent 365 jours par an l'assaut continuel de l'Atlantique, à une quinzaine de kilomètres de Quiberon. Une côte révélant tour à tour criques et petites plages de sable blanc. En attendant, vous venez d'accoster au port le plus important de l'île, celui du Palais, et vous admirez l'imposante citadelle Vauban. Puis vous gagnez le second port, Sauzon, où débute votre balade… Vous franchissez alors la plage Ster-Vraz par Bortifaouen puis, à travers une lande épaisse, descendez dans la crique ô combien sauvage de Ster-Ouen. Au sommet du versant opposé, vous contemplez, émerveillé, la pointe du Vieux Château, un ancien oppidum celte reconverti en réserve ornithologique. Vous vous rendez ensuite à la grotte (hélas fermée au public) de l'Apothicairerie, via un chemin de terre bordé de bruyères. En gagnant le sud à travers un littoral déchiqueté, vous passez devant le sémaphore d'Er Hastellic. Ce qui vous impressionne ensuite, c'est le Port de Borderun, une crique murée du XVIIe siècle ! Après, direction Port-Donnant, via un trajet qui alternera des criques profondes et des petits ports, de petites plages encastrées dont certaines barrées par des murs. Plus loin, trois autres ports vous attendent : Port-des-Sonnettes, Port-Puns et Port-Skeul. D'un promontoire avancé au sud du hameau d'Anterre, apparaît ensuite la superbe plage de Port-Donnant généreuse en rouleaux qui réjouissent les body-boarders.

© Bluepicture – Fotolia

Port de Sauzon, à Belle-Île-en-Mer.

Plus loin, se profilent les Aiguilles de Port-Coton, immortalisées par Monet. Du littoral particulièrement sinueux, le regard embrasse l'un des plus beaux sites de l'île. Au détour du sentier, une baie sublime abrite des bateaux de pêcheurs, c'est Port-Goulphar qui s'enorgueillit de posséder l'un des phares les plus puissants du pays. Puis d'autres décors se succèdent, qui mériteraient d'être contemplés de longues heures pour en apprécier toute la beauté : le sémaphore du Talut, la superbe grotte du Talut – accessible uniquement par mer ! –, la pointe de Bornord avec un magnifique point de vue sur Port-Kérel et sa sublime plage, la crique sauvage de Porh-Roder, le hameau de Kernest qui, à travers landes, fougères et bois, rejoint la route qui s'élève jusqu'au bourg de Bangor fondé au VIe siècle, et dont l'église est l'une des plus anciennes de Bretagne. On peut l'écrire sans risquer d'être démenti : question beautés à contempler, vous n'avez pas perdu votre journée.

- **Informations complémentaires et itinéraires alternatifs** : www.belle-ile.com

La côte du Goëlo

- **Département :** Côtes-d'Armor (22), de Saint-Brieuc à Bréhat
- **Temps estimé :** 4 jours – 90 km
- **Saisons idéales :** été, printemps, automne
- **Catégorie :** facile
- **Accès :** Saint-Brieuc

Ici, on dit que la mer a signé un pacte d'amour avec la terre. Depuis ce jour, au rythme des marées, elle remonte profondément à l'intérieur des terres, plongeant l'Armor – la mer – dans l'Argoat – la terre. Terre et mer, tantôt se disputent, tantôt se jurent fidélité, et les lumières, comme pour saluer leur passion, édifient des paysages toujours changeants.

CIRCUITS EN FRANCE

Partagée entre mer et rivière, la côte de Goëlo s'étend sur une trentaine de communes réparties entre Saint-Brieuc, Paimpol et l'île de Bréhat, l'île de Beauté de la côte du nord de Bretagne, séjour préféré des peintres et des rêveurs, lieu onirique aussi célèbre pour ses fleurs que pour sa tranquillité...

Ce beau périple, qui suit le GR®34, vous plonge au cœur de la baie de Saint-Brieuc et ses immenses plages. Classée Réserve naturelle, elle accueille chaque année plus de quarante mille oiseaux migrateurs. Avant le départ, n'hésitez pas à parcourir le centre historique de la ville qui s'est bâti autour de son église forteresse. Saint-Brieuc étonne par le caractère varié de ses architectures. De la belle cité, vous longez le Gouëdic jusqu'à la pointe du Roselier qui offre au regard un point de vue superbe sur la roche Martin et la baie. L'éperon barré témoigne d'une occupation à l'âge de Fer. Le monument dédié aux péris en mer a été érigé à la fin du XXe siècle. La longue et belle plage des Rosaires laisse rêveur. Laissez-vous subjuguer par la beauté des lumières du crépuscule ! De Pordic à Saint-Quay-Portrieux, vous serez immergé, pendant plusieurs kilomètres, dans l'atmosphère magique des petits ports côtiers du Goëlo. Sur la pointe de Pordic, vous trouverez non seulement quelques vestiges de son passé, mais profiterez aussi d'un surplomb sur une mer émeraude et d'une vue fabuleuse. Ces paysages ont sans doute également ému nos lointains ancêtres celtes puisqu'ils y vécurent.

Le menhir de Saint-Gilles en atteste encore... Le patrimoine de Saint-Quay-Portrieux – capitale de la coquille Saint-Jacques – est riche de chapelles, calvaires, manoirs et moulins à vent. Du sémaphore – 100 m au-dessus de la mer –, toute la baie de Saint-Brieuc se découvre au regard. Par temps clair, la vue balaie du cap d'Erquy jusqu'à l'archipel de Bréhat !

Autres trésors naturels inoubliables : les falaises de Plouha, puis de l'Anse de Bréhec à l'abbaye de Beauport, se mêlent encore patrimoine naturel et patrimoine culturel. De Paimpol à la pointe de l'Arcouest, défile une côte sauvage aux innombrables îlots. Enfin une expédition maritime vous conduit à Bréhat qui exulte, au printemps, sous les couleurs et les parfums floraux.

La presqu'île de Crozon

- **Département :** Finistère (29), de Crozon à Camaret-sur-Mer
- **Temps estimé :** 2 jours – 40 km
- **Saisons idéales :** été, printemps, automne
- **Catégorie :** moyen
- **Accès :** Crozon

Entre la rade de Brest et la baie de Douarnenez, la presqu'île de Crozon est de ces destinations qui méritent l'appellation « vaut le voyage » car, forte d'un riche patrimoine militaire et de plages de sable fin, elle présente des falaises abruptes qui se dressent sauvagement au-dessus de la mer d'Iroise. Elle compte aussi – et les randonneurs s'en réjouissent ! - plus de 120 km de côte. La balade proposée longe une partie de celle-ci et part du port de plaisance de Crozon-Morgat, une ville dont la richesse culturelle est reconnue grâce à son Festival du Bout du Monde (Finistère, en breton *penn-ar-bed*). A peine êtes-vous en marche que le sentier GR®34 prend de la hauteur sous les pins dominant la mer. Une fois à Saint-Hernot, faites donc un détour par sa chapelle et sa Maison des Minéraux qui expose plus de cinq cents pièces témoignant des richesses géologiques de la presqu'île. A quelques pas, un gîte d'étape renommé vous attend. Puis vient le cap de la Chèvre dont l'aspect sauvage des paysages attire le regard. Les landes s'étendent à perte de vue, parsemées ici et là de plusieurs hameaux dont les maisons fleurent bon la Bretagne avec leurs pierres traditionnelles. Au bout du cap, le panorama s'étend du cap Sizun – pointe du Van, pointe du Raz, baie de Douarnenez –, à la pointe de Pen-Hir, et encore plus loin la pointe Saint-Mathieu et même les îles du Ponant, Ouessant et Molène ! Sublime vision ! Si le vent du large ne vous fait pas renoncer, l'heure est venue de traverser quelques collines au fond desquelles se trouvent d'immenses plages comme celle de la Palud. Puis apparaît un site peu connu des touristes bien qu'il soit de toute beauté : la pointe de Dinan, alias le « Château de Dinan », qui ressemble à une énorme masse rocheuse reliée à la pointe par une arche naturelle. Vient ensuite le cap le plus élevé, le plus connu de la presqu'île, et le plus impressionnant : la pointe de Pen-Hir.

Au bout de celle-ci, contemplez les trois énormes rochers, surnommés le Tas de Pois, qui la prolongent : Pen Glas – la tête verte –, Ar Forc'h – la fourche – et Bern Id – le tas de céréales. Mais le spectacle continue : à l'est, la pointe abrite la magnifique anse de Pen-Hir et à l'ouest, partie plus soumise aux vents, de sublimes falaises rocheuses se jettent dans une mer souvent déchaînée... Enfin vous arrivez à Camaret, là où Crozon ressemble à une île, refuge des vieux langoustiers du début du siècle dernier. Camaret qui offre une digue naturelle particulièrement charmante ornée de deux trésors à contempler sans modération : la tour Vauban et la chapelle Notre-Dame-de-Rocamadour.

Le tour de l'île aux Moines

- **Département :** Morbihan (56)
- **Temps estimé :** 1 jour
- **Saisons idéales :** été, printemps, automne
- **Catégorie :** facile
- **Accès :** Port-Blanc

Avec ses 312 hectares, ses 7 km de long et ses 4 km de large, l'île aux Moines est la plus vaste des îles du golfe du Morbihan. Baptisée la « Perle du golfe », tellement elle est jolie avec ses ravissantes maisons basses de pêcheurs aux murs blancs, ses hautes demeures de capitaines en belles pierres de taille, ses paysages magnifiques avec des jardinets plantés de mimosas, de camélias, de figuiers, d'eucalyptus..., ses petites collines couvertes de bruyère, son bois d'Amour, sa belle et longue plage. En forme de croix, l'île vous offre de nombreuses promenades à pied ou à bicyclette. Se promener dans les ruelles est un réel plaisir. En prenant la rue des Escaliers vous arrivez au Bindo, puis sur la jolie place du marché où vous trouverez boutiques, restaurants et hôtels. Dans le parc du château du Guerric, admirez

Randonnée au Cap Fréhel.

à loisir de magnifiques séquoias, érables et chênes centenaires. Les habitants vous conteront l'histoire des pierres à laver du Salzen, une résurgence du passé et un haut lieu de féminité…

Le tour de l'île peut se faire à pied en une journée. Trois circuits sont fléchés au sol, depuis le bourg. Le circuit du Trec'h – 1,8 km aller simple – vous laisse admirer l'église Saint-Michel – Notre-Dame-d'Espérance –, et depuis la Pointe une belle vue sur la pointe d'Arradon et l'île d'Arz. Le circuit de Brouel – 2,5 km – vous fait découvrir chapelle et fontaine, et depuis la Pointe, encore une belle vue sur l'île d'Arz.

Le circuit de Penhap – 4,4 km – vous permet de découvrir des mégalithes, des beaux points de vue sur le golfe du Morbihan, de magnifiques chaumières, des bosquets, et enfin, depuis la pointe de Nioul – à 500 m de Penhap –, une vue étendue sur la presqu'île de Rhuys qui referme le golfe du Morbihan et où il fait bon se balader. Retenez que la pointe du Nioul n'est accessible que par la côte – il est préférable de ne pas y envoyer les enfants.

L'île fourmille de sites mégalithiques – comme dans beaucoup d'endroits du golfe –, menhirs, tumulus et cromlech se laissent découvrir au détour des chemins. Vers le hameau de Kergonan, vous verrez un cromlech de 101 m de diamètre – le plus grand de France et le second d'Europe.

Sur la Côte d'Emeraude : le pays de Fréhel

- **Département :** Côtes-d'Armor (22)
- **Temps estimé :** 1 jour
- **Saisons idéales :** été, printemps, automne
- **Catégorie :** facile
- **Accès :** du parking de la plage du Vieux-Bourg en Pléhérel sur la D34

Située au nord de la Bretagne, la côte d'Émeraude est le nom de la partie comprise entre le cap Fréhel et Cancale (Pointe du Grouin). Elle doit son nom qui fait rêver à la couleur – vert émeraude – de la mer à certains endroits. C'est peu dire que les panoramas offerts toute l'année sont superbes. Car il n'y a pas que la mer, bien sûr, il y a aussi les pointes et caps qui s'y avancent, et les rochers qui servirent de refuges aux premiers marins et de protection aux cités comme Saint-Malo. Il y a aussi les plages de sable fin où il fait bon musarder, lire un roman, se baigner ou jouer au ballon. Parmi les plus agréables citons Dinard, Paramé, Sables-d'Or-Les-Pins, Pleneuf-Val-André.

Compris, lui, entre le cap Fréhel et celui d'Erquy, le Pays de Fréhel ne peut que vous emballer avec son bourg (Fréhel), sa station balnéaire (Sables-d'Or-les-Pins), son ancien village de pêcheurs (Pléhérel-Plage), sa baie (de La Fresnaye) et son hameau (La Carquois). Un peu partout, sur ce territoire ayant su préserver son patrimoine architectural et ornithologique, fort médiéval, chapelles, phare, dunes et landes vous conduisent à l'évasion. Quant aux 70 m de falaises surplombant la mer, elles offrent un champ de vision illimité, découvrant toute la Côte jusqu'à Saint-Malo et la baie de Saint-Brieuc et, au loin, les îles de Bréhat.

Ces points évoqués, vous commencerez votre randonnée entre Sables-d'Or-les-Pins et le cap Fréhel. Un sentier parmi les ajoncs et les bruyères vous mènera au fort La Latte, forteresse construite dès le XIVe siècle et qui, en haut de son donjon, offre un panorama permettant d'embrasser toute la Côte d'Émeraude. Au bout d'immenses landes, le cap Fréhel surplombe la mer du haut de ses falaises de grès rouge et de porphyre. A portée de jumelles, sur des îlots, nichent des milliers d'oiseaux marins. Et pour terminer cette randonnée de la manière la plus agréable qui soit, filez ensuite sur les criques et les plages situées derrière les dunes voisines.

CENTRE-VAL DE LOIRE

Du pays de Chartres au Berry en passant par les châteaux de la Loire, la région Centre-Val de Loire ne manque pas d'attrait pour les randonneurs et promeneurs appréciant de marier diversité des paysages et richesse culturelle. La Fédération française de randonnée, section Centre, vous offre plus de 5 500 km de sentiers de Grande Randonnée (GR®) ou Grande Randonnée de Pays (GRP®), ainsi que 15 000 km d'itinéraires de Promenade et de Randonnée (PR®) dont 1 600 km recommandés. Autant d'invitations pour partir à la rencontre de la région et de son histoire.

LES SPÉCIALISTES

■ ARCANSON

2195, route de la Croix Perrin
AUTRANS-MÉAUDRE EN VERCORS
✆ 04 76 95 23 51
www.arcanson.com
contact@arcanson.com

Ouvert toute l'année. Du lundi au vendredi de 8h à 12h et de 14h à 18h30 ; le samedi de 9h à 12h et de 14h à 17h. Agence de voyage et gite.

La société Arcanson a une double activité : agence de voyage et gîte. Depuis 1985, dans le parc naturel du Vercors, elle met son superbe chalet de 15 chambres (une ancienne laiterie rénovée par Martine et Jean-Yves) à la disposition des amateurs de ski de fond et de raquettes (l'hiver), de randonnées pédestres et VTT (aux beaux jours). Reprise par Aurélie et Adrien, qui avaient eu la bonne idée d'entrer dans la maison en 1998, Arcanson poursuit sa double vocation. Arcanson propose des randonnées accompagnées ou en liberté, des randonnées adaptées aux familles et d'autres très sportives, des randos plaisir combinées avec de la balnéo… Et ceci en Vercors, bien entendu, mais aussi dans toutes les régions de France et au-delà dans les îles, en Asie, dans le Grand Nord et même au Moyen-Orient.

■ COMITÉ RÉGIONAL DE LA RANDONNÉE PÉDESTRE DU CENTRE-VAL DE LOIRE

89/22, allée des Platanes
Maison des Sports
CHÂTEAUROUX
✆ 02 54 35 55 63
centre-val-de-loire.ffrandonnee.fr
centre-val-de-loire@ffrandonnee.fr

Comme son intitulé le précise, ce territoire se caractérise par la présence du plus long des fleuves français, la Loire, et de pays où les marches enchantent aussi bien les amoureux de la nature (on pense au Perche, à la Sologne) que les amateurs des châteaux Renaissance que le monde nous envie (Chambord, Chenonceau…). Les randonnées y jouissent d'une cote exceptionnelle si l'on en juge par le grand nombre d'associations de randonneurs (près de 200 !). Il est vrai que les sentiers GR® et GRP® totalisent plus de 5 000 km et que les itinéraires de promenade et de randonnée en comptabilisent plus de 15 000 ! Là encore, le marcheur gagnera à interroger le comité régional sur les marches à effectuer en priorité. Le plus : la collection de Randofiches sur la région Centre éditées par la fédération.

■ CAMPING MUNICIPAL DE FOUGÈRES***

19, plage de Fougères
SAINT-PLANTAIRE
✆ 02 54 47 20 01
campingmunicipal.fougeres@orange.fr

Fermé du 1er avril au 1er novembre. Avril, mai et octobre : de 8h à 12h et de 14h à 17h30. Juin et septembre : de 8h à 12h et de 14h à 18h30. Juillet et août : du lundi au vendredi de 8h30 à 13h et de 14h30 à 20h. Le samedi et dimanche de 8h30 à 20h. Accueil jusqu'à 20 (ouverture accueil haute saison : 8h30-20h. Ouverture accueil basse saison : 8h30-12h et 14h-17h). 161 emplacements (161 emplacements, 4 bungalows de toile, 2 bungalows, 5 mobil-homes, 13 chalets).

Le camping municipal de Fougères, à Saint-Plantaire, accueille les amoureux de nature pour leur séjour en plein air. Faites une halte en bordure du lac d'Eguzon, l'un des plus grands de la région Centre. Le camping sera votre point de départ pour arpenter les landes de bruyère et de genet, les chemins creux, les vallées hérissées de granit et autres paysages magnifiques de la Creuse. Il accueille les groupes et familles comme les voyageurs solitaires, pour un séjour en tente ou en chalet, bungalow ou encore mobil-home aménagé.

LES CIRCUITS

Au cœur du parc naturel régional du Perche

- **Département :** Eure-et-Loir (28)
- **Temps estimé :** 1 jour
- **Saisons idéales :** printemps, automne
- **Catégorie :** facile
- **Accès :** Argenvilliers

Le Perche vous accueille pour une belle échappée verte. Manoirs, parcs et jardins, produits du terroir, le Perche s'apprécie au rythme de ses routes tranquilles.

Grâce à ses reliefs marqués, le Perche révèle au détour de ses forêts ou de ses superbes chemins creux, de larges panoramas sur les versants bocagers, les vallées et les rivières. Outre les GR®22, 35 et 351 qui traversent le territoire, près de 2 000 km de sentiers ont été balisés pour vous permettre de vous évader le temps d'une randonnée. Profitez de ces instants pour partir aussi à la rencontre des éleveurs de percherons, un cheval où beauté et force sont en parfaite osmose. Les éleveurs seront heureux de vous ouvrir leurs portes.

Prêt pour la balade, alors allons-y ! Démarrons à Argenvilliers qui se caractérise par la diversité de ses milieux. Ici, on passe des bois, aux coteaux et aux étangs. Ce sympathique village avec sa belle église au magnifique retable offre aussi de beaux panoramas vers la colline de Rougemont, point culminant de l'Eure-et-Loir. En descendant le bourg, arrêtez votre regard sur le logis de la grande maison et, plus loin, le château d'Oursières, belle demeure du XIIe siècle. Cap maintenant sur Beaumont-les-Autels, avec son église Notre-Dame, son château du XVIe siècle et son manoir et étang des Cailleaux. La dernière étape : Vichères, un riche patrimoine naturel et bâti, remarquablement préservé qui en fait l'un des plus beaux villages d'Eure-et-Loir. Le circuit offre de beaux points de vue sur le paysage percheron. Prairies, haies et vergers sont à découvrir, en fond de vallée de la Berthe, affluent de l'Huisne. Un sentier mène au sommet de la colline de Rougemont. Dans le village, l'église Notre-Dame est composée de deux nefs accolées. Vous remarquerez un bocage encore très présent à Vichères, alors qu'il est aujourd'hui en régression dans le Perche. Façonné par des générations de paysans, le bocage est une imbrication de haies entre les parcelles. Saviez-vous que la haie était autrefois un élément économique important de la vie paysanne ? Clôture et limite de propriété, elle fournissait aussi bois, fourrage, fruits et abritait le gibier. De nombreuses espèces animales y trouvent toujours refuge, gîte, nourriture, lieu de reproduction et couloir de déplacement à l'abri. Les haies de bocage constituent de véritables corridors biologiques.

- **En savoir plus sur le Parc naturel régional du Perche** : www.parc-naturel-perche.fr

Autour de Chambord

- **Département :** Loir-et-Cher (41), de Chambord à Blois
- **Temps estimé :** 2 jours – 28 km
- **Saisons idéales :** printemps, automne
- **Catégorie :** facile
- **Accès :** Chambord

Au bout d'une grande allée forestière... Château de toutes les démesures, chef-d'œuvre de la Renaissance française, Chambord s'offre à vous.

Empruntez l'escalier à doubles révolutions où deux personnes peuvent descendre et monter sans jamais se croiser. Il vous mène aux appartements royaux de François Ier et de Louis XIV. Un étage plus haut, vous entrez dans l'univers des chasses royales. Poursuivez votre ascension jusqu'aux terrasses. Vous voilà dans un monde étrange où toitures et cheminées composent un village féerique comme suspendu dans les airs. Laissez plonger votre regard vers le grand canal et plus loin vers la réserve de faune sauvage. Ce domaine de 5 440 hectares, ceinturé d'un mur de 32 km, est le plus grand parc forestier clos d'Europe. Classé Réserve nationale de chasse et de faune sauvage, il abrite aujourd'hui, en nombre, tous les représentants de la faune de Sologne. Admirez et savourez cet instant magique avant de quitter le domaine royal, en longeant une petite rivière jusqu'à la Chaussée-le-Comte, puis traversez la forêt domaniale de Boulogne que vous laisserez pour cheminer à travers la campagne, traversant quelques hameaux, avant de rejoindre le Beuvron, petite rivière que l'on traverse sur un ancien pont de chemin de fer. Cour-Cheverny et son église du XIIe siècle ne sont qu'à quelques pas. Pour la pause du soir, allez rendre visite aux vignerons qui sauront vous faire déguster leur bon vin blanc sec. Le lendemain, à l'orée de la Sologne, vous attendent plusieurs châteaux de styles différents, témoignages de cet art du bien-vivre que partageait la noblesse de l'époque. Découvrez dès lors le château de Cheverny, une magnifique propriété seigneuriale qui appartient à la même famille depuis plus de six siècles. Du parc botanique au splendide intérieur du château, des chenils à l'exposition « Tintin », et des jardins au parc forestier, les propriétaires vous invitent à la découverte d'un fantastique patrimoine, authentique et bien vivant. Puis, à travers le vignoble et quelques petits et pittoresques hameaux, vous gagnerez le château de Troussay, gentilhommière Renaissance toujours habitée, évoquant à la fois la richesse de la décoration des châteaux de la Loire et l'atmosphère familiale et rurale du petit domaine de Sologne d'antan. Rejoignez la belle forêt domaniale de Russy, en bordure de laquelle se trouve le château de Beauregard avec son aspect Renaissance – voir sa galerie des Illustres – et terminez par le château royal de Blois, dont la cour présente un véritable panorama de l'architecture française du Moyen Age au XVIIe siècle.

- **Informations complémentaires et itinéraires alternatifs :** www.val-de-loire-41.com

La vallée du Cher

- **Département :** Indre-et-Loire (37), de La Roche-Clermault à Chinon
- **Temps estimé :** 3 jours – 48 km
- **Saisons idéales :** printemps, automne
- **Catégorie :** facile
- **Accès :** La Roche-Clermault

Le paysage de la vallée du Cher joue sur le contraste et le mystère. Cette randonnée va vous conduire dans une région qui perpétue un art de vivre qui allie sa gastronomie et ses vins à la philosophie empreinte de la joie de vivre de Rabelais. L'histoire est partout présente et se manifeste à travers ses châteaux et ses abbayes d'exception, ses vieilles églises, ses anciens lavoirs.

Sur la rive gauche de la Vienne, découvrez la Roche-Clermault, installée à flanc de coteau. Visitez son

Château de Chambord.

Paysage forestier en Sologne.

église du XIIe siècle. Admirez son clocher et sa galerie latérale, modèle unique dans le canton. En parcourant ses alentours, vous verrez quelques vestiges de beaux pigeonniers et de moulins à vent que le Négron faisait autrefois mouvoir. Vous partirez ensuite sur les traces de Gargantua. En chemin, vous admirerez le château de Condray-Montpensier avant de rejoindre Seuilly qui dévoile ses nombreux atours. Visitez la Devinière, maison natale de François Rabelais, avec son musée. Traversez la rue principale du village bordée de nombreuses habitations troglodytiques et rejoignez Lerné, charmant village aux maisons de tuffeau blond, inscrit à l'Inventaire des sites pittoresques du département. Il semblerait que la bourgade était, au Moyen Age, ceinturée de châteaux, comme en témoignent la tour octogonale du château de Cessigny, les très beaux communs bâtis et la chapelle du château de Chavigny. Au cœur du village subsiste le château de Maulévrier. L'église Saint-Martin mérite aussi l'attention. Un beau point de vue en cascade au sommet du coteau, le massif forestier, les cultures à mi-pente, et au pied le village. De là, vous traverserez la forêt de Fontevraud par le petit village de Couziers avec son église au magnifique retable. Le château de la Trochoire monte la garde aux portes de « La Roncheraie », petit hameau qui regarde couler la Vienne. Les étangs de Couziers, au cœur de la forêt, ont servi de viviers pendant des siècles aux nonnes de la célèbre abbaye de Fontevraud, une des plus grandes de France. Incontournable ! Vous traverserez le village, puis les vignobles pour descendre sur les bords de Loire. Le chemin passe devant le moulin de la Herpinière – moulin de type cavier –, rejoint le village du Turquant – nombreuses maisons troglodytiques – et descend vers Montsoreau, dont le magnifique château, qui a inspiré Alexandre Dumas pour son roman, *La Dame de Montsoreau*, se reflète dans la Loire. Vous longerez les bords de Loire pour rejoindre Candes-Saint-Martin. Ce petit village est dominé par son église des XIIe et XIIIe siècles, construite sur le lieu même où saint Martin mourut. Vous le quitterez en grimpant sur le haut du coteau pour découvrir un point de vue magnifique sur le confluent de la Loire et de la Vienne. Vous redescendrez et, à travers la campagne et quelques hameaux, vous rejoindrez les bords de la Vienne et gagnerez Chinon. Situé au sommet du coteau qui surplombe la Vienne, le château s'étend d'ouest en est. Ne manquez pas d'aller le visiter ainsi que le musée Jeanne-d'Arc, les églises et collégiale de la ville et les places autrefois champs de foires.

Les étangs de Sologne

- **Département :** Loiret (45), de Saint-Viâtre à Neung-sur-Beuvron
- **Temps estimé :** 2 jours – 25 km
- **Saison idéale :** toute l'année
- **Catégorie :** facile
- **Accès :** la Maison des Étangs à Saint-Viâtre

Avec plus de 2 800 étangs, la Sologne est une zone humide continentale d'importance internationale. Cet agréable circuit permet d'apprécier la zone la plus dense des étangs de Sologne, sa grande richesse écologique et paysagère. Pensez à emporter vos jumelles, mais surtout visitez la Maison des Etangs qui vous offrira une découverte dans l'espace et dans le temps des étangs de Sologne, éléments spécifiques et remarquables, à la fois historiques, culturels, économiques et écologiques. Ce musée ingénieusement conçu a pris place dans un ensemble de maisons anciennes typiques. Avant de quitter Saint-Viâtre, visitez son église et son clocher tors, sa crypte et son remarquable polyptyque, les galeries, communément nommées « caquetoirs », le chafaud du XVe siècle – dérivé de l'ancien terme « eschafauts », estrade en bois, sur laquelle on faisait des représentations –, monument insolite unique en son genre, et les maisons typiquement solognotes à pans de bois.

Sur cette commune toujours, plusieurs étangs dont celui des Bosses, accessible par un joli chemin communal traversant des bois, des cultures et des prairies humides. Au pied de la côte de Frogère, vous admirerez une des plus belles landes de Bruyères à balai de Sologne où se dissimulent entre autres renards et sangliers, dont on peut croiser la route au lever du jour ou tard le soir. De grande dimension, il constitue aussi une zone refuge pour les canards. Le sentier jalonné de fougères vous offre plusieurs points de vue sur l'étang, jusqu'à la bonde, où le chemin rural s'arrête. Prenez maintenant la direction de Marcilly-en-Gault avec sa jolie église et ses maisons anciennes, puis celle de Millançay. Une allée forestière pénètre dans la forêt de Bruadan, appelée l'Allée du Roi, en référence à François Ier qui, depuis le château de sa mère – actuelle sous-préfecture – ou son hôtel particulier, venait y chasser le loup à cheval. Une belle balade bucolique à souhait avec l'étang de Mainmont. Votre parcours se voit jalonné de châtaigners avant d'atteindre une partie plus forestière. De l'étang de la Prée, on peut observer en hiver le passage prénuptial de la plupart des espèces de canards présentes en Sologne. Plus loin, l'étang des Gâts. L'étang de Pontbertas mérite aussi le détour. Direction Ferté-Beauharnais, pour les étangs de Favelle – situé face au château du même nom – et de Marcilly. Venez à Marcilly au printemps pour y observer les fuligules milouins et morillons, les canards colverts et chipeaux, les grèbes huppés et à cou noir. A la fin de l'été, une petite plage de sable se découvre, hébergeant un cortège végétal remarquable avec de nombreuses plantes comme la laîche de Bohême et le flûteau fausse-renoncule... En migration d'automne et de printemps, il n'est pas rare d'observer sur cet étang et le précédent quelques mouettes pygmées venues y glaner, au passage, les derniers insectes de la saison. Enfin, l'étang des Marguilliers qui, il y a plusieurs années, hébergeait une très importante colonie de mouettes rieuses.

- **Informations complémentaires** : www.maison-des-etangs.fr

Sur la route Jacques-Cœur

- **Département** : Cher (18), de Menetou-Salon à Bourges
- **Temps estimé** : 3 jours – 29 km
- **Saison idéale** : toute l'année
- **Catégorie** : facile
- **Accès** : Menetou-Salon

Connaissez-vous la plus ancienne de nos routes historiques ? Elle porte le nom du célèbre Jacques Cœur, trésorier de Charles VII et auteur de la fameuse formule « À cœur vaillant, rien impossible ! ». Elle est située dans le cœur du pays et possède une quinzaine d'étapes toutes plus agréables les unes que les autres avec des châteaux en veux-tu en voilà (Gien, La Verrerie, Meillant...), une abbaye (Noirlac), un musée (Argent-sur-Sauldre), un palais (celui de Jacques Cœur), un vignoble (Sancerre), une ville agréable (Bourges).

L'itinéraire que nous vous proposons vous permettra de découvrir plusieurs joyaux de cette superbe route remise à l'honneur depuis 1954 grâce aux actions de trois châtelains entreprenants (ceux de Culan, Ainay-le-Vieil et Meillant). Ces joyaux en question se trouvent sur le tronçon situé entre Menetou-Salon et Bourges.

Le château de Menetou-Salon n'offre pas seulement une superbe architecture néogothique (dont la restauration date du XIXe siècle) ; il possède également un jardin labyrinthique où il est bon se perdre, des vignobles alentour dont les vins se dégustent sur place et un musée de l'automobile et de l'hippomobile. Autre spécificité appréciée : des guides en costumes d'époque peuvent vous le faire visiter d'une manière tout à fait charmante. Château XIVe, Maupas, lui, peut se targuer d'avoir accueilli la célèbre duchesse de Berry et conservé une collection aussi précieuse qu'impressionnante : près de 900 assiettes (887 exactement) confectionnées par des artistes faïenciers qui opéraient entre le XVe et le XVIIIe siècle. Mais ce ne sont pas les seuls trésors de ce bâtiment qui accueillit également deux Bourbons ayant marqué l'histoire de France (Charles X et le comte de Chambord) : des tapisseries des Gobelins et d'Aubusson y ornent les murs et de splendides massifs de roses illuminent ses jardins. A quelques pas de là, un grand nom du vignoble vous attend, qu'on aime à déguster avec des mets d'exception, du foie gras (par exemple), Sancerre. Perchée sur un piton rocheux de 321 m, cette vieille cité berrichonne du Moyen Age offre un splendide panorama sur le Val-de-Loire. Avec, au loin, les sommets des monts du Morvan. Enfin, la dernière étape est une ville qui accumule les bonnes raisons d'y séjourner et de la visiter sous toutes ses coutures, Bourges. Il y a sa cathédrale Saint-Étienne, bien sûr. Mais aussi son palais Jacques-Cœur, un petit joyau d'architecture gothique du XVe siècle, que fit construire le trésorier de Charles VII. Pour son plaisir, bien sûr. Mais aussi pour le nôtre !

- **Informations complémentaires** : www.route-jacques-coeur.org

CORSE

Les sentiers de Corse et particulièrement le GR®20 sont réputés pour leur beauté. Ils ne manquent ni de dénivelé ni de paysages féeriques, lorsque le sentier de crête domine la mer, chemine dans la garrigue, croise les troupeaux et les oliveraies, embaume le thym et le serpolet... Le seul problème sera, en été, la canicule. Prévoyez des plongeons dans la mer ou dans les torrents pour vous rafraîchir, suffisamment d'eau et un couvre-chef... Des escales gourmandes sont prévues pour déguster la charcuterie et les fromages corses, plaisirs incontournables de la randonnée sur l'île de Beauté.

LES SPÉCIALISTES

■ **CORSE-RANDOS.COM**
www.corse-randos.com
contact@corse-randos.com
Ouvert toute l'année.
Le site corse-randos.com réunit l'expérience de randonneurs amateurs passionnés. Il met à disposition, contre abonnement (une dizaine d'euros), 190 itinéraires de randonnée dûment cartographiés et détaillés, pour quelque 1 421 points d'intérêt. Il existe plusieurs niveaux de randonnée où sont pris en en compte le dénivelé, la distance, l'altitude, les lieux remarquables et même des repères géolocalisés.

■ **COULEUR CORSE**
6, boulevard Fred-Scamaroni, AJACCIO
✆ 04 95 10 52 83 – www.couleur-corse.com
infos@couleur-corse.com
Laetitia Pietri et Manu Rioualec ont fondé Couleur Corse, leur agence spécialisée dans l'organisation de séjours en pleine nature sur l'île de Beauté, il y a une vingtaine d'années. À l'écoute des marcheurs, ils conçoivent des circuits sur-mesure. Succès aidant, Couleur Corse a prospéré et de nouvelles têtes sont venues compléter l'équipe.
Aujourd'hui, c'est un groupe d'amis habitant sur l'île, passionnés de la montagne et qui connaissent parfaitement le terrain, qui peut concevoir le circuit le plus adapté à vos attentes. Couleur Corse programme des randonnées itinérantes pour permettre aux couples, aux petits groupes et aux randonneurs individuels de découvrir les plus beaux sites naturels. L'organisme encadre également des descentes en canyoning avec Canyon Corse, et de l'alpinisme, de l'escalade et du raid à ski avec Montagnes de Corse.

LES CIRCUITS

À la découverte du Cap Corse

- **Département :** Haute-Corse (2B)
- **Temps estimé :** 1 jour
- **Saisons idéales :** printemps, automne
- **Catégorie :** facile
- **Accès :** Macinaghju

Le Cap Corse (Capicorsu) porte un surnom que la communauté des dix-huit communes concernées a retenu sur ses différents prospectus : L'île dans l'île (l'isula di l'isula). D'emblée voilà le randonneur prévenu : la situation de ce territoire lui confère un caractère spécifique, qu'il sera particulièrement agréable de découvrir, surtout s'il choisit de faire une grosse portion du sublime chemin des Douaniers…
Totalement ouvert au public depuis 1998, ce sentier longe le littoral justement sur 26 km, d'où sa deuxième appellation « chemin du littoral ». Il part de Macinaghju et remonte jusqu'à Centuri. Il est si beau, si agréable à fréquenter, que près de 50 000 randonneurs le suivent chaque année. Dans sa totalité, pour les plus courageux (qui effectuent les trois tronçons). Où en se contentant d'un ou deux tronçons pour les autres, à savoir : Macinaghju–Barcaghju (3 heures), Barcaghju–Tollare (45 minutes) ou Tollare–Centuri (3 heures). A chacun de décider en fonction de son temps et de ses forces !
Notre randonnée, elle, débute au port de Macinaggio qui existe depuis la plus lointaine Antiquité et peut aujourd'hui accueillir quelque six cents bateaux. Blottie dans sa baie, la plage de Tamarone passe pour la plus belle de Capicarsu. Constituées par un archipel d'îlots au large du Cap Corse, les îles Finocchiarola offrent, elles aussi, une vue délicieuse : des côtes rocheuses battues par les flots. La beauté de ce territoire lui a valu d'être classé au titre des sites. Quant à sa réserve naturelle – fermée de mars à fin août –, elle abrite des goélands d'Audouin, puffins cendrés et cormorans huppés. Dans l'anse de Santa-Maria, petite baie intime et admirablement proportionnée, découvrez la tour éponyme. En schiste et rongée par la mer, elle présente des stigmates historiques (sa face nord est entièrement détruite). A quelques encablures de l'anse, entre un puits et ce qui semble être les vestiges d'un antique cimetière, une petite chapelle romane attire l'attention.

Sur la commune bicéphale de Rogliano-Macinaggio (la plus vaste du Cap Corse après Luri), prenez le temps d'observer la tour génoise d'Agnellu, bâtie sur le promontoire du Capo Agnello, d'où le panorama est superbe. Avec l'île de la Giraglia et son phare, la pointe d'Agnello signe l'extrémité nord de la Corse. Rejoignez maintenant Barcaggio, un petit village de pêcheurs réputé pour son port, sa dune spectaculaire – l'une des plus hautes de Corse ! – et sa grande et agréable plage de sable fin. Tollare, quant à lui, étend ses maisons anciennes autour de sa chapelle Sainte-Anne et sa tour génoise. Franchissez l'endroit le plus sauvage du cap avec le Capo Grosso, puis le Capo Bianco avant d'aller admirer le moulin Mattei qui surplombe le magnifique port langoustier de Centuri, l'un des plus jolis du Cap Corse. La bourgade, installée dans son anse, offre ses maisons recouvertes de serpentines vertes, ses fonds marins d'un vert intense et poissonneux. C'est l'endroit idéal pour y dîner tout en appréciant la vue sur l'île Capense.

La forêt de Vizzanova

- **Département :** Haute-Corse (2B)
- **Temps estimé :** 1 jour
- **Saisons idéales :** printemps, automne
- **Catégorie :** facile
- **Accès :** Vizzavona

Cette forêt est à la fois traversée par la RN 193 qui relie Ajaccio à Bastia et, en son point médian, par le sentier GR®20 dont les 200 km traversent, eux, la Corse du nord au sud. Elle est située sur le territoire communal de Vivario et adossée à l'est du Monte d'Oro (2 389 m) et, côté sud, aux flancs de la Punta dell'Oriente (2 112 m). De l'avis unanime c'est l'une des plus belles forêts de l'île et ses 1 634 hectares méritent d'être surveillés toute l'année comme le lait sur le feu pour éviter les incendies. Sa fréquentation par les touristes et autres simples curieux date de l'ouverture de la ligne du petit train au XIXe siècle, lequel la traverse sous un tunnel dont la construction fut toute une histoire. Ses premiers visiteurs ? Des aristocrates britanniques. C'est pourquoi, près de la rivière de l'Agnone, se trouve la « cascade des Anglais ». Lors de votre promenade, vous constaterez que les passerelles franchissant les ruisseaux secondaires sont nombreuses. Ces ruisseaux abreuvent le sous-bois où vous pourrez reconnaître des pins laricio, des hêtres, sans oublier le feuillage vernissé du houx. Plus loin, obstruée par de gros galets, la gorge se resserre. C'est le moment de s'offrir un spectacle dont on ne se lasse pas : voir les chutes de l'Agnone et trouver une « piscine naturelle » où il fait bon se baigner. Au niveau des premières belles cascades, il vous sera possible de suivre un sentier qui, après avoir traversé des blocs de pierre, vous offrira une belle vue d'ensemble sur la forêt.

Les calanques de Piana

- **Département :** Corse du Sud (2A)
- **Temps estimé :** 1 jour
- **Saisons idéales :** été, printemps, automne
- **Catégorie :** facile
- **Accès :** Piana

Classé parmi les plus beaux endroits du monde (rien que ça !), le village de Piana a moult cordes à son arc. Ses maisons blanches disposées en amphithéâtre. Son église Sainte-Marie et aussi – et surtout – ses fameuses calanche (sans s). Il va de soi que si ces calanques (avec un s) peuvent s'apprécier en bateau, elles peuvent aussi être savourées via une randonnée pédestre. Son point de départ sera le même que celui réservé à l'ensemble des randonnées (à l'exception de Capo Rosso et du « château fort ») : à la sortie de Piana, 100 m après le pont de Mezzanu, en direction de Porto. Un conseil : prenez l'ancien sentier muletier « Piana-Ota » ; il s'agit d'un chemin dallé, soutenu par un magnifique mur de pierres sèches, qui était jadis la voie de passage obligée

Les calanches de Piana.

Randonnée dans la vallée de la Restonica.

de ceux qui, à dos de mulet, se rendaient de Piana vers Porto et Ota, au début du XIXe siècle avant que Napoléon III n'ouvre la route Piana–Porto à partir de 1850. Entre Porto et Piana, sachez que la route étroite et tortueuse s'accroche en corniche à de superbes parois de granite rouge qui tombent à pic dans la mer... Eh oui voici enfin les célèbres calanche de Piana. Et c'est un Normand qui en parle le mieux, dans un livre peu connu, *Le Monastère de Corbara*. Lors d'un voyage en effet, Guy de Maupassant avoue avoir été fortement impressionné par « ces rochers de granite rose, haut de 300 mètres, étranges, torturés, courbés, rougis par le temps, sanglants sous les derniers feux du crépuscule et prenant toutes les formes, comme un peuple fantastique de contes féeriques, pétrifié par quelque pouvoir surnaturel... ». Ces lignes datent de 1880 mais n'ont pas pris une ride ! Et les calanques en question continuent de surprendre les visiteurs, de les impressionner par leur aspect sauvage qui contraste fortement avec leur environnement maritime. Et la douceur du village de Piana, qui, bâti sur un plateau situé à 438 m d'altitude, domine le golfe de Porto en faisant face à Senino et Scandola, deux presqu'îles également superbes.

Les gorges de la Restonica

- **Département :** Haute-Corse (2B)
- **Temps estimé :** 1 à 2 jours selon le circuit
- **Saisons idéales :** été, printemps, automne
- **Catégorie :** moyen
- **Accès :** Corte ou la Bergerie de Grotelle

Si vous aimez les lacs de montagne, choisissez de randonner dans un endroit où ils pullulent (enfin, presque) : la vallée de la rivière Restonica située en plein cœur de la Corse, au centre de son parc naturel régional. Cette rivière prend sa source au lac de Melo, sur le Monte Rotondo (l'une des plus belles cimes de l'île de Beauté, 2 625 m) et rejoint, une quinzaine de kilomètres plus loin, le Tavignano à Corte. Unies, les deux rivières vont ensemble se jeter dans la mer Tyrrhénienne, à Aléria. La randonnée que nous vous proposons est facile et permet donc de bien prendre son temps pour admirer les beautés que Dame Nature a placées tout au long du chemin. Elle commence sur la citadelle qui, du haut de son promontoire, veille sur la ville de Corte, la plus peuplée de la Corse intérieure. Située au carrefour de deux vallées et entourée par les sommets les plus hauts du pays – le Monte Rotondo et le Monte Cintu –, Corte est le cœur géographique de l'île. En continuant notre périple, nous découvrons le lac d'altitude de Melo. D'une superficie de plus de 6 hectares, ce lac d'origine glaciaire est gelé six mois sur douze. S'il est si remarquable ce n'est pas seulement à cause de sa forme (Melo viendrait de *mela* qui, en corse, veut dire « pomme ») mais aussi parce qu'on y trouve la plus forte concentration d'espèces endémiques d'Europe. A proximité, et toujours sans gros efforts, découvrez le lac de Capitello, le numéro 4 en terme de superficie (5,5 hectares) et le premier pour sa profondeur maximale : 42 m. Situé à 1 930 m, creusé dans le granite et entouré par des sommets culminant à 2 230 m, il est gelé plus de huit mois par an. Le paysage qu'il offre est composé de parois aux pentes abruptes, d'éboulis chaotiques, de falaises. C'est peu dire que l'eau y est pure et limpide, deux qualités qui favorisent la pénétration de la lumière en profondeur. Le résultat est réjouissant : une mousse aquatique extrêmement rare s'y développe, à moins de 18-30 m de profondeur, favorisant ainsi un herbier qui fait la joie des plongeurs aquatiques du parc naturel régional car celui-ci constitue une véritable prairie sous-lacustre. Enfin, votre randonnée se terminera pas le lac de Goria qui, au cœur d'un somptueux cirque glaciaire, semble loin de toutes traces humaines. D'accès moins commode que les précédents (mais sans difficultés pour autant), ce lac permet, une fois de plus, de donner raison à Jean Ferrat quand ce dernier chantait à l'intention de ceux qui avaient quitté leur terroir pour la grande ville : « Pourtant que la montagne est belle ! »

GRAND EST

Alsace. L'Alsace figure au nombre des régions touristiques incontournables de France. Ses paysages, son patrimoine et sa gastronomie sont autant d'atouts. De la plaine aux crêtes vosgiennes, des vallons aux forêts rhénanes, cette région déploie une belle mosaïque où il fait bon randonner. Vous avez le choix des itinéraires faciles, le plus souvent boisés, mais aussi de quelques-uns plus sportifs. Pour résumer, peu de dénivelé et beaucoup de verdure, des paysages paisibles, des vieilles pierres et... des cigognes !

Champagne-Ardenne. Ce terroir invite à randonner dans des paysages verts et variés, à travers des forêts épaisses, en croisant des lacs et des rivières, des collines et des coteaux couverts de vignobles, de grands champs de céréales et une nature généreuse piquée de villages préservés. Vous pouvez même faire le tour des caves de Champagne à pied. Prenez le temps de la marche et de la dégustation...

Lorraine. Avec 840 000 ha de forêts et un taux de boisement de 36 %, la Lorraine est l'une des régions les plus arborées de France métropolitaine. Le département des Vosges, pour sa part, est le troisième département français le plus boisé après les Landes et le Var avec un taux de 48 %. Certaines forêts, comme la forêt de Darney, sont réputées nationalement pour la qualité de leurs chênes et de leurs hêtres. C'est donc en forêt que vous trouverez les plus beaux itinéraires de randonnée. Une forêt avec des torrents, des rochers, des mousses, des fougères...

LES SPÉCIALISTES

BALADES 54

meurthe-et-moselle.fr

De la simple promenade de quelques kilomètres à faire en famille à la randonnée plus sportive en passant par les grands itinéraires comme les GR®, l'appli Balades54 offre 78 circuits à tous les amoureux de la marche, de quoi satisfaire leurs envies. Elle propose notamment 31 circuits à thèmes pour découvrir l'histoire et le patrimoine, les paysages, la faune et la flore. L'appli est téléchargeable sur les stores et une version web est disponible sur le site Internet du Département (meurthe-et-moselle.fr) où une carte de chaque circuit cartographié est disponible en téléchargement.

Partez à la découverte des richesses naturelles et patrimoniales souvent méconnues de la Meurthe-et-Moselle !

VOSGES EN MARCHE

Presles, BASSE-SUR-LE-RUPT

✆ 03 29 24 89 40 – www.vosgesenmarche.com

info@vosgesenmarche.com

Créée en 1985, Vosges en Marche est une association de tourisme affiliée à la FOL (Fédération des œuvres laïques) et agréée par l'ANCV (Agence nationale pour les Chèques-Vacances). Elle vous permettra de découvrir le Parc naturel régional des Ballons des Vosges à travers diverses activités (ski de fond, raquettes, randonnée, aquarelle, chant, VTT, etc.). Vous serez hébergé dans le gîte, qui comprend huit chambres avec douche et lavabo, un grand séjour avec une cheminée et un piano, une véranda... Un bâtiment avec deux chambres et un chalet de quatre personnes sont également mis à disposition. Différentes soirées à thème sont par ailleurs proposées pendant les séjours. L'occasion de passer du bon temps en limitant votre impact sur l'environnement grâce à cette association qui fait rimer tourisme et écologie. Parmi les activités originales et inspirantes de l'association, osez la randonnée associée à l'aquarelle !

MAORN

25, rue de la Montagne

EPFIG

✆ 06 11 87 60 31

http://randonnee-alsace.com

info@maorn.fr

Randonnées en Alsace et dans les Vosges. Ouvert du lundi au vendredi de 9h à 12h30 et de 14h à 17h30. Programme et tarifs détaillés disponibles sur le site web.

Voici près de 10 ans que l'agence Maorn propose des escapades toniques en Alsace et dans le massif des Vosges, avec un encadrement assuré par des accompagnateurs en montagne diplômés d'état. À pied, en VTT ou en raquettes à neige, marche nordique, rando photo ou course d'orientation : la nature s'offre à vous lors d'une parenthèse enchantée d'une demi-journée et plus si vous le désirez. En hiver comme en été, une yourte vous attend au Champ du Feu pour prendre un repas (tartiflette, raclette, barbecue) et passer une nuit inoubliable sous les étoiles !

COMITÉ RÉGIONAL DE LA RANDONNÉE PÉDESTRE D'ALSACE

9, rue Meyer

HAGUENAU

✆ 03 88 32 57 96

http://alsace.ffrandonnee.fr

territoires-alsace@ffrandonnee.fr

L'Alsace n'est pas seulement le pays des cigognes et de la choucroute, du munster et du gewürztraminer, du Parlement européen et du célèbre oncle Hansi, c'est aussi une province dont les paysages offrent des sentiers à arpenter au fil des saisons ! De la plaine d'Alsace aux crêtes vosgiennes, des vallons aux forêts rhénanes, de multiples randonnées s'offrent à tous... Bons plans : ce comité régional saura les conseiller et leur proposer des programmes inoubliables.

■ COMITÉ RÉGIONAL DE LA RANDONNÉE PÉDESTRE GRAND-EST
Maison Régionale des Sports
13, rue Jean-Moulin, TOMBLAINE
✆ 03 83 18 87 36 – grand-est.ffrandonnee.fr
grand-est@ffrandonnee.fr
Ouvert le lundi et le vendredi de 13h30 à 16h30 ; le mardi de 8h30 à 11h30 ; le jeudi de 8h30 à 11h30 et de 13h30 à 16h30. Prix de base d'une licence adulte : 25,40 €. La FFR propose la Rando Santé®, adaptées aux personnes en situation de handicap ou de difficulté.

Le site Internet du Comité Régional de la Randonnée Grand Est rassemble une foule d'informations utiles pour les amateurs, comme pour les sportifs. Ce comité fédère plus de 6 600 licenciés adhérents, promeut et développe de nombreuses actions autour de la randonnée pédestre. Il a aussi un rôle important dans la transmission du respect de la nature et de l'environnement. Il fait un travail autour de la valorisation des territoires et a une mission de protection et de sauvegarde des sentiers. Retrouvez toutes les informations et conseils indispensables avant d'entamer une randonnée.

LES CIRCUITS

Au pays du Champagne

- **Département :** Marne (51)
- **Temps estimé :** 1 jour
- **Saisons idéales :** printemps, automne
- **Catégorie :** facile
- **Accès :** Épernay

Voilà une randonnée tout à fait singulière car elle concerne une ville qui possède presque autant de kilomètres de caves (110) que de voirie (130) ! Cette ville, c'est Épernay, la capitale du Champagne, le vin le plus célèbre du monde, et le plus apprécié surtout car toujours associé à d'heureux événements (naissance, anniversaire, mariage, victoires diverses et variées...). Il faut dire que cette ville de la Marne se situe au cœur de 30 000 hectares de vigne. Quant à son avenue la plus prestigieuse, celle qui porte le nom de Champagne (forcément !), elle aligne, sur plus d'un kilomètre, de prestigieuses maisons vinicoles ainsi que moult hôtels particuliers et autres édifices du XIXe qu'on peut admirer à travers de hautes grilles massives et ouvragées. Son trésor ? Plus de deux cents millions de bouteilles couchées dans les caves privées des célèbres Maisons de Champagne. Oui, vous avez bien lu : deux cents millions !
L'ensemble de ces caves constitue donc un parc de 110 km creusés dans la craie et pouvant se situer (pour certaines maisons) jusqu'à 40 m de profondeur ! La valeur numérique de ces stocks donne tout naturellement à l'avenue le surnom « d'avenue la plus riche du monde ». Mais Épernay ne saurait se réduire à cette spécialité. Riche d'une longue histoire elle dispose d'un patrimoine architectural permettant aux randonneurs de marquer des pauses agréables. C'est ainsi que vous pourrez y admirer l'hôtel de ville et son magnifique parc, le théâtre Gabrielle-Dorziat, le portail Saint-Martin, l'église Notre-Dame, l'église Saint-Pierre-Saint-Paul, le château Perrier, la maison Gallice, la maison Louise-de-Savoie, la tour de Castellane. Ces choses vues, traversez la Marne pour atteindre le village vinicole de Cumières qui produit un champagne premier cru et un célèbre vin rouge élevé dans des foudres de chêne. Tournés vers la Marne, le bourg et son église du XVIIIe siècle se

© Titoslack – iStockphoto

Épernay, la capitale du champagne.

découvrent plaisamment : au fil de l'eau. Sur les bords du fleuve, vous pourrez admirer, œuvre du sculpteur Eric Sleziak, vingt-trois statues de métal géantes (de 2,30 m chacune) évoquant les différents travaux de la vigne. Puis vous gagnerez Damery et sa belle église, en montant en direction d'Hautvillers et en longant le bois de Saint-Marc qui offre de remarquables points de vue sur le vignoble. Enfin, vous descendrez dans le fond de la vallée en passant par le hameau de la Chaussée-de-Damery et son merveilleux alignement de platanes classé avant d'atteindre Vaudennes, en lisière de la célèbre forêt domaniale d'Épernay que l'on rejoint par le vignoble. Une fois de retour dans la capitale du Champagne, il va de soi qu'un plaisir s'impose : celui de déguster – enfin ! – le délicieux breuvage auquel vous avez pensé toute la journée !

Circuit des lacs de la Folie

- **Titre de la randonnée :** circuit des lacs de la Folie
- **Département :** Vosges (88)
- **Temps estimé :** 4 heures
- **Saisons idéales :** printemps, été, automne
- **Catégorie :** facile
- **Accès :** Parc de Vittel

Ce sentier est en grande partie forestier et son arrivée se situe sur les lacs de la Folie. La randonnée débute dans le parc de Vittel. Le panneau de départ est situé au début de l'allée longeant la Galerie Thermale (sur la gauche). Dirigez-vous vers la grande allée du parc, passage obligé derrière le témoin du premier établissement thermal, puis tournez à droite, vers le Palais des Congrès. Sortez du parc pour remonter l'avenue en sens unique des Tilleuls, et suivez le balisage – trait jaune sur fond blanc – indiquant le N°11. Poursuivez tout droit sur l'avenue de Châtillon et au terme de la rue, prenez à gauche à la « patte d'oie » pour sortir de Vittel, et prenez la rue de la Vauviard. Traversez la D18 et prenez le chemin de gauche. À l'intersection, prenez à gauche et au bout de ce chemin au niveau de l'intersection, prenez en face. À la prochaine croisée des chemins, continuez tout droit pour rentrer de nouveau en forêt. Suivez le balisage – trait jaune sur fond blanc – indiquant le N°11. Au bout du chemin, prenez à gauche puis un peu plus loin, prenez à droite. Vous serez face à une légère descente puis à une grande montée. À la sortie de la forêt, prenez à gauche. Passez la barrière et prenez à droite. Vous longerez alors la route D164. Passage obligé devant le Ranch vert. Au « cédez le passage », prenez à droite puis un peu après à gauche. Vous entrez sur la commune d'Outrancourt. Traversez le petit pont puis continuez sur la rue du Pont. Au bout de cette rue, prenez à gauche la Grande-Rue puis sortez du village. Poursuivez sur la route C6. Arrivé au stop, traversez la route D13 puis prenez en face. Passez la barrière. À l'intersection des chemins, prenez à gauche. Suivez le balisage – trait jaune sur fond blanc – indiquant le N°11. À l'intersection, prenez à gauche et tout droit jusqu'aux lacs de la Folie. Prenez ensuite à gauche et faites le tour des lacs puis revenez à cet endroit pour pouvoir en repartir. À gauche, prenez la petite montée. À la 2e intersection, prenez à droite et continuez sur le chemin. À l'intersection, prenez tout droit et poursuivez sur le chemin. Retraversez la route D13 pour pouvoir retraverser le village d'Outrancourt. À la sortie du village, reprenez à gauche et poursuivez le chemin jusqu'à la barrière. Prenez à gauche. À la 2e intersection, prenez à droite dans la forêt. Ce tronçon a un fort dénivelé et suit un parcours droit. Attention, soyez vigilant. À l'intersection, prenez le petit sentier à droite. Suivez ce sentier et prenez à gauche jusqu'à la route D18. Traversez et prenez la rue de la Vauviard. Au bout de cette rue, traversez le passage piéton et restez sur le trottoir de droite. Empruntez l'avenue de Châtillon puis l'avenue des Tilleuls jusqu'à l'entrée du parc.

Du cristal au massif du Donon

- **Départements :** Meurthe-et-Moselle (54), Vosges (88) et Bas-Rhin (67), de Baccarat à Grandfontaine
- **Temps estimé :** 3 jours – 42 km
- **Saisons idéales :** printemps, automne
- **Catégorie :** facile
- **Accès :** Baccarat

Baccarat fait rêver des millions de personnes à travers le monde, et cette petite cité, labellisée Ville et Métiers d'Art, située au pied des Vosges, dans un écrin de verdure séparé par la Meurthe, peut en être fière. Le cristal dont le savoir-faire est transmis depuis des générations fait battre son cœur que l'on découvre à travers son musée. Cristal simplement soufflé, cristal taillé ou gravé, rehaussé d'or ou d'émaux polychromes, les pièces de Baccarat relèvent de l'exception depuis plus de deux siècles. Visitez l'église Saint-Rémy, joyau de l'Art moderne du XXe siècle. A l'intérieur, la décoration lumineuse du « groupe-témoignage » en dalles de Baccarat est composée de vingt mille pièces de cristal ajustées dans le béton. L'ensemble unique au monde se décline en plus de cent cinquante teintes différentes. Admirez le superbe hôtel de ville avec sa façade sculptée représentant les différents métiers du cristal. A l'arrière de l'édifice, le parc Michaut avec sa roseraie et ses nombreuses essences d'arbres. La tour des Voués domine la vallée. Partez maintenant pour Raon-l'Etape, surnommée la portes des Vosges, nichée dans sa vallée étroite et entourée de coteaux très boisés. Riche d'un patrimoine inhabituel, elle offre au regard une collection de fontaines du XIXe siècle, la très belle croix Notre-Dame de style gothique flamboyant, la halle aux Blés, l'église Saint-Luc et un menhir, l'un des plus beaux de Lorraine. Par la route des lacs, vous rejoindrez Celles-sur-Plaine entre vallons et forêts. Du Pain de Sucre et de la Tête du Coquin, la vue est superbe. Visitez son église néo-romane avec son clocher à bulbe. En aval de Celles, le lac artificiel de Plaine de 39 hectares, situé à proximité du lac de Pierre Percée, avec sa belle base de loisirs et de baignade. Par la vallée toujours, vous rejoindrez Allarmont et sa très belle forêt communale regorgeant de richesses floristiques et faunistiques. Les habitants vous conteront l'histoire de leur église et de ses cloches mais aussi celle de la jolie chapelle Sainte-Catherine. Gagnez le petit village agricole de Vexaincour, entouré de forêts de résineux.

De nombreux ruisseaux typiques descendent des hauteurs dites « des Bois Sauvages ». Plus loin, Luvigny avec son église Saint-Barthélémy, puis Raon-sur-Plaine entouré de nombreuses collines et parcouru par plusieurs cours d'eau. Découvrez son monument à la mémoire des évadés de guerre et des passeurs, son église construite en grès vosgien et ses nombreuses maisons typiquement vosgiennes. Avec Grandfontaine, vous arrivez dans le Bas-Rhin. Le village s'étire le long de ruisseaux qui viennent alimenter la Bruche, et ses maisons se blottissent dans le fond des vallons. A quelques pas, le point culminant des Basses-Vosges, le massif du Donon s'élevant à 1 009 m d'altitude. Principalement connu pour son temple romain situé sur son sommet dont la reconstitution a été voulue par Napoléon III, le Donon regorge de vestiges témoins d'un passé mystique. Il fit également l'objet d'une exploitation minière – fer – et fut le théâtre, en 1914, d'un violent combat qui fit plus de deux cents victimes. Le massif du Donon, orné de sapins et de rochers, voit naître en son sein plusieurs sous-affluents du Rhin. Son sommet, agrémenté de nombreuses indications botaniques et archéologiques, offre un panorama exceptionnel sur la Sarre et la vallée de la Bruche.

Le pays de Mirecourt

- **Département :** Vosges (88), de Poussay à Contrexéville
- **Temps estimé :** 2 jours – 23 km
- **Saisons idéales :** printemps, automne
- **Catégorie :** facile
- **Accès :** Poussay

Les formes douces des collines et des vallons tranchent avec les vastes paysages ouverts qui entourent le pays de Mirecourt. Montées et descentes se succèdent, tandis que les rares replats se localisent dans les fonds des deux vallées principales du Madon et du Vair. Les nombreux vergers ponctuent les coteaux. Des crêtes, où s'alternent bois et pâtures, de beaux panoramas s'offrent au regard. Les villages sont venus pour la plupart se blottir dans les vallons, souvent à proximité de cours d'eau. D'autres sont allés se percher en haut de versant ou sur une butte. Le joli village de Poussay tout en terrasse surplombe la vallée du Madon. Sur sa place haute, le puits classé, et vers Charmes, la scierie hydraulique du XIXe siècle. De passage en fin octobre, assistez à sa foire qui est l'une des plus grandes foires nationales datant de 1598 ! Fondée au cours du premier millénaire, Mirecourt fut avant tout une cité de grand négoce, dotée d'artisanats originaux, lutherie – ne pas manquer son superbe musée –, facture d'orgues et dentelle. De cet âge d'or, la cité a conservé un beau patrimoine architectural. Partez admirer la chapelle de la Oultre, les halles de style Renaissance lorraine, les façades des anciennes maisons marchandes, l'église Notre-Dame-en-sa-Nativité avec ses fonts baptismaux qui passent pour être uniques en France. Au cœur de la Vôge toujours, entre colline et forêts, le curieux petit village de Mattaincourt. C'est sur le tombeau de saint Pierre Fourier que fut construite une des plus grandes basiliques régionales néogothiques du XIXe siècle. A découvrir la chapelle des « Reliques », les splendides vitraux de Gabriel Loire – Chartres – et, à l'intérieur sur la droite, l'intéressant musée de Saint-Pierre-Fourier, à ne pas manquer. Plus loin, Hymont, petit village paisible, où les maisons typiquement lorraines avec leurs larges portes cochères et leurs petites fenêtres profondes s'alignent. À voir, son église Saint-Jean-Baptiste de style néogothique. Gagnez Vittel en passant par Domèvre-sous-Montfort et Remoncourt. Vittel est réputé pour ses eaux et ses cures thermales mais aussi pour l'élégance et le luxe de son architecture, offrant un cadre de vie exceptionnel. Vittel, dans un rayon de 5 km, voit émerger trois sources minérales totalement différentes – unique au monde. Consciente de la chance que représentent son sous-sol et son domaine de 600 hectares de verdure, Vittel s'est toujours attaché à préserver son environnement. Saviez-vous que le désherbage de la ville s'effectue de façon thermique. Aucun produit phytosanitaire n'est utilisé ! Dernière étape, Contrexéville, autre ville thermale de renom. Admirez ses « verseuses », son parc thermal, son église Saint-Epvre, la superbe place des Fontaines, la Fontaine verte, la place du Marché... avant de prendre le chemin des lacs de Contrexéville.

Le sentier de la ligne Maginot

- **Départements :** Bas-Rhin (67), Moselle (57), Vosges (88)
- **Temps estimé :** 4 jours – 100 km
- **Saison idéale :** printemps
- **Catégorie :** moyen
- **Accès :** gare SNCF de Roeschwoog

Croisant des lignes ferroviaires, le sentier de la Ligne Maginot peut être parcouru en plusieurs étapes, en fonction de ses capacités et de ses désirs, chacun pouvant regagner, à tout moment, son point de départ. Le randonneur découvre une fascinante et émouvante page d'Histoire à travers un paysage authentique aux villages typiques, remarquablement conservés. Voilà de quoi satisfaire les passionnés de l'art militaire, mais aussi les amoureux des forêts et des sentiers à travers bois et prairies des Vosges du Nord.

Au fil de ce circuit longeant sur plus de 100 km la ligne de défense, depuis la gare SNCF de Roeschwoog jusqu'à l'ouvrage de Simserhof à Bitche, en passant par la forêt de Haguenau, les collines sous-vosgiennes, le massif de Hochwald, vous suivrez un itinéraire pédestre thématique – évitant autant que possible l'enrobé des routes ! – balisé d'un losange jaune où se succèdent casemates, forts, abris, fossé anti-char, sans oublier les zones inondables.

Lors de la première étape – une trentaine de kilomètres –, vous ne manquerez pas l'un des cinq gros abris bétonnés, celui du Heidenbückel, en lisière de la forêt de Haguenau, avant d'atteindre la casemate Esch, puis le village de Hatten, totalement détruit lors de la bataille du même nom.

Un détour par le musée vous contera sa tragique histoire. Plus loin et dominé par un ensemble de plusieurs casemates, se dévoilent Oberroedern ainsi que les très jolis villages d'Hoffen et de Hunspach. Le deuxième tronçon – 18 km – démarre par l'incontournable fort de Schoenenbourg, équipé de tous ses éléments d'origine, qui est le plus grand ouvrage de la Ligne ouvert au public en Alsace. Celui même qui, entre septembre 1939 et juin 1940, tira plus de dix-sept mille obus ! L'atmosphère est agréablement adoucie par la traversée des collines sous-vosgiennes et de villages typiques. Après Drachenbronn, vous voici gravissant le massif du Hochwald en passant le fossé anti-char, impressionnante crevasse dans la montagne. Derrière la crête, Lembach et le fort du Four à Chaux.

Les plus courageux poursuivront jusqu'à Dambach-Neunhoffen en passant pas la vallée du Schwarzbach, dotée de barrages sur le ruisseau du même nom, dont la finalité était de créer une zone inondable faisant obstacle à l'envahisseur.

- **Toutes les informations** : www.lignemaginot.com

Les boucles de la Meuse

- **Département :** Ardennes (08), de Fumay à Hierges
- **Temps estimé :** 2 jours – 22 km
- **Saisons idéales :** printemps, été, automne
- **Catégorie :** moyen
- **Accès :** Fumay

Les boucles de la Meuse sont pour les randonneurs du nord-est de la France un must, un classique apprécié, car il permet de constater combien la Meuse embellit les Ardennes via des boucles magnifiques dominées par de nombreux rochers et promontoires. Sources, ruisseaux, marécages et surtout forêts (dans lesquelles vit et règne le sanglier des Ardennes) seront également au rendez-vous. Évidemment, pour bien profiter de toutes ces beautés, il conviendra à la fois de suivre la Meuse et d'en épouser les méandres, et de marcher sur les hauteurs afin d'apprécier des panoramas à couper le souffle. L'idéal, si l'on a une petite semaine devant soi, est de commencer son périple à Charleville-Mézières mais comme nous vous avons choisi un séjour de deux jours, votre ligne de départ sera une ville située à 30 km au nord de Charleville, Fumay.

Longtemps surnommée « la cité de l'ardoise » (l'extraction a pris fin en 1971 après plusieurs siècles d'intenses productions), Fumay offre des vues magnifiques. C'est dans l'un des méandres de la Meuse extrêmement resserré que la ville dominée par sa grande et belle église a pris de l'expansion. Un conseil : n'hésitez pas à flâner le long de la Meuse, en partant du joli port fluvial, en poursuivant par le traditionnel chemin de halage et en remontant vers la place du Baty, où vous vous reposerez à l'ombre des tilleuls. Les amateurs de chapelles auront également de quoi se réjouir. Ensuite, vous rejoindrez Hayes-sur-Meuse et son imposant monument aux morts (forcément, la région a beaucoup souffert du premier conflit mondial) en traversant un pont puis vous grimperez par le bois du Ridsdoux sur les roches à Fépin pour contempler cette admirable vallée. Regagnez ensuite le chemin de halage en prenant la direction de Vireux où vous traverserez la Meuse pour aller visiter l'ancienne et belle collégiale de Molhain. Posé sur la rive gauche du fleuve au confluent du Viroin, dominé par le mont Vireux, Vireux-Molhain fait face à Vireux-Wallerand – rive droite. Les deux communes sont – elles aussi – liées par un pont, mais également par le nom de leurs habitants les Viroquois. Vireux-Molhain suscite un vif intérêt touristique lié à la présence de sites d'une grande valeur culturelle, historique et industrielle. Nous vous recommandons les fortifications du mont Vireux, l'église Saint-Martin et sa réserve naturelle, une zone géologique fossilifère communément nommée « Réserve du Mur des Douaniers ». Enfin, à travers la campagne, à deux pas de la frontière belge, vous atteindrez un charmant village dominé par les ruines d'un château du XVIe siècle, Hierges, terminus de cette randonnée.

© Djayze – Fotolia

Couleurs d'automne sur la Meuse, barrage de Montcy.

Les cadoles en pays barséquanais

- **Département :** Aube (10)
- **Temps estimé :** 1 jour
- **Saisons idéales :** printemps, automne
- **Catégorie :** facile
- **Accès :** de Courteron ou des Riceys

Parmi les régions les plus pittoresques de la Champagne méridionale, et aux portes de la Bourgogne, la côte des Bar en général et le Barséquanais en particulier se découvrent par petites touches. Fait de prairies, de champs cultivés et surtout de vignes, le Barséquanais se dessine tout en couleurs, en rondeurs et en forêts. Déployé autour de cinq vallées, il est le cœur du pays des vins de champagne « méridional ». De par son relief et la richesse de ses paysages, chacun peut s'offrir la liberté de flâner à travers ses vignes, de s'enivrer de ses superbes panoramas, de s'émerveiller du riche patrimoine de ses villages fleuris taillés dans la pierre. Bourgade séduisante et singulière à plus d'un titre, Les Riceys se dresse sur une terre où le vignoble prospère. Alors constitué de trois bourgs : Ricey-Haut, Ricey-Haute-Rive et Ricey-Bas, qui dépendaient jadis de trois évêchés, le village marque déjà sa singularité auquel s'ajoute la particularité d'être le plus grand terroir de Champagne avec 870 hectares et s'enorgueillit d'être la seule commune de France à cumuler trois AOC, champagne, coteaux-champenois, rosé-des-riceys. Ainsi dans un dédale de rues étroites, encadrées de murs de pierres, et dans l'opulence, vous apercevrez de belles maisons de pierres de calcaire dur qui laissent place, de temps en temps, à une église, un lavoir, un château ou un hôtel particulier.

Un arrêt s'imposera de lui-même pour découvrir le château de Ricey-Bas. Juxtaposition de plusieurs campagnes de constructions mélangeant sobriété féodale du XIVe siècle et l'élégance tout à fait XVIIIe siècle de l'autre aile, le château ne laisse pas soupçonner l'unité de son jardin classique. Nommées « loges » ou « bories » dans le Midi, les cadoles, construites généralement sur un plan circulaire, se situent exclusivement dans la région de Courteron, Gyé-sur-Seine et Les Riceys. Abris des vignerons, si la légende orale attribue aux cadoles une longévité de trois cents à cinq cents ans, il semble que l'âge de celles qui nous restent ne dépasse pas cent ou deux cents ans. La technique de construction en est simple : des pierres prélevées sur place, empilées les unes sur les autres en couronne, elles se rejoignent à l'extrême limite du toit, ménageant à cet endroit un trou de fumée. A l'intérieur, point de luxe, rien que le strict nécessaire avec une cavité creusée sous une partie du mur permettant de garder au frais la boisson recouverte d'une poignée d'herbe humide de rosée. Malgré une unité apparente, il n'est pas une cabane qui soit totalement semblable à sa voisine. C'est au cœur des Riceys que démarre le circuit des Cadoles, une boucle qui musarde entre vignes et forêt, tout en offrant de superbes panoramas sur les coteaux. De Courteron, sur un chemin de douze stations, vous admirerez entre autres la Merveille, avec son muret coupe-vent, puis le Pain de sucre, surnommé ainsi en raison de sa hauteur. La grosse Rave paraît bourgeoise, et la Grande Loge communale pourra accueillir tout un groupe de randonneurs.

Sur le sentier de Saint-Jacques-de-Compostelle

- **Département :** Bas-Rhin (67), d'Ottrott à Orschwiller
- **Temps estimé :** 2 jours – 43 km
- **Saison idéale :** printemps
- **Catégorie :** facile
- **Accès :** Ottrott

Ne manquez pas de profiter du charme d'Ottrott, niché dans son écrin de verdure. De magnifiques panoramas permettent d'y admirer la plaine d'Alsace et le massif vosgien. A la jonction d'Ottrott-le-Bas et d'Ottrott-le-Haut, se situe une magnifique et ancienne demeure seigneuriale « le domaine de Windeck », au parc majestueusement ordonné. A quelques pas de là, le mont Sainte-Odile, culminant à 765 m, haut lieu spirituel de la région. Dans un cadre monastique, vous jouirez d'un panorama extraordinaire et d'un environnement naturel et archéologique exceptionnel – restauration et hébergement sur place. Prenez le sentier des Pèlerins pour profiter pleinement du mystérieux Mur païen, la plus longue enceinte de pierres d'Europe du Nord – 10,5 km ! Plongez maintenant sur Barr, engoncé dans ses collines garnies de vignes, puis Mittelbergheim, un des plus beaux villages de France, offrant aux visiteurs la vue d'un superbe ensemble architectural alsacien des XVIe et XVIIe siècles. Vous musarderez dans le pittoresque Andlau avec ses belles maisons alsaciennes à colombages, ses ruines du château du Haut-Andlau, son église abbatiale Sainte-Richarde, derrière laquelle le sentier nous mène à travers forêt et vallon jusqu'au charme irrésistible d'Itterswiller, offrant un superbe panorama sur la route des vins.

La deuxième étape nous plonge au cœur des grands crus Muenchberg, Winzenberg, Frankstein, Praelatenberg, dont les vignes à perte de vue plantent un décor enivrant. À Dambach-la-Ville, les anciens racontent aux chérubins que la vigne est apparue ici lorsque, jadis, un enfant avait surpris un ours se régalant de baies de lambrusques – vigne sauvage. Les habitants se mirent alors à cultiver la vigne, et l'ours devint le symbole de la cité, aujourd'hui encore enserrée dans ses remparts et toujours d'une surprenante homogénéité. À Scherwiller, ne manquez pas de parcourir les beaux vestiges du château d'Ortenbourg, plantés sur un piton rocheux à 437 m d'altitude. Dernière halte : Orschwiller, la porte du Bas-Rhin, déjà connu sous Charlemagne ! De loin déjà vous distinguerez l'imposante silhouette du château du Haut-Koenigsbourg, accessible à pied grâce encore aux sentiers bien balisés par le Club vosgien.

Sur le sentier des Ducs

- **Département :** Bas-Rhin (67), de Saâles à La Vancelle
- **Temps estimé :** 2 jours – 32 km
- **Saison idéale :** printemps

- **Catégorie :** moyen
- **Accès :** Saâles

Le rendez-vous est donné à l'extrémité de la vallée de la Bruche. Ici, marcheurs comme flâneurs découvrent l'Histoire au fil de chaque chemin. Des Celtes aux Mennonites, du pasteur Oberlin aux vaillants passeurs de la Seconde Guerre mondiale, tous ont un jour ou l'autre arpenté ces sentiers, remarquablement entretenus. La vallée de la Bruche vaut à elle seule le détour ! De Saâles, vous passerez au pied du Voyemont. Les plus téméraires oseront le sommet du massif. Aucun regret, les points de vue sont remarquables et le lieu est agrémenté d'espaces de pique-nique. La clairière du Hang conduit vos pas jusqu'à Climont, au pied de la montagne du même nom – 965 m. C'est certainement l'une des plus belles montagnes des Vosges à la forme évoquant un volcan de la chaîne des Puys. Vous remarquerez les stigmates encore visibles de la terrible tempête de 1999 qui a couché les arbres sur des versants entiers. Là encore, les plus audacieux grimperont jusqu'à la tour Belvédère. De son sommet, la vue sur la chaîne vosgienne est à couper le souffle, avec, en ligne de mire, le massif du Champ-du-Feu, le val de Villé, le massif du Brézouard et la vallée de la Fave. Le sentier des Ducs poursuit son petit bonhomme de chemin, où sur son passage sont parsemés les hameaux du Pransureux et du Blanc-Noyer, et épouse l'arête rocheuse de la Honel avant de pénétrer dans le val de Villé. Dans cette belle bourgade 100 % nature, berceau des eaux-de-vie d'Alsace, une halte s'impose. Sur cette terre d'Histoire et de légendes, vous goûterez aux magrets, foies gras, truites, pinot noir d'Albé, confitures et produits laitiers. Le lendemain, vous partirez à l'assaut des châteaux du Frankenbourg et son mystérieux Mur païen, du Bilstein ou de l'Ortenberg qui, comme au Moyen Age, veillent encore sur la vallée. Visitez la mine Théophile d'où l'on extrayait autrefois l'argent. Découvrez Albé, l'un des plus beaux villages de France à l'architecture typique et originale. Vous contemplerez les formations rocheuses aux allures insolites. Enfin, plus bas, dans son écrin de verdure, toute joliette, La Vancelle vous accueille.

Tour du Ballon d'Alsace

- **Départements :** Haut-Rhin (68), Vosges (88) et Territoire de Belfort (90)
- **Temps estimé :** 1 jour
- **Saisons idéales :** printemps, automne
- **Catégorie :** facile
- **Accès :** pour le col du Ballon par la D465 reliant Giromagny à Saint-Maurice-sur-Moselle ou depuis la ville de Masevaux dans le Bas-Rhin par la D466

Pour profiter d'un panorama grandiose et à l'infini sur la Forêt-Noire, la chaîne des Alpes bernoises jusqu'en direction du mont Blanc, lorsque le beau temps est de la partie et, enfin, les crêtes des Vosges, il suffit de grimper jusqu'à la vaste calotte aplatie du Ballon d'Alsace, classé Grand Site national. Au cœur du parc naturel régional des Ballons des Vosges, du haut de ses 1 247 m, il offre une qualité d'air incomparable.

Des centaines de kilomètres de sentiers bien balisés, entretenus et accessibles à tous, le parcourent allègrement, parmi eux les GR®5, GR®59 et GR®7. En cheminant, vous admirerez une Vierge en bronze polychrome, ex-voto de 1860, une statue de Jeanne d'Arc, inaugurée le 19 septembre 1909, symbolisant l'attachement des Français à l'Alsace, et un monument à la gloire de démineurs morts pour la France datant de 1950. Au sommet du Ballon, les restes d'anciennes tranchées de la Première Guerre mondiale et de nombreuses bornes de l'ancienne frontière entre la France et l'Allemagne sont encore visibles.

Un conseil, n'hésitez par à emprunter la boucle balisée d'un anneau bleu permettant de faire le tour complet de la montagne en traversant des sites spectaculaires et pittoresques, telles les roches de Morteville, les forêts de Rundkopf et de la Savoureuse. Depuis les villages du Piémont, on peut ainsi découvrir les sites remarquables du Plain de la Gentiane et du Tremontkopf, dominant la belle vallée de Riervescemont, la Planche des Belles Filles et la Chaume du Querty, le site de l'Étang des Roseaux avec sa falaise, le Ballon de Servane et ses grandes chaumes sauvages.

Les plus courageux iront jusque dans le massif de la Haute Bers avec ses superbes lacs, voire jusqu'au vaste Rossberg. On peut, par exemple, en deux journées, aller de Giromagny à Thann en passant une nuit dans l'une des fermes-auberges du massif. Citons notamment la très pittoresque ferme des Gressons entre le Ballon d'Alsace et les lacs des Neuweiher. On peut aussi faire le tour complet de la vallée de Lepuis par les crêtes, ou faire un aller-retour par le GR®5, depuis le sommet du Ballon d'Alsace jusqu'au Rouge Gazon ou par le GR®533 vers la Planche des Belles Filles.

Le massif abrite aussi une faune remarquable et une flore variée et particulière. Il n'est pas rare d'y apercevoir des chamois, de nombreux oiseaux tels que le faucon pèlerin, le grand corbeau, le bec-croisé ou encore le cassenoix moucheté. Au-dessus d'une altitude proche de 1 000 m, la forêt fait place aux chaumes, crêtes dénudées où se tordent quelques hêtres tortillards à la longévité exceptionnelle et où se mêlent gentianes jaunes et myrtilles.

Si le Ballon d'Alsace se découvre en randonnée pédestre, sachez que cet espace naturel préservé peut l'être également en raquettes, en ski de fond – six pistes – ou en ski alpin – dix pistes –, et pour les plus actifs en parapente. C'est aussi le point de ralliement des cyclotouristes.

HAUTS-DE-FRANCE

Nord-Pas-de-Calais. Une ch'tite randonnée ? Le Nord-Pas-de-Calais ne manque pas d'itinéraires ! De la côte d'Opale à l'Avesnois, vous serez surpris par la beauté de ses chemins.
Vous allez au gré des sentiers ou longez la mer, découvrant ici un beffroi, là un moulin, là encore un champ de houblon... Les amateurs de patrimoine feront escale à Bouvines et à Azincourt, les villes fortifiées par Vauban.

Picardie. La Picardie s'articule autour de trois larges vallées paisibles, celles de l'Aisne, de l'Oise et de la Somme. Vous marchez le long des plages de la Manche, des plateaux du Valois et du Soissonnais à ceux du Santerre, des vignobles de la vallée de la Marne aux pâturages du pays de Bray, des forêts du sud aux étangs de la vallée de la Somme. Sans oublier de croiser cathédrales prestigieuses, châteaux forts et vieilles demeures qui témoignent des riches heures picardes.

LES SPÉCIALISTES

COMITÉ RÉGIONAL DE LA RANDONNÉE PÉDESTRE
Maison des Sports
2, rue Lescouvé
AMIENS
✆ 03 22 41 08 27
hauts-de-france.ffrandonnee.fr
Prix de base d'une licence adulte : 24,40 €. La FFR propose la Rando Santé®, adaptées aux personnes en situation de handicap ou de difficulté.
Quoi de mieux pour découvrir une région que la randonnée ? Une activité à la fois lente et contemplative, qui vous permet de faire du sport l'esprit libre et les yeux grands ouverts. Il ne reste plus qu'à s'équiper de bonnes chaussures ! Coordonnateur des actions mises en œuvre par les comités départementaux, ce comité régional saura vous conseiller pour que vous puissiez découvrir les cinq départements de l'Aisne, du Nord, de l'Oise, du Pas-de-Calais et de la Somme. Entre mer et campagne, beffrois et cathédrales, les Hauts-de-France n'attendent que vous !

PARC NATUREL RÉGIONAL OISE – PAYS DE FRANCE
Maison du Parc – Château de la Borne Blanche
48, rue d'Hérivaux
BP 6
ORRY-LA-VILLE
✆ 03 44 63 65 65
www.parc-oise-paysdefrance.fr
contact@parc-oise-paysdefrance.fr
Ouvert du lundi au jeudi de 8h30 à 12h30 et de 13h30 à 18h ; le vendredi de 8h30 à 12h30 et de 13h30 à 17h. Attention : respecter les zones d'entraînement des chevaux de course et les secteurs de chasse. Possibilité de sorties accompagnées.
Le Parc naturel régional Oise – Pays de France invite à la randonnée et, plus encore, à la découverte d'un patri-

Une balade thématique entre l'Oise et l'Aisne

Créé à l'occasion du Centenaire de la Grande Guerre, le Musée Territoire 14-18 est un « musée à ciel ouvert » regroupant les sites liés aux combats qui se déroulèrent dans le secteur. Ceux-ci sont symboliquement reliés par la Ligne rouge, qui suit le tracé de l'ancienne ligne de front. Cette ligne s'étend de Crapeaumesnil à Craonne, traversant ainsi le nord-est de l'Oise puis l'Aisne jusqu'en bordure de la Champagne.
De nombreux circuits balisés, à parcourir à pied ou à vélo, présentent les différents aspects du conflit, grâce à des panneaux d'interprétation. Un guide de randonnée intitulé *27 balades au cœur de la Grande Guerre* regroupe ces circuits consacrées à la Première Guerre mondiale. Il est disponible gratuitement dans les offices de tourisme de la région (Compiègne, Noyon, Chiry-Ourscamp, Pierrefonds, Villers-Cotterêts, Val de l'Aisne, Laon) ou en version numérique, à télécharger sur le site www.musee-territoire-1418.fr
En parcourant ce territoire riche de témoignages historiques, vous découvrirez des sites exceptionnels et de nature très variée tels que les carrières de Montigny, où les soldats laissèrent leur empreinte sculptée, la Tour d'observation du général Mangin, point de départ d'une importante contre-offensive, le monument *Les Fantômes* sculpté par Landowski ou bien les espaces muséographiques de la Caverne du Dragon, située le long du Chemin des Dames.

moine naturel et culturel très riche. Ses propositions de parcours s'adressent à tous les publics : familles, sportifs avertis, passionnés de géologie ou d'architecture... Suivez le sentier pédagogique de la Pierre Monconseil ou la randonnée des bâtisseurs, à moins que vous ne soyez tenté par le sentier botanique. Des guides sont aussi disponibles pour des randonnées accompagnées et, bien sûr, vous trouverez à la Maison du Parc et sur le site internet toutes les informations pour randonner par vos propres moyens.

LES CIRCUITS

Au cœur de l'Avesnois

- **Département :** Nord (59), de Calais à Boulogne, de Solre-le-Château à Fourmies
- **Temps estimé :** 3 jours – 35 km
- **Saisons idéales :** printemps, automne
- **Catégorie :** facile
- **Accès :** Solre-le-Château

Le long de la frontière belge et au sud de Maubeuge, l'Avesnois regorge de richesses qui façonnent ses paysages et construisent son identité. Comme dans tout le département, Vauban a imprimé sa marque en Avesnois. Vous contemplerez là un autre visage du Nord. Son remarquable patrimoine l'a fait entrer dans la grande famille des parcs naturels régionaux. L'Avesnois, c'est aussi une nature triomphante, verdoyante et préservée. Une terre doucement vallonnée, jalonnée de prairies bocagères, de grands étangs, de cours d'eau et de vastes forêts. Vous allez parcourir un pays d'Histoire à travers ses villes fortifiées, ses sites gallo-romains, ses abbayes, ses fermes puissantes. Toute l'année, dans ses charmants villages où la brique et la pierre bleue se marient harmonieusement, les fêtes se souviennent des traditions du pays. Les musées font, quant à eux, revivre les grands savoir-faire du bois, du fer, du textile et du verre. En arrivant d'Avesnes-sur-Helpe accroché au flanc d'une falaise rocheuse – qui mérite aussi une halte pour sa collégiale, vieille ville, remparts, pont des Dames –, vous apercevrez l'impressionnant clocher de Solre-le-Château et serez surpris par son bulbe supérieur et ses quatre clochetons. Les vitraux de l'église Saint-Michel, construite en pierre bleue de pays, sont remarquables. Sur la grande place, admirez de belles maisons anciennes. Le magnifique kiosque à musique est l'un des seuls de l'Avesnois à être de forme hexagonale. À voir aussi, la jolie chapelle de l'Épine et les Pierres Martines – menhirs. Vous cheminerez par la campagne verdoyante et accidentée vers les pittoresques villages d'Épinoy et de Claifayts, avant de longer des étangs et admirer un vieux moulin. Par bois et pâturages, vous gagnerez Lieissies, jadis bâti autour d'une puissante abbaye dont il ne reste aujourd'hui que le parc. Visitez son église Saint-Jean. Sur la route du Val-Joly, découvrez le petit village de Willies, niché aux bords de l'Helpe, qui offre aux amoureux de la nature ses prairies, ses chemins creux bordés de haies vives, ses forêts où se blottit l'inattendue chapelle de Sainte-Hiltrude. Le parc du Val-Joly renferme le plus grand plan d'eau – 180 hectares – au nord de Paris, proposant moult activités. Traversons la belle forêt de Trélon pour arriver à Baives, pittoresque petit village proche de la frontière belge. Grimpez les monts de Baives jusqu'à la chapelle des Monts. Vous êtes ici au cœur du pays de la pierre bleue, calcaire dur qui se taille et se polit comme du marbre. Vous rejoindrez Fourmies par Trélon et son bel étang du Hayon, puis par le petit village d'Ohain et la forêt domaniale parsemée de ses pièces d'eau.

Dans l'ancien domaine royal

- **Département :** Oise (60), d'Asnières-sur-Oise à Ermenonville
- **Temps estimé :** 3 jours – 43 km
- **Saisons idéales :** printemps, automne
- **Catégorie :** facile
- **Accès :** abbaye de Royaumont

Partie intégrante de l'ancien domaine royal, le Senlisis, aux portes de Paris, regorge de trésors. Abbayes, châteaux, cathédrales, manoirs, forêts et étangs lui confèrent une parure exceptionnelle que vous découvrirez au fil de cette randonnée. Cette région est délimitée par le cours d'eau de l'Oise, la côte de Dammartin-en-Goële et le Valois à l'est. Ses parties limoneuses portent de belles cultures, tandis que les nombreuses zones sableuses sont couvertes de forêts dont celles de Chantilly, d'Ermenonville ou d'Halatte. La rivière de la Nonette et le ru de Saint-Martin drainent les étangs de Cormeilles, de Chaalis et de Mortefontaine. Environnée de ruisseaux et proche d'une réserve ornithologique, l'abbaye de Royaumont est un monument remarquable du XIIIe siècle. Implantée dans un environnement protégé, elle se dresse encore aujourd'hui au milieu des étangs et des forêts. Admirez son superbe cloître gothique, son réfectoire, son jardin d'inspiration médiévale avant de gagner le paisible village de Baillon, puis par le bois du Bonnet, celui de Coye-la-Forêt et son château. En pénétrant la forêt de Chantilly, vous rejoignez le château de la Reine Blanche, longez les étangs, puis par ses nombreuses allées cavalières Chantilly, magnifique ville royale connue pour son château – musée Condé, incontournable ! – et son parc, ses Grandes Écuries des princes de Condé – uniques au monde ! – et sa majestueuse forêt par laquelle vous rejoindrez Senlis. Véritable livre d'Histoire, cette très vieille ville sur sa colline a su garder avec brio un caractère médiéval et romantique. Visitez le jardin du Roy, les arènes gallo-romaines, la cathédrale, les ruines du château royal, les églises, les vestiges de l'ancien prieuré Saint-Maurice. Par les petites ruelles sinueuses de la vieille ville, admirez les nombreux et beaux hôtels particuliers. En longeant l'ancienne abbaye Saint-Vincent – aujourd'hui lycée – et en traversant la forêt de Senlis, vous rejoignez l'abbaye cistercienne de Chaalis et le château – musée. Par la campagne, regagnez Ermenonville, célèbre pour son parc Jean-Jacques-Rousseau.

Promenade à marée basse entre Saint-Valéry-sur-Somme et Le Crotoy.

La baie de Somme

- **Département :** Somme (80), du Crotoy à Cayeux-sur-Mer
- **Temps estimé :** 3 jours – 38 km
- **Saisons idéales :** été, printemps, automne
- **Catégorie :** facile
- **Accès :** parking de la Maye entre Le Crotoy et Saint-Quentin-en-Tourmont

À la rencontre de l'oiseau, de la nature et des phoques, au milieu de l'une des plus belles baies au monde ! Mythique et envoûtante, la boucle en baie de Somme vous enivrera de sensations fortes et vivifiantes. Vous découvrirez les traditions des gens du cru qui vivent aux rythmes des marées et des migrations. Ce site naturel sait jouer de ses charmes pour émerveiller le randonneur par sa lumière sans cesse renouvelée, par ses odeurs particulières et par le ballet de ses innombrables oiseaux migrateurs. Commençons par la visite de la réserve naturelle du parc du Marquenterre et ses étangs. Dissimulés par des écrins de verdure ou des postes d'observation, vous cheminerez en silence à travers les dunes, les marais, les forêts et les prairies à la rencontre d'une faune et d'une flore extrêmement diversifiées. Par un sentier longeant la plage, rejoignez Le Crotoy, principale localité de la baie de Somme, à découvrir. Sa flottille en activité fait du Crotoy le port le plus actif de la côte picarde. Puis prenez la direction de Noyelle en passant par Morlay. D'un côté le bocage, de l'autre les Mollières de la baie de Somme – zone couverte par la mer seulement lors des grandes marées, à voir ! Il n'est pas rare d'y apercevoir des moutons broutant ou encore des Hensons – chevaux de la baie de Somme. Autrefois situé en bord de mer, Noyelles-sur-Mer a su conserver son caractère pittoresque. Visitez son cimetière chinois, le plus important de France, rendant hommage aux huit cent trente-huit ouvriers asiatiques disparus pendant la Première Guerre mondiale. En traversant l'estuaire, vous rejoindrez Saint-Valéry-sur-Somme, autre joli port de la baie. Sa position stratégique sur un promontoire calcaire, face à la baie, lui a valu une histoire riche et mouvementée. Plusieurs quartiers confèrent à cette cité un charme indéniable. La ville haute est un bel exemple de cité médiévale. En arrière du port, le Courtain, quartier traditionnel des marins qui occupaient de petites maisons colorées, serrées les unes contre les autres. Le quartier de l'Abbaye est plus rural avec encore des fermes en activité. À découvrir : le chemin de fer de la baie de Somme. Entre champs et marais, gagnez la pointe du Hourdel avec sa plage de galets, l'un des trois ports de la baie, point incontournable de la balade ! Lieu idéal pour l'observation des phoques, le Hourdel abrite la plus importante colonie de veaux marins en France. Autrefois, le phare marquait la pointe nord de ce magnifique petit hameau de pêcheurs. La route Blanche relie le Hourdel à Cayeux-sur-Mer, station balnéaire réputée à la fin du XIXe siècle. Ce petit port de pêche et de plaisance a conservé de cet âge d'or ses ravissantes cabines de bains colorées et son chemin de planches s'étirant sur 2 km au-dessus des galets. Un vestige du passé unique en Europe. A ne rater sous aucun prétexte, les levers et couchers de soleil aux couleurs flamboyantes.

- **En savoir plus et autres itinéraires :** www.somme-tourisme.com/balades-et-randonnees

La Côte d'Opale

- **Département :** Pas-de-Calais (62), de Calais à Boulogne-sur-Mer
- **Temps estimé :** 3 jours – 51 km
- **Saisons idéales :** printemps, automne

- **Catégorie :** facile
- **Accès :** Calais

Encore une région à avoir inspiré nombre de peintres ! Parmi toutes les « pointures » que la Côte d'Opale a attiré, citons les plus connues, Édouard Manet et William Turner, qui furent éblouies par ces 130 km de côtes s'étendant de la frontière belge à la baie d'Authie, au sud de Berck. Son nom a été trouvé par un peintre d'ailleurs, un artiste du cru, Édouard Levêque, qui a voulu ainsi faire référence à la teinte laiteuse des eaux dans lesquelles s'est dissoute la craie. Votre randonnée vous permettra de vous faire une idée de ce nom et de constater pourquoi les gens du Pas-de-Calais sont si fiers et si attachés à leurs stations balnéaires, à leurs longues plages et à leurs falaises calcaires qui côtoient la Manche et la mer du Nord pour le plus grand plaisir des mouettes et des goélands.

Vous partirez du premier port d'Europe pour les échanges avec les sujets de Sa Gracieuse Majesté la reine Elizabeth II, Calais, la ville où l'on « embarque » pour la traversée de la Manche via le fameux tunnel inauguré en 1994. Dans cette commune qui vit naître Yvonne Vendroux (qui deviendra Mme de Gaulle alias « Tante Yvonne ») et eut à souffrir cruellement de la Seconde Guerre mondiale, vous admirerez la tour du Guet, l'église Notre-Dame de style anglais, et au pied de l'hôtel de ville, la superbe sculpture de Rodin représentant *les Bourgeois de Calais* (1895). Via une plage interminable vous randonnerez jusqu'à Blériot-Plage, qui célébra en 2009, le 100e anniversaire de la traversée de la Manche par Louis Blériot. Ensuite vous longerez la dune de fort Mahon avant de rejoindre Sangatte et de passer au-dessus du tunnel sous la Manche. C'est au cœur de ce milieu naturel exceptionnel que vous découvrirez le cap Blanc-Nez. Inutile de dire qu'il s'agit d'un poste d'observation privilégié (132 m de haut !). Sur les hauteurs de Sangatte, des chemins parsèment les Noires Mottes qui, contrairement à leur nom, représentent le poumon vert du littoral. Ensuite, vous laisserez Escalles pour descendre vers la baie de Wissant et sa plage de 12 km de long qui fut un port jusqu'au XVIe siècle, période où ce dernier commença à s'ensabler inexorablement. Par la dune du Châtelet vous grimperez vers le cap Gris-Nez, qui attire plus d'un million de touristes chaque année. Au sommet, le phare et ses antennes sont la partie visible d'un dispositif de surveillance du trafic maritime, un des plus denses au monde dans ce détroit qu'est la mer du Nord. Les étapes suivantes sont Audresselles et Ambleteuse, deux villages de pêcheurs ayant su garder leur authenticité. Viendra l'heure de la traversée de la rivière Slack avant de découvrir la végétation originale des dunes du même nom, écosystème protégé. Par la pointe aux Oies, vous atteindrez une station balnéaire réputée et très dynamique, Wimereux, dernière étape avant Boulogne-sur-Mer, premier port de pêche français mais aussi ville d'Histoire, de culture (sa vieille ville est superbe !) et de découverte avec Nausicaa, le Centre de la Mer.

- **Toutes les informations sur la Côte d'Opale** : www.cote-dopale.com/tourisme/randonnees

Sur les traces des poilus

- **Département :** Aisne (02)
- **Temps estimé :** 1 jour
- **Saisons idéales :** été, printemps, automne
- **Catégorie :** moyen
- **Accès :** Vic-sur-Aisne

Une boucle d'une quinzaine de kilomètres associant, sur un parcours en terrain calcaire, la découverte de beaux villages à celle, émouvante, du patrimoine de la Première Guerre mondiale, qui a tant marqué la culture de cette région du Soissonnais. Entre vallées, vallons et plateaux, le paysage se diversifie pour le plus grand plaisir des amateurs d'espace naturel. La pierre de taille présente dans tout le Soissonnais a été utilisée pour construire de nombreux édifices, abbayes, châteaux, donjons et belles demeures. Commencez votre périple par la visite du château de Vic-sur-Aisne. Sa très belle façade surmontée d'un fronton, entourée de deux tours, s'ouvre sur un perron, dominant une large terrasse donnant accès au superbe jardin à la française. Le donjon domine la place du village et vous accueille dès votre arrivée. Du monument aux morts, vous prendrez la direction de Coucy-le-Château, dont les ruines de son château fort trônant sur un éperon rocheux dominent les vallées de l'Oise et de l'Ailette. Par les bois, vous rejoindrez Chapeaumont, puis Fontaine-Sainte-Anne avant de gagner Saint-Christophe-à-Berry. Visitez son église et admirez son chœur du XVIIe siècle. A quelques pas de là, Vingré et son émouvant monument commémoratif rendant hommage aux fusillés de Vingré. Au monument de la Croix-Brisée, prenez le plateau pour descendre ensuite vers les carrières de Confrécourt. Cet ensemble de carrières calcaires tire son nom de la ferme fortifiée voisine, construite par des moines et constituant une véritable forteresse permettant d'observer toute la vallée de l'Aisne. Carrière et ferme furent le théâtre de violents combats lors de la Première Guerre mondiale. Entre deux batailles, les nombreux soldats venaient là reprendre des forces et se détendre en jouant aux cartes ou en sculptant des bas-reliefs. On retrouve dans ces œuvres tous les symboles liés à leur quotidien : blasons, croix de guerre, Marianne, noms de leurs régiments… Dans la carrière dite de « l'hôpital », on trouve la chapelle souterraine « des Bretons ». Dans la carrière du « 1er Zouave » se trouve une seconde chapelle souterraine possédant un autel beaucoup plus ornementé « la chapelle du Père Doncœur », qui officia ici pendant la guerre. À droite, un escalier permettait d'accéder directement aux premières lignes. Ce patrimoine exceptionnel, qui compte environ une centaine de sculptures, a été fortement dégradé dans les années 1980 par des collectionneurs sans scrupule. À Berny-Rivière, vous admirerez le clocher-porche de style roman de son église, avant de repartir sur Vic-sur-Aisne.

- **Plus d'informations et d'itinéraires :** www.tourisme-soissons.fr/Loisirs-et-Activites/Randonnees

ÎLE-DE-FRANCE

On ne pense pas forcément à l'Île-de-France pour randonner, et pourtant les circuits et les biotopes naturels ne manquent pas autour de la capitale, et même intra muros, à commencer par les petites randonnées dans les bois de Boulogne ou de Vincennes ; un peu plus loin, la forêt de Fontainebleau vous attend, les berges de la Marne aussi, et tant d'autres itinéraires de charme... En outre, plusieurs associations existent à Paris, qui vous permettent de marcher à plusieurs. Vous pouvez aussi suivre des circuits à thème dans Paris, des berges de la Seine aux arbres remarquables de la capitale en passant par le Jardin des plantes.

LES SPÉCIALISTES

■ COMITÉ DÉPARTEMENTAL DE LA RANDONNÉE PEDESTRE DE PARIS
6, rue Paulin-Enfert (13e)
PARIS
✆ 01 46 36 95 70
www.rando-paris.org
paris@ffrandonnee.fr
Prix de base d'une licence adulte : 22,40 €. La FFR propose la Rando Santé®, adaptées aux personnes en situation de handicap ou de difficulté.
Les randonnées urbaines séduisent les Parisiens. Les adeptes de cette nouvelle forme de loisir alliant sport et découverte de l'architecture et de l'Histoire sont de plus en plus nombreux aux rendez-vous. Retrouvez sur le site Internet toutes les informations concernant les événements du comité, les clubs affiliés, les sentiers balisés dans Paris. Le comité organise des rando dans Paris, d'une durée de trois heures et longues d'environ sept kilomètres. Ces « Panamées® » se déroulent une fois par mois – les points de départ et d'arrivée se situent à une station de métro. Les thèmes sont variés : la mode, le Paris révolutionnaire, les villas et squares, le polar... Gratuites, ces randonnées citadines à thème, sont ouvertes à tous, petits et grands, juniors et seniors.

■ COMITÉ RÉGIONAL DE LA RANDONNÉE PÉDESTRE EN ÎLE-DE-FRANCE
✆ 01 48 01 81 51
http://idf.ffrandonnee.fr
contact@ffrandonnee-idf.fr
Prix de base d'une licence adulte : 25,40 €. La FFR propose la Rando Santé®, adaptées aux personnes en situation de handicap ou de difficulté.
L'Ile-de-France offre un terrain de randonnée bien connu des Parisiens en quête d'exercice en plein air, méconnu des randonneurs du reste de la France ! Le Comité régional coordonne les actions des huit comités départementaux de la région. Le comité supervise 8 000 km de sentiers balisés et entretenus, 30 000 licenciés et 370 associations. Vous pouvez partir à la découverte de l'Ile-de-France à l'aide de l'un des 21 Topo-guides® édités par le comité, sur des itinéraires balisés et entretenus par quelque 4 200 bénévoles.

■ PROMENADES URBAINES
112, rue Lamarck (18e), PARIS
✆ 06 14 56 60 33
www.promenades-urbaines.com
promenades@promenades-urbaines.com
Selon la promenade, gratuit ou payant (se renseigner). Adhésion possible.
Les Promenades Urbaines sont gérées par une association dont les membres fondateurs sont le Centre Pompidou, la Cité de l'architecture et du patrimoine, le Pavillon de l'Arsenal et les CAUE (Conseils d'Architecture, d'urbanisme et de l'Environnement) de l'Essonne et du Val-de-Marne. L'association conçoit et anime des promenades pour faire découvrir le tissu urbain de Paris ou de sa région de manière originale, inédite et sur mesure, à des promeneurs éclairés qui ne se contentent pas d'observer passivement ce qui les entoure. Pendant une journée ou demi-journée, les Promenades Urbaines proposent de visiter à pied, et à l'écoute d'un spécialiste, des lieux en mutation ou habituellement négligés de la ville. En résumé : une manière intelligente et culturelle de se promener dans la capitale, convivialité du groupe en plus !

LES CIRCUITS

À travers la Brie

- **Département :** Seine-et-Marne (77), de Melun à Bombon
- **Temps estimé :** 2 jours – 20 km
- **Saisons idéales :** été, printemps, automne
- **Catégorie :** facile
- **Accès :** Melun

Jadis limite entre le Royaume de France et les terres des puissants comtes de Champagne, cette partie de la Brie ne manque pas de charme avec ses terres agricoles fertiles, ses vertes vallées, ses villages paisibles.

Un passé fastueux avec pour témoins de luxueux châteaux comme Vaux-le-Vicomte, château fort de Blandy-les-Tours, mais aussi églises romanes ou gothiques, collégiale de Champeaux, moulins, lavoirs... Un itinéraire riche en culture et paysages. Une première halte à Melun, ancienne cité romaine construite sur une île, s'impose. De ce lointain passé surgissent encore quelques beaux vestiges. Ne manquez pas la visite de la collégiale Notre-Dame-de-Melun, du prieuré Saint-Sauveur ainsi que des autres quartiers Saint-Aspais, Saint-Liesne, Saint-Barthélémy et Saint-Ambroise. Un peu plus loin, Maincy, charmant et typique village briard aux ruelles étroites, lové à flanc de coteaux de l'Ancœur. La commune demeure intimement liée, de par son passé, au château Vaux-le-Vicomte, chef-d'œuvre des débuts du style Louis XIV, dont le parc borde les terres à l'ouest. De nombreux monuments et sites témoignent aujourd'hui de cette époque, église du XIIe siècle, ancienne manufacture de tapisserie royale, couvent des carmélites, moulin à eau, ferme seigneuriale, pont de pierre, maisons typiquement briardes. Plus loin, vous attend Blandy-les-Tours, village bâti autour d'un imposant château fort du XIIe siècle. Du haut de son donjon, profitez de la vue qui vous est offerte sur toute la région. L'église Saint-Maurice mérite le détour tout comme l'authentique broyeur à pommes. Reprenez le chemin à la lisière d'un bois vers le château d'Aunay et le village fortifié de Champeaux où se dresse la collégiale du XIIe siècle. Ne manquez pas de visiter l'intérieur de la très élégante église qui abrite de belles stalles du début XVIe siècle. A travers la campagne vous rejoindrez le petit village de Bombon. Les plus courageux poursuivront jusqu'à Provins, superbe.

- **Plus d'informations et d'itinéraires** : www.melun-tourisme.fr/balades-nature

Au cœur du parc naturel de la Haute-Vallée de Chevreuse

- **Département :** Yvelines (78)
- **Temps estimé :** 1 jour
- **Saisons idéales :** été, printemps, automne
- **Catégorie :** facile
- **Accès :** Chevreuse

À une vingtaine de kilomètres seulement de Paris, la Haute-Vallée de Chevreuse demeure l'une des principales régions d'Île-de-France à dominante rurale. Ses paysages, partie intégrante du grand massif forestier de la forêt de Rambouillet, ont une grande renommée puisqu'ils sont structurés par un éventail remarquable de sites historiques prestigieux, et comportent une pittoresque mosaïque de paysages verdoyants où s'harmonisent massifs forestiers, plateaux agricoles et vallées escarpées. Dans ces vallées coulent paisiblement l'Yvette, la Rémarde et leurs affluents. Parmi les nombreux sentiers, prenez le chemin Jean-Racine reliant Chevreuse à l'abbaye de Port-Royal-des-Champs à Magny-les-Hameaux. Sachez au passage que le poète Jean Racine figure parmi les personnages les plus célèbres de la Haute-Vallée. Le circuit, traversant un paysage rural de toute beauté, rappelle les trajets que l'auteur faisait dans sa jeunesse. Sept bornes reprennent ses vers tout au long du sentier. Le château de la Madeleine, magnifique forteresse médiévale construite sur les hauteurs de Chevreuse, abrite la Maison du Parc. De son surplomb, il offre un superbe panorama sur la vallée de l'Yvette. Partez des abords boisés du village et du fameux carrefour du Roi-de-Rome où le fils de Napoléon fut remis aux émissaires autrichiens afin d'être exilé après la fin de l'empire en 1814. La nature y est de plus très étonnante, sept chênes y forment un cercle presque parfait. Au bois de Saint-Lambert, une biche légère ou un doux chevreuil. Au moulin de Fauveau, des saules épais. Le hameau de Milon et ses agréables ruisseaux. Tout en longeant le Rhodon, en admirant les troupeaux errants, en écoutant le chant des oiseaux, vous atteindrez l'abbaye de Port-Royal, berceau du jansénisme, ensemble remarquable constitué des ruines d'un monastère, théâtre d'une intense vie religieuse, intellectuelle et politique, du musée des Granges et d'un domaine forestier et paysager. Pour prolonger votre séjour au cœur du parc, partez à la découverte du

La Vallée de Chevreuse.

© CG 92 - Willy LABRE

Arboretum de la vallée des loups.

château de Dampierre, du château de Breteuil, de l'abbaye des Vaux-de-Cernay, sur fond de paysages apaisants.

- **Plus d'informations** : www.parc-naturel-chevreuse.fr

La route des Crêtes

- **Département :** Val-d'Oise (95)
- **Temps estimé :** 1 jour, boucle
- **Saisons idéales :** été, printemps, automne
- **Catégorie :** moyen
- **Accès :** Vétheuil

Une belle randonnée au cœur du parc naturel régional du Vexin français qui réclame de petits mollets entraînés. Vous partirez de Vétheuil, village en partie célèbre grâce à Claude Monet qui y passa quelques années et immortalisa les paysages. La maison où l'artiste a vécu est toujours là. Vétheuil est également remarquable par son église et son escalier impressionnant. C'est ici même que nous vous donnons rendez-vous pour démarrer par une belle grimpette rejoignant le petit village de la Goulée. Forêt et champs se succèdent pour arriver au village de Chérence. Jetez un coup d'œil sur son église avant de retrouver un petit vallon pénétrant la forêt de la Roche-Guyon. Profitez du beau panorama sur la vallée de l'Epte avant d'emprunter le sentier en pente taillé dans le calcaire surplombant la Roche-Guyon que l'on atteint par le GR®2. Lové dans l'une des boucles de la Seine, la Roche-Guyon est un site unique et remarquable, classé plus Beau Village de France – le seul d'Île-de-France. La richesse du patrimoine et la qualité des paysages répondent à coup sûr à l'attente des promeneurs. Façonné par l'histoire, du Moyen Age à nos jours, son château marque les esprits. Adossé à la falaise qui l'a enfanté, dominant une boucle de la Seine, il entrecroise avec élégance les styles architecturaux. Son donjon fortifié, curieusement posé sur la colline, domine la vallée. Il est relié à la forteresse du bas par un souterrain taillé en escalier. L'ensemble est harmonieusement enchâssé dans un écrin verdoyant. Ses écuries monumentales vous charmeront et son potager expérimental du siècle des Lumières vous étonnera. Les chérubins peuvent y fêter leur anniversaire ! Du bonheur encore dans les rues anciennes du village, le long des berges de la Seine que l'on va rejoindre pour accéder au sentier des Crêtes qui nous ramènera à Vétheuil. Là encore le spectacle est garanti. Le chemin des Crêtes offre un point de vue sans égal sur les falaises de craie et la vallée de la Seine.

- **Plus d'informations sur le Parc naturel du Vexin français** : www.pnr-vexin-francais.fr

La Vallée aux Loups

- **Département :** Hauts-de-Seine (92)
- **Temps estimé :** 1 jour
- **Saisons idéales :** été, printemps, automne
- **Catégorie :** facile
- **Accès :** Châtenay-Malabry

Situé au cœur du val d'Aulnay, le parc de la Vallée aux Loups est un ensemble de parcs et de jardins, des dizaines d'hectares de verdure à arpenter en famille. Le parc, créé au XVIIIe siècle, s'enrichit en 1890 d'espèces botaniques extraordinaires grâce au pépiniériste Croux.

De ses sentiers boisés aux jardins de l'arboretum en passant par la maison de Chateaubriand, cette jolie vallée recèle mille trésors et offre des points de vue remarquables. Découvrez le célèbre ermitage où Chateaubriand entreprit l'écriture de ses mémoires, *Mémoires d'outre-tombe*. L'auteur façonne la propriété à son goût, faisant édifier un portique soutenu par deux cariatides de marbre blanc. Vous vous baladerez dans le parc arboré, planté par l'écrivain lui-même, qui y voulut un miroir de sa Bretagne natale. Aujourd'hui, propriété du département et lieu de mémoire artistique et culturel, la maison restaurée offre un décor raffiné esprit début XXe siècle.

Le parc boisé, constitué de taillis et de futaies, s'ouvre sur de vastes clairières et des vallons boisés. C'est un endroit privilégié pour la faune et la flore.

CIRCUITS EN FRANCE

Visitez l'arboretum, vaste ensemble agrémenté d'une magnifique pièce d'eau, de nombreuses sources et de fabriques à la mode au XVIIIe siècle. 500 espèces d'arbres et arbustes se répartissent l'espace. Une curiosité que l'on ne peut manquer : le cèdre bleu pleureur de l'Atlas dont la surface au sol atteint 680 m². Les jardins à thèmes situés tout autour fleurissent de l'ensemble du printemps à la fin de l'été. Ne pas manquer la serre aux convolvulacées, collection nationale regroupant plus de deux cent quarante espèces provenant pour la plupart des pays tropicaux de l'hémisphère Sud, le jardin des hydrangea, le jardin des floraisons divisé en massifs d'une même couleur pour créer un contraste avec les feuillages. Entre le jardin de l'automne flamboyant et le jardin à l'anglaise, admirez le pavillon mauresque en brique, renfermant des peintures et des carrelages orientaux. À proximité, une cascade, une grotte, une fontaine, un pont suspendu, un embarcadère et son kiosque. Le dépaysement est total !

- **En savoir plus sur le domaine départemental de la Vallée aux Loups** : vallee-aux-loups.hauts-de-seine.fr

Le Dourdannais en Hurepoix

- **Département :** Essonne (91), de Dourdan à Sermaise
- **Temps estimé :** 2 jours – 22 km
- **Saisons idéales :** été, printemps, automne
- **Catégorie :** facile
- **Accès :** Dourdan

Pour tous les randonneurs, sachez que le GR®1 passe par Dourdan, une commune au riche patrimoine architectural qui a bénéficié au cours des siècles de restaurations importantes garantissant aujourd'hui sa qualité. Avant le départ, rendez-vous sur la place du Général-De-Gaulle qui rassemble les principaux monuments : château du XIIIe siècle, église Saint-Germain-d'Auxerre, grenier à sel, halles et magnifiques hôtels particuliers. Le cadre préservé de Dourdan saura également vous séduire. Sa vaste forêt, jadis forêt de chasse royale, séparée par la vallée de l'Orge, est plantée de chênes, châtaigniers, hêtres, charmes, bouleaux et pins. Ne manquez pas au sud le chêne que l'on nomme le « chêne des Six Frères », composé de six troncs sur une même cépée ! Cet itinéraire vallonné vous fera découvrir les paysages très variés du Hurepoix ainsi que plusieurs monuments remarquables. Le Hurepoix est un pays de rivières qui serpentent dans des vallées au milieu des ombrages, des prés et des cultures, tandis que des bois couvrent les collines et les coteaux. Il comprend un important réseau de sentiers balisés. Prenez la vallée de la Rémarde où vous ne manquerez pas à Saint-Cyrsous-Dourdan de faire un petit détour pour contempler la ferme fortifiée des Tourelles, bâtie en 1560. En passant par la butte de Tous Vents, vous gagnerez le château du Marais – XVIIIe siècle – qui se reflète dans un miroir d'eau de 540 m de longueur. Puis, vous quitterez la vallée de la Rémarde en montant dans les Grands Bois du Marais et retrouverez la vallée de l'Orge à Sermaise où vous admirerez sa jolie église rustique.

© Jon R PETERS – Fotolia

Paris – Sur un quai de la Seine.

Les quais de Seine

- **Département :** Paris (75)
- **Temps estimé :** 1 jour
- **Saisons idéales :** été, printemps, automne
- **Catégorie :** facile
- **Accès :** jardin des Tuileries

Un parcours insolite des quais de Seine sur un circuit classé au patrimoine mondial de l'Unesco. Entre le palais du Louvre, la rue de Rivoli, la place de la Concorde et la Seine, s'étend gracieusement le jardin des Tuileries, le plus important et le plus ancien jardin à la française de Paris. Un point de départ idéal pour découvrir les voies sur berge. Par la rive droite vous longez le Louvre. Puis les bouquinistes vous plongent dans une ambiance culturelle pour atteindre les abords de l'île de la Cité, nous offrant un beau panorama sur le palais de Justice et l'île Saint-Louis. Prenez le temps d'admirer l'architecture variée des ponts de Paris, sous lesquels péniches et bateaux-mouches glissent paisiblement. En poursuivant sur les quais jusqu'au ministère des Finances, vous atteindrez le parc de Bercy. Après la traversée de la Seine face à la Bibliothèque de France, vous reviendrez par la rive gauche. Admirez le chevet de Notre-Dame, un miracle d'élégance, de hardiesse, de simplicité, un foisonnement de vie, de lumières, de visages naïfs, touchants, solennels, une ville de pierre, peuplée de démons et de chimères... Un véritable chef-d'œuvre. Gardez les yeux grands ouverts car c'est au tour maintenant de l'hôtel des Monnaies, édifice du XVIIIe siècle signé par l'architecte Jacques-Denis Antoine. Il abrite toujours la Monnaie de Paris. Plus loin, l'Institut de France, le parlement des Savants, reconnaissable à sa célèbre coupole face au pont des Arts. Toujours sur la rive gauche de la Seine, le musée d'Orsay et en poursuivant l'Assemblée nationale, le musée du Quai-Branly, l'incontournable tour Eiffel. Terminez la balade au parc André-Citroën, œuvre futuriste, l'un des parcs majeurs réalisés dans la capitale en cette fin de siècle. D'une superficie de 14 hectares, il offre une très belle perspective sur la Seine, et il est le seul, à ce jour, à être ouvert sur le fleuve. Parcourez-le sans modération.

NORMANDIE

La Normandie ne manque pas de charme pour les randonneurs, sur les côtes, le long des plages du débarquement ou à l'intérieur des terres. Partez à la découverte des falaises du pays de Caux, du Cotentin, de la baie du Mont-Saint-Michel ou de sites insolites comme la Suisse normande. La région abonde en itinéraires paisibles et faciles, entre terre et mer.

LES SPÉCIALISTES

■ AVENTURE… ET VOUS
25, rue Patton
AVRANCHES
✆ 06 83 29 78 10
www.aventure-et-vous.fr
contact@aventure-et-vous.fr
Jacky Gromberg est le guide idéal pour vous accompagner pour une randonnée, seul ou en famille, sur la baie du mont Saint-Michel, laquelle ne se visite pas sans un spécialiste expérimenté. Plusieurs départs sont possibles, accessibles aux petits marcheurs : Bec-d'Andaine, Courtils, Vains. Compte tenu du paysage à découvrir, il est permis de parler d'enchantement, surtout si le soleil est de la partie. Un conseil : si vous le pouvez, optez pour la promenade nocturne (3h30), particulièrement agréable.

■ COMITÉ RÉGIONAL DE RANDONNÉE PÉDESTRE DE NORMANDIE
7b, rue Neuve-Bourg-l'Abbé, CAEN
✆ 06 60 64 51 28
normandie.ffrandonnee.fr
normandie@ffrandonnee.fr
Ouvert toute l'année. Prix de base d'une licence adulte : 25.40€. La FFR propose la Rando Santé®, adaptées aux personnes en situation de handicap ou de difficulté.
Les comités départementaux de Haute et Basse-Normandie ont fusionné en 2017, regroupant ainsi leurs forces. Répondez à l'appel de la Normandie et randonnez à Honfleur, Falaise, découvrez les châteaux de Bizy, de Vasceuil, le Nez de Jaubourg, le mont Saint-Michel, l'île Tahitou, la Roche-d'Oëtre… La Normandie est riche de ses paysages de bord de mer et de ses bocages, mais aussi de son histoire. Elle englobe trois parcs naturels régionaux : le Parc des Boucles de la Seine Normande, le parc Normandie Maine et le Parc du Perche.

■ CHEMINS DE LA BAIE DU MONT-SAINT-MICHEL
34, rue de l'Ortillon
GENÊTS
✆ 02 33 89 80 88
www.cheminsdelabaie.com
contact@cheminsdelabaie.com
Traversées et sorties toute l'année pour tous publics. Tarif variable en fonction de la sortie : à partir de 10 €.
Traverser la baie, bien sûr, encore faut-il bien le faire, et avec les bonnes personnes ! C'est bien pour cela que l'équipe des Chemins de la Baie permet de passer un moment fort, que l'on ne peut que vous conseiller. Ici, le choix est très vaste et, outre les traversées habituelles (commentées selon différentes thématiques, ou non), on vous propose des traversées qui sortent de l'ordinaire : au petit matin, en nocturne, aux flambeaux, les possibilités sont multiples !

LES CIRCUITS

Autour de la Fosse Arthour

- **Départements :** Manche (50), Orne (61)
- **Temps estimé :** 3 jours – plusieurs circuits
- **Saisons idéales :** été, printemps, automne
- **Catégorie :** facile
- **Accès :** la Fosse Arthour

Un voyage dans la légendaire histoire du roi Arthur. Située à la limite des départements de la Manche et de l'Orne, la Fosse Arthour doit sa renommée à son caractère sauvage et à la beauté de son site. Entre mystère et féerie, la nature y déploie en effet ses plus beaux atours pour plonger le promeneur dans un univers magique et angoissant. En pleine forêt, aux pieds de gigantesques escarpements rocheux qui font le bonheur des passionnés d'escalade, se trouve un gouffre qui, selon la légende, contiendrait les corps d'Arthur et de la reine Guenièvre.
Dans sa gorge profonde de 70 m, creusée dans une barre rocheuse, coule la Sonce. Un environnement enchanteur que l'on peut découvrir à travers plusieurs itinéraires en boucle. Le circuit du val Fleury – 6 km –, situé au sud-est de la Fosse Arthour, ne s'éloigne guère de la barre rocheuse. Le paysage de landes, bois et prairies, permet de comprendre le recul de la forêt et le développement progressif de l'agriculture et de l'élevage. De la crête, pour pourrez contempler le Domfrontais et la haute vallée de la Sélune, avant de lever les yeux et d'observer les buses valsant dans le ciel.

Le circuit du Rochelet – 7 km. Le bocage à mailles serrées, qui couvre la majeure partie de la région située au nord-est de la Fosse Arthour, sert de cadre à ce court périple. Le fond de la vallée sillonné par un labyrinthe de chemins creux et humides contraste avec le paysage plus ouvert du plateau. Autre circuit, une fois encore bien balisé, « le Circuit du Moulin » – 8 km. Parcourant la région nord-ouest de la Fosse Arthour, l'itinéraire permet de saisir les bouleversements géologiques qui ont affecté cette zone. Tout ceci rappelle la petite montagne. Les carrières et les moulins sont des traces, pour certaines encore vivantes, de l'activité humaine d'autrefois.

- **Autres informations et autres itinéraires :** www.baie-montsaintmichel.fr

La baie du Mont-Saint-Michel

- **Département :** Manche (50) et Ille-et-Vilaine (35), de Granville à Cancale
- **Temps estimé :** 6 jours – 115 km
- **Saisons idéales :** printemps, automne
- **Catégorie :** facile
- **Accès :** Granville

Faisons-nous plaisir et prenons le temps de déguster toute la beauté de la baie. Pour cela, la semaine est nécessaire mais vous pourrez toujours raccourcir l'itinéraire. Entre Granville et Cancale s'étire la baie du Mont-Saint-Michel qui abrite en son sein un des joyaux de l'art sacré occidental. Démesurément plate, elle n'est, à première vue, qu'une étendue de sable marécageuse recouverte par la mer au rythme des marées. Mais quel merveilleux théâtre pour celui qui sait prendre le temps de s'y promener et d'observer. De la falaise granitique de Champeaux, vous admirerez la baie puis longerez les collines de Saint-Jean-de-Thomas – station balnéaire convoitée – d'où partaient les pèlerins pour rejoindre le mont à marée basse. Vous poursuivrez vers les Genets le long de cette grève de sable fin et remonterez l'embouchure de la Sée pour atteindre Granville perché sur sa colline. Faites-y une halte pour admirer sa vieille ville et sa forteresse militaire. Ceinte de remparts, elle renferme de nombreuses maisons de granite ainsi que l'église Notre-Dame, grand édifice austère à souhait. Vous vous dirigerez vers Pontaubault où vous saluerez son pont qui a eu un rôle stratégique lors de l'avancée des troupes américaines. Vous longerez la Sélune et ces fameux prés salés où paissent d'immenses troupeaux de moutons avant de dépasser la pointe de la Rochetorin et de découvrir le mont dans toute sa splendeur. A l'origine, ce n'est qu'un gros rocher de granite sur lequel les bâtisseurs de cathédrales ont rivalisé de prouesse et de hardiesse pour ériger ce chef-d'œuvre qu'est l'abbaye. Vous lui tournerez le dos et poursuivrez votre randonnée entre mer et terre sur la digue de la Duchesse-Anne qui a permis aux hommes d'assainir et de conquérir les terres jusqu'aux falaises de Ros-sur-Couesnon. En longeant cette grève sans fin, vous découvrirez de sympathiques villages de pêcheurs tels le Vivier-sur-Mer ou Saint-Benoit-des-Ondes, et rejoindrez Cancale, port ostréicole. Vous serez séduit par cette beauté tranquille, cette flore originale, sauvage et discrète, par ces milliers d'oiseaux qui nichent ou transitent par la baie.

- **Autres informations et autres itinéraires** : www.baie-montsaintmichel.fr

Les falaises d'Etretat

- **Département :** Seine-Maritime (76)
- **Temps estimé :** 1 jour
- **Saisons idéales :** été, printemps, automne
- **Catégorie :** facile
- **Accès :** Étretat

Quand un lieu attire des peintres de la qualité de Courbet, Delacroix, Boudin, Corot, Matisse... et surtout Manet (plus de 80 tableaux sur le sujet) pas besoin d'en faire de la publicité : chacun comprend que la beauté y a son rond

Fosse Arthour.

Les falaises d'Etretat.

de serviette à l'année. Tel est le cas d'Étretat, en pays de Caux, un petit village de pêcheurs devenu, dans la seconde partie du XIXe siècle, une station balnéaire d'autant plus reconnue et renommée que divers personnalités du monde artistique y venaient villégiaturer. On pense à Jacques Offenbach (qui y fit construire sa villa Orphée) mais aussi à Gustave Flaubert, Guy de Maupassant, André Gide, Maurice Leblanc (le créateur d'Arsène Lupin), etc. Bien sûr, à Étretat, c'est l'aspect extraordinaire de ses falaises qui attire le regard, des falaises monumentales et d'un blanc quasi immaculé. Il y a aussi ses plages de galets de silex tout à fait remarquables. Sans oublier, belles, grandioses et lumineuses à souhait, les ouvertures naturelles de la station ayant pour nom : Porte d'Amont, Porte d'Aval et Manneporte (« grande porte »).

Vers l'extrémité gauche de la digue, un escalier permet d'atteindre le sommet (85 m). La falaise d'Aval est la plus célèbre de la station et offre une vue magnifique : à gauche sur l'arche massive de la Manneporte à l'architecture monumentale façonnée par la nature, en face sur l'Aiguille et à droite sur la falaise Amont. La vue est d'autant plus agréable qu'elle accueille des variations de couleur suivant l'heure et l'éclairage. En contrebas, une fois les fameux parcs à huîtres dépassés, la falaise laisse découvrir une anfractuosité : c'est le Trou à l'Homme, une grotte qui aurait sauvé, des eaux furieuses, un naufragé d'une mort certaine. Ensuite la promenade se poursuit jusqu'à la pointe de la Courtine, puis la valleuse d'Antifer où vivent d'innombrables oiseaux.

Un escalier creusé dans la falaise d'Amont conduit au sommet où se trouve la chapelle Notre-Dame-de-la-Garde qui fut détruite en 1942 et reconstruite en 1950. À côté d'elle, autre curiosité à observer, se trouve la flèche de 62 m en béton qui rend hommage aux aviateurs Nungesser et Coli, les premiers à avoir tenté de traverser l'Atlantique de cet endroit le 8 mai 1927. C'est aussi de cet endroit que le promeneur a la plus belle vue sur l'aiguille Creuse et la plage d'Étretat... Grâce aux sentiers balisés, la promenade peut se poursuivre jusqu'au roc Vaudieu et encore plus loin vers l'aiguille de Belval. Vos compagnons de route ? Des goélands argentés, des faucons pèlerins et autres oiseaux tout à fait étonnants... La plage est séparée du village par une longue digue-promenade que l'on nomme le Perrey. Le petit jardin mérite le détour, agrémenté d'une reproduction impressionniste. De retour au village, visitez l'église Notre-Dame (construite au XIIe siècle), les halles en bois, les châteaux, manoirs ou villas remarquables. Admirez le manoir de la Salamandre dans la rue principale, le Clos Lupin – cabinet de travail de Maurice Leblanc –, situé rue Guy-de-Maupassant, et à proximité de l'ancienne maison de ce dernier, « la Guillette », le magnifique château des Aygues qui fut la résidence balnéaire des reines d'Espagne Marie-Christine et Isabelle II – l'édifice est ouvert au public l'été. Une chose est sûre : désormais vous savez pourquoi toutes ces célébrités ont décidé de séjourner à Étretat.

Le Marais-Vernier

- **Départements :** Eure (27)
- **Temps estimé :** 1 jour
- **Saisons idéales :** été, printemps, automne
- **Catégorie :** facile
- **Accès :** Sainte-Opportune-la-Mare

Le Marais-Vernier, amphithéâtre naturel de 45 km^2, l'un des sites les plus pittoresques de Normandie, une des plus grandes tourbières françaises, un paysage très particulier situé au débouché sud du pont de Tancarville et au nord de Pont-Audemer. Son originalité est due, entre autres, à la présence d'une mosaïque de milieux acides et alcalins et à la rareté des espèces sauvages, animales ou végétales et de leurs habitats.

Le marais s'étend sur 4 hectares et est la première tourbière française par sa proximité. La proximité de l'estuaire de la Seine nous rappelle que le marais Vernier est un ancien méandre d'un intérêt biologique capital.

Découvrez tout le charme de la vie campagnarde pratiquement intacte, probablement les plus belles fermes et maisons rurales de Normandie. Certaines possèdent la même physionomie depuis plusieurs siècles et aucunes se ne ressemblent vraiment. Remarquez leur architecture typique qui provient des ressources et des techniques de constructions locales. Les colombages en chêne sont issus des bois voisins. Les roseaux de la Grande Mare – seul étang naturel de Haute-Normandie – constituent les toitures. Les soubassements sont faits de pierres et de silex du sous-sol. Le torchis est fabriqué à partir de limons prélevés sur place. À l'intersection de la D95 et de la N182, admirez le point de vue sur Sainte-Opportune-la-Mare. À l'ouest, la pointe de la Roque, dont la falaise de plus de 50 m domine la vallée de la Seine et ses ponts. Au sud du marais Vernier, au lieu-dit « la Côte », ne pas hésiter à quitter la route pour prendre le sentier qui sépare l'habitat des courtils et flâner le long des ruisseaux. Dans la commune de la Haye-de-Houtot, une table d'orientation permet de découvrir l'ensemble du marais. Visitez Quillebœuf, ancienne cité maritime sur l'estuaire de la Seine – traversée de la Seine en bac. Une balade dans la réserve naturelle des Mannevilles est incontournable. Pensez à prendre vos jumelles ou alors profitez du superbe observatoire construit par la Fédération des chasseurs. De passage entre octobre et avril, assistez au marché aux pommes. Le 1er mai, quant à lui, fait place à la fête de l'étampage, au village du Marais-Vernier, fête traditionnelle de marquage des animaux au fer rouge sur la corne, avant de les placer dans les prés communaux.

Pour prolonger l'itinéraire, partez, à proximité, dans la forêt de Brotonne, située elle aussi dans le parc naturel régional des boucles de la Seine normande.

- **En savoir plus sur le Parc naturel régional des Boucles de la Seine normande** : www.pnr-seine-normande.com

Le marais Vernier.

Randonnée de la Paix

- **Département :** Calvados (14), de Juno Beach au Mémorial de Caen
- **Temps estimé :** 2 jours – 27 km
- **Saisons idéales :** été, printemps, automne
- **Catégorie :** facile
- **Accès :** Juno Beach

Durant cette randonnée historique, appelée aussi L'Acadienne, vous marcherez sur les pas de Canadiens. Le centre Juno-Beach vous fera explorer l'histoire du Canada pendant la Seconde Guerre mondiale, mais aussi le Canada d'aujourd'hui à travers des espaces de visite et de découverte pour petits et grands. Le parc Juno vous laisse découvrir la plage du même nom où les alliés ont débarqué en juin 1944. Cette promenade dans les dunes est un moment privilégié pour comprendre grâce à un chemin de découverte l'histoire du débarquement, mais aussi la flore et la faune du littoral ainsi que l'histoire de la station balnéaire de Courseulles-sur-Mer. À voir, les stèles de la Combattante, la stèle de Gaulle, la croix de Lorraine, le char mémorial Bold, le monument Winnipeg. À Bernières-sur-Mer, le monument de la Libération, stèle de la Chaudière. Contrairement à son nom, Bény-sur-Mer n'est pas une commune littorale mais distante de 3 km de la Manche. Vous y découvrirez le menhir de la Demoiselle de Bracqueville, un château du XVIIe siècle, l'église Notre-Dame-de-l'Assomption et le cimetière militaire canadien qui se trouve sur la commune voisine de Reviers. Au creux de la vallée de la Mue, sillon verdoyant dans la plaine de Caen, à proximité de Thaon, village typique du Bessin, vous visiterez une belle église romane du XIe siècle. Cette vallée paisible abrite d'autres trésors de l'art architectural roman que vous découvrirez en toute quiétude grâce aux nombreux chemins qui jalonnent son parcours. Faites une halte à Cairon-le-Vieux, puis à Authie avant d'atteindre Saint-Germain-la-Blanche-Herbe et son incontournable et remarquable abbaye Notre-Dame-d'Ardenne, aujourd'hui occupée par l'institut Mémoires de l'Édition contemporaine. Un périmètre de 200 hectares autour du monument est classé. Il permet de sauvegarder l'essentiel des vues sur l'édifice. L'enceinte de l'abbaye se visite librement. L'église abbatiale est ouverte l'après-midi. Dans l'ancienne grange, des expositions. Près du mur d'enceinte, on peut aujourd'hui se recueillir dans le Jardin canadien du souvenir qui rappelle le massacre par l'ennemi de dix-huit soldats. Enfin Caen. Cité maritime à la campagne, Caen est une ville qui joue sur les contrastes. De la Prairie, symbole de l'attachement de la ville à ses grands espaces verts, au bassin Saint-Pierre et ses voiliers de plaisance, le promeneur se retrouve en quelques enjambées entre terre et mer. Caen, c'est aussi ses nombreux musées, son abbaye aux Hommes, son abbaye aux Dames, son château, ses églises, ses circuits découvertes, ses galeries d'Art… Pour terminer cet itinéraire sur une note du « Souvenir », attardez-vous dans la vallée du Mémorial, parc composé d'une grande pelouse au pied de la falaise du Mémorial et de trois jardins américain, canadien et britannique, lieux de beauté et de recueillement.

NOUVELLE-AQUITAINE

Aquitaine. En Aquitaine, la variété des paysages et des reliefs est particulièrement propice à la randonnée pédestre. Les sentiers balisés sont nombreux, certains thématiques, d'autres sportifs. Sur les sentiers culturels ou les chemins de traverse, en montagne ou sur les côtes, vous avez le choix des ambiances. En chiffres, cela donne près de 6 000 km de sentiers balisés en Dordogne, 2 300 km pour la Gironde, 2 000 km dans les Landes, plus de 3 000 km en Lot-et-Garonne et 5 000 km dans les Pyrénées-Atlantiques. Les comités départementaux de randonnée pédestre éditent des Topo-guides® précieux.

Et les Logis de France ont un label spécifique pour les marcheurs, et plus largement les gîtes d'étapes, chambres d'hôtes, campings et hôtels qui vous attendent pour de bonnes nuits réparatrices.

Limousin. Venez randonner au pays de l'arbre et de l'eau, sous les bois et le long des berges. Le Limousin invite à des promenades vertes et bleues, calmes et faciles. Idéal pour les familles et ceux qui aiment plus flâner, prendre le temps d'herboriser et de prendre des photos, plutôt que d'avaler les kilomètres et les dénivelés. Ceci dit, les autres peuvent y trouver leur compte aussi !

Poitou-Charentes. Cette région qui se caractérise par sa ruralité est connue pour ses vignobles, ses légumes et ses fromages. Vous avez le choix des sentiers en bordure de l'océan ou dans les vignes, sans oublier le marais poitevin et le bocage. Un pays vert, calme et riant.

LES SPÉCIALISTES

SPORTS AVENTURE

14, rue de Cursol, BORDEAUX
✆ 05 56 92 92 99
www.sports-aventure.fr
contact@sports-aventure.fr
Ouvert du lundi au samedi de 10h à 19h.

Avec l'enseigne Sports Aventure qui s'étend sur trois adresses différentes, on peut dire que la partie de la rue de Cursol est dédiée aux sportifs. On commence d'abord par le numéro 6 : le magasin historique crée en 1972, commerce in-dé-pen-dant ! On y trouve la glisse été et hiver : ski/snow/surf/ski nautique/ paddle pour s'équiper en matériel de randonnée, escalade et montagne. On passe ensuite par le 14 vous y trouverez le textile : Rando été/hiver, alpinisme, ski. Du matériel pour rando/voyage / ski rand, un espace running/trail + Location ski alpin/rando/snow/raquette uniquement en magasin (location très pratique, car du jeudi au mardi, à des prix très compétitifs ; ou longue durée facilement changeable sur la saison). Un service de bootfeating : personnalisation des chaussures à son pied pour un max de confort, ski/snow/rando. Dépôt/vente à retirer + Atelier entretien/réparations par un skiman. Et si vous n'avez pas la possibilité de vous déplacer, en quelques clics sur leur site, vous pouvez faire vos achats.

RANDO GROUPE

61, rue Camille Pelletan, CENON
✆ 05 56 77 03 06
randogroupe.com

Rando Groupe est une agence de voyages spécialisée dans les activités de randonnées pour les groupes et mini-groupes qui vous propose des circuits tout compris, originaux, des itinéraires à la carte. Qui n'a pas entendu parler de la plus grande forêt d'Europe que sont les Landes ? Mais pas que... Vous traversez d'immenses espaces naturels préservés, des sites protégés et des parcs naturels aux riches et fragiles faune et flore qui vous invitent à un bain de pleine nature pour vous ressourcer et réveiller vos sens. Profitez de cette immense aire de jeux !

PARC NATUREL RÉGIONAL PÉRIGORD-LIMOUSIN

La Barde, Maison du Parc
LA COQUILLE
✆ 05 53 55 36 00
www.pnr-perigord-limousin.fr
info@pnrpl.com
Ouvert toute l'année. Animations.

Le Parc naturel régional Périgord-Limousin chevauche deux départements, la Dordogne et la Haute-Vienne, en région Nouvelle-Aquitaine. Il compte 4 identités touristiques : le bocage limousin, le massif des feuillardiers, les plateaux jumilhacois et vallées de l'Isle, et les vallées périgourdines. Pays préservé, aux dimensions humaines et au riche patrimoine, il compte presque 50 000 habitants et 190 000 ha. Plusieurs circuits touristiques audio et vidéo-guidés sur les thèmes de la forêt, des légendes, des châteaux, de la faune et de la flore sans oublier sur le patrimoine en Dordogne au départ de Nontron, Saint-Sulpice-de-Mareuil et Saint-Pierre-de-Frugie sont ainsi disponibles. Des vols en montgolfière depuis La Coquille permettent enfin de découvrir le Parc naturel régional Périgord-Limousin vu du ciel. Le Parc naturel régional Périgord-Limousin a été certifié par la Charte européenne du tourisme durable. Tout le programme de sorties animées est disponible sur le site.

FFRANDONNÉE NOUVELLE AQUITAINE

Maison régionale des sports
2, avenue de l'Université, TALENCE
✆ 05 57 88 26 43
www.ffrandonnee-nouvelle-aquitaine.com
nouvelle-aquitaine@ffrandonnee.fr

Ouvert toute l'année. Du lundi au vendredi de 14h à 16h30. La FFR propose la Rando Santé®, adaptées aux personnes en situation de handicap ou de difficulté.
Le comité régional réunit les 12 comités départementaux de randonnée pédestre de son secteur. Le pays de la Météorite, la route Richard Cœur de Lion, le parc naturel régional Périgord-Limousin, les forêts des monts de Blond sont autant de richesses locales que l'on peut découvrir à pied. Comme tous ses homologues, le comité œuvre pour l'entretien des itinéraires et la promotion de la randonnée, à travers des animations et l'organisation de sorties.

LES CIRCUITS

Au départ des gorges de la Haute-Dordogne

- **Départements :** Corrèze (19) et Cantal (15), de Neuvic à Lanobre
- **Temps estimé :** 3 jours – 48 km
- **Saisons idéales :** printemps, automne
- **Catégorie :** moyen
- **Accès :** Neuvic

Les gorges de la Dordogne, sites majestueux déboulant des monts Dore. La Dordogne entaille les plateaux limousins de gorges profondes et se déploie en cascades étonnantes. Parfois inaccessibles, souvent demeurées sauvages, ces gorges sont un sanctuaire pour la flore et la faune. Véritable voyage enchanteur sur la route de belvédères ! Empruntant des routes à flanc de rocher, ce circuit spectaculaire, le long des grands barrages, offre une vue plongeante sur les gorges. Bort, Saint-Nazaire, Gratte-Bruyère, route des Ajustants, le Busatier… Les belvédères sont nombreux et les points de vue toujours à couper le souffle. Villages pittoresques, histoire des Ventadours, superbes châteaux, grands lacs, paysages sublimes, cette partie de la Corrèze est un enchantement.
Au cœur des gorges, niché dans un écrin de verdure, Neuvic vous ouvre grand ses portes. Ville murée, elle conserve quelques vestiges de ses fortifications. La rue du Commerce mérite qu'on y musarde. L'église Saint-Etienne, le musée départemental de la Résistance Henri-Queuille – incontournable ! –, les nombreuses et belles statues jalonnant les rues, et puis à 1 km du bourg, tel un joyau des eaux dans son écrin verdoyant, le lac de la Triouzoune avec ses 450 hectares. De Neuvic-Plage, la route mène au barrage de Neuvic, puis descend sur le belvédère de Gratte-Bruyère. Situé au confluent très encaissé de la Dordogne et de la Sumène, il offre un superbe point de vue sur la retenue du barrage de l'Aigle. Sur la route des Ajustants, taillée à flanc de rocher, connue aussi sous l'appellation de « Méridienne verte », les marcheurs pourront se restaurer sur une aire de pique-nique. Suivez les méandres de la gorge pour arriver au barrage de Marèges, puis au site de Saint-Nazaire, offrant une superbe perspective sur les gorges. Plus en amont, le regard est attiré par les Orgues de Bort, véritable symphonie en basalte majeur. Deux kilomètres de long, une kyrielle de colonnes volcaniques affichant 80 à 100 m de hauteur… Cette falaise qui surplombe Bort de 300 m porte bien son nom. Les grimpeurs ont élu domicile sur ces raides parois qui font écho au gigantesque barrage de Bort – 120 m de hauteur, près de 500 millions de mètres cubes, 1 000 hectares de retenue sur 21 km ! Au bourg, ne manquez pas non plus la visite de l'église classée des XIIe et XVe siècles, de l'ancienne halle aux Blés et du musée de la Tannerie du Cuir, et surtout profitez des panoramas. Puis laissez-vous captiver par le spectacle des rochers qui surplombent le Saut de la Saule avant de traverser la passerelle suspendue et accéder à la cascade. En amont de Bort, sur la rive gauche, découvrez le château de Val. Forteresse du XVe siècle, il apparaît majestueux sur son îlot rocheux, sa fine silhouette aux six tours couronnées de mâchicoulis se reflétant dans l'immense lac de Bort. Dans sa cour d'honneur, une chapelle gothique, et au deuxième étage les prestigieuses expositions des œuvres des plus grands artistes contemporains. Au dernier étage, le chemin de ronde et un panorama… magique.

- **Plus d'informations et des itinéraires alternatifs** : www.vallee-dordogne.com

Au pays du cognac

- **Département :** Charente (16), de Cognac à Rouillac
- **Temps estimé :** 4 jours – 58 km
- **Saisons idéales :** printemps, automne
- **Catégorie :** facile
- **Accès :** Cognac

Au pays du cognac, les rangs de vignes modèlent le paysage, épousent la courbe des vallons et s'imposent jusqu'aux pieds des fermes. Les chais où vieillissent les cognacs annoncent la couleur : le noir. Empreinte de l'évaporation d'alcool, il enveloppe murs et tuiles et prouve que les anges ont pris leur part !
De ce velours noir, la ville a fait son étendard tout autant que ces mille et un trésors d'architecture et d'Histoire qui s'offrent à tous ceux qui veulent bien prendre le temps de voir… Visitez l'église paroissiale Saint-Léger du XIIe siècle, le prieuré, les vieilles églises de Crouin et de Saint-Martin, le château, les musées et, dans le vieux Cognac, les maisons Renaissance et les anciens hôtels particuliers de négociants en sel et en eau-de-vie. Ne manquez surtout pas la fête du Cognac en juillet. Partez pour Ségonzac dont le terroir produit la plus célèbre des eaux-de-vie : la Grande Champagne de Cognac, élixir prestigieux apprécié dans les cinq continents. Saviez-vous que cette petite commune possède l'une des plus petites universités de la planète ? mais la seule au monde à décerner un diplôme en droit, gestion et commerce des eaux-de-vie et spiritueux ! Visitez son église à la tour romane et à l'abside gothique, son temple – le plus grand du département ! Segonzac, dans son écrin de verdure

Paysage de Bort-les-Orgues.

et offrant de beaux points de vue, c'est aussi un bourg coquet et généreusement fleuri, ainsi que de magnifiques demeures, des hameaux alentour protégés par le traditionnel portail ouvragé – signe extérieur de richesse. Plus loin, Chateauneuf-sur-Charente au charme indéniable avec sa remarquable église Saint-Pierre – statuaire, haute façade, l'une des plus belles de Charente –, sa petite plage de sable fin au bord de la Charente avec une jolie vue sur l'île Mattard, ses belles falaises à l'entrée du village offrant un superbe panorama... Les environs de Châteauneuf sont aussi à découvrir pour ses sites pittoresques et ses beaux points de vue sur les basses collines de la Charente et sur le fleuve.

Un petit air de Provence ou de Toscane, avec vigne, figuiers, amandiers, chênes verts émaillant le paysage où l'on voit dépasser les clochers de très anciennes églises romanes ou les toits de maisons de viticulteurs. N'hésitez pas à faire un petit crochet par l'abbaye de Bassac qui vient nous rappeler que la Saintonge est le pays de l'art roman par excellence. Gagnons ensemble Jarnac, véritable carrefour entre Cognac et Angoulême. Elle est d'abord entrée dans l'histoire grâce au fameux Coup de Jarnac de Guy de Chabot, puis comme étant la ville natale du président François Mitterrand. La ville, traversée par la Charente, est également connue pour ses accueillantes bordures fluviales et pour ses Maisons de cognac prestigieuses. À voir, son espace culturel l'Orangerie, l'église Saint-Pierre et sa superbe crypte Saint-Michel. Dernière étape, Rouillac, capitale des Fins Bois, pour goûter à la douceur de vivre charentaise. Antique carrefour de voies romaines de première importance, Rouillac n'est qu'à quelques kilomètres du théâtre gallo-romain des Bouchauds, situé sur la commune de Saint-Cybardeaux. Ce fut le plus grand théâtre de Gaule – plus de cinq mille places – construit en milieu rural, et il reste aujourd'hui un site remarquable où se mêlent étroitement les caractéristiques architecturales et votives de Gaule et de Rome. Dans la campagne alentour s'égrène un chapelet d'églises romanes du XIIe siècle : de Saint-Pierre-de-Rouillac à Auge, Montigné, Echallat, Genac, Gourville, Mons, Saint-Amant-de-Nouère, Saint-Cybardeaux... jusqu'à l'imposante abbatiale de Marcillac-Lanville.

Dans le Marais poitevin

- **Département :** Deux-Sèvres (79)
- **Temps estimé :** 1 jour
- **Saisons idéales :** printemps, automne
- **Catégorie :** facile
- **Accès :** Coulon

Un des paysages les plus typiques de France, surnommé la Venise verte. La vie du Marais poitevin s'est organisée autour de l'eau en constituant un art de vivre dans un climat particulièrement favorable : près de 2 600 heures d'ensoleillement par an et la proximité de l'océan Atlantique apportant une douceur océanique. Flânez dans ces villages authentiques et arpentez les venelles qui se déroulent vers les ports maraîchins. Dénichez le petit patrimoine : lavoirs, écluses, fontaines, passerelles, pigeonniers... et si la vie des maraîchins s'est toujours articulée autour de l'eau, on en trouve les éléments fondamentaux dans les villages-rues qui épousent la courbure des conches. Les maisons traditionnelles donnent accès d'un côté à la rue et de l'autre à la conche. C'est tout un territoire qui vit depuis longtemps en symbiose avec son environnement. Démarrons cette sympathique randonnée par Coulon, jadis port très important, capitale de la Venise verte et classé Plus Beau Village de France. Le charme, ici, règne en maître, reflétant ses atouts dans les eaux tranquilles de la Sèvre. Musardez... la place de la Coutume et sa cale, le musée des Marais mouillés, le quai Louis-Tardy, l'église Sainte-Trinité... Gagnez Arçais, petite cité de caractère. C'est au début du XIXe siècle, à la suite d'un décret de Napoléon Ier que furent aménagés les marais d'Arçais. Petits ports privés, venelles et fenils gardent le charme caché de ce temps révolu entre la plaine céréalière et le marais bocager.

Situé dans la partie la plus sauvage du Marais poitevin, Saint-Hilaire vous offre de merveilleuses découvertes. Ses canaux, conches, rigoles, fossés, couvrent plus du dixième des 1 600 hectares de l'ensemble du marais mouillé. Vous découvrirez une impressionnante cathédrale de verdure constituée par l'alignement des innombrables frênes têtards, saules et peupliers. Ne manquez surtout pas la visite du parc ornithologique, luxuriant espace se déroulant sur 7 hectares de marais sauvages où des dizaines d'espèces d'oiseaux évoluent le long des canaux et des plans d'eau typiques de cette partie du Marais poitevin. Des barques authentiques permettent d'accéder aux zones les plus sauvages. La balade se termine à Saint-Georges-de-Rex. Dans l'église, vous admirerez un magnifique tabernacle en bois polychrome du XVIIe siècle. Longez le port et le circuit des lavoirs. La table d'orientation de la butte du Paizé donne un joli point de vue. Après l'effort... le Marais régale aussi les gourmands de ses spécialités locales. Les liqueurs et friandises à l'Angélique, les escargots dits « lumas », les confitures de Prin, les « mogettes » sont à savourer en bordure d'eau ou à une table maraîchine. L'été, le Marais est en fête.

- **En savoir plus** : www.niortmaraispoitevin.com

En terre de Cro-Magnon

- **Département :** Dordogne (24)
- **Temps estimé :** 1 jour
- **Saisons idéales :** printemps, automne
- **Catégorie :** facile
- **Accès :** Les Eyzies-de-Tayac-Sireuil

Une boucle facile entièrement balisée et impressionnante : la boucle de la Gorge d'Enfer. Vous avez là un véritable condensé du Périgord noir avec habitat troglodyte, abris préhistoriques, coins sauvages et préservés. Chaque halte est un émerveillement.

En une cinquantaine de kilomètres, la vallée de la Vézère rassemble quelques-uns des plus célèbres et des plus riches sites de l'histoire préhistorique européenne, ce qui lui vaut son classement au patrimoine mondial de l'Unesco. Ils témoignent de la présence de l'homme depuis plus de 400 000 ans. Montignac, certes avec la réplique à l'identique de la célèbre grotte de Lascaux, mais aussi les Eyzies qui se présente comme « capitale mondiale de la Préhistoire ». C'est ici que s'est structurée la préhistoire en tant que science, ici encore qu'a été découvert l'homme de Cro-Magnon, ici toujours que l'on trouve les merveilles mondiales de l'art pariétal. Après le circuit de la Gorge d'Enfer, vous partirez à la découverte de la grotte Font de Gaume qui présente un ensemble de plus de deux cents figurations pariétales préhistoriques peintes et gravées. L'un des plus beaux sanctuaires paléolithiques de peintures polychromes encore ouvert au public. La grotte des Combarelles est, quant à elle, un sanctuaire majeur de la culture magdalénienne : six cents figurations pariétales gravées illustrent la faune du quaternaire. C'est aux Eyzies aussi qu'est implanté le musée national de la Préhistoire, référence absolue pour le paléolithique supérieur. De là, vous pourrez toujours poursuivre votre balade dans la vallée. Une campagne avec son superbe château, entouré d'un large parc surplombé d'un massif rocheux. Dominant la vallée, sa forêt domaniale. Les courbes harmonieuses de la Vézère donnent au village de Tursac, très abondant en sites archéologiques, un caractère bien particulier. Voir son église fortifiée, la Maison forte de Reignac, fort troglodytique et le Préhistoparc. Saint-Cirq permet de découvrir de belles demeures périgourdines, château du XVIIe siècle, manoirs, maisons fortes. Le petit village est lové au creux d'une grande falaise ornée d'un surprenant bouquet de bambous, abritant la grotte du Sorcier. Le joli village perché de Savignac-de-Miremont s'accroche au flan d'une colline boisée. A voir son église du XIIe siècle et son magnifique retable ainsi que l'abri de la Ferrassie. Enfin, Miremont domine majestueusement la vallée.

- **Découvrez d'autres suggestions de randonnée en Dordogne :** rando.dordogne.fr

L'île-de-Ré

- **Département :** Charente-Maritime (17), de Rivedoux-Plage aux Portes-en-Ré
- **Temps estimé :** 3 jours – 35 km
- **Saisons idéales :** printemps, automne
- **Catégorie :** facile
- **Accès :** pont de l'île de Ré

L'île de Ré est reliée au continent par un pont, le plus long pont-viaduc de France – 3 km ! Ré, une lumière exceptionnelle, un ciel bleu, le soleil, avec un passé historique et architectural passionnant et foisonnant, c'est ainsi que l'on définit cette île de 85 km^{2}. La vie apparaît ici au paléolithique moyen et les péripéties de l'Histoire, les invasions diverses ont permis l'édification d'un patrimoine particulièrement prestigieux. Ces témoignages sont à découvrir dans les dix villages de l'île, plus accueillants et plus typiques les uns que les autres. Majestueuses et fort utiles, les dunes agrémentent le paysage rétais sur plus de 20 km. Tour à tour prétextes aux balades iodées et annonciatrices des joies de la plage, voilà un espace à préserver ! Pour vous, 1 500 hectares de paysages féeriques. Jusqu'au XIIIe siècle, l'ensoleillement exceptionnel de l'île et le sol argileux des baies ont permis aux habitants de creuser avec acharnement les marais actuels. Aujourd'hui, plus que jamais, sauniers et saunières récoltent l'or blanc avec passion et opiniâtreté. Découvrez aussi les quelque 400 hectares de forêts où de nombreuses espèces et essences méditerranéennes s'y épanouissent avec bonheur, dans le joli bois de Trousse-Chemise et ailleurs. Dégustez l'huître toute l'année. Succombez aux charmes des blancs, rosés et rouges... la vigne participe à la beauté des paysages rétais. Admirez la couleur soleil du pineau et goûtez aux arômes magiques du cognac... Une brève description en guise d'introduction à la belle balade qui vous attend. Après avoir quitté le pont, rejoignez Rivedoux-Plage qui, comme son nom l'indique, vous offre des plages imposantes au sable doré comme on en rêve. Mais aussi les bosquets de pins odorants, les premières maisons blanches et fleuries telles qu'on les imagine.

A quelques pas, le fort de la Prée, le plus vieux de toute l'île de Ré. Et puis, c'est tout le charme préservé d'un village ostréicole qui vous attend. A la Flotte, il est vivement conseillé d'admirer les belles demeures le long des quais avant de se perdre dans les ruelles intérieures. Ne manquez pas le marché médiéval, visitez la Maison du Platin. Les vestiges de l'abbaye des Châteliers sont suffisamment majestueux pour faire rêver à ses splendeurs passées. Déjà, se profilent au loin les silhouettes de sympathiques baudets du Poitou. Vous abordez Saint-Martin-de-Ré, un port magnifique recélant de nombreux atouts. La vue est exceptionnelle depuis le clocher observatoire de l'église fortifiée. L'horloge monumentale, les cloches en action et la vue sont un enchantement pour tout visiteur. En nocturne, c'est extraordinaire ! Le sommet de Saint-Martin dévoile alors un univers magique sur les richesses patrimoniales de la cité Vauban où gargouilles et statues dialoguent en silence. Ne ratez pas le musée Ernest-Cognacq avant de rejoindre Loix. Presqu'île dans l'île, le village a su préserver charme, quiétude et authenticité. De l'écomusée à la pointe du Grouin, vous cheminerez entre mer et marais et découvrirez le travail des sauniers. De ruelles en ruelles, vos pas vous conduiront à la place de l'église Sainte-Catherine, blottie dans son écrin de tilleul. Tout au bout de la presqu'île la plage en forme d'anse, surplombée de son petit fort, se love au creux de la pointe du Grouin. Suivez le ballet des oiseaux : aigrettes, hérons... jusqu'au port de Loix, et découvrez le dernier moulin à marée de l'île de Ré bordé de sa délicate passerelle en bois. L'un des plus beaux villages de France, Ars-en-Ré, premier port de navigation de plaisance de l'île. Les plages et la côte sauvage, la vigne, les primeurs, les céréales, la saliculture et l'ostréiculture... Encore du bonheur avec Portes-en-Ré, si prisé par les artistes, avec sa multitude de puits et son grand bol de quiétude. Les plus courageux poursuivront jusqu'au grand phare, parmi les plus hauts de France. Gravissez ses deux cent cinquante-sept marches pour jouir d'une vue exceptionnelle sur l'île et l'océan.

- **Quelques idées de petites randonnées en famille** : www.iledere.com

Le bassin d'Arcachon

- **Département :** Gironde (33)
- **Temps estimé :** 2 jours – 20 km
- **Saisons idéales :** été, printemps, automne
- **Catégorie :** facile
- **Accès :** Arcachon

Le bassin d'Arcachon est, avec le Cap-Ferret et Lacanau, l'une des destinations estivales préférées des Bordelais. On les comprend ! Car ce bassin est une succession d'univers différents placés autour de villes et de villages situés entre mer et forêt, et qui tous fleurent bon le terroir (avec leurs places de marchés), la convivialité (avec leurs terrasses de cafés) et l'horizon lointain (avec leurs ports aux parfums d'aventures).

Cet attrait unanimement reconnu, le bassin le doit également au fait que, contrairement aux grands lacs landais, il est largement ouvert sur l'océan Atlantique par l'intermédiaire des « passes ». Il constitue ainsi une véritable petite mer intérieure de plus de 150 km^2 à marée haute et de 40 km^2 à marée basse.

Deux itinéraires ont retenu notre attention, qui débutent au départ de la cité. Le premier vous permettra de gravir la dune du Pilat, la plus élevée d'Europe (105 m de haut, 2 700 de long, 500 de large) et la seule du littoral à être déboisée. On y accède par le boulevard de l'Océan ou encore la Teste de Buch et la traversée de sa forêt domaniale. Son escalade est amplement récompensée par un panorama enchanteur sur l'océan, les « passes » et le célèbre Banc d'Arguin qui présente, d'un côté, une réserve ornithologique et de l'autre, la forêt landaise, laquelle, chaque année, se voit peu à peu grignoter par la dune du Pilat qui avance de quelques mètres à l'intérieur des terres...

Un autre itinéraire débute sur la jetée Thiers en direction de la pointe de l'Aiguillon, en prenant le boulevard de la Plage (admirez au passage l'église Saint-Ferdinand !). Derrière le port, l'Aiguillon est un vieux quartier de la ville où les cabanes de pêcheurs contrastent avec des villas opulentes et splendides. Arrivé au charmant port de la Teste, vous rejoignez le sentier du Littoral qui mène tout droit aux prés salés, vastes étendues émergentes que la mer recouvre lors des grandes marées. Refuge d'une faune variée, leur végétation est particulière. Quant aux petits ports qui s'enchaînent, leur pittoresque est irrésistible avec leurs cabanes et leurs tuiles chaulées qui témoignent d'une longue tradition ostréicole : La Hume (et sa magnifique plage), Meyran, Gujan, Larros, Gujan-Metras (la capitale de l'huître, profitez-en !). À marée basse, vous pourrez observer les bateaux à fond plat (les « plates ») rentrer par les chenaux avec une cargaison d'huîtres à savourer le soir même ! Avis aux moins courageux : le retour jusqu'à la gare d'Arcachon peut s'effectuer en train.

- **Informations complémentaires et suggestions alternatives** : www.bassin-arcachon.com

Le massif de la Rhune

- **Département :** Pyrénées-Atlantiques (64)
- **Temps estimé :** 1 jour
- **Saisons idéales :** été, printemps, automne
- **Catégorie :** facile
- **Accès :** col de Saint-Ignace, 2 km de Sare

Traversée par la ligne de frontière entre la France et l'Espagne, la Rhune est un massif qui mérite d'être escaladé pour au moins deux raisons : le bien-être que cet exercice physique apporte au corps et le panorama qu'il offre à son sommet (905 m) ! A perte de vue, on peut en effet y contempler les cimes de la chaîne pyrénéenne et suivre la côte basque en longeant l'océan Atlantique de Saint-Sébastien à Biarritz, jusqu'aux plages des Landes. Moult sentiers de randonnées parcourent ce massif qui présente une association végétale décomposée formant une certaine épaisseur de tourbe. Cette tourbière est peuplée d'espèces spécialement adaptées qui méritent un coup d'œil. La couleuvre coronelle, par exemple, qui guette les moindres petits reptiles pour en faire son repas du jour.

Mais la Rhune est également l'endroit où l'on peut croiser des poneys nommés pottoks (ou pottocks) et des brebis manex. Les premiers ressemblent étrangement à leurs ancêtres préhistoriques reproduits sur les peintures rupestres. Les secondes ont de la laine blanche sur le corps et une tête noire ou rousse avec des cornes en tire-bouchon. Pour la petite histoire, des accords ancestraux existent toujours entre les bergers des deux côtés de la frontière afin de fixer le partage des sources et des estives. Rien d'anormal à cela : partout dans le monde, la présence de troupeaux herbivores est associée à celle d'oiseaux se nourrissant de leurs cadavres. Sur le massif de la Rhune, comme dans tout le Pays basque, ces charognards jouent un rôle fort utile, « éboueurs de la montagne ». Vous les verrez en levant les yeux ! Et admirerez ainsi les vols du gypaète barbu – très grand vautour menacé –, le vautour percnoptère – espèce rare –, le grand corbeau – qui sert souvent d'éclaireur –, le milan royal au magnifique plumage. On trouve aussi le vautour fauve au long cou déplumé. Un vorace de chez vorace celui-là, et qui opère en bande avec une efficacité stupéfiante : 15 minutes suffisent en effet à cinquante vautours pour transformer le cadavre d'une brebis en squelette ! Autres « spécialités » que d'aucuns ont tendance à situer uniquement en Bretagne : le massif est constellé de dolmens qui (avec les cromlechs) furent érigés par les populations afin d'y pratiquer leurs enterrements. Avec ses vingt-quatre dolmens, la Rhune est le massif le mieux garni de tout le Pays basque. Il possède également onze cromlech, un monument mégalithique constitué d'une suite de menhirs disposés en cercles et d'apparition plus « récente ».
Bien sûr, au sommet du massif, une table d'orientation permet de donner un nom à toutes les merveilles à contempler. On peut aussi s'y restaurer.
Enfin, les amateurs de curiosités apprécieront d'utiliser – ou simplement de contempler – le petit train de la Rhune, qui part du col de Saint-Ignace situé à 10 km de Saint-Jean-de-Luz. Créé en 1924, il est l'un des rares chemins de fer à crémaillère de France encore en service.

- **En savoir plus** : www.rhune.com

Sur la via Podiensis

- **Départements :** Landes (40), Pyrénées-Atlantiques (64), d'Aire-sur-l'Adour à Méracq
- **Temps estimé :** 3 jours – 30 km
- **Saisons idéales :** printemps, automne
- **Catégorie :** facile
- **Accès :** Aire-sur-l'Adour

La via Podiensis est un des quatre grands itinéraires vers Saint-Jacques-de-Compostelle au départ du Puy-en-Velay, cité mariale et haut lieu de la chrétienté.
Située aux confins de l'Armagnac, en plein cœur du Sud-Ouest et à quelques lieues de l'imposante chaîne des Pyrénées et des plages de sable fin, la région d'Aire-sur-l'Adour vous charmera par ses atouts. La source de votre bonheur est concentrée ici : la nature, le patrimoine, le bien-être, les traditions, la gastronomie et un large éventail d'activités et de manifestations. Marqué par la richesse de son passé, Aire-sur-l'Adour offre au regard l'église Sainte-Quitterie – patrimoine mondial de l'Unesco –, la cathédrale Saint-Jean-Baptiste, la Maison de l'Officialité, le carmel, la halle aux Grains, les berges de l'Adour... D'ici, vous allez progressivement vous rapprocher du pied des Pyrénées. Vous traverserez le Tursan et ses vignobles. Ce vaste plateau est également dédié au maïs et au tabac. Saviez-vous que Latrille vient du mot « treille » ? Les treilles de vignes grimpaient à Latrille sur les arbres, au bord des chemins, un peu partout ! Passage incontournable pour les pèlerins en route pour Saint-Jacques-de-Compostelle, Latrille vous invite à une halte pique-nique, dans une aire aménagée à proximité de l'église, et détente autour de son lac. Partez maintenant en direction de Miramont, ancienne bastide – belle église avec un clocher pignon –, puis Sensacq avec sa petite église romane et ses fonds baptismaux carolingiens. Rejoignez Pimbo, la plus ancienne bastide landaise, village perché sur une verdoyante colline avec sa belle église du XIIe siècle. Au travers des champs de maïs, vous atteindrez Meracq, petit village au bord de la vallée du Luy-de-France.

- **Tout savoir sur la via Podiensis** : www.podiensis.com

Sur la voie de Tours

- **Département :** Vienne (86), de Châtellerault à Lusignan
- **Temps estimé :** 5 jours – 59 km
- **Saisons idéales :** printemps, automne
- **Catégorie :** facile
- **Accès :** Châtellerault

Sur le chemin de Saint-Jacques par le GR®655... Châtellerault signe son attache au pèlerinage compostellan, avec son église Saint-Jacques, consacrée en 1066. L'édifice abrite l'une des plus touchantes représentations de l'apôtre pèlerin en bois polychrome du XVIIe siècle, constellée de coquilles. Par ailleurs, la cité possède une rue Saint-Jacques aux maisons à pans de bois et une rue du Cygne-Saint-Jacques, dont une ancienne hostellerie Saint-Jacques. La Voie de Tours ou Via Turonensis vous fait quitter la ville en franchissant la Vienne par le pont Henri-IV, qui n'était qu'une passerelle de bois au XIIe siècle. Le chemin se dirige ensuite vers Cenon-sur-Vienne, Saint-Georges-les-Baillargeaux, Buxerolles pour arriver à Poitiers, ville d'Art et d'Histoire. Au Moyen Âge, Poitiers ne comptait pas moins d'une quinzaine d'établissements d'accueil et un bon nombre d'auberges à l'enseigne de saint Jacques. Les Jacquets se dirigeaient en priorité vers Saint-Hilaire où une basilique avait été édifiée au XIe siècle, conçue pour recevoir des foules de pèlerins, aujourd'hui l'édifice est inscrit au patrimoine mondial de l'Unesco dans le cadre des chemins de Saint-Jacques. A ne pas oublier, Notre-Dame-la-Grande, un des chefs-d'œuvre de l'architecture romane. Gagnez ensuite Saint-Benoit, puis Ligugé qui possède la plus ancienne abbaye connue de la Gaule, fondée au IVe siècle par saint Martin. Aujourd'hui, l'abbaye compte un peu plus de vingt-cinq moines, qui ont choisi de vivre selon la règle édictée par saint Benoît au VIe siècle. Dans l'église claustrale, des offices sont célébrés au rythme lent des chants grégoriens. En quittant Ligugé, prenez la direction de Coulombiers, Lusignan qui constituait au Moyen Âge un lieu de passage et de séjour incontournable. Le pèlerin y trouvait le gîte et la protection des puissants seigneurs de Lusignan. L'itinéraire quitte le département de la Vienne pour entrer dans celui des Deux-Sèvres.

Sur les pas de Compostelle

- **Département :** Creuse (23), de Saint-Goussaud à Crozant
- **Temps estimé :** 3 jours – 38 km
- **Saisons idéales :** printemps, automne
- **Catégorie :** facile
- **Accès :** Saint-Goussaud

Les hautes terres creusoises de Saint-Goussaud, la magnificence de leurs panoramas, la pureté de leur air et de leurs couleurs, la forte sensation d'y être en harmonie avec la nature, certes austère, mais tellement belle et apaisante... cette région particulière ne pourra vous laisser indifférent. L'histoire de ce haut lieu religieux remonte à l'Antiquité. L'église du bourg est réputée pour sa statue de saint Goussaud. Autre curiosité : la lanterne des morts. A quelques dizaines de mètres de là, une table d'orientation offrant un point de vue remarquable sur les vallées de Thaurion, de l'Ardour, de la Gartempe, sur les monts d'Ambazac et même, lorsque le temps le permet, sur le Puy de Dôme. À Friaulouze, au pied du puy de Jouer où sont encore visibles quelques vestiges de l'ancienne cité gallo-romaine, sur les sources de la Vergne, vous découvrirez une tourbière de plusieurs hectares. Le long du ruisseau du Moulard se dévoile Arrènes au superbe environnement de bois et de sources. Son église du XVe siècle mérite le coup d'œil. Dans ses alentours, admirez la remarquable architecture des maisons de l'Abbaye, petit hameau au pied des monts de Saint Goussaud. Le petit village de Bossabut, construit à flanc de colline, vaut particulièrement le détour. Après avoir visité l'église de Marsac, n'hésitez pas à emprunter le beau chemin qui longe l'Ardour. Plus loin, Bénévent-l'Abbaye, chef-d'œuvre de l'Art roman limousin. L'église abbatiale du XIIe siècle est une étape obligée. La dureté du granite n'a pas rebuté les artistes qui ont ciselé les trente-huit chapiteaux merveilleusement inspirés. Au Grand Bourg, vous découvrirez une des rares églises gothiques de Creuse. Son pourtour est parsemé de sarcophages, de cippes et d'urnes funéraires. Quelques beaux étangs se partagent les environs. Après Saint-Priest-la-Plaine, rejoignez Lizière et son très bel étang de Maubrant enchassé dans un écrin de bois et de prairies. Dernière étape : la Souterraine. La vieille ville a gardé les vestiges de ses remparts, ses jolies maisons anciennes, son église du XIIe siècle, et surtout sa crypte préromane qui a donné son nom à la localité. Au milieu du cimetière, se trouve l'une des cinq lanternes des morts du département.

- **D'autres itinéraires en Creuse ?** www.inspirez-vos-vacances-en-creuse.fr

Sur la route Richard Cœur de Lion

- **Département :** Haute-Vienne (87), de Limoges à Lastours
- **Temps estimé :** 3 jours – 38 km
- **Saisons idéales :** printemps, automne
- **Catégorie :** facile
- **Accès :** Limoges

Le Limousin, région autonome et historiquement fort convoitée depuis l'Antiquité, renferme dans des paysages vallonnés et verdoyants un important patrimoine artistique et culturel associé à un riche passé militaire et religieux. La route Richard-Cœur-de-Lion célèbre son histoire.

La cathédrale Saint-Étienne de Limoges – ville d'Art et d'Histoire – est reconnue comme l'une des plus belles cathédrales ogivales du sud de la France. Bien que construite en granite, elle rappelle plus des édifices du nord du pays que du Centre ou de l'Ouest auxquels elle ne peut être comparée. Les origines sont anciennes car l'édifice actuel, lui-même remanié, a remplacé plusieurs édifices religieux depuis le IIIe siècle. Près du portail, des fouilles archéologiques récentes ont permis d'identifier les vestiges de base du baptistère Saint-Jean, éléments exceptionnels qui devraient faire l'objet prochainement d'une mise en valeur. L'abbatiale Saint-Pierre-Saint-Paul-de-Solignac est parmi les plus anciennes et des plus remarquables églises limousines. La forteresse de Châlucet constitue l'un des éléments patrimoniaux majeurs du Limousin. Les vestiges sont situés au sommet et sur les pentes d'un éperon, prolongeant un plateau, qui s'avance entre deux rivières : la Briance et la Ligoure. D'une superficie de 10 hectares, le lieu constitue, avec ses deux vallées encaissées et boisées, un cadre exceptionnel. Le château de Nexon – XVIIe siècle – abrite aujourd'hui la mairie. Passé la poterne d'entrée, on découvre l'édifice avec sa cour intérieure ornée de la fontaine de Saint-Féréol – 1629. Côté jardin, la façade flanquée de deux tours rondes est agrémentée d'un cadran solaire surmonté par une lucarne aux baies géminées et au fronton décoré des armes de Nexon. L'intérieur a été réaménagé au XIXe siècle. Aux abords du château, se trouvent un pigeonnier, des fontaines, une orangerie, et des écuries – lieux d'exposition. Celles-ci témoignent d'un passé équestre prestigieux – haras dès le XVIe siècle, l'un des plus vieux de France, berceau de la race anglo-arabe et écuries de chevaux de course. Le château est entouré d'un parc paysager de 40 hectares. Situé au cœur du parc du château de Nexon, le Jardin des Sens, incontournable. La diversité archéologique et historique du site de Lastours, dans sa globalité, en fait l'un des plus originaux du Limousin. Le château féodal en pierre a été construit en plusieurs étapes, entre le XIIe et le XVe siècle. Abandonnée avant la Révolution française et vouée au pillage, la forteresse est aujourd'hui en cours de mise en valeur et de restauration. A découvrir aussi, au pied de la principale motte castrale, le Jardin de l'An Mil à nos jours, ainsi que quatre sentiers de randonnées à travers l'ensemble du site de Lastours, avec de très beaux points de vue sur la région.

- **En savoir plus :** www.routerichardcoeurdelion.com

OCCITANIE

Midi-Pyrénées. Randonnez en famille ou entre amis sur plus de 500 itinéraires en boucle, pour tous niveaux, à la journée ou la demi-journée. Vous pouvez aussi combiner des itinéraires et imaginer des traversées pour randonner plusieurs jours. Si les sommets pyrénéens attirent les amateurs de haute montagne, de nombreux sentiers sont accessibles aux familles et aux promeneurs sans entraînement.

Languedoc-Roussillon. Cette région très touristique ne manque pas d'atouts : la mer bien entendu, le soleil, mais aussi les vignobles et tout un art de vivre. Évitez le plein été, lorsque la canicule rend souvent la marche difficile, sauf si l'on part très tôt et si l'on s'arrête pour faire la sieste lorsque le soleil est au plus haut...

LES SPÉCIALISTES

COMITÉ DÉPARTEMENTAL DE LA RANDONNÉE PÉDESTRE DU TARN
10, rue des Grenadiers
ALBI
✆ 05 63 47 33 70
www.randonnee-tarn.com
secretariat@rando-tarn.com
Prix de base d'une licence adulte : 25.40 €. La FFR propose la Rando Santé®, adaptées aux personnes en situation de handicap ou de difficulté.
Le comité informe le grand public et tous les amoureux de la nature et s'attache à promouvoir la randonnée sur le département du Tarn à travers l'activité de ses clubs affiliés, les manifestations qu'il organise et la présentation des différents sentiers. Il vous invite à découvrir le patrimoine naturel du département : diffusion de brochures sur la faune, la flore, balades contées en nature... À la clé de nombreuses idées de balades, randonnées, sorties et circuits à la découverte du Tarn. Le site accueille également des expositions thématiques autour de la nature et la pratique de la randonnée : faune, flore, environnement, paysages, santé...

Attention ! Certains tronçons du GR®7 sont actuellement coupés. Le site du comité est tenu à jour des modifications et suppressions d'itinéraires.

NATURA
7, chemin de Pouey-Castet
AYROS-ARBOUIX
✆ 05 62 97 99 65
www.naturapyrenees.com
asso@e-natura.com
Ouvert toute l'année. Consulter les offres sur le site Internet.
Randonnées à pied ou en raquettes, pour tous niveaux, randonnées botaniques, l'association Natura a sélectionné une soixantaine d'itinéraires originaux pour vous faire découvrir les sites les plus sauvages et spectaculaires des Pyrénées françaises et espagnoles. La logistique est peaufinée dans les détails, tant pour l'hébergement que les repas ou le transport du matériel. En groupe, en famille ou individuellement, tout est possible, du week-end à la traversée des Pyrénées, de l'Atlantique à la Méditerranée ! Cet itinéraire mythique peut être découpé en tronçons et se faire en plusieurs fois, par le versant sud, côté espagnol, ou par le versant nord. Pour un week-end riche en émotions fortes, choisissez plutôt une randonnée à thème organisée par une équipe de professionnels, genre « connaissances et usages des nourritures sauvages », « le brame du cerf » ou « sur les traces de l'ours ».

LES SENTIERS DE PYRÈNE
6, allée des Pyrénées
Le Vila
CÉRET
✆ 06 03 92 03 36
www.sentiersdepyrene.com
sentiersdepyrene@gmail.com
Les rendez-vous se font sur des parkings (Céret, Argelès, Prades, etc.) en fonction des destinations des randonnées.
Ouvert toute l'année. Entrée : 15 €. Prix spéciaux pour les randos de deux jours et plus. Gratuit moins de 15 ans.
Vous voulez observer des marmottes avec leurs petits, apprendre à reconnaître les baies de genièvre, vous émerveiller devant la majesté du vol d'un aigle... ? Contactez Jacques Martin. Domicilié dans les Pyrénées orientales depuis plus de trente ans, ce guide accompagnateur vous emmène sur les sentiers de la Méditerranée aux sommets des Pyrénées, de l'Aude à l'Ariège en passant par la Catalogne sud. Grâce à ses conseils et à son expérience, vous effectuerez une randonnée passionnante. Dépaysement et élévation (au propre comme au figuré) garantis !

COMITÉ RÉGIONAL DE LA RANDONNÉE PÉDESTRE EN OCCITANIE
Maison des Sports
190, rue Isatys
LABÈGE
✆ 05 62 24 18 77
randonnee-occitanie.com
contact@coramip.com
Prix de base d'une licence adulte : 25,40 €. La FFR propose la Rando Santé®, adaptées aux personnes en situation de handicap ou de difficulté.

Le comité régional de la randonnée vous renseignera sur les itinéraires qui vous conviennent. Chaque été, des idées rando sont proposées, accompagnées des conseils de prudence qui s'imposent. Pourquoi pas le chemin qui mène vers Saint-Jacques de Compostelle ? Vous pourrez également trouver l'adresse d'un club près de chez vous, consulter les cartes des GR® et vous renseigner sur les formations spécifiques à la rando : lecture de carte, GPS et navigation sur le terrain, orientation, botanique, animateur de rando pédestre... De quoi assouvir votre passion pour la marche !

Autre adresse : Maison Régionale des Sports, CS370931039 rue Georges Méliès 34967 MONTPELLIER Cedex 2

RANDONADES
30, allée Arago, PRADES
✆ 04 68 96 16 03
www.randonades.com
rando@randonades.com

Joli nom pour des randonnées et des séjours 100 % Pyrénées et 100% pédestres. Randonades, depuis sa création et à l'inverse de la tendance actuelle, Randonades limite ses groupes à 12 personnes dans un souci de convivialité et de sécurité. Les séjours accompagnés sont assurés à partir de 5 personnes sans supplément. Des hébergements comme à la maison, une offre toujours renouvelée, une implantation locale et proche du terrain sont autant de points forts chez Randonades. Inventeur original des séjours désormais incontournables des Pyrénées, l'agence propose des circuits de Collioure à Cadaquès, de Montserrat à Barcelone ou encore la Caldéa en Andorre, le tour du Canigou, la traversée de Cerdagne Capcir en raquette...

SUD RANDOS
Rue du Pontil
SAINT-ROME-DE-CERNON
✆ 05 63 77 50 31
www.sudrandos.com
contact@sudrandos.com

Réservation obligatoire. Dates et circuits en ligne. Prix selon formule.

Près de 40 ans que ça dure ! Passionnés par la découverte des grands espaces, Sud Rando organise des voyages et randonnées pour vous aider à vivre au mieux votre amour de la nature. A chaque saison sa destination, en France ou à l'étranger. Ainsi, en été, vous partirez à la découverte du Caroux, de l'Espinousse, de l'Aveyron... Dans le coin, laissez-vous tenter par le programme « Randonnée et Balnéo à Lamalou les Bains », avec le forfait thermal après une bonne séance de marche. Les circuits durent environ 8 jours et vous en mettent vraiment plein la vue ! Des calanques de Piana à la baie de Calvi ou rando et balnéo au Caroux ? On veut tout !

LES CIRCUITS

Au cœur des bastides albigeoises

- **Département :** Tarn (81), de Cahuzac-sur-Vère à Cordes-sur-Ciel
- **Temps estimé :** 3 jours – 40 km
- **Saisons idéales :** printemps, automne
- **Catégorie :** facile
- **Accès :** Cahuzac-sur-Vère

Avis aux amateurs d'Histoire de France qui aimaient à jouer aux chevaliers voyageant de château fort en château fort quand ils étaient gamins, ce périple albigeois est pour eux ! Car il leur permettra de visiter ces villes fortifiées qu'on appelle bastides dans le sud-ouest. En fait, il s'agissait des villages de l'an mil, que les hommes du Moyen Âge construisaient sur des promontoires rocheux afin de pouvoir mieux se défendre face aux ennemis qui souhaitaient les conquérir. Force est de reconnaître que la visite de ces bastides est un spectacle dont on ne se lasse pas. D'autant plus qu'il offre également la possibilité de croiser, au détour de superbes sentiers, des forêts pleines de mystères et des grottes préhistoriques.

Les trois jours de randonnée que nous vous proposons débutent au pied de la Montagne Noire, dans le parc naturel régional du Haut-Languedoc, dans le berceau du vieux vignoble de Gaillac (mille ans d'âge), à Cahuzac-sur-Vère. Puis vous vous mettrez en route en direction du plus beau village de France, Castelnau-de-Montmirail, dont la position en haute altitude a fait la fortune (c'était un guet d'observation tout à fait intéressant). Dans ce village prenez le temps de visiter Notre-Dame-de-l'Assomption (et admirez la croix reliquaire des comtes d'Armagnac, joyau de l'orfèvrerie religieuse), la place des Arcades, la fontaine des Cannelles et faites-vous conter l'histoire du Pilori... A la sortie, des forêts attendent vos foulées : Sivens et – surtout – Grésigne qui, jadis royale, se distingue à la fois par son étendue (3 500 hectares !) et sa richesse entomologique (2 380 espèces de coléoptères recensées, 3e rang européen !). Ensuite vous arriverez dans un petit village au pied duquel coule la Vère. Il porte le nom de Larroque et se distingue par ses grottes préhistoriques et ses falaises de calcaire ocre et rose. Vient ensuite un petit village qui servit longtemps de place fortifiée et dont on peut encore admirer les remparts sur – excusez du peu ! – 850 m : Puycelci. Outre son église du XIVe on peut également mentionner son verger conservatoire régional d'espèces anciennes fruitières et viticoles. Mais le plus beau est tout de même la vue que Puycelci offre sur la vallée de la Vère. Enfin, achevons notre randonnée par un des hauts lieux du patrimoine européen, une cité entourée de plusieurs lignes de remparts et qui demeura longtemps la plus forte place de l'Albigeois : Cordes-sur-Ciel. Eh oui, vous l'avez compris : il s'agit une fois de plus d'un site de toute beauté car doté d'un héritage architectural remarquable et d'une vue magnifique sur l'horizon sauvage et boisé de la région.

En savoir plus sur le parc naturel régional du Haut-Languedoc : www.parc-haut-languedoc.fr

Collioure.

Collioure et ses environs

- **Département :** Pyrénées-Orientales (66)
- **Temps estimé :** 1-2 jours – 18 km – boucle
- **Saisons idéales :** printemps, automne
- **Catégorie :** facile
- **Accès :** Collioure

Restons quelques jours encore dans les Pyrénées-Orientales pour profiter pleinement de la diversité de ses paysages. De la montagne à la mer, il n'y a qu'un pas, alors profitez-en sans modération. La belle Collioure cligne de l'œil pour mieux vous séduire mais ce n'est pas utile, ses atouts sont trop superbes pour laisser indifférent. Son petit port, sa petite plage en rondeur, ses ruelles pavées, son château, ses caveaux de dégustation… il faut pourtant démarrer cette jolie randonnée en boucle. Quittez la cité par la route des vignes et quelles vignes ! Celles mêmes qui produisent des collioure et des banyuls que vous ne serez pas prêt d'oublier. Les pentes abruptes sur lesquelles s'accrochent rageusement les ceps empêchent toute mécanisation. De la taille aux vendanges, tout est manuel !

Passez le col Mollo et découvrez les forts Dugommier et de Saint-Elme, servant jadis à défendre la côte. Descendez sur Port-Vendres qui doit son nom à la présence d'un temple dédié à Vénus qui dominait la crique. Surtout ne perdez pas une goutte du panorama qui s'offre généreusement au regard. La petite cité portuaire offre un spectacle coloré typiquement méditerranéen. Longez son vieux port. Vous rejoindrez l'anse et la plage des Tamarins, le fort Mailly et, au bout de la jetée, le feu du Môle d'où la vue est encore une fois magnifique. Visitez la Redoute Bear avant de gagner plus haut le phare du même nom se dressant de ses 80 m au-dessus de la mer. Par l'anse des Paulilles, site préservé qui mérite une halte, et pourquoi pas une petite baignade dans ses eaux claires, et le col de Pere Carrera, vous plongerez sur Banyuls. Dans ce typique village catalan animé tout au long de l'année, visitez l'église romane de la Rectorie du XIe siècle entourée de tombes et de cyprès, la chapelle Notre-Dame-de-la-Salette. Rattrapez maintenant le col des Gascons, dominé par la tour de la Madeloc. Avant de redescendre sur Collioure, la route est bordée de nombreux vestiges militaires avec toujours d'imprenables vues sur la côte catalane. Pour prolonger votre séjour, le tour du massif de la Madeloc – à partir de Collioure – est une jolie formule.

- **D'autres idées pour randonner autour de Collioure :** www.collioure.com

Dans le pays du Haut-Quercy

- **Département :** Lot (46), de Souillac à Rocamadour
- **Temps estimé :** 2 jours – 22 km
- **Saisons idéales :** printemps, automne
- **Catégorie :** facile
- **Accès :** Souillac

Un causse est un plateau calcaire qu'on trouve dans le centre et le sud de la France. Dans le Haut-Quercy, par exemple où vous attendent ceux de Martel et de Gramat. Séparés par la Dordogne, ces deux-là constituent la partie la plus septentrionale d'un vaste plateau calcaire qui s'appuie sur le Massif central. Si ce pays habité depuis la nuit des temps mérite que vous lui consacriez de longues heures de marche, c'est parce que ses paysages et ses villages – grâce à leurs nombreux sites naturels de toute beauté – vous le rendront au centuple ! On pense à Rocamadour, aux grottes de Lacave, au gouffre de Padirac ou au cirque d'Autoire.

Démarrez votre itinéraire par Souillac et son cadre pittoresque. Visitez son abbatiale, son église Saint-Martin, ses sept viaducs, son musée national de l'Automate et ses vieilles ruelles. Et dégustez – raisonnablement bien sûr, car marche et gastronomie font rarement bon ménage ! – foies gras, truffes, confits, vins de Cahors, eau-de-vie de prune, les fiertés culinaires de la région. Puis, toujours en suivant la vallée de la Dordogne, découvrez Lacave pour ses sites uniques en leur genre : les grottes, le parc préhistorique, les châteaux de Belcastel, de la Treyne, l'église Saint-Georges-de-Meyraguet. Une fois de plus, les fins gourmets y trouveront leur bonheur ! Suivez les étoilés ! C'est par la route de L'Hospitalet qu'il faut arriver à Rocamadour, « la cité du vertige », et de préférence le matin, lorsque le soleil illumine le fameux rocher. D'une terrasse formant un belvédère, on découvre une remarquable vue d'ensemble. Tandis que l'Alzou zigzague au fond de la vallée, se profile, agrippée à la falaise du Causse, l'extraordinaire silhouette du village, dont l'élévation, d'une hardiesse invraisemblable, est un défi à l'équilibre. Six chapelles, une basilique et un palais abbatial encerclent les parvis et constituent le cœur emblématique de cette cité médiévale qui attire, bon an mal an, un million et demi de visiteurs tous les ans...

- **Randonnez dans le parc naturel régional des Causses du Quercy :** www.parc-causses-du-quercy.fr

Dans les gorges du Tarn

- **Département :** Lozère (48), de Florac à Sainte-Énimie
- **Temps estimé :** 2 jours – 34 km
- **Saisons idéales :** printemps, automne
- **Catégorie :** moyen
- **Accès :** Florac

Les gorges du Tarn sont au nombre des plus beaux sites de France. C'est au mont Lozère dans les Cévennes que le Tarn prend sa source pour descendre rapidement vers les Causses. Il traverse cette région calcaire par plusieurs failles naturelles qu'il a su avec brio agrandir, creuser, sculpter pour en faire, tel un artiste, une succession de défilés, de rapides et de cirques grandioses et magnifiques. Durant ce parcours, le Tarn n'est alimenté que par des résurgences qui proviennent des Causses Méjean et Sauveterre qui le bordent. Quel contraste entre ces vieux villages ou hameaux, parfois abandonnés, situés sur la rive ombragée du Tarn, et ceux sur l'autre rive qui s'épanouissent et prospèrent au soleil ! Le sentier vous mène des crêtes de la falaise au fond des défilés. Ce n'est qu'émerveillement devant des paysages hors du commun.

Florac s'étend au pied des falaises dolomitiques du Causse Méjean. Son château abrite le siège du parc national des Cévennes ainsi qu'un centre d'informations. La source du Pêcher, une résurgence traversant le cœur de ville, forme des cascades et viviers à truites. Du point de vue du Rochefort, le regard porte tout aussi bien sur les crêtes du mont Lozère que sur la vallée 500 m plus bas ! Dominé par les corniches des Causses de Sauveterre et Méjean, le vallon d'Ispagnac bénéficie d'un climat doux et ensoleillé qui lui a mérité le nom de Jardin de la Lozère. Il abrite une des plus belles églises romanes de Lozère. Son environnement à l'entrée du grand site des gorges du Tarn en fait une station touristique réputée. Enfin, découvrez Sainte-Énimie, classé « Plus beau village de France » de par son côté médiéval et son adaptation aux gorges qui l'entourent. Visitez l'église Notre-Dame-du-Gourg, le monastère fortifié – une abbaye dont il ne reste aujourd'hui que l'entrée, la crypte et la salle capitulaire –, l'ermitage – une grotte a été aménagée au fil des siècles et des pèlerinages. À voir encore, la source de la Burle, ici même où Énimie se serait baignée et aurait guéri de la lèpre.

- **D'autres suggestions, d'autres itinéraires :** www.cevennes-gorges-du-tarn.com

Dans les monts d'Aubrac

- **Départements :** Lozère (48) et Aveyron (12), d'Aumont-Aubrac à Laguiole
- **Temps estimé :** 3 jours – 67 km
- **Saisons idéales :** printemps, automne
- **Catégorie :** facile
- **Accès :** Aumont-Aubrac

Au croisement des Cévennes, des gorges du Lot, du Gévaudan, non loin de hauts lieux culturels tels Conques et le Puy-en-Velay sur la route de Compostelle, le plateau de l'Aubrac se décline. Terre ondulante d'estives et de pâtures, il garde précieusement les traces d'une intense activité géologique. Vaste plateau basaltique aux paysages uniques et envoûtants où l'eau stagne dans de petits lacs ou des tourbières, et où les ruisseaux se traînent en d'innombrables méandres, il offre ses immenses prairies délimitées par quelques murets de pierre, accueillant chaque année, de mai à octobre, des dizaines de milliers de vaches. De-ci de-là, adossés à une butte, les anciens burons témoignent d'une ancestrale activité laitière et fromagère qui se perpétue. Quelques villages aux églises romanes nous rappellent la richesse de son passé et de son histoire. Terre de tradition attachante, l'Aubrac sait séduire son monde.

Le signal de départ est donné à Aumont-Aubrac, ancienne ville forte située au carrefour des via Agrippa et Podiensis qui menaient vers Compostelle. Admirez sa belle église Saint-Etienne. Direction Termes par les contreforts des plateaux de l'Aubrac. À travers prairies, forêts, hameau, moulin, zone marécageuse, l'authentique village de Termes vous attend. Les plus curieux feront un détour par Saint-Sauveur-de-Peyre et plus particulièrement par son « roc » du même nom. Du haut de ses 1 180 m, ce grand rocher basaltique – qui accueillait jadis le château fort des Astorg – domine à 20 km à la ronde la Terre de Peyre que certains nomment aussi « le Gévaudan du Gévaudan ». De la table d'orientation, le panorama est remarquable. Le lendemain, vous rejoindrez les hauts plateaux, à travers une belle forêt de pins sylvestres qui ne tardera pas à s'estomper en atteignant les plus de 1 000 m d'altitude. Place est faite maintenant à la vaste solitude herbeuse. Le sentier court à travers prairie, hameaux – Allatieux, Rieufort, Escudierettes... –, saute quelques ruisseaux avant de longer le Bès, où vous pourrez visiter, si vous le souhaitez, Nasbinals. Les habitations de ce charmant petit village de moyenne montagne sont lovées autour de l'église, lui conférant ainsi un caractère chaleureux et accueillant.

La dernière étape démarre au pont de Gournier et se poursuit sur les hauts plateaux. La petite bourgade de Saint-Urcize est blottie au pied d'un rocher où jadis trônait un château, comme en témoignent les ruines encore visibles. Remarquez le clocher à peigne qui surmonte l'église. Les drailles guideront vos pas jusqu'à Laguiole, planté sur son piton basaltique autour de l'église du Fort. Ses couteaux en font sa renommée mais ses foires aux bestiaux ne sont pas en reste.

- **En savoir plus :** www.aubrac-rando.com ou www.aubrac-laguiole.com

En pays de Cerdagne

- **Département :** Pyrénées-Orientales (66), de Matemale aux Bouillouses
- **Temps estimé :** 2 jours – 31 km
- **Saisons idéales :** printemps, automne
- **Catégorie :** moyen
- **Accès :** Matemale

Vous voici dans l'une des régions les plus réputées des Pyrénées. Au cœur de la montagne catalane, à quelques pas de l'Espagne, la Cerdagne dévoile, à qui sait l'admirer, son environnement préservé, à l'ensoleillement privilégié, ses paysages d'altitude uniques, notamment dans le massif du Carlit où se plaisent le mouflon et l'isard. Cet itinéraire vous conduira à travers des villages à l'architecture traditionnelle, au patrimoine exceptionnel et où le terme convivialité prend toute sa signification. Le site des Bouillouses est d'une beauté à couper le souffle. Aujourd'hui encore, la grande variété des paysages vous révèle une ambiance toute particulière, avec la transition entre un altiplano catalan sous un soleil souvent permanent et la haute montagne du massif du Carlit dominant le somptueux lac des Bouillouses – 2 000 m d'altitude – et les lacs glaciaires environnants. Ce cadre à la fois grandiose et sauvage rappelle étrangement les vastes étendues des pays nordiques. Cerdagne et Capcir n'ont-ils pas acquis une réputation internationale dans le domaine du ski de fond ? Dans cette démesure, la nature a tous les droits. Du printemps à l'automne, les variations de couleurs entres les fleurs éclatantes de montagne et les résineux mélangés aux essences de feuillus apportent à cette région une note magique. C'est l'endroit idéal pour partir à la rencontre de la marmotte et de l'isard et, si vous êtes chanceux, du rarissime desman des Pyrénées.
Le lendemain vous partirez sur des sentiers d'altitude à la découverte du massif du Carlit et de ses nombreux lacs. Les randonneurs confirmés partiront à l'assaut du pic du Carlit, tandis que les moins téméraires pourront se balader d'un lac à l'autre dans les estives. On se fait plaisir, le temps est de la partie, alors cap sur le pic à 2 900 m d'altitude, le plus haut sommet des Pyrénées catalanes ! Le Carlit est sans nul doute l'un des plus beaux belvédères, grâce à sa situation stratégique. Du sommet, le panorama est à l'infini. De nombreux lacs glaciaires agrémentent de leur beauté le chemin qui y conduit. Pour cette petite escapade enivrante, comptez 7 heures de plus.

© Yvann K – stock.adobe.com

Les Angles – Le site des lacs du Carlit est idéal pour la randonnée.

- **En savoir plus sur la randonnée en Cerdagne :** www.pyrenees-cerdagne.com

Grands cirques des Pyrénées

- **Département :** Hautes-Pyrénées (65), de Gavarnie à Troumouse
- **Temps estimé :** 2 jours – 23 km
- **Saisons idéales :** printemps, automne
- **Catégorie :** moyen
- **Accès :** Gavarnie

Au bout de la vallée des géants et du pays « Toy » se dressent les grands seigneurs des Pyrénées, les trois grands cirques : Gavarnie, Troumouse et Estaubé. Des paysages grandioses, vertigineux et différents d'un cirque à l'autre.
Qui n'a jamais entendu parler du cirque de Gavarnie ? « Architecture la plus mystérieuse, du plus mystérieux des architectes, le colosseum de la nature, c'est Gavarnie », comme le décrivait Victor Hugo. Incontournable ! Véritable poème géologique ! Le plus haut ! Un diamètre de 800 m à la base et de 4 km au sommet. Les terrains calcaires gris, ocre ou rosés, y ont été retournés et soulevés jusqu'à 3 000 m d'altitude. La hauteur des parois du cirque atteint près de 1 500 m, en trois étages successifs séparés par des banquettes moins inclinées. Avec ses nombreux pics de plus de 3 000 m tels Taillon ou le Marboré, abritant la plus grande cascade d'Europe – 423 m –, cette merveille de la nature ne se décrit pas, elle se contemple et se découvre. Les plus courageux – déconseillé aux jeunes enfants – grimperont jusqu'à la brèche de Roland, une impressionnante trouée naturelle de 40 m de largeur et de 100 m de hauteur s'ouvrant dans les falaises surplombant le cirque. Située à 2 804 m d'altitude, cette curiosité géologique marque la frontière entre la France et l'Espagne.

Randonnée en montagne à Gavarnie.

Pour rejoindre le cirque de Troumouse descendez jusqu'à Bareilles ou Gèdre. Le cirque de Troumouse n'en demeure pas moins grandiose. Extraordinaire amphithéâtre de 10 km de longueur et de 1 000 m de hauteur, c'est un superbe sanctuaire naturel. Dominé par le pic de la Munia – 3 133 m –, il est riche de fleurs endémiques, de tourbières et de marmottes. À l'intérieur du cirque, des prairies parcourues par des rus qui se jettent dans le lac des Aires. Le troupeau de vaches se disperse. La barrière est infranchissable et le berger peut être rassuré, son bétail ne s'échappera pas. Par contre, il devra prendre garde aux orages et aux éclairs ravageurs. De la statue de la Vierge, le point de vue est superbe. À quelques pas, Estaubé, au paysage quasi lunaire.

- **Randonnez autour de Gavarnie :** ete.gavarnie.com

Le canal du Midi

- **Département :** Haute-Garonne (31)
- **Temps estimé :** 1 jour
- **Saisons idéales :** printemps, automne
- **Catégorie :** facile
- **Accès :** Toulouse

C'est pour éviter de contourner l'Espagne via Gibraltar (et ainsi économiser 3 000 km et éviter la rencontre avec les pirates !) qu'un canal reliant la mer Méditerranée à l'océan Atlantique a été construit. Achevé en 1681 après douze ans de travaux, ce canal a mobilisé l'énergie et le savoir-faire de 12 000 personnes. Son père, Pierre-Paul Riquet, a droit à une statue allée Jean-Jaurès qui lui rend un juste hommage.

Ce canal, c'est celui du Midi – ou des Deux-Mers –, qui a été classé par l'Unesco au patrimoine mondial, et nous vous proposons de le découvrir lors d'une journée de randonnée dans la « ville rose », Toulouse, ainsi dénommée à cause du grand nombre de ses bâtiments en brique de même couleur. Capitale de l'Occitanie cette ville chère à Claude Nougaro apporte d'intenses satisfactions à ceux qui aiment à flâner au gré de ses vieilles ruelles. Il faut dire que les occasions de se réjouir sont nombreuses avec les apparitions fréquentes de jardins luxuriants derrière des portes entrebâillées, de fonds de cours d'hôtels particuliers, cachés à demi par de lourdes portes boisées, et autres vestiges du passé qui réjouissent l'œil et le cœur. Toulouse, c'est aussi ses églises (la basilique de Saint-Sernin et la cathédrale Saint-Étienne) et les divers bâtiments qui témoignent de riches périodes architecturales. C'est aussi des jardins et des arbres centenaires qui permettent de goûter à la sérénité au bord de Dame Garonne.

Le canal du Midi permet d'admirer, à Toulouse, des ouvrages conçus par Pierre-Paul Riquet, les ponts Jumeaux et le canal de Saint-Pierre, ainsi que le fameux Port-Sud situé, lui, à Ramonville-Saint-Agne. Située aux portes de Toulouse, cette ville présente l'aspect d'un petit joyau enchâssé dans les coteaux et bordé par le canal du Midi, sur la partie du canal des Deux Mers. C'est peu dire qu'elle a su tirer parti de sa position et que les visiteurs ont l'impression fort savoureuse de se trouver dans un port de plaisance particulièrement dynamique. Avec la traversée de Toulouse, le canal entre dans la vallée de la Garonne. Le bassin de l'embouchure marque le début du « Latéral à la Garonne ». Plus rectiligne, il permet de traverser en lisière les pays de Fronton et de Lomagne, de Saint-Sardos et de Moissac, puis de Buzet, du Bas-Quercy offrant tour à tour des vignes à perte de vue, le bocage, les coteaux et les vergers sans cesse renouvelés de cette terre, ô combien généreuse.

Avec les descentes en rivières sur le Tarn, sur la Garonne, sur le Lot et la Baïse, tout le bassin fluvial du Sud-Ouest est accessible à partir du canal des Deux Mers.

- **Prolongez votre randonnée le long du canal du Midi :** www.plan-canal-du-midi.com

Le pays de Guilhem

- **Département :** Hérault (34)
- **Temps estimé :** 1 jour
- **Saisons idéales :** printemps, automne
- **Catégorie :** moyen
- **Accès :** gorge de l'Hérault – pont du Diable

Offrez-vous une journée de randonnée au pays d'un soldat qui combattit les Sarazins sous les ordres de Charlemagne et qui, après s'être couvert de gloire sur différents champs de bataille, se retira dans un désert, sur les bords du « Verdus », au cœur d'une nature qui lui convenait (roche dure et eau pure) pour y fonder une abbaye, celle de Gellone en 804. Canonisé en 1066, ce personnage devint saint Guihem mais on peut aussi le nommer Guillaume le Grand ou Guillaume d'Aquitaine ou, entre autres surnoms, Guillaume de Gellone.
Comme lui, franchissez les gorges de l'Hérault et observez leur spectacle ! Puis faites comme les pèlerins des siècles passés quand ils pénétraient dans le désert, empruntez le pont du Diable construit il y plus de mille ans, au Xe siècle ! S'il résiste encore aux crues torrentielles de l'Hérault, il est fermé à la circulation automobile mais pas aux randonneurs qui aiment à y contempler le fleuve 400 m plus bas... Un peu plus loin, vous apprécierez de visiter la grotte de la Clamouse, l'une des plus belles et des plus impressionnantes de France. Quelques centaines de mètres plus loin, au lieu dit « le Pan », penchez-vous vers le fleuve pour y voir une magnifique banquette de tuf surnommée « l'éventail ». L'eau qui s'écoule sur cette mousse verte telle une fontaine géante forme un rideau de cascatelles d'une rare beauté. Plus loin encore, la tour de Plancameil et ses vieux moulins, plantés au milieu du fleuve, vous enchanteront. Mais, si l'on peut dire, vous n'avez encore rien vu, le plus beau reste à découvrir... qui se trouve à quelques pas... Eh oui, il s'agit du village de Saint-Guilhem-le-Désert dominé par le château du Géant. Une merveille, un chef-d'œuvre, une rareté ! les mots manquent pour qualifier ce village, l'un des plus beaux de France, et que l'Unesco a classé au patrimoine mondial. Avec ses ruelles étroites, blotties contre l'abbaye de Gellone du XIIe siècle qui, elle aussi, mérite une visite (pour son cloître, les reliques de saint Guilhem et la vraie croix qui lui fut offerte par Charlemagne). C'est peu dire qu'il demeure attachant au sein d'une vallée fermée par le cirque de « l'Infernet ». Un dernier conseil, ne manquez pas non plus la balade qui va du village au cap de la Croix par un chemin empierré de toute beauté.

- **En savoir plus sur le chemin de saint Guilhem :** www.chemin-st-guilhem.fr

Les châteaux cathares

- **Département :** Aude (11), de Padern à Sougraigne
- **Temps estimé :** 3 jours – 47 km
- **Saisons idéales :** printemps, automne
- **Catégorie :** facile
- **Accès :** Padern

Cet itinéraire vous propose de partir à la découverte d'une page d'histoire tragique qui marqua le sud-ouest de la France lors de la croisade des Albigeois. Selon votre « appétit » de savoir et votre forme physique, vous pourrez le prolonger à loisir.
Entre Pyrénées et Méditerranée, au cœur des Corbières ensoleillées, se dressent d'imposantes citadelles de pierre : les châteaux cathares.
Point de départ : le petit village de Padern surplombé par les ruines imposantes de son château médiéval. Construit sur une falaise impressionnante, il semble veiller encore sur les gorges du Verdouble. De son sommet, de superbes vues sur les paysages sauvages des Corbières. A travers garrigue odorante et sur fond de vignobles, rejoignez le prestigieux château-citadelle de Quéribus, bâti sur un piton rocheux. Véritable nid d'aigle, il resta le dernier lieu de résistance cathare lors de la croisade en 1255. Perché à 788 m, de la terrasse sommitale du donjon, des paysages grandioses s'offrent au regard des Fenouillèdes aux plaines du Roussillon et des Corbières.

Le château de Quéribus.

La deuxième étape entre Duilhac et Cubières ne manque pas de charme. Un parcours pittoresque proposant la visite de la forteresse de Peyrepertuse, surnommée à juste titre « la citadelle du vertige », se dressant sur une crête calcaire à près de 800 m d'altitude au-dessus de la garrigue et des vignes. De la chapelle San Jordi, on aperçoit le château voisin Quéribus et, plus loin, la tour Dei Far de Tautavel et Força Real en Roussillon. Puis c'est au tour des gorges de Galamus, célèbres par leur impressionnant canyon de l'Agly. Un site hors du commun ! L'Agly, rivière des aigles, de cascade en cascade, a creusé le roc où la route construite en 1884 s'accroche à mi-hauteur de la falaise. L'Ermitage de Galamus mérite aussi une halte. Le sanctuaire aménagé dans une grotte entourée de buis et de chênes verts laisse place à une curiosité naturelle exceptionnelle. Vous quittez Cubières pour rejoindre le ravissant village de Sougraigne, niché dans un écrin de verdure. Au col du Linas, la vue en direction du Pech de Bugarach est saisissante. Le village de Bugarach, à quelques centaines de mètres de l'itinéraire, vaut le détour, pour les ruines de son château datant des XVIe et XVIIe siècles et ses maisons centenaires. Enfin, dernière montée en direction du col de la Pourteille – 694 m –, avant de redescendre sur Sougraigne.

- **Pour approfondir :** www.lesentiercathare.com

Sur la via Podiensis

- **Départements :** Lot (46) et Tarn-et-Garonne (82), de Cahors à Moissac
- **Temps estimé :** 4 jours – 67 km
- **Saisons idéales :** printemps, automne
- **Catégorie :** facile
- **Accès :** Cahors

Amis pèlerins, petits et grands, à vos bâtons ! Ce tronçon sur la via Podiensis est de toute beauté, riche en culture et en histoire. Découvrez Cahors depuis le mont Saint-Cyr, soit au petit matin quand la brume se déchire pour réveiller la ville, soit la nuit lorsque les lumières illuminent rues et ruelles ou bien en plein jour. De la colline qui domine la cité, vous embrasserez d'un seul regard toute la boucle du Lot. Un point de vue incomparable ! Le pont Valentré, emblème de la cité, avec sa superbe inébranlable, franchit toujours la rivière en portant ses trois tours fortifiées. Visitez la cathédrale Saint-Étienne, la place du marché, les terrasses du boulevard... la première ville du Lot conjugue ambiance méridionale, richesse historique et plaisirs gourmands. Passé Cahors, le paysage change, vous êtes dans le Quercy blanc, vaste pays de cultures, vallonné où les villages pour la plupart fortifiés sont construits sur des mamelons. Prenez la direction de Montcuq, qui prête si souvent à sourire. Le village est bâti sur une colline en forme de cône. Les maisons se déroulent telle une robe de mariée sur toute sa pente sud jusqu'au pied de la tour du XIIe siècle. De passage l'été, vous pourrez profiter de son lac artificiel joliment intégré dans le paysage. Encore une étape ravissante : Lauzerte, classé Plus Beau Village de France et certainement l'un des plus beaux et des plus exemplaires castelnaux de hauteur fondés dans le Midi. Placé au cœur de l'appellation chasselas et de la zone de production des melons du Quercy, Lauzerte veille en effet sur une campagne appétissante où les chemins louvoient entre plateaux calcaires et vallons. Ces derniers prennent au fil des saisons les couleurs des arbres fruitiers, du tournesol, du maïs, de la vigne, de la lavande... La ville haute, exemplaire de l'architecture médiévale, organise ses maisons autour de l'église Saint-Barthélémy et de la place des Cornières, l'une des plus belles de la région. Admirez aussi ses superbes demeures anciennes, de style gothique ou d'époque Renaissance. Autre curiosité : le jardin du Pèlerin, un aménagement inédit retraçant l'histoire et le parcours initiatique du pèlerinage de Saint-Jacques-de-Compostelle. Dernier itinéraire incontournable : de Lauzerte à Moissac. Du plein les yeux encore ! Découvrez les multiples facettes de Moissac. Cité de l'Art roman, elle offre un patrimoine richissime autour de l'ancienne abbaye Saint-Pierre et du cloître du XIIe siècle. Elle est aussi mondialement connue pour son chasselas. Visitez sans modération ses places, celle des Récollets avec son Hall de Paris – caractéristique de l'architecture publique des années 1930 –, sa rue du Général-Gras avec ses nombreuses maisons particulières reconstruites suite aux inondations de mars 1930. Derrière l'office de tourisme, la côte Saint-Laurent vous conduira le long de la sente du Calvaire au Carmel gîte d'accueil – ancien couvent de carmélites – puis au point de vue de la Vierge qui offre un beau panorama sur la ville, le Tarn et le canal de Garonne – port de plaisance. De juillet à août, les berges du Tarn revêtent leurs habits d'été pour se transformer en plage.

- **Prolongez votre randonnée sur la via Podiensis :** www.podiensis.com

Balade le long du Rhône à Villeneuve-lès-Avignon

- **Département :** Gard (30)
- **Temps estimé :** 3h en famille
- **Distance :** 9 km (boucle)
- **Catégorie :** facile
- **Accès :** départ sur parking au pied de la Tour Philippe le Bel.

Villeneuve-lès-Avignon, riche cité en face d'Avignon, située sur la rive droite du Rhône, a su garder son authenticité. Lors de cette randonnée, admirez les façades des maisons de ville très bien préservées. Du fort St-André, de l'abbaye quelle vue...Une vraie carte postale d'Avignon. Du parking, se diriger vers la Tour Philippe le Bel par la montée de la tour. Peu après la tour se trouve à droite l'Hôtel des Monnaies, mais bien d'autres constructions anonymes toutes aussi belles.

En face du n° 17, prendre à gauche pour faire une petite incursion dans la Colline des Mourgues. Franchir la Porte Paul de Laboulaye et trouver un panneau explicatif. Prendre à gauche pour pouvoir profiter de belles vues sur Avignon et le Palais des Papes. Monter ensuite à droite vers la chapelle, la contourner par la droite pour redescendre de l'autre côté. En bas, partir à gauche et tout de suite à droite pour arriver au Théâtre de Verdure. Prendre ensuite deux fois à droite pour retrouver le chemin qui ramène à la porte d'entrée du parc.

Partir à gauche sur la Montée de la Tour pour achever la descente en arrivant Place de l'Oratoire. Poursuivre à gauche Rue de l'Hôpital, passer devant l'Hôtel de Montanegues (ancienne livrée cardinalice) qui occupe une bonne partie de la rue. Admirer les arcades sur le trottoir de droite et arriver Place Meissonière. Faire un aller/retour à gauche pour voir l'entrée de la Collégiale Notre-Dame et le cloître du XIVe siècle. Revenir sur ses pas puis continuer en face dans la Rue Marcel Fabrigoule, prendre à gauche Place Saint-Pons pour continuer tout droit jusqu'à la Place Jean Jaurès. Bifurquer à droite Rue Montée du Fort et encore à droite 100 m plus haut.

Arriver devant le Fort Saint-André. En franchissant la porte, il est possible de voir un peu l'intérieur, et l'entrée de l'abbaye, mais le reste de la visite est payant. Revenir sur ses pas, franchir à nouveau la porte et partir à droite sur la route qui longe les remparts. Au début de la descente, prendre à droite sur une esplanade et viser le chemin qui part en face dans les oliviers sous le fort. Continuer ce chemin qui va remonter un peu puis descendre franchement pour retrouver en bas le Chemin des Chartreux. Passer le parking et se diriger à droite vers un chemin (piste cyclable/piétonne) qui va longer la D980 au-dessous du fort.

En face du panneau dédié au peintre avignonnais Luis Alvarez, il faut traverser la route à gauche (prudence !) et se diriger en face Chemin de Labadier. À la bifurcation suivante, partir à droite Chemin des Vergers de l'Abbaye et 100m plus loin à gauche le chemin qui longe un pré. Au bout du chemin, prendre à gauche la Traverse du Grand Champ puis le premier chemin à droite qui rejoint le chemin de halage (Chemin des Castors).

Tourner à gauche et suivre ce chemin le long du canal pendant un bon kilomètre.

Au bout du canal, tourner à droite et prendre l'autre chemin de halage de l'autre côté du canal. Le poursuivre environ 1,5 kilomètre jusqu'à une passerelle.

À ce niveau, partir à gauche pour monter sur une plate-forme où se trouvent de nombreux agrès pour faire du sport. Continuer à droite et après une dizaine de mètres se diriger vers la gauche de la plateforme pour trouver un sentier qui part à gauche derrière un appareil de barres asymétriques.

Le remonter pour déboucher sur un large chemin pierreux au bord du Rhône. Poursuivre à droite et longer le Rhône en profitant des vues sur Avignon à gauche et Villeneuve-lès-Avignon à droite. Après 1,5 kilomètre le chemin arrive sur un parking, contourner les barrières et choisir le chemin de gauche qui continue jusqu'à un autre parking sous la tour.

Prendre à droite, traverser la D980 et retrouver le parking de départ.

A la découverte du Pont-du-Gard

- **Département :** Gard (30).
- **Temps estimé :** 5h (boucle).
- **Distance :** 14,67 km.
- **Catégorie :** moyenne.
- **Saisons idéales :** printemps, été, automne.
- **Accès :** Saint Bonnet-du-Gard (se garer place de la Fontaine ou 30 m plus loin, devant la mairie).

Chef-d'œuvre de l'architecture antique, le Pont du Gard est l'un des vestiges romains le mieux conservés au monde, classé Grand Site de France et depuis 1985, au patrimoine mondial de l'Unesco. Entrez dans le musée dédié à l'utilisation de l'eau à l'époque romaine et vous apprécierez les prouesses romaines. (Accès au musée payant. Jusqu'à aujourd'hui, l'accès au site est gratuit pour les randonneurs. A vérifier tout de même !).

Vous êtes directement sur le GR® 6 balisé Rouge et Blanc. La route goudronnée s'arrête après le moulin et devient un chemin caillouteux. Vous arrivez sur le plateau. Au poteau Le Sablas, altitude 121 m, ne pas suivre la direction Pont du Gard-Combe de Roussière 2,8 km, ce sera le retour. Prenez à gauche toujours le GR®, mais le marquage est quelquefois très éloigné. Parcourez 400 m environ. Tournez à droite (au Nord-Nord-Est, aucune indication sur les panneaux, toujours le GR®), cheminez en légère descente sur environ 2 km, vous croisez des restes d'aqueduc, partez vers la gauche (toujours le GR®) vous retrouvez des marques, et empruntez le tunnel pour déboucher directement sur le pont du Gard à hauteur du canal.

Partez en direction du belvédère sur la gauche. Arrêtez-vous. Vous surplombez les arches du Pont-du-Gard, admirez le travail des Romains ! Continuez le sentier en descente vers le pont. Vous êtes sur la rive droite du Gardon, passez sous une arche du pont, continuez et prenez la rampe pour traverser le Gardon par le pont. Sur votre droite, boutiques avec possibilité de se restaurer ou de se rafraîchir ! Montez directement en face pour rejoindre le niveau de l'aqueduc (cette seconde partie est moins agréable que la première). Continuez en suivant le balisage GR® légèrement sur la gauche, entre les arbustes. Le sentier serpente puis longe les ruines de l'aqueduc. Il rejoint une route goudronnée, sans circulation, à la cote 57 m.

Prendre à gauche, balisage GR®, franchissez une barrière, à la fourche prenez à gauche, puis un petit raidillon en descente qui rejoint cette route. Passez devant la Chapelle Saint-Pierre, en très mauvais état. La suite du parcours permet de rejoindre le Gardon pour pique-niquer. Continuez la route en direction de La Bégude Saint Pierre, balisage GR®, passez le poteau Les Bégudes alt. 34 m direction Barque Vieille. Continuez cette route qui longe des propriétés, après avoir passé un petit cours d'eau, alors que la route tourne sur la droite vous trouverez tout droit un chemin qui se dirige vers le Gardon, avec des mises en garde au sujet de la baignade. L'accès est assez aisé sur un banc de gravier important.

Pour le retour, utilisez le chemin en sens inverse jusqu'au Pont du Gard. Vous pouvez trouver des variantes sur le domaine du Pont du Gard. Traversez le pont, partez à gauche et continuez en direction du parking rive droite. Après le bâtiment marqué Séminaires, congrès prendre à droite le sentier qui monte, indication Saint Bonnet du Gard. A l'issue de cette longue et régulière montée en forêt, vous atteignez Le Sablas alt. 453 m, continuez en face sur le chemin caillouteux qui descend, balisage GR®, jusqu'au village.

- **Pour en savoir plus :** www.pontdugard.fr

PAYS DE LA LOIRE

LES SPÉCIALISTES

■ **COMITÉ RÉGIONAL DE LA RANDONNÉE PÉDESTRE DES PAYS DE LA LOIRE**
44, rue Romain-Rolland
BP 90312
NANTES
✆ 02 40 58 61 21
pays-de-la-loire.ffrandonnee.fr
pays-de-la-loire@ffrandonnee.fr
Ouvert toute l'année. Prix de base d'une licence adulte : 22,40 €. La FFR propose la Rando Santé®, adaptées aux personnes en situation de handicap ou de difficulté.
Créé en 1990, le Comité régional de la Randonnée pédestre des Pays de la Loire fédère les cinq comités départementaux, Loire-Atlantique, Maine-et-Loire, Mayenne, Sarthe, Vendée. Pour choisir un parcours de randonnée pédestre dans l'un des cinq départements ligériens, il peut être judicieux de se documenter auprès de ce comité régional basé, comme il se doit, dans la plus grande ville de l'Ouest, capitale historique de... la Bretagne, la ville de Nantes bien sûr ! Toujours au fait des derniers sentiers qui viennent d'ouvrir, le CRRP des Pays de la Loire saura orienter vos recherches et vous signaler les routes incontournables et celles qui ont inspiré des écrivains aussi différents que Alphonse de Châteaubriant, Jean Rouaud, Julien Gracq, René-Guy Cadou...

LES CIRCUITS

Au pays de Fontenay-le-Comte

- **Département :** Vendée (85)
- **Temps estimé :** 1 jour
- **Saisons idéales :** printemps, automne
- **Catégorie :** facile
- **Accès :** Vouvant

Plus grande forêt du département de la Vendée, le massif forestier de Mervent-Vouvant, situé sur les derniers contreforts du massif armoricain, couvre 5 000 hectares. Outre sa fonction biologique, ce site naturel fascinant offre une grande diversité végétale et animale. Son charme tient autant à son relief qu'aux ruisseaux et rivières qui le traversent comme la Vendée et la Mère. Son histoire vous sera contée à la Maison des Amis de la Forêt à Mervent. Sur votre parcours, vous pourrez admirer le chêne sessile, très présent dans la forêt et pouvant atteindre 35 m de hauteur et deux cents années ! Son bois, très recherché, est travaillé par l'ébéniste, le tonnelier et le charpentier. Les Verreries et les Tessonnières rappellent les activités passées. Vous aurez certainement le bonheur de croiser le cerf, animal le plus majestueux de la forêt. À l'orée du massif, la petite rivière de la Mère enserre Vouvant, un des plus beaux villages de France, fièrement dressé sur son éperon rocheux. Ceinturée d'eau telle une presqu'île, la butte offrait jadis un intérêt stratégique. Du château construit au XIIe siècle, subsistent encore les remparts et le donjon dont le sommet offre un panorama immense sur la cité et sa forêt feuillue, invitation à d'agréables promenades en sous-bois ou au bord du lac de Mervent. De l'église du XIe siècle, il reste le chevet et un admirable portail roman. Le village, ramassé sur lui-même, est toujours limité à ses fortifications. Les maisons, bâties sans alignement précis, bordent des ruelles étroites et tortueuses, dont l'une mène à la Poterne, superbe porte dans la muraille de schiste. Simplicité des volumes et sobriété des façades enduites à la chaux grasse sont de mise. Çà et là, cependant, quelques maisons anciennes ou maisons de notables, à la forte stature, aux murs bien appareillés et aux toitures reposant sur une corniche à génoise.

De bocage en forêt, bientôt se dévoile Saint-Michel-le-Cloucq, dans les boucles de la rivière Vendée et juché sur la motte d'un ancien castrum en rive de l'antique chemin des Saulniers, joignant Poitiers à l'Océan. Son église du XIIIe siècle présente un bel ensemble d'art roman. À travers champs, vous traverserez Charzais pour rejoindre ensuite Fontenay-le-Comte. Ville d'Art et d'Histoire, elle est l'un des plus beaux détours de France. Au gré des circuits, elle vous raconte ses histoires au cœur d'un écrin verdoyant d'arbres et d'eau. Au fil des ruelles de l'ancien quartier fortifié, laissez-vous surprendre par les superbes demeures de la Renaissance, regroupées autour de l'église Notre-Dame, les ruines du château fort, sans oublier la fontaine qui lui a donné son nom. Ne manquez pas la visite du musée de Fontenay ni celle du château de Terre Neuve, véritable joyau de la Renaissance où Georges Simenon vécut de 1940 à 1943. Ce magnifique édifice aujourd'hui encore habité est renommé pour sa cheminée alchimique, ses plafonds à caissons de pierres sculptées, ses boiseries en provenance du château de Chambord... Incontournable !

- **Variez les itinéraires de randonnée en pays de Fontenay :** www.fontenay-vendee-tourisme.com

Au pays de Guérande

- **Départements :** Loire-Atlantique (44)
- **Temps estimé :** 1 jour
- **Saisons idéales :** printemps, automne
- **Catégorie :** facile
- **Accès :** pointe du Croisic

À la pointe de la presqu'île guérandaise, Le Croisic est un port particulièrement animé, point de départ idéal pour une belle randonnée sur la côte sauvage. Le port de pêche et de plaisance s'intègre au cœur de la ville qui s'enorgueillit d'être le premier port de pêche français pour la crevette rose. Les quais, bordés de vieilles demeures des XVe, XVIe et XVIIe siècles, servent de cadre authentique aux bateaux sagement alignés. Au centre-ville, l'église mérite une visite. Édifiée en 1494 dans le style gothique flamboyant, elle a la particularité de présenter quatre nefs. La longue jetée du Tréhic, s'étirant sur 850 m, offre l'opportunité d'une agréable balade. Tout au bout, la vue porte sur la pointe de Pen-Bron et La Turballe. Le lieu est particulièrement prisé des pêcheurs à la ligne.

Le mont Lénigo, à l'ouest, et le mont Esprit, à l'est, dispensent de beaux panoramas sur le port. Ces buttes, élevées artificiellement à partir du lest déchargé des bateaux transportant autrefois le sel, font partie de l'histoire du Croisic.

Les plages de Port-Lin et de Saint-Goustan se prêtent à la baignade et au farniente. La côte sauvage, superbe, se découvre dès la pointe du Croisic. Ses roches déchiquetées qui jouent avec l'écume des vagues composent des paysages inoubliables. En traversant les salins, par la route des marais, vous rejoindrez Guérande. Bâtie sur les hauteurs dominant les marais salants à l'ouest – le Pays Blanc – et les marais de Grande-Brière à l'est – le Pays Noir –, Guérande est une des plus belles villes de Loire-Atlantique. Ses superbes fortifications, son cœur médiéval, la douceur de son microclimat et la beauté des paysages alentour attirent de nombreux visiteurs. La ville est fière de ses remparts, parmi les mieux conservés en France, ce qui a valu le surnom de « Carcassonne de l'Ouest ». Sur ses 1,5 km, découvrez ses dix tours et cinq portes, dont la plus belle et la plus imposante est la porte Saint-Michel. Intramuros, les rues sinueuses ponctuées de belles maisons médiévales – maisons à colombages ou en granite – donnent sur de vastes places. Les deux principaux monuments de la ville close sont la chapelle Notre-Dame-la-Blanche et la collégiale Saint-Aubin. Reprenez le chemin des marais, au lieu-dit Kérignon, pour gagner la plage, puis le port de pêche de La Turballe. Son port de plaisance est en eau profonde, ses plages labellisées Handiplage, son musée « la Maison de la Pêche » à visiter. Montez au clocher de Trescalan où vous attend une vue imprenable sur le coteau guérandais, ou encore partez de la plage des Bretons jusqu'à la pointe de Pen-Bron, magnifique massif dunaire bordé par une superbe forêt de pins maritimes.

- **Pour vos envies de randonnée du côté de Guérande :** www.labaule-guerande.com

Dans la vallée de la Sarthe

- **Département :** Sarthe (72), de Poillé-sur-Vègre à Malicorne-sur-Sarthe
- **Temps estimé :** 2 jours – 30 km
- **Saison idéale :** printemps
- **Catégorie :** facile
- **Accès :** Poillé-sur-Vègre

Écoutez les admirables chants grégoriens de la majestueuse abbaye de Solesmes – incontournable ! –, qui résonnent dans toute la vallée ! Une douce vallée à découvrir au fil de l'eau. Douce campagne ponctuée de manoirs, villages médiévaux et hameaux fleuris. Forêts et rivières vagabondent pour flâner hors du temps. Le vieux village de Poillé, aux volets colorés, se dévoile le long de la Vègre avec ses halles, son Marmois, son église Saint-Denis, sa Rotte aux Moines, sa chapelle de la Galoisière, son très vieux pont... Plus loin, Asnières, situé le long des méandres de la Vègre, certainement le plus beau village de la Sarthe avec ses rives ombragées, ses vieilles maisons, sa cour du XIIIe siècle, ses manoirs, son château de Moulinvieux, son pont pittoresque qui offre une très belle vue sur la Vègre... sans oublier les impressionnantes peintures murales de la petite église paroissiale. Pour vous imprégner de son aura, faites-vous indiquer le « tour de Trompe-Souris », un court circuit de charme que vous ne serez pas prêt d'oublier. Blotti dans un large méandre de la Sarthe, le village de Parcé, devenu Petite Cité de Caractère, offre un formidable ensemble architectural des XVe et XVIe siècles. Un parcours dans le village vous fera découvrir la tour Saint-Pierre, la maison de l'Ancien Tripot, lieu de jeux au XVe siècle, ou encore la Maison du Passeur, lieu de perception de péage au profit du seigneur de Champagne qui devait assurer en contrepartie l'entretien des berges, gués et barrages. Un peu plus loin se présentera à vous la maison à tours ronde et carrée, ancienne prison des XIVe et XVe siècles. La rue de l'Épervier vous mènera à la chapelle aux Hommes du XVe siècle. À l'intérieur de l'église Saint-Martin, vous découvrirez une riche collection de vitraux de grands maîtres verriers du XIXe siècle. Le calvaire, situé sur un éperon rocheux, domine la Sarthe. Non loin du bourg, le moulin d'Ignères est l'un des rares moulins du territoire ayant conservé sa structure du XVIIe siècle. Il a appartenu à Marcel Pagnol. Pour le plaisir des yeux, une dernière étape avec Malicorne. Cette charmante petite bourgade qui s'étale le long d'un méandre de la Sarthe invite à la flânerie et au retour à l'histoire, le long de ses rues bordées de maisons à hauts pignons, de son église ancienne, de son château où Mme de Sévigné aimait à résider chez la marquise de Lavardin. L'eau, la terre et le feu... Des éléments naturels qui se complètent. Ils sont les bases mêmes de la fabrication des faïences qui existent depuis plus de deux siècles et qui font la renommée de Malicorne. La Sarthe, qui coule paisiblement, est source de nombreuses activités touristiques et de loisirs, en particulier le port, qui offre aux nombreux plaisanciers de passage tous les équipements.

- **Prolongez votre séjour et variez vos randonnées :** www.vallee-de-la-sarthe.com

Dans le Loire Layon

- **Département :** Maine-et-Loire (49), de Denée à La Possonnière
- **Temps estimé :** 4 jours – 55 km
- **Saisons idéales :** printemps, automne
- **Catégorie :** facile
- **Accès :** Denée

Voici un itinéraire d'une grande richesse. Le Loire Layon, parcouru par 250 km de sentiers, vous ouvre les portes d'une région au patrimoine historique exceptionnel, qui abrite une grande biodiversité avec bon nombre d'espèces protégées et une culture gastronomique mise en valeur par les prestigieux vins d'Anjou. Denée, La Possonière, Rochefort-sur-Loire et Chalonnes-sur-Loire bénéficient de la reconnaissance de l'Unesco. Le Louet, bras de la Loire long d'une trentaine de kilomètres, s'est formé entre Les Ponts-de-Cé et Chalonnes-sur-Loire. Le Layon, rivière qui se faufile à travers les coteaux pour rejoindre la Loire à Chalonnes, est l'un des plus beaux symboles de cette région viticole. La corniche Angevine, quant à elle, fait partie des curiosités géologiques mondialement connues, notamment pour le fossé d'effondrement westphalien de Rochefort. Le sentier de la Corniche est célèbre par son aspect pittoresque et ses panoramas sur la vallée de la Loire. La superbe église de Denée avec son presbytère, perchée sur son éperon rocheux, domine la vallée où coulent l'Aubance, le Louet et la Loire. À quelques pas, le charmant village de Mantelon inscrit à l'Inventaire des sites pittoresques de Maine-et-Loire abrite un superbe château du XVIIIe siècle. Au fil du Louet, la vallée de Rochefort vous séduira par ses paysages naturels et ses hameaux sur tertres. Sa partie amont vous conduira au village de pêcheurs des Lombardières, face à l'île de Béhuard. Du quai du Louet à l'église Sainte-Croix en passant par la place du Pilori, le bourg est le témoin d'un riche passé. À Saint-Aubin-de-Luigné, la maire a élu domicile dans l'ancien et superbe presbytère du XVIe siècle. Faites le circuit des vieilles demeures, trente sites à admirer de l'extérieur. La Haie Longue, point culminant de la corniche angevine, offre une vue unique. La table d'orientation date de 1924 ! Le moulin Guérin, au milieu des vignes, est aujourd'hui aménagé en belvédère avec une vue à 360° ! Chaudefonds-sur-Layon avec ses nombreux fours à chaux et Ardenay avec ses moulins à vent encore présents sur les coteaux. Faites un crochet par la chapelle Sainte-Barbe-des-Mines – incontournable ! Puis découvrez les quais de Chalonnes et le charme particulier de l'île, la plus importante des îles de Loire avant de gagner les quais d'Ingrandes avec son pont suspendu sur plusieurs centaines de mètres et de visiter son église de style moderne avec ses magnifiques vitraux. À la maison du Tourisme, une originale collection d'horloges d'églises. Rejoignez Champtocé-sur-Loire. Magnifique est le parc classé du château du Pin, bordé d'une allée de châtaigniers de sept cents ans. Les jardins dessinés sur quatorze niveaux sont organisés autour de plans d'eau et abritent une collection d'ifs unique en Europe. La vallée de Saint-Germain-des-Prés abrite une riche biodiversité. Ses sentiers vous conduisent jusqu'à la levée de la Loire avec vue sur Montjean-sur-Loire. Visitez le bourg avec ses maisons bourgeoises, son jeu de boules de sable et son église. Des richesses encore à Saint-Georges-sur-Loire avec le château de Serrant, joyau de la Renaissance, l'abbaye – mairie – et l'église de style néo-grec. Dernière étape, la Possonière avec son port aménagé et son pont de l'Alleud de 600 m avec dix-sept arches. Recueillez-vous à la chapelle Saint-Roch avant de saluer la vallée de la Loire du haut du moulin-tour de la Roche.

Le long de la Mayenne

- **Département :** Mayenne (53)
- **Temps estimé :** 1 jour
- **Saisons idéales :** printemps, automne
- **Catégorie :** facile
- **Accès :** viaduc de Laval

Si l'on doit consacrer une journée de randonnée en Mayenne, autant choisir de suivre cette dernière (on parle cette fois de la rivière éponyme) le long d'un chemin de halage soigné aux petits oignons par le conseil général. Comme il faut bien trouver un point de départ prenons le viaduc de Laval inauguré par Napoléon III et qui, depuis 1855, permet à la ligne Paris–Brest de fonctionner. Une fois longé le quai Béatrix-de-Gâvre et le pont Aristide-Briand, on observe, quai Sadi-Carnot, le château fondé sur un éperon rocheux dominant la rivière. Né au XIe siècle et plusieurs fois remanié, il possède un élément lui conférant un statut unique dans le paysage castral : le plus ancien hourdage préservé du pays ! Après avoir bien regardé ce bâtiment emblématique de la ville et passé le vieux-pont, il suffit d'effectuer une petite centaine de mètres quai Paul-Boudet pour apercevoir, toujours sur l'autre rive, la magnifique basilique d'Avesnières, un bon exemple d'architecture romane complétée par des voûtes gothiques. Ensuite, en direction du village de l'Huisserie vous observez, sur votre gauche cette fois, le château de Bois-Gamats qui ne se visite pas sauf si on connaît son propriétaire et que ce dernier vous le propose (la Mayenne est le département qui compte le plus de châtelains !). Suivant le fil de l'eau, après l'Huisserie vous verrez s'élever le menhir du Haut-Fougeray puis, à hauteur du village d'Entrammes, la petite écluse charmante de Port-Rhingeard et, entre autres beautés se trouvant dans les environs, les arbres séculaires du parc du château de la Bonne-Métrie (lui aussi habité toute l'année). En traversant le pont vous pourrez rendre visite aux moines de l'abbaye du Port-du-Salut et, un peu plus loin, entrer dans la village d'Entrammes pour y visiter les vestiges des thermes romains qui témoignent de la propreté de l'envahisseur préféré d'Astérix et d'Obélix. Après… la promenade est toujours possible si vos jambes le permettent et si vous avez du temps devant vous…

Indiquons que le chemin de halage compte plus de 80 km qui, tous, procurent de grands moments de détente et de bonheur à ceux qui savent observer la nature et le travail des hommes.

- **Poursuivez l'aventure :** www.mayenne-tourisme.com

PROVENCE-ALPES-CÔTE D'AZUR

La région Provence-Alpes-Côte-d'Azur abrite des joyaux naturels et des chemins de randonnée réputés d'une belle variété. Vous pourrez, par exemple, emprunter les sentiers qui sillonnent la montagne Sainte-Victoire, fleuron du pays d'Aix-en-Provence et Grand Site de France, ou les sentiers du littoral qui longent les calanques de Cassis à Marseille... En toile de fond, la grande bleue, le chant des cigales et les odeurs de la garrigue. Préférez le début du printemps ou l'automne pour éviter la foule, la région étant extrêmement prisée en été !

LES SPÉCIALISTES

■ L'ÉCHAILLON**

Lot Roubion
Névache
BRIANÇON
✆ 04 92 21 37 30
www.hotel-echaillon.com/fr
infos@echaillon.com

Ouvert toute l'année. 19 chambres. Pension complète. Demi-pension. Wifi. Restauration. Hammam, sauna. Excursions.

L'Échaillon, c'est tout à la fois un charmant hôtel 2 étoiles, équipé d'un espace bien-être (sauna, hammam et Storvatt), au cœur d'une région de rando, et une agence qui vous propose des circuits dans les Hautes-Alpes, des séjours et des randonnées (en étoile ou itinérantes, avec ou sans accompagnateur), en hiver comme en été.

Exemples de séjours : en hiver, « Clarée Neige » : multiactivité hivernale (raquettes, ski de fond, chiens de traîneau...), séjour accompagné, et en été, Vallée de Névache, randonnée en étoile séjour liberté.

■ DESTINATIONS QUEYRAS

8, route de la Gare
GUILLESTRE
✆ 04 92 45 04 29
www.randoqueyras.com
contact@randoqueyras.com

Ancrée dans le parc naturel régional du Queyras, Destinations Queyras offre depuis dix ans un grand choix de randonnées dans son secteur et ailleurs. Cette agence de voyages, créée par quatre professionnels de la montagne, propose des séjours de randonnée pédestre, à raquettes ou à ski de montagne et des treks à l'étranger. En Crète, à Madère, à la Réunion, dans les Cyclades, en Grèce, au cœur de l'Atlas marocain, en Roumanie, au Portugal, en Italie, en Bulgarie, dans les vallées himalayennes... bref, dans le monde entier, et bien sûr dans le Queyras. En toutes saisons, Destinations Queyras s'efforce d'offrir des prestations de qualité, respectueuses de l'environnement et des us et coutumes de chaque pays.

■ COMITÉ RÉGIONAL DE LA RANDONNÉE PÉDESTRE EN PACA

21, avenue de Mazargues (8e), MARSEILLE
✆ 07 71 02 97 44 – paca.ffrandonnee.fr

Ouvert toute l'année. Du lundi au vendredi de 9h à 17h. Prix de base d'une licence adulte : 25,40 €. La FFR propose la Rando Santé®, adaptées aux personnes en situation de handicap ou de difficulté.

Avec les Alpes d'un côté, la Méditerranée de l'autre, la région PACA offre des paysages sublimes qui attirent les marcheurs de tous niveaux. Calanques, Maures, Esterel, Camargue, massif du Luberon... Six départements sont concernés : les Hautes-Alpes, les Alpes-Maritimes, les Alpes de Haute-Provence, le Vaucluse, les Bouches-du-Rhône et le Var. Pas étonnant, avec une telle richesse et une telle diversité de paysages, que le comité PACA affiche plus de 26 000 adhérents réunis dans 380 associations, 9 950 km de sentiers balisés et 30 Topo-guides® pour les répertorier ! Le site donne de nombreuses informations utiles sur la randonnée de manière générale et avec des conseils plus spécifiques, comme les bonnes attitudes à adopter face aux patous. Toutes les documentations sont consultables ou à commander sur le site.

■ CHEMIN DU SUD

ZAC Saint-Martin
57, rue François-Gernelle, PERTUIS
✆ 04 90 09 06 06 – www.cheminsdusud.com

Ouvert toute l'année. Du lundi au vendredi de 9h à 18h ; le samedi de 9h à 17h.

Avis aux amateurs de circuits de randonnée originaux dans le (large) quart sud-est de la France, mais aussi dans le reste de la France, en Italie, en Allemagne, au Portugal et dans plusieurs autres pays d'Europe : Chemins du Sud est l'agence qu'il vous faut. Créée il y a plus de vingt ans par un ancien berger accompagnateur en montagne, Nicolas Dessaux, elle a su dès le départ gagner la confiance de nombreux randonneurs et aussi – et surtout – se maintenir dans le peloton de tête des meilleures agences basées dans le sud de la France.

© Tomfry – stock.adobe.com

Randonnée dans le parc national du Mercantour.

LES CIRCUITS

La Vallée des Merveilles au cœur du parc du Mercantour

- **Départements :** Alpes-Maritimes (06) et Alpes-de-Haute-Provence (04)
- **Temps estimé :** 1 jour
- **Saison idéale :** printemps
- **Catégorie :** facile à moyen
- **Accès :** Saint-Dalmas-de-Tende (Tende)

Le Mercantour est certainement le plus connu des parcs naturels français. Il offre un réseau de sentiers balisés de 600 km, dont le GR®5, GR®52A et le GR®56.

Avant d'attaquer votre périple, il est quasi indispensable de visiter le musée des Merveilles à Tende. Vous aurez ainsi un bel aperçu et une meilleure interprétation de ce qui vous attend dans cette vallée où ont été découvertes des milliers de gravures protohistoriques, datant pour la plupart de l'âge du bronze. L'une des vocations du musée est de sensibiliser le public à la protection du site du mont Bego. Il propose, durant toute l'année, de découvrir la richesse du patrimoine de la Haute-Roya. Les gravures, inaccessibles aux randonneurs pendant la longue période d'hiver, sont ainsi présentées sous forme de moulages, une exposition permanente et didactique mettant le plus grand site archéologique d'Europe à la portée de tous.

Certains profiteront de l'endroit pour faire une escapade – inoubliable – jusqu'au col de Tende, l'un des plus beaux paysages des Alpes-Maritimes. Lieu magique avec ses forts militaires abandonnés où rôdent les fantômes du XXe siècle, ses marmottes rigolotes, ses chamois et bouquetins, sauvages et inapprochables.

Revenons à notre premier objectif… Pour accéder à l'entrée de la Vallée des Merveilles, il est conseillé de partir du lac des Mèches – barrage EDF – situé à Saint-Dalmas-de-Tende – 3 à 4 heures de marche sont nécessaires. Le GR®52 traverse la vallée. Le mont Bégo domine de ses 2 872 m le paysage grandiose des hautes vallées des Merveilles et de Fontanalbe, modelées par les anciens glaciers qui, en se retirant, ont laissé des roches finement polies, des chapelets de lacs et surtout l'histoire de nos ancêtres. Près de trente six mille gravures se dévoilent à ciel ouvert dans un sanctuaire mystérieux, lieu de mémoire de nos origines. Certaines gravures sont visibles à partir du sentier qu'il est interdit de quitter sans être accompagné d'un guide agréé. Une nuit en refuge au Caf – Club alpin français – est possible ou bien en bivouac en zones autorisées seulement.

- **En savoir plus :** www.mercantour-parcnational.fr

Le Colorado provençal

- **Département :** Vaucluse (84)
- **Temps estimé :** 1 jour
- **Saisons idéales :** printemps, automne
- **Catégorie :** facile
- **Accès :** Notre-Dame-des-Anges ou parking de Bouvène à Rustrel

La France compte d'innombrables curiosités géologiques qui laissent pantois ! Sis à 10 km de la petite ville d'Apt dans le Lubéron, au pied du plateau d'Albion, le Colorado de Rustrel est de ces curiosités qu'il faut avoir vues au moins une fois dans sa vie, surtout quand on est de passage dans la région.

Falaises, pitons, promontoires, ravins, grottes, cascades... on rencontre tous ces cas de figures dans cette étonnante carrière d'ocre à ciel ouvert située dans une terre consacrée à la culture de la vigne, aux vergers et à la lavande. Ce surnom de Colorado lui a été donné dans les années 1950 par un prêtre, l'abbé Martel, qui ne vivait que pour son Dieu et son Luberon natal (il fut aussi le traceur du GR®6). Il est vrai qu'un simple regard porté sur cette étonnante carrière pourrait laisser croire qu'on se trouve au Far West, dans un décor aux mille couleurs, allant de l'ivoire au rouge brique. Pour notre plus grand plaisir, quatre sentiers en libre accès ont été aménagés, qui permettent de prendre du bon temps. Le plus court s'étire sur un petit kilomètre escarpé et vous mène jusqu'aux Cheminées de Fées, pittoresques colonnes surmontées de « chapeaux pointus » trônant au sommet de la colline grattée par les pioches des anciens récoltants. D'un ocre fin et pur, la terre offre ici un kaléidoscope de couleurs qui se mêle avec harmonie au vert de la forêt touffue et au bleu azur et blanc d'un ciel cotonneux. Si l'autre parcours se nomme « La Cascade », c'est parce qu'il permet de serpenter autour d'un minuscule cours d'eau maculé de sable orangé, jusqu'à cette fameuse « chute » d'eau, modeste vestige de la Doa, la rivière coulant en surplomb qui permit l'exploitation intensive du site. Le troisième parcours offre, lui, de bons moments de fraîcheur grâce à de nombreux châtaigniers, fougères et autres chênes truffiers. Une dernière incursion, dans le « Sahara », côté ouest, permet de découvrir un plaisant parcours de montagnes russes, ondulant entre les canyons de toutes tailles. Bien sûr, tous ces décors aux formes et couleurs étonnantes sont aussi la résultante des activités économiques ayant longtemps régné dans la région. Et l'on n'a aucune peine à imaginer, quand on visite les tunnels aux plafonds immenses creusés dans le cirque de Barriès, qu'il y avait jadis des hommes qui remplissaient des chariots à la sueur de leur front...

- **Prolongez votre séjour à pied :** luberon.fr/tourisme

Le tour des îles de Lérins

- **Département :** Alpes-Maritimes (06)
- **Temps estimé :** 1 jour
- **Saisons idéales :** été, printemps, automne
- **Catégorie :** facile
- **Accès :** Cannes

Les îles de Lérins sont à quelques longueurs de Cannes. On s'y rend en bateau, au départ de la Croisette – port du Palm Beach. La plus grande est l'île Sainte-Marguerite – 170 hectares, dont 150 hectares de forêt domaniale –, un site magique où se conjuguent en toute harmonie nature, culture et détente. À peine débarqué, vous serez saisi par les senteurs de pins et d'eucalyptus et par la plénitude de ce lieu aux multiples activités. Le meilleur moyen de découvrir sa vraie nature est certainement d'emprunter les sentiers balisés – une vingtaine de kilomètres d'allées et de chemins forestiers – proposant une découverte botanique et historique du site. Vous cheminerez de l'étang du Batéguier aux nombreuses espèces d'oiseaux migrateurs jusqu'à la pointe de la Convention pour découvrir les différentes essences végétales.

Une visite au fort Royal, ancienne résidence du Masque de Fer, s'impose et vous permettra de comprendre le rôle stratégique joué par l'île. À ne pas manquer, le musée de la Mer abrité dans l'enceinte fortifiée, qui éclaire le visiteur sur l'histoire du site. De sa terrasse dominant la mer, une vue panoramique exceptionnelle s'ouvre au regard, des Alpes du sud au cap d'Antibes et à l'Estérel. Pour les amateurs de détente pure, l'île Sainte-Marguerite reste incontournable avec ses 900 m de plage. Elle met à votre disposition restaurants, snacks, nombreuses aires de pique-nique et des criques uniques aux eaux translucides pour jouir en toute quiétude de ce havre de paix.

Roussillon – Randonnée dans les carrières d'ocre.

Les calanques de Cassis

- **Département :** Bouches-du-Rhône (13) de Marseille à Cassis
- **Temps estimé :** 2 jours – 33 km
- **Saison idéale :** printemps
- **Catégorie :** facile à moyen
- **Accès :** Callelongue

Le GR®98-51 longe la majestueuse côte provençale. Au départ de Callelongue, le chemin débute derrière le petit port et vous voici parti pour surplomber des falaises qui tombent à pic dans la mer. Les arbres, déformés par le souffle du mistral, donnent une allure décoiffée à ce paysage époustouflant. Admirez l'île Plane, l'île du Riou et les îles de Jaïre. Ce sentier quelque peu escarpé vous conduit sur la première calanque de Mounine. Admirez ce panorama superbe sur les calanques de Cassis et profitez des nombreuses plages paradisiaques.

Après avoir longé d'anciens vestiges d'une batterie d'artilleries, vous tomberez sur un improbable village de pêcheurs à Caille. A partir de ce niveau, le chemin va entrer un peu dans les terres. Vous longerez les calanques de Podestat et bien d'autres criques jusqu'au petit port de Sormiou, où vous pourrez vous accorder une récompense bien méritée. Parmi nos préférées à partir de Cassis : Port-Miou – à 1,5 km du centre de Cassis. Très sinueuse, Port-Miou s'avance profondément à l'intérieur des terres et constitue un port naturel qui accueille quelque quatre cents voiliers. Cette calanque est également remarquable par la résurgence sous-marine qui débouche sur son flanc et dont l'origine demeure mystérieuse à ce jour. Depuis Port-Miou, Port-Pin. Petite et intimiste, elle séduit par son cadre verdoyant et ses pins d'Alep qui poussent en équilibre sur la roche, elle offre une petite plage en pente douce. A 1 heure de là, En-Vau, la plus célèbre et la plus spectaculaire, dans son écrin de falaises blanches, abruptes et déchiquetées.

C'est aussi le lieu privilégié des amateurs d'escalade. Ses eaux d'une transparence inouïe déclinent toute la palette des bleus et des verts. Enfin Cassis, entre les hautes falaises dorées du cap Canaille et la blanche majesté des calanques et où la viticulture tient une place de choix. Son petit port de pêche, l'un des plus jolis de la Méditerranée, symbolise la douceur de vivre en Provence. Les ruelles du centre ancien, ses quais colorés et animés invitent à la flânerie et aux découvertes gourmandes. Attention, par arrêté préfectoral, les calanques sont en accès réglementé.

- **En savoir plus sur les accès et les restrictions :** www.calanques13.com

Les corniches de l'Esterel

- **Départements :** Var (83) et Alpes-Maritimes (06), de Saint-Raphaël à Mandelieu-la-Napoule
- **Temps estimé :** 2 jours – 35 km
- **Saison idéale :** printemps
- **Catégorie :** facile
- **Accès :** Saint-Raphaël

Entre Saint-Raphaël et Mandelieu-la-Napoule, le décor de l'Estérel frappe d'admiration. Cette région, l'une des plus belles de Provence, est ouverte au grand tourisme depuis 1903 grâce à la création, par le Touring Club, de la route de la Corniche, nommée aussi la Corniche d'Or. Séparé des Maures par la vallée de l'Argens, le massif est constitué de porphyre en majorité rouge mais aussi bleu, vert, jaune et parfois violet ou gris. Relief déchiqueté, pentes escarpées, calanques et plages ombragées de pins parasols, milliers d'îlots rouge sang surgissant de l'immensité bleu indigo de la Méditerranée, source d'inspiration des peintres méditerranéens. Des criques permettent aux adeptes du bronzage solitaire de s'échapper des foules. Les passionnés de randonnées sous-marines seront comblés et pourront profiter d'une petite escapade. Le site est extraordinaire. Le plongeur découvre les magnifiques fonds marins et les formes découpées des rochers. À certains endroits de véritables tunnels sous la mer permettent de passer d'un lagon à l'autre.

Le sémaphore du Dramont est un magnifique point de vue panoramique où vous pourrez admirer la chaîne des Maures et les rochers de porphyre du « Lion de Mer » et du « Lion de Terre » qui gardent l'entrée du golfe de Fréjus. Sur la route d'Agay après la plage du Dramont, c'est une promenade d'une durée d'une heure (aller-retour). D'autres affectionneront le sentier de randonnée qui part du minuscule port du Poussaï jusqu'au cap Dramont, en passant par la plage du Tiki.

Les plus sportifs opteront pour la partie orientale de l'Estérel – à partir de la gare de Théoule – avec l'ascension du rocher des Monges, des Petites et Grosses Grues ou encore le pic de l'Ours – belvédère incomparable vers la corniche de l'Estérel.

Le massif de l'Estérel est cependant une nature fragile sous la haute protection de l'Office national des forêts. Personne n'a oublié ici les violents incendies qui ont ravagé le massif en 1943, 1964 et 1986.

- **D'autres idées de randonnées ?** circuits.esterel-cotedazur.com

Tête de la Cula dans le Queyras

- **Département :** Hautes-Alpes (05)
- **Temps estimé :** 7 heures
- **Saison idéale :** printemps
- **Catégorie :** moyen
- **Accès :** parking du Bois-Noir – Les Claux (Vars)

Les points forts de cette randonnée sont très nombreux : paysages variés, forêt de mélèzes, alpages, passages de crêtes en altitude, ambiance minérale, panorama exceptionnel, bref tout ce qu'il faut pour faire que cette randonnée à plus de 3 100 m d'altitude soit superbe. La première partie se fait sur un sentier tranquille et agréable dominé sur la droite par le sommet de la Roche-Noire. Les marmottes trouvent dans ces alpages un vrai paradis. La pente s'accentue un peu pour le passage d'un ressaut qui conduit en quelques lacets à la cabane des douaniers. Moutons et chiens patous de ces alpages vous accompagneront dans cette dernière partie moyennement raide jusqu'au col de la Cula qui domine la vallée de l'Aigue-Blanche.

La vue est déjà magnifique d'ici, mais un petit effort pour accéder au sommet de la Tête de la Cula sera récompensé par le superbe point de vue à 360° sur une bonne partie des Alpes comme les Écrins, le massif du Mont-Blanc, le massif du Mont-Rose, le Cervin, la chaîne du Queyras, la vallée de Ceillac et également sur Saint-Véran, village d'altitude le plus haut d'Europe. Le passage des crêtes en altitude pour atteindre le col nord et sud du Cristillan est sans réelle difficulté. Le changement d'ambiance est total, le paysage devient minéral, les roches sont comme vernies, allant du vert clair au presque noir, c'est de la serpentine, roche témoin de la présence d'un ancien fond océanique.

- **D'autres idées de randonnées :** www.envie-de-queyras.com

Dans le Luberon, entre Lagnes et Fontaine-de-Vaucluse

- **Département :** Vaucluse (84).
- **Distance :** 12 km A/R.
- **Temps estimé :** 5h.
- **Dénivelé positif :** 479 m.
- **Dénivelé négatif :** 473 m.
- **Point haut :** 327 m.
- **Point bas :** 83 m.
- **Catégorie :** moyenne.
- **Accès :** parking payant place de la Mairie ou autre.

Soyez vigilant, sur ce circuit il y a 3 balisages différents qu'il faudra suivre le moment venu !

Lagnes est un village stratégiquement situé entre les Monts de Vaucluse et le pays des Sorgues. Il se tient posé en étage au pied du rocher du Pieï et il est dominé par un château du XIIIe siècle (remanié au XVIe s. et au XVIIe s) lui conférant une atmosphère médiévale. Ce château ne se visite pas. Superbe panorama en haut du village sur toute la région du Luberon, les Alpilles et même par temps clair, les Cévennes. On ne présente plus Fontaine-de-Vaucluse dont la renommée est née de très impressionnante source à l'eau émeraude qui jaillit au pied d'une falaise de 230 m de haut. Cette gigantesque fontaine est la plus puissante de France (et la cinquième mondiale). En saison, possibilité de visiter le Musée-bibliothèque François Pétrarque (fermé du 1er novembre au 19 mars).

Balisage Jaune. Remonter à gauche la Rue de la République pour arriver jusqu'à la place du village. Prendre légèrement à droite la Rue Montante qui devient le Chemin des Groubelles. Au premier croisement, rester toujours sur le Chemin des Groubelles et continuer à monter jusqu'à la D100. Partir à gauche sur la route et tout de suite à droite sur le chemin pour trouver la balise la Tête du Soldat.

Continuer sur cette piste (MV100) qui commence à monter. Laisser le croisement le Soldat et rejoindre 100 m plus loin la balise La Pleithe.

Virer à gauche direction les Esperacons. A un croisement, laisser le chemin, continuer en face et virer à droite sur un sentier (croisement non visible sur la carte) qui arrive sur un replat au niveau d'un autre croisement (croisement non visible sur la carte). Laisser le sentier de droite et continuer tout droit sur 10 m pour rejoindre une autre fourche. Partir à gauche pour rejoindre la balise Les Esperacons.

Tourner à droite direction le Vallon des Esperacons sur le sentier qui offre de belles vues. La descente, au début facile, devient plus ardue et glissante pour arriver à la balise Vallon des Esperacons (décalée sur la carte).

Balisage Rouge et Blanc. Tourner à gauche direction Valette et entamer la descente du vallon. Au bout de 700 m environ, le sentier vire à droite et traverse le lit du ruisseau à sec pour retrouver la balise Valette tout près de la D100a.

Partir à droite direction Font de l'Oule sur un sentier qui longe la D100a jusqu'à rejoindre un petit parking et la balise Font de l'Oule.

Virer à droite vers La Pouraque en suivant le chemin qui monte. Au bout d'environ 350 m, rejoindre un gros carrefour. Laisser les deux chemins qui montent à droite et se diriger à gauche vers un chemin qui contourne l'éperon rocheux.

Balisage Bleu. Pendant la montée, repérer à main droite une belle borie. Arrivé sur un replat, laisser un petit sentier qui monte sur la droite (non marqué sur la carte) et continuer sur le chemin. Entamer la descente, laisser un peu plus loin un autre sentier (non marqué sur la carte) et rejoindre les ruines du Château des Évêques. Suivre le sentier à gauche de l'édifice pour redescendre franchement vers le village. Attention certains passages sont un peu délicats (marches taillées dans la roche). Le sentier poursuit et serpente entre les maisons pour rejoindre l'Avenue Pétrarque.

Balisage Rouge et Blanc. Virer tout se suite à droite et s'engager dans le passage Arquà Petrarca qui aboutit sur les berges aménagées de la Sorgue.

Balisage Jaune. Poursuivre à droite sur le Chemin de la Fontaine, belle promenade aménagée qui permet de rejoindre le gouffre de Fontaine-de-Vaucluse. Faire demi-tour par le même chemin et tourner à gauche pour traverser à nouveau la Sorgue.

Balisage Rouge et Blanc. Au début du virage, juste en face de l'endroit où le chemin du château aboutit, prendre à droite sous les arcades de l'Avenue Pétrarque pour ne pas marcher sur la voie. Au sortir des arcades, poursuivre sur le bord de la route, passer un grand parking et laisser à gauche la Montée du Guérisseur. Plus loin, laisser à gauche la Route Touristique de Gordes et poursuivre environ 20 m. Traverser la route jusqu'à la balise Les Bastides Ouest.

Balisage Rouge et Jaune. Quitter la route et prendre à gauche en direction de Bondelon. Le chemin va se diriger vers la droite au-dessus des habitations. Au début d'une portion bétonnée, laisser le sentier à gauche, puis arriver à une fourche sur une esplanade. Partir à gauche sur un chemin plus large qui continue la montée pour aboutir sur un replat au niveau de ruines. Continuer tout droit, laisser les départs de chemins à gauche pour arriver à un croisement. Partir à droite puis arriver au panneau Bondelon.

Suivre la route goudronnée à gauche direction La Bastide Rouge. Passer entre deux propriétés et continuer pour trouver au bout, le poteau-balise La Bastide Rouge.

Balisage Rouge et Jaune + Orange. Quitter la route et poursuivre en face sur le chemin. Attention à ce niveau le balisage est confus, car une croix Jaune sème le doute. Poursuivre sur ce chemin en forêt, passer une belle propriété et repérer environ 100 m plus loin, une croix des rogations à gauche juste avant de rejoindre la route (D100a).

Virer à droite pour trouver 10 m après, la balise Basse Carpiane. Laisser la route de droite et prendre le sentier qui monte à gauche direction Lagnes. Passer une belle maison, longer un mur en pierres sèches, passer entre des habitations et laisser la route à gauche. Continuer environ 100 m et aller faire un aller/retour à droite sur un sentier marqué d'une croix pour voir une très belle borie. Revenir sur le chemin principal et tourner à droite pour descendre sur la route (D186). Suivre la route à droite pendant 100 m pour arriver devant le n° 427.

Laisser à droite le chemin du Cimetière et à gauche la route qui rejoint Lagnes pour suivre le chemin en face qui contourne la maison par la droite. Poursuivre sur le chemin qui offre de belles vues sur L'Isle-sur-la-Sorgue et aboutit au château de Lagnes. Prendre à droite et tout de suite à gauche pour passer sous un portique ; suivre la Rue Venteuse. Au croisement suivant, suivre à gauche la même rue jusqu'au n° 57 (maison avec des bories miniatures). Tourner à droite puis après une petite descente, partir à gauche dans une ruelle et suivre les escaliers à droite. Arrivé Rue des Remparts, partir à gauche pour retrouver la Rue de la République. La suivre à droite pour retrouver le parking du point de départ.

- **Pour en savoir plus :** www.parcduluberon.fr

Balade entre Mormoiron et Villes-sur-Auzon

- **Département :** Vaucluse (84).
- **Temps estimé :** 4h.
- **Distance :** 11,02 km A/R.
- **Saisons idéales :** toute l'année.
- **Catégorie :** moyenne.
- **Accès :** depuis le parking du plan d'eau des Salettes à Mormoiron.

Soyez vigilant, ce circuit est marqué de 2 balisages différents à suivre !

Balade entre Mormoiron et Villes-sur-Auzon sur les traces d'anciennes carrières exploitées pour leurs ocres avec de magnifiques vues sur le Mont Ventoux et les Dentelles de Montmirail. Pour cette sortie, oubliez les chaussures de couleur blanche ou claire !

Depuis le premier parking, rejoindre les bords du lac et le longer par la gauche (Sud-Est) en suivant une allée aménagée. Elle passe devant le parking principal et se dirige vers le site d'accrobranche.

Balisage jaune

Au bout du lac, ignorer un sentier à droite et prendre juste après, le chemin d'accès au Parc Ventoux Aventure à droite. Ce chemin sablonneux remonte le Vallat de Marquetton entre les ocres et les différents ateliers d'accrobranche. Le chemin se rétrécit, laisser un sentier à gauche et continuer à monter en suivant le balisage. Le sentier va grimper plus fortement et passer dans des tranchées creusées par le ravinement pour déboucher sur un petit plateau.

Prendre à gauche sur le chemin plat. Laisser 100 m plus loin à gauche un chemin d'accès à un cabanon et poursuivre sur le chemin principal en oubliant plusieurs départs à droite et à gauche. À un croisement, prendre à droite (Sud) à 90° avec un cabanon à main droite. Le chemin devient route bitumée et descend entre vignes, cerisiers et oliviers.

À la jonction avec une autre route, poursuivre à gauche et continuer à descendre sur le goudron. 500 m plus loin, à un croisement en T, préférer la route de gauche. Elle fait deux « S » successifs, contourne deux cabanes ruinées entre les vignes puis redevient chemin de terre.

Sans balisage. Partir à gauche juste avant le virage sur un petit chemin de sable. 100 m plus loin, à une fourche, poursuivre l'exploration à droite dans le très sauvage et très pittoresque Ravin des Sitos qui fut exploité pour ses ocres. Continuer un moment entre ces falaises étroites puis faire demi-tour pour revenir jusqu'au chemin balisé dans les vignes.

Balisage Jaune. Reprendre le chemin à gauche qui poursuit dans les vignes et descend dans les bois. Rester sur le chemin principal. Rejoindre une bifurcation située à l'endroit où le sable du chemin passe du rouge brique au beige.

Balisage Vert. Obliquer à gauche sur un plus petit chemin, puis encore à gauche au croisement suivant pour parvenir à une ancienne zone d'exploitation. Ne pas hésiter à faire des allers-retours pour voir les anciennes carrières ou cavités creusées dans les falaises. Le sentier longe des falaises un moment en obliquant à droite (Sud-Est) puis reprend une direction Nord-Est. Longer une vigne à main droite, et au bout de celle-ci, partir à gauche dans les bois. Là aussi, ne pas avoir peur d'explorer un peu les différents accès aux anciennes carrières, mais toujours revenir sur le sentier balisé. Continuer le sentier par une direction Nord-Est qui va s'incliner légèrement à gauche (Nord). Il grimpe fortement pour aboutir sur un plateau et retrouver une grande carrière dans un virage en épingle.

Sans balisage ou anciens balisages peu fiables. Continuer sur la route goudronnée en face. 300 m plus haut, le revêtement change avec la jonction d'un chemin ; poursuivre tout droit sur le chemin jusqu'au prochain carrefour avec une autre route.

Traverser la route et prendre le sentier qui descend à droite. 200 m après, il coupe une route et poursuit à droite dans les bois. Juste après une oliveraie, le sentier bifurque à gauche (Nord-Ouest). 50 m plus loin, laisser le sentier qui part à droite (non présent sur la carte) et poursuivre à gauche sur un chemin peu marqué qui traverse une clairière et s'incline à droite pour rejoindre un carrefour. Continuer à gauche sur le chemin qui conduit au hameau Les Sourds. Juste avant la première maison, bifurquer à droite pour descendre dans les bois. Un peu plus bas, laisser partir un sentier à droite et poursuivre sur le sentier à gauche. Environ 400 m plus loin, le sentier va en récupérer un autre venant de la droite et poursuivre Sud-Ouest en longeant des vignes par le haut.

Au croisement avec un large chemin, obliquer à droite puis le chemin va s'orienter à gauche en contournant une réserve d'eau. Après la cerisaie, laisser partir le chemin à droite et poursuivre à gauche (Ouest). Passer devant Les Rassades en retrouvant un bon chemin sablonneux. Laisser partir deux sentiers à gauche (peu visibles) et prendre à gauche à la fourche suivante.

Au croisement, bifurquer à gauche pour se rapprocher d'une ancienne carrière. Possibilité là aussi, d'aller faire un aller-retour dans cet ancien lieu d'exploitation des ocres où la végétation a repris ses droits.Laisser à gauche deux chemins, puis contourner le site sur le chemin principal en remontant (Ouest Nord-Ouest). Lorsque le chemin arrive au-dessus de la carrière, il fait un virage à gauche et remonte encore 50 m.

Dans un petit virage, laisser le chemin et trouver un petit sentier qui plonge à gauche dans les bois. Il longe une très belle falaise d'ocres puis retrouve un sentier à un croisement. Prendre à droite pour trouver 200 m plus loin une route au niveau d'un virage. Continuer à droite sur la route jusqu'au prochain croisement. Tourner à gauche pour retrouver le parking du départ.

- **Pour en savoir plus : www.ventouxprovence.fr**

A la découverte du territoire comtadin

- **Département :** Vaucluse (84).
- **Distance :** 14 km (A/R).
- **Temps estimé :** 3h30.
- **Saisons idéales :** toute l'année.
- **Catégorie :** moyenne.
- **Départ :** Venasque.

Un itinéraire au cœur des paysages comtadins (Venasque, Le Beaucet, Saint-Didier, Malemort-du-Comtat) couverts de vignes et de cerisiers qui se termine par la descente d'une partie des sauvages gorges de la Nesque.

Venasque, point de départ de notre itinéraire, est classé parmi les plus beaux villages de France. Il fut le siège de l'évêché de Carpentras du Ve au Xe siècle, première capitale du Comtat Venaissin, auquel il a donné son nom. Rejoignez Notre-Dames-de-Vie.

Montez par le sentier, direction le Parc puis plongez sur Malemort. A la Ferraille sud, poursuivez par la rue qui passe devant la boulangerie. Descendez par la rue des Pénitents, puis le chemin des Bourgades. Gagnez à droite le jardin du Touve. Au croisement, poursuivez jusqu'au Rigoy.

Montez jusqu'aux Engarouines. Empruntez tout droit le chemin de terre qui vire à gauche, puis descend aux Salets. Obliquez à droite jusqu'aux Plantades. Prolongez par la route, puis bifurquez à gauche par le chemin de Saint-Jacques. A l'intersection avec le chemin du Vas, plongez à droite dans le vallat de Coulombey. Au débouché, suivez à gauche le D5 jusqu'au croisement de Ratoneau. Continuez par la route, puis virez à droite jusqu'à l'intersection de Coste-de-Laous. Passez à Fond- de- Nesque. Sortez des gorges à la Roberte. Continue par la route qui passe aux Souveilles, Saint-Maurice et retour à Notre-Dame-de-Vie.

- **Pour en savoir plus :** www.ventouxprovence.fr

Balade de village en village : Brantes, Saint-Léger, Brantes par le col de Fontaube

- **Département :** Vaucluse (84).
- **Distance :** 15 km (boucle).
- **Temps estimé :** 4h.
- **Saisons idéales :** printemps, été, automne.
- **Catégorie :** moyenne.
- **Accès :** un champ longeant la D 136 au-dessus de Brantes.

Cette balade forestière et panoramique culmine au col de Fontaube (à la période des abricots, vous y attend un petit point vente de jus fait maison ! un délice), elle vous entraîne au plus près du Ventoux que l'on côtoie quasiment tout au long du parcours, en découvrant sa face cachée, la face nord et ses nuances infiniment changeantes.

Brantes est un village typique des petits villages vauclusiens et donc, une petite visite s'impose et pourquoi pas, une halte au troquet à l'ombre des platanes...

Engagez-vous sur le GR 91 que vous suivrez jusqu'à Saint-Léger en face du versant nord du mont Ventoux dans la vallée de la Toulourenc. Il vous emmène sur les hauteurs en passant par le col de Fontaube et le col de Chaussène. Suivez à gauche le sentier à flanc de coteau pour atteindre la crête puis amorcez la descente vers le versant sud.

D'ici, la vue sur la face nord du Ventoux qui déploie 1 500 m de dénivelé abrupt est saisissante. Abordez avec prudence un passage en descente dans un pierrier puis la pente s'adoucit.

Longez de très vieux chênes, croisez une immense grotte ouverte dans le rocher avant de longer le cimetière pour rejoindre Saint Léger. Revenez à Brantes en remontant le cours du Toulourenc.

- **Pour en savoir plus :** www.ventouxprovence.fr

A la découverte du PNR du Mont-Ventoux

- **Département :** Vaucluse (84).
- **Temps estimé :** 5h50.
- **Distance :** 13,78 km.
- **Dénivelé positif :** 658 m.
- **Dénivelé négatif :** 665 m.
- **Point haut :** 1 895 m.
- **Point bas :** 1 382 m.
- **Saisons idéales :** printemps, été, automne.
- **Difficulté :** moyenne.

Depuis Malaucène, monter en voiture jusqu'au parking situé au Camping du Mont Serein.

Du haut de ses 1 910 mètres, le mont Ventoux est véritablement la sentinelle qui domine le Vaucluse, une montagne emblématique de la Provence qui vous livre tous ses secrets, mais qui se mérite. Source

inépuisable d'itinéraires, familiaux ou pour marcheurs confirmés, qu'il ne faut pas sous-estimer ! Ce serait dommage !
Très belle boucle vous menant au sommet du Ventoux et retour par les crêtes.
Le point de départ se situe sur la droite du Camping du Mont Serein par un chemin assez large.
Suivre les panneaux indiquant le mont Ventoux. (suivre le GR®4 et GR®9).
Si vous êtes matinal et curieux, déviez sur votre gauche, vous arrivez à un pierrier, asseyez-vous, écoutez et patientez. De-ci de-là, des cailloux roulent, ce sont les chamois, ils vous ont observé et certains gambadent. Beau spectacle assuré ! A un croisement, continuez, suivez le mont Ventoux (GR®4) sur la droite, vous laissez le GR®9 (sur la gauche donc). La montée démarre en forêt, en lacets, profitez-en pour faire des haltes et admirer les magnifiques paysages, avant d'arriver dans les pierres. La montée est régulière jusqu'au sommet du mont Ventoux. Présence de neige encore début mai.
Vous y êtes. Posez-vous, respirez, ressourcez-vous. Avouez, c'est une vue à couper le souffle.
Pour le retour, redescendez ensuite par le col des Tempêtes (GR®4). Il faut suivre et rester entre les gros poteaux de balisage rouge et bleu et suivre le panneau vers la Tête de la Grave.
Arrivé à ce panneau, laissez le GR®4 en tournant à gauche (le balisage devient jaune). Descendez à travers la forêt en alternance avec des passages dans les pierres un peu plus délicats (faites attention à ne pas glisser).
A un croisement plus bas on trouve le GR®9, tournez donc à gauche et continuez tout droit. On retrouve plus loin le GR®4 que vous suivez pour retrouver le chemin de départ. Suivre la direction du mont Serein. **Attention à la fin à ne pas suivre le panneau « Le Contrat » sur la droite**, mais bien prendre sur la gauche (on peut voir un poteau avec un dessin de skieur de fond : il faut aller dans sa direction). Retour au parking.

- **Pour en savoir plus :** www.parcduventoux.fr

La draille de Méjanes dite draille des 5 Gorges

- **Département :** Bouches du Rhône (13).
- **Distance :** 30 km aller-retour.
- **Temps estimé :** 6 à 7 heures.
- **Catégorie :** facile.
- **Terrain :** chemin de terre sur les deux tiers du parcours (piste impraticable par temps de pluie et difficile par temps de mistral).
- **Saisons idéales :** printemps, automne.
- **Deux points de départ possibles :**

Les Saintes-Maries-de-la-Mer ou le Domaine de Méjanes : pour rejoindre le Domaine, prendre la D570 qui relie Arles et Les Saintes-Maries-de-la-Mer, au croisement près d'Albaron, prendre la D37 en direction de Salin-de-Giraud et suivre les indications Domaine de Méjanes.
Intérêts de la balade : la « traversée » des étangs des Impériaux et du Malagroy, classés « réserve départementale », qui abritent de nombreuses espèces d'oiseaux limicoles (barges, chevaliers, bécasseaux...) et de canards (colverts, siffleurs, sarcelles d'hiver...) attirés par l'importante faune d'invertébrés.
Le Domaine de Méjanes est une ancienne demeure fortifiée des Templiers du XIIIe siècle, dont une partie des bâtiments date du XIe siècle. Acquis par Paul Ricard en 1939, le Domaine est maintenant une propriété à vocation agricole et touristique.
Au départ des Saintes-Maries-de-la-Mer :
Au départ de l'office de tourisme sur l'avenue Van Gogh, traversez le village en direction de la route de Cacharel (D85a).
Après 4 km, juste avant le Mas de Cacharel, empruntez la piste de Méjanes sur la droite. Un chemin de terre de 11 km vous amène jusqu'au Domaine de Méjanes. En longeant l'étang du Vaccarès, vous découvrirez la faune et la flore de la Réserve nationale de Camargue et des paysages typiques de la Camargue.
Au départ du Domaine de Méjanes : prenez le parcours en sens inverse.

- **Pour en savoir plus :** www.parc-camargue.fr

De la digue à la mer aux Saintes-Marie-de-la-Mer

- **Département :** Bouches du Rhône (13).
- **Distance :** 24 km aller-retour.
- **Temps estimé :** 5 heures.
- **Saisons idéales :** Attention, cette piste peut être impraticable par temps de forte pluie et difficile par temps de mistral. Printemps, automne.
- **Catégorie :** moyenne (mais chemin de terre sur les deux tiers du parcours).
- **Extension Salin de Giraud :** + 34 km aller-retour.
- **Accès :** parking du phare de la Gacholle (office de tourisme des Saintes-Maries-de-la-Mer).

Du parking du phare Gacholle (parking de la comtesse), prenez la digue à la mer en direction du phare de la Gacholle. Passez devant le phare et continuez durant 3 km sur les sentiers balisés. Vous pénétrez dans le territoire de la Réserve nationale de Camargue qui est une zone sauvage très riche, mais aussi très fragile. De ce fait, restez sur la digue et les chemins indiqués.
Vous pouvez admirer la plage en empruntant le chemin à gauche près de l'ancien poste des douanes. Sinon continuez sur la digue à la mer jusqu'au Pertuis de Rousty. A partir du Pertuis de Rousty, vous pouvez rejoindre Les Saintes-Maries-de-la-Mer en continuant la digue. Le village se trouve à 6 km de ce point.
Extension vers les Salins de Giraud.
En sortant du phare, prenez à gauche. Traversez le parking du phare (parking de la Comtesse) 1 et roulez jusqu'à l'observatoire des flamants, tournez à gauche et poursuivez cette piste puis la route. Continuez jusqu'au croisement entre la D36b et la D36c. Prenez à droite direction Mas Saint Bertrand (attention : ouvert de fin mars à fin octobre et CB non acceptée).

- **Pour en savoir plus :** www.parc-camargue.fr

GUADELOUPE

Ce territoire des Antilles, bordé par la mer des Caraïbes et l'océan Atlantique, est connu pour sa biodiversité. C'est un enchantement de marcher sur cette île à la découverte de son riche patrimoine et de ses paysages somptueux, entre mer et montagne, sous la forêt tropicale ou le long des côtes.

LES SPÉCIALISTES

RANDO GUADELOUPE
GUADELOUPE
www.randoguadeloupe.gp
Rando Guadeloupe est le site à consulter pour randonner en Guadeloupe. Non seulement il propose de nombreux itinéraires de randonnée à choisir par emplacement géographique, difficulté, durée ou selon des thèmes, mais en plus il vous tient informé des difficultés ou impossibilités de passage. Vous pourrez exporter vos traces GPS et fiches de randonnée. Le site dispense aussi de précieux conseils pour une randonnée en toute sécurité.

GRAND ANGLE
52, rue du Tortolon
AUTRANS-MÉAUDRE EN VERCORS
✆ 04 76 95 23 00
www.grandangle.fr
info@grandangle.fr
Lundi-vendredi, 8h30-12h30 et 13h30-18h30 ; samedi, 9h-12h et 14h-17h.
Grand Angle est un voyagiste spécialisé dans le voyage nature, à pied, à vélo, à ski nordique, en raquette, en kayak… Agence de voyages de terrain, installée depuis 1985 dans le Vercors à Méaudre, au cœur du parc naturel, l'équipe est formée de professionnels – accompagnateurs en montagne, moniteurs de ski… –, tous passionnés de nature et de voyage, au bureau comme sur le terrain ! Riche de plus de 25 ans d'expérience dans l'organisation de séjours, l'agence propose des circuits guidés ou en liberté, et offre à ses clients toute la souplesse d'une structure à taille humaine pour concevoir des itinéraires sur mesure. Et parmi les nombreux séjours proposés, laissez-vous tenter par celui qui vous fera découvrir en 12 jours la Guadeloupe, les Saintes et Marie-Galante.

COMITÉ GUADELOUPÉEN DE RANDONNÉE PÉDESTRE (CGRP)
1 bis avenue du Général-de-Gaulle
MJC Raizet
LES ABYMES (GUADELOUPE)
✆ 05 90 35 17 54
http://guadeloupe.ffrandonnee.fr
guadeloupe@ffrandonnee.fr
Le CGRP (Comité de Randonnée Pédestre) valorise et promeut la randonnée à travers différentes actions. Elle organise des événements, gère le balisage des sentiers et coordonne les diverses initiatives. Son site répertorie les différentes sorties proposées par les associations adhérentes et invite à découvrir quelques hauts lieux de l'île comme la Porte d'Enfer, la Pointe Lézard, le Bassin Bleu ou la Soufrière, avec systématiquement quelques recommandations appropriées.

PARC NATIONAL DE LA GUADELOUPE
Siège administratif
Montéran
SAINT-CLAUDE (GUADELOUPE)
✆ 05 90 41 55 55
www.guadeloupe-parcnational.fr
Le Parc national offre 300 km de sentiers traversant la forêt et parcourant le littoral du Grand Cul-de-Sac marin. Parmi ses lieux incontournables, découvrez la Soufrière, volcan culminant à 1 470 m d'altitude et site mythique. Baignez-vous dans les eaux tièdes des Bains-Jaunes, à moins que vous ne préfériez les chutes de la rivière du Grand-Carbet ? Comme tout parc national, celui de la Guadeloupe propose régulièrement des activités ludo-éducatives pour la découverte de la nature.

LES CIRCUITS

Au cœur de la forêt tropicale

- **Département :** Guadeloupe (971)
- **Temps estimé :** 1 jour
- **Saison idéale :** saison sèche, de janvier à avril.
- **Catégorie :** facile
- **Accès :** parking de Grand-Étang, RD N°4, route de l'Habituée

Le parc national de la Guadeloupe recèle les sites les plus prestigieux de l'île : les Deux Mamelles, les Chutes du Carbet et surtout la Soufrière, point culminant des Petites Antilles à 1 467 m. Outre leurs particularismes, tous ces sites donnent accès à des sentiers – nommés « traces » – qui permettent une immersion totale au cœur de la forêt dense. La route de la Traversée longue de 17 km est la seule qui traverse le massif de la Basse-Terre, de part en part. Elle relie la commune de Petit-Bourg à celle de Pointe-Noire par le massif montagneux. Mais c'est le sentier des Étangs vers Gourbeyre que nous vous proposons aujourd'hui de prendre, afin de découvrir, dans une ambiance paysagère unique en Guadeloupe, les principales caractéristiques de la forêt dense. Le Grand-Étang, que les Indiens Caraïbes nommaient « la Grand'eau de la montagne », est le plus vaste du massif montagneux de la Basse-Terre. Profond de quelque 10 m, il étale ses eaux à 400 m d'altitude sur 10 hectares. Le paysage est grandiose, il charme et émeut en même temps, par un mélange de grâce séduisante et d'imposante majesté. Au premier regard, il y a le bleu de l'étang et le vert de la forêt. Avec un peu d'attention, vous discernerez progressivement des masses de couleurs et de formes différentes qui correspondent à des zones de végétation distinctes, des fougères, des joncs, des radeaux tourbeaux dominés par les icaques et, sur l'autre rive, la forêt marécageuse avec ses palétuviers jaunes, ses pomwoz – jambosiers –, puis, au-dessus, la dense forêt et son cortège d'espèces. Admirez ce gommier blanc pouvant atteindre 35 m de hauteur avec son tronc droit, élancé, net de branches jusqu'au houppier. Sa gomme dont il pleure à chaque blessure est utilisée pour allumer le feu. Les géants de la forêt – arbres à contreforts – sont impressionnants par leur hauteur, mais leur base est encore plus étonnante. Le tronc, ses contreforts et les racines qui les prolongent forment de véritables sculptures, parfois même des monuments tant leur taille est considérable. Les épiphytes, quant à eux, forment de véritables jardins suspendus qui sauront vous émerveiller. Le bambou, lui aussi, même si envahissant pour les scientifiques, contribue fortement à l'ambiance et à la personnalité du Grand-Étang. La Guadeloupe est l'une des rares régions au monde à posséder des fougères arborescentes, leur silhouette en forme de palmier est facilement reconnaissable. Ne craignez pas à vous frayer un passage entre lianes et racines aériennes pour poursuivre votre périple. Par hautes eaux, le niveau du Grand-Étang affleure le petit barrage que l'on peut apercevoir en franchissant la passerelle, par basses eaux, malgré le barrage, l'eau s'infiltre dans des fissures du sol et continue à alimenter la rivière Bananier. Le canal Dongo, creusé à partir de la rivière, traverse toute la section de l'Habituée. Il a permis pendant de longues années d'irriguer les cultures et les jardins créoles du plateau du même nom. La rivière se frayant un chemin dans la forêt quelque peu éclaircie, une fenêtre s'ouvre vers le ciel. Contrastant avec les sombres sous-bois de la forêt dense, ce lieu enchanteur, ouvert, animé par les jeux de lumière et le bruit de l'eau apparaît comme un havre de paix. Dans l'eau, le tilapia, des escargots, des sangsues, des crevettes – le célèbre ouassou. Parmi les insectes, les élégantes libellules. Observez en silence le grèbe à bec bigarré ou encore le balbuzard pêcheur. La floraison des pomwoz offre un autre spectacle haut en couleurs. Attirés par le nectar des fleurs, les colibris se livrent à un ballet incessant de va-et-vient qui anime les frondaisons.

Le volcan de la Soufrière

- **Département :** Guadeloupe (971).
- **Temps estimé :** 3h15 aller-retour.
- **Distance :** 6,37 km.
- **Point haut :** 1 450 m.
- **Saisons idéales :** saison sèche, de janvier à avril.
- **Catégorie :** difficile.
- **Accès :** se garer aux Bains jaunes au-dessus de Saint-Claude.

Cette randonnée permet d'accéder à la Soufrière, point culminant de la Guadeloupe et volcan actif au repos. Par beau temps, la vue est magnifique. Au sommet, on prend toute la mesure de la puissance qui gît sous ses pieds... magnifique, mais qui se mérite. Pensez à emporter un équipement de pluie, le temps change vite et un maillot de bain pour, en fin de parcours, se délasser dans les bains jaunes en guise de récompense. Mieux vaut s'informer des conditions météorologiques avant le départ ou partir accompagné d'un guide professionnel !

Passez devant les bains et prendre l'unique sentier pavé « Le pas du roy » qui monte dans l'une des forêts primaires les mieux conservées des Petites Antilles.

Après la passerelle, laissez un sentier qui redescend sur votre droite. Le chemin monte jusqu'à sortir de la forêt. Vous apercevrez alors la Soufrière et rejoindrez la route. Au bout du parking, la vue sur Basse-Terre est magnifique (par temps clair !). Prendre le sentier qui part au nord vers le volcan. Quelques dizaines de mètres plus loin, faites un crochet à droite pour voir la Vierge qui protège la Guadeloupe des sautes d'humeur du volcan.

Le sentier parcourt la moitié occidentale du cône de la Soufrière en montant. Certaines parties sont assez raides et étroites. Vous trouverez aussi quelques lacets et un gouffre, témoin d'une éruption passée.

Une fois sur le flanc nord du volcan, un sentier, le chemin des Dames, permet d'accéder au sommet. Cette partie est bien plus raide, il faut parfois poser les mains.

Au sommet, suivez le sentier balisé qui fait le tour. Vous apercevrez des paysages désolés qui tranchent avec le vert et bleu alentour. Le gouffre principal est particulièrement impressionnant. Le cratère sud, soupape de sécurité du volcan, est une fissure qui rejette des fumerolles chaudes. Attention aux dégagements acides et respectez les consignes de sécurité.

Profitez de la vue et amorcez la descente.

- **Pour en savoir plus :** www.guadeloupe-parc-national.fr

GUYANE

Ce département d'Outre-mer est parmi les plus riches du monde en matière de biodiversité, tant animale que végétale. Sa forêt est protégée par un nouveau parc national et six réserves naturelles. Partez sur les layons, ces sentiers typiquement guyanais, à la découverte de la richesse de la forêt amazonienne.

LES SPÉCIALISTES

■ **GUYANE RANDONNÉES**
Le bourg
SAÜL (GUYANE)
www.guyane-randonnees.fr
infos@guyane-randonnees.fr
Hébergement en gîte en hamac (non fourni). Forfait de 1 à 3 pers : 40 €. 4 Pers/50 €. Petit déjeuner : 6 €.
Près des sources de la Mana, de l'Approuague et de l'Inini, Saül, petite commune au cœur de la Guyane, vous invite à l'évasion en forêt... C'est le camp de base de Guyane Randonnées, organisme qui vous offre la possibilité de séjourner en toute simplicité dans un environnement grandiose, accompagné par Stéphane Plaine, Breton d'origine et Guyanais d'adoption depuis 1987. Stéphane est connu pour être l'un des meilleurs guides de Guyane et vous propose des excusions dans la forêt au départ de Saül. Vous apprécierez sa parfaite connaissance de la forêt et des lagons.

LES CIRCUITS

Les îles du Salut

- **Département :** Guyane (973)
- **Temps estimé :** 1 jour
- **Saison idéale :** mars et de juillet à novembre
- **Catégorie :** facile
- **Accès :** du port de plaisance de Kourou

Un décor paradisiaque pour une histoire tourmentée. Situées à environ 14 km au large de la ville spatiale de Kourou, les îles du Salut – île Royale, île du Diable et île de Saint-Joseph – sont une étape touristique incontournable. Elles résultent des soulèvements volcaniques sur le vaste plateau continental des Guyanes. Ces roches métamorphiques très anciennes ont connu un début de décomposition sur les parties hautes, et ont permis ainsi une exploitation en carrière pour la construction de la majorité des édifices des îles. Rendues célèbres par la présence du bagne et les récits de Papillon ou l'exil de Dreyfus, ces îles sont un magnifique lieu de détente et de repos, où l'eau est nettement plus claire que sur le littoral, et les cocotiers présents par milliers.

L'île du Diable depuis l'Ile Saint-Joseph.

Longtemps, elles furent connues sous le nom de l'île du Diable. Mais la désastreuse expédition de Kourou permit à cet archipel de devenir une sorte de terre promise, en permettant aux rescapés d'y survivre. C'est ainsi qu'elles devinrent îles du Salut.
Les bagnards furent de grands bâtisseurs, ils ont tissé une toile fort dense de sentiers permettant, aujourd'hui, de relier et de découvrir les différents monuments de l'île.
De petite taille – 62 hectares au total –, elles sont assez escarpées bien que l'altitude maximale ne dépasse pas les 46 m. La côte est rocheuse, très accidentée. Ce site insulaire, par sa beauté, crée immédiatement chez le visiteur un sentiment de dépaysement. La mer bleutée convie à une baignade en toute sécurité dans la « piscine des bagnards ».
Les courants entre eux sont assez violents et la légende veut que ces eaux soient infestées de requins. L'île Royale est la principale. L'hôpital, la chapelle et le bâtiment du port sont des édifices classés. Le quartier des condamnés à mort, les quartiers des directeurs, le quartier pénitentiaire et l'ancien poste de police sont des édifices inscrits. De ces sentiers, vous apercevrez l'île Saint-Joseph. Beaucoup plus sauvage, c'est ici que les vestiges du bagne sont les plus remarquables. Les anciens bâtiments de la réclusion ont été complètement recolonisés par la forêt équatoriale. La nature a repris ses droits. Des arbres poussent au sommet des murs.
Le spectacle est assez extraordinaire. Sur l'île du Diable – interdite à la visite –, séjournaient les prisonniers politiques. Le capitaine Dreyfus y a passé de nombreuses années. Pour profiter pleinement de votre circuit, vous pourrez toujours séjourner à l'auberge de l'Ile-Royale, où l'hébergement va du dortoir en hamac au bungalow avec vue sur la mer. Attention, les îles sont fermées 5 heures avant chaque lancement de fusée et rouvertes dès la fusée partie.

Le sentier du Molokoi

- **Département :** Guyane (973)
- **Temps estimé :** 2 jours, 18 km
- **Saison idéale :** mars et de juillet à novembre
- **Catégorie :** moyen
- **Accès :** bourg de Cacao

Ce sentier de randonnée pédestre est le plus long sentier balisé de Guyane. Géré par l'ONF, il trace un itinéraire à travers la forêt tropicale, depuis le bourg de Cacao jusqu'à la RN2. Randonnée phare de Guyane, elle offre une totale immersion dans le patrimoine naturel de la région, au cœur d'une nature foisonnante et exubérante. Vous découvrirez aussi, au fil de votre parcours, de magnifiques petites criques.
L'accès au sentier est libre, mais la randonnée, classée comme sportive, reste relativement difficile. Même si elle ne comptabilise que 18 km, elle représente dix bonnes heures de marche. Il est donc recommandé de la faire en deux jours. Un espace de bivouac est d'ailleurs proposé à mi-parcours.

- **En savoir plus sur le parcours :** www.onf.fr/guyane

LA RÉUNION

L'île de la Réunion, c'est le paradis de la randonnée, un site classé au patrimoine mondial de l'Unesco pour la beauté de ses paysages… C'est un décor enchanteur et une belle expérience pour les sportifs et les moins sportifs. La randonnée en famille est ici possible. À la clé, 1 000 km de sentiers de randonnée !

LES SPÉCIALISTES

■ ALIZÉS MONTAGNES
RÉUNION
✆ +262 06 92 02 89 10
www.alizesmontagnes.com
alizesmontagnes@gmail.com
Partez avec Alizés Montagnes et Marianne Lilley, guide professionnelle de randonnée. Vous choisirez entre des mini-treks de 2 à 4 jours, des randonnées à la journée en boucle ou aller-retour, des treks pour randonneurs confirmés à travers les « Hauts de l'île » ou des circuits mêlant marche et découverte touristique de l'île : bananeraies, usine sucrière, musées, marchés… La saison idéale pour ces randonnées commence en avril et se termine en novembre, voire décembre.

■ RANDOPITONS.RE
RÉUNION
randopitons.re – jpgoursaud@randopitons.re
Site référence créé par Jean-Paul Goursaud, insatiable baroudeur à pied et auteur d'un guide dédié à la randonnée à la Réunion, Randopitons est une mine d'informations pour qui veut randonner sur l'île. Il recense de nombreux circuits invitant à parcourir toutes les régions de l'île, mais aussi des avis de randonneurs et de précieux conseils pour organiser ses excursions en toute sécurité. À consulter avant de partir marcher !

■ 21 RANDO SUD
15A chemin Alex-Domen
SAINT-LEU (RÉUNION)
✆ 06 92 18 96 45 – www.21randosud.com
corinne@21randosud.com
Corinne Mezencev est à la tête de 21 Rando Sud, c'est donc elle qui vous guidera sur les sentiers escarpés menant aux volcans ou vous invitera à regarder les étoiles lors des randonnées thématiques nocturnes sur l'astronomie. Optez pour des randonnées tranquilles, adaptées à tous les niveaux, ou plus sportives. Des sorties familiales sont possibles, pour que petits et grands s'émerveillent ensemble devant la somptuosité de la nature locale.

LES CIRCUITS

© Joost van UFFELEN – Shutterstock.com

Randonnée dans le cirque de Mafate.

Au cœur des cirques de la Réunion

- **Département :** la Réunion (974)
- **Temps estimé :** 1 jour (10 km)
- **Saisons idéales :** été, printemps, automne
- **Catégorie :** facile
- **Accès :** Grand Îlet

Perdu aux confins du cirque de Salazie, le plus vert des trois cirques de la Réunion, Grand Ilet est devenu pour sa beauté et son calme un lieu de promenade privilégié. C'est également l'un des points de départ de randonnées vers le cirque de Mafate…

La Réunion change de visage au gré des régions que l'on traverse. Mais c'est sans doute à Salazie et dans l'est que l'on s'aperçoit véritablement que l'île baigne sous des latitudes tropicales, son exubérante végétation, ses cascades dévalant le flanc des montagnes rappelant que chaleur et hydrométrie sont les principales composantes de ce type de climat. S'ajoute à cela, un relief extraordinaire, né de l'affaissement progressif d'une montagne de laves, donnant naissance à un cirque dont les remparts escarpés s'élèvent parfois à plus de 1 000 m d'altitude.

INDEX

L - M

N - O

P

Q - R

S

T - U

V - W